高等院校计算机基础教育规划教材·精品系列

C++程序设计教程

主　编　史巧硕　朱怀忠
副主编　刘洪普　赵锦东　付树才
参　编　毕晓博　李建晶　刘靖宇　赵秀平

中国铁道出版社有限公司
CHINA RAILWAY PUBLISHING HOUSE CO., LTD.

内 容 简 介

本书是学习 C++ 语言程序设计的基础教程，较为系统地讲述了 C++ 语言的基础知识、基本规则及编程方法。在此基础上，对 C++ 面向对象的基本思想及面向对象的设计方法进行了讲解，对 C++ 的可视化编程的基本方法进行了介绍。

本书加强基础、注重实践，在内容讲解上采用循序渐进、逐步深入的方法，突出重点，注意将难点分开，使读者易学易懂。

本书适合作为高等院校各专业程序设计的教材，也可作为计算机培训班的培训教材，以及广大软件开发人员和自学者的参考用书。

图书在版编目（CIP）数据

C++程序设计教程/史巧硕,朱怀忠主编.—北京：中国铁道出版社，2017.8(2022.2重印)
高等院校计算机基础教育规划教材．精品系列
ISBN 978-7-113-23247-4

Ⅰ.①C… Ⅱ.①史… ②朱… Ⅲ.①C语言-程序设计-高等学校-教材 Ⅳ.①TP312.8

中国版本图书馆CIP数据核字(2017)第168702号

书　　名：C++ 程序设计教程
作　　者：史巧硕　朱怀忠

策　　划：魏　娜　周海燕　　　编辑部电话：(010) 63549508
责任编辑：周海燕　李学敏
封面设计：付　巍
封面制作：刘　颖
责任校对：张玉华
责任印制：樊启鹏

出版发行：中国铁道出版社有限公司（100054，北京市西城区右安门西街 8 号）
网　　址：http://www.tdpress.com/51eds/
印　　刷：三河市宏盛印务有限公司
版　　次：2017 年 8 月第 1 版　2022 年 2 月第 6 次印刷
开　　本：880 mm×1 230 mm　1/16　印张：20.25　字数：622 千
书　　号：ISBN 978-7-113-23247-4
定　　价：48.00 元

前言 Preface

计算机技术和网络技术的飞速发展，已经深刻地改变了人们工作、学习和生活的方式，在当今高度信息化的社会背景下，需要我们了解计算机处理问题的基本思想和方法。计算机程序设计课程作为大学非计算机专业学生的公共必修课程，有着非常重要的地位。通过该课程的学习，可以使学生了解计算机编程的思想和方法，培养学生的计算思维。同时，该课程对于激发学生的创新意识、培养自学能力、锻炼编程能力也起着极为重要的作用。

C++是目前使用最广泛的面向对象的程序设计语言之一，由此C++程序设计课程也成为各高等院校，尤其是理工科专业的主流程序设计课程。本书的作者长期从事C++语言程序设计课程的教学工作，并利用C++语言开发了多个软件项目，有着丰富的教学经验、较强的科研能力和开发软件项目的实际经验，对C++语言有着深入的理解。为了使初学程序设计的读者能够掌握C++程序设计语言的使用方法并初步具备使用C++程序设计语言开发应用程序和解决实际问题的能力，作者精选了C++的内容，本着加强基础、注重实践、勇于创新、突出应用的原则，力求使本教材达到可读性、适用性与先进性的统一。为了便于读者学习，在全书的体系结构和内容的编排上由浅入深、深入浅出、循序渐进。为了提高读者编程技巧，在大部分章节中都提供了典型例题。

全书共分为9章，第1～6章较为系统地讲述了C++语言的基础知识、基本规则及编程方法。其中第1章介绍了程序设计的基础知识，并通过一个简单实例，对Visual C++ 6.0集成开发环境进行了介绍；第2～6章讲述了C++语言的基本内容，包括程序语言的基础知识、结构化程序设计、数组与指针、函数与预处理、构造数据类型等，这些内容也是构成C++程序的基础。第7章重点介绍C++的面向对象的基本思想及面向对象的设计方法，如封装、继承、多态等，这些都是C++的核心内容，体现了C++语言面向对象的特点。第8、9章重点介绍了可视化编程的基本方法，这部分主要介绍Windows编程基础知识、使用MFC进行可视化编程的基本方法。

为了更好地理论联系实际，达到良好的教学效果，配合本教程我们还编写了配套C++程序设计实验教程，实验教程与本教材相呼应，在各章均相应地安排了若干上机实验及练习题目，这样可以方便师生有计划、有目的地进行上机操作及课后练习，从而达到事半功倍的效果。另外，在教材和实验中，还有针对性地提供了一些接近实际要求的较为完整的程序示例，教师可以以这些程序为范本，进行综合性练习或组织课程设计的题目。

本书由史巧硕、朱怀忠任主编，并负责全书的总体策划与统稿、定稿工作，刘洪普、赵锦东、付树才任副主编。各章编写分工如下：第1章由李建晶编写，第2章由赵秀平编写，第3章由史巧硕编写，第4章由朱怀忠编写，第5章由刘洪普编写，第6章由毕晓博编写，第7章由刘靖宇编写，第8章由赵锦东编写，第9章由付树才编写。在本书编写过程中，参考了大量文献资料，在此向这些文献资料的作者深表感谢。

由于时间仓促，编者水平有限，书中不当和欠妥之处，敬请各位专家、读者不吝批评指正。

编　者

2017年5月

目录 Contents

第1章 概　述

本章首先介绍了计算机中的数制与编码，然后简单介绍了程序设计方法及算法的概念和算法的表示，讲述了程序设计语言的发展和C++语言的发展。最后，通过一个简单的C++程序，介绍了简单的C++程序的结构，以及在Visual C++中开发C++程序的一般过程。

1.1　计算机中的数制与编码

1.1.1　数制与数制转换

1．数制的基本概念

人们在生产实践和日常生活中，创造了多种表示数的方法，这些数的表示规则称为数制，其中按照进位方式计数的数制称为进位计数制。

（1）十进制计数制。

十进制计数制的计数规则是“逢十进一”。任意一个十进制数值都可用0、1、2、3、4、5、6、7、8、9共10个数字符号组成的字符串来表示，这些数字符号称为数码，数码处于不同的位置（数位）代表不同的数值。例如，十进制数819.18可以写成$819.18=8\times10^2+1\times10^1+9\times10^0+1\times10^{-1}+8\times10^{-2}$。

上式称为数值的按位权展开式，其中10^i（10^2对应百位，10^1对应十位，10^0对应个位，10^{-1}对应十分位，10^{-2}对应百分位）称为十进制数位的位权，10称为基数。

（2）二进制计数制。

二进制是计算技术中广泛采用的一种数制。二进制数据是用0和1两个数码来表示的数。它的基数为2，进位规则是“逢二进一”，借位规则是“借一当二”。在计算机科学中，常用的进制还有八进制和十六进制。

2．数制之间的转换

（1）任意进制数转换成十进制数。

利用按位权展开的方法，可以把任意数制的一个数转换成十进制数，如上面展开式所示。任意*R*进制计数制的值都可表示为：各位数码本身的值与其所在位位权的乘积之和。例如：

十进制数256.16的按位权展开式为

$$256.16\text{D}=2\times10^2+5\times10^1+6\times10^0+1\times10^{-1}+6\times10^{-2}$$

二进制数101.0l的按位权展开式为

$$101.01\text{B}=1\times2^2+0\times2^1+1\times2^0+0\times2^{-1}+1\times2^{-2}$$

八进制数307.4的按位权展开式为

$$307.4\text{O}=3\times8^2+0\times8^1+7\times8^0+4\times8^{-1}$$

十六进制数F2B的按位权展开式为

$$\text{F2BH}=15\times16^2+2\times16^1+11\times16^0$$

（2）十进制数转换为任意进制数。

如果需要将一个十进制数转换成一个R进制数，对于整数部分采用的是“除R取余法”，对于小数部分采用乘R取整法”。图1.1为将十进制整数转换成二进制整数的“除2取余法”。

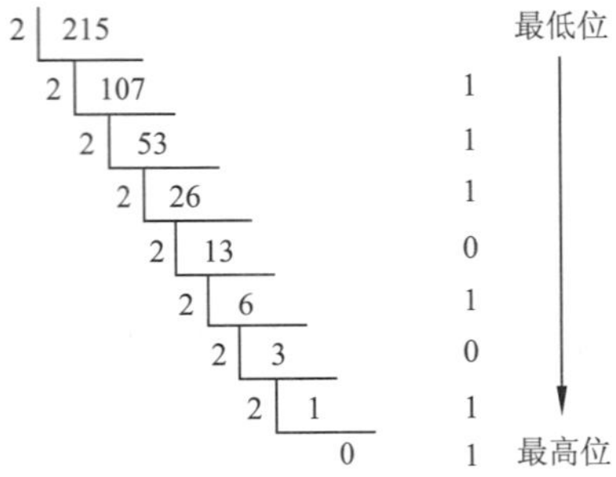

图1.1 “除2取余法”

在图1.1中将十进制数215用2去除所得的商数，直到商等于0为止。每次相除所得的余数便是对应的二进制整数的各位数码。第一次得到的余数为最低有效位，最后一次得到的余数为最高有效位，由此得到215对应的二进制数为11010111B。可以理解为：除2取余，自下而上。

上述将十进制数转换成二进制数的方法，同样适用于十进制与八进制、十进制与十六进制数之间的转换，只是使用的基数不同。

（3）二进制数与八进制或十六进制数的转换。

用二进制数编码，存在这样一个规律：n位二进制数最多能表示2^n种状态，分别对应0，1，2，3，…，2^{n-1}。可见，用3位二进制数就可对应表示1位八进制数。同样，用4位二进制数就可对应表示1位十六进制数。因此，将二进制转换成八进制时只要每3位进行转换；而将二进制转换成十六进制时只要每4位进行转换即可。

如将二进制数11101010011B转换成八进制数，按上述方法，从小数点开始向左每3位一组分隔，不足3位补0，得到011 101 010 011，对应八进制数为$(3523)_8$。

又如，将十六进制数6AF转换成二进制数，按每1位十六进制数对应4位二进制数，6AF对应的二进制数是0110 1010 1111，即11010101111B。

1.1.2 计算机中的数值数据

1. 机器数与真值数

在计算机中，因为只有0和1两种形式，所以数的正、负号，也必须以0和1表示。通常把一个数的最高位定义为符号位，用0表示正，1表示负，称为数符，其余位表示数值。

例如，一个8位二进制数-0101100，它在计算机中表示为10101100，如图1.2所示。

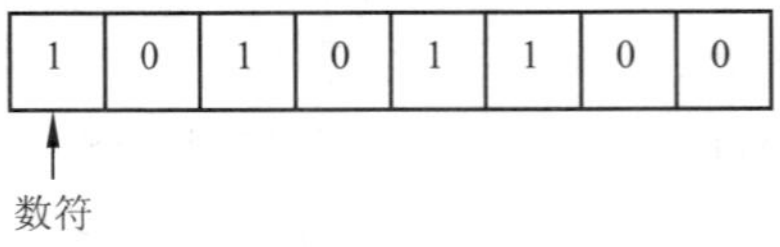

图1.2 机器数

这种把在机器内存放的正、负号数码化的数称为“机器数”，而它代表的数值称为此机器数的“真值”。例如，上面10101100为机器数，而-0101100为此机器数的真值。

数值在计算机内采用符号数字化后，计算机就可以识别和表示数符。但若将符号位同时和数值参与运算，由于两操作数符号的问题，有时会产生错误的结果，而要考虑计算结果的符号问题，将增加计算机实现的难度。为解决此类问题，在计算机中对符号数采用了三种编码方法，即原码、反码和补码，其实质就是对负数表示的不同编码。

2. 原码、反码、补码

原码、反码和补码这三种表示方法的符号位都是用0表示“正”，用1表示“负”，而数值位，三种表示方法各不相同。简单起见，这里只以整数为例，而且假定字长为8位。

（1）原码。

整数X的原码指其符号位用0表示正数、1表示负数，其数值部分就是X绝对值的二进制表示。X的原码可以用$[X]_{原}$表示。

例如：

$[+1]_{原} = 00000001$　　　　$[+127]_{原} = 01111111$

$[-1]_{原} = 10000001$　　　　$[-127]_{原} = 11111111$

可以看出，8位原码表示的最大值为2^7-1，即127，最小值为-127，即8位原码表示的数的范围为-127 ~ 127。

采用原码表示方法，编码简单，与真值转换方便。但原码也存在如下的问题：

① 在原码表示中，0有两种表示形式，即

$[+0]_{原} = 00000000$　　　　$[-0]_{原} = 10000000$

零的二义性，给机器判断带来了麻烦。

② 用原码做四则运算时，符号位需要单独处理，增加了运算规则的复杂性。原码的不足之处促使人们寻找更好的编码方法。

（2）反码。

对于整数X，正数的反码就是其原码；负数的反码是将原码中除符号位以外的每一位取反。X的反码可以用$[X]_{反}$表示。

例如：

$[+1]_{反} = 00000001$　　　　$[+127]_{反} = 01111111$

$[-1]_{反} = 11111110$　　　　$[-127]_{反} = 10000000$

反码运算也不方便，因此很少直接使用。一般，反码都是用作求补码的中间码来使用的。

（3）补码。

在计算机系统中，数值一律用补码来表示和存储。原因在于，使用补码可以将符号位和数值域统一处理；同时，加法和减法也可以统一处理。此外，补码与原码相互转换，其运算过程是相同的，不需要额外的硬件电路。

正数的补码就是其原码；对于负数补码，其符号位为1，对数值位取反+1即可求得其补码。或者直接地，负数补码就是其反码+1。通常用$[X]_{补}$表示补码。

例如：

$[+1]_{补} = 00000001$　　　　$[+127]_{补} = 01111111$

$[-1]_{补} = 11111111$　　　　$[-127]_{补} = 10000001$

在补码中，0有唯一的编码，即：

$[+0]_{补} = 00000000$

$[-0]_{补} = [-0]_{反} + 1 = 11111111 + 1 = 00000000$

因而可以用多出来的一个编码10000000来扩展补码所能表示的数值范围，即将负数最小值从-127扩大到-128。这里的最高位1既可以看作是负数的符号位，又可以表示为数值位，其值为-128。这就是补码与原码最小值不同的原因。

已知一个数的补码，求原码的操作其实就是对该补码再求补码。如果补码的符号位为0，表示是一个正数，其原码就是补码；如果补码的符号位为1，表示是一个负数，那么求给定的这个补码的补码就是要求的原码。

如已知一个补码为11111001，求其对应的原码。因为符号位为1，表示是一个负数，所以该位不变，仍为1，其余七位1111001取反后为0000110；再加1，所以是10000111（-7）。

利用补码可以方便地实现正负数的加法运算，规则简单，在数的有效表示范围内，符号位如同数值一样参加运算，也允许产生最高位的进位（被丢弃），所以使用很广泛。

3. 数的定点和浮点表示

如果两个数运算的结果超出了该类型可表示的范围（有符号的8位二进制位，可表示的最大值是127），这种情况称为“溢出”。为了避免溢出情况的发生，当要存放一个很大或很小的数时，通常会采用浮点数的形式存放。计算机内表示的数，主要有定点小数、定点整数与浮点数三种类型。

（1）定点小数的表示法

定点小数是指小数点准确固定在数据某一个位置上的小数。一般把小数点固定在最高位的左边，小数点前边再设一位符号位。按此规则，任何一个小数都可以写成：

$N=N_SN_{-1}N_{-2}\cdots N_{-M}$

其中N_S为符号位，如图1.3所示，即在计算机中用$M+1$个二进制位表示一个小数，最高（最左）一个二进制位表示符号（通常用0表示正号，1表示负号），后面的M个二进制位表示该小数的数值。小数点不用明确表示出来，因为它总是定在符号位与最高数值位之间。对用$M+1$个二进制位表示的小数来说，其值的范围为$|N|\leqslant 1-2^{-M}$。

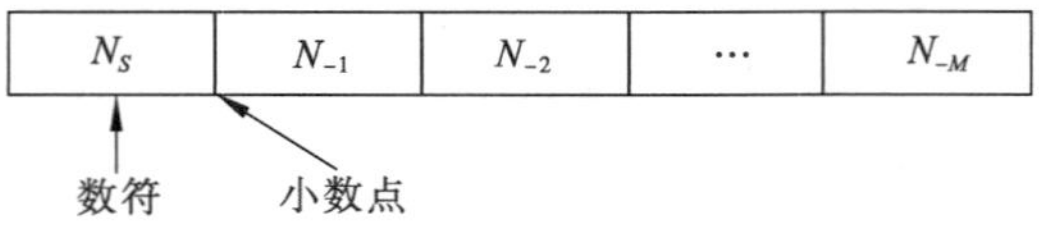

图1.3　定点小数

（2）整数的表示法。

整数所表示的数据的最小单位为1，可以认为它是小数点定在数值最低位（最右）右边的一种表示法。整数分为带符号整数和无符号整数两类。对于带符号整数，符号位放在最高位。可以表示为：

$N=N_SN_{M-1}N_{M-2}\cdots N_2N_1N_0$

其中N_S为符号位，如图1.4所示。

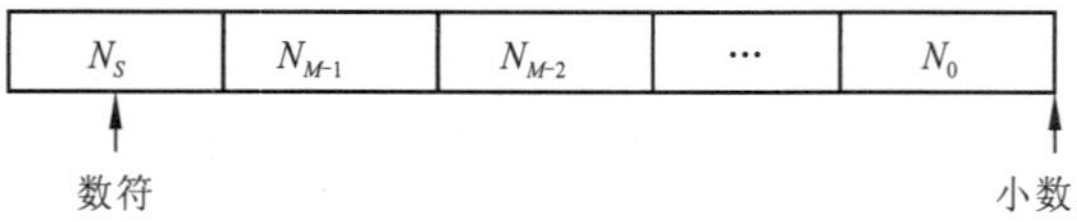

图1.4　整数

对于用$M+1$位二进制位表示的带符号整数，其值的范围为$|N|\leqslant 2^M$。

对于无符号整数，所有的$M+1$个二进制位均看成数值，此时数值表示范围为$0\leqslant N\leqslant 2^{M+1}-1$。在计算机中，一般用8位、16位和32位等表示数据。一般定点数表示的范围都较小，在数值计算时，大多采用浮点数。

（3）浮点数的表示法。

浮点表示法对应于科学（指数）计数法，如110.011可表示为：

$N=110.011=1.10011\times 2^{10}=11001.1\times 2^{-10}=0.110011\times 2^{+11}$

在计算机中一个浮点数由两部分构成：阶码和尾数。阶码是指数，尾数是纯小数，其存储格式如图1.5所示。

阶符	阶码	数符	尾数

图1.5　浮点数存储格式

阶码只能是一个带符号的整数，它用来指示尾数中的小数点应当向左或向右移动的位数，阶码本身的小数点约定在阶码最右面。尾数表示数值的有效数字，其本身的小数点约定在数符和尾数之间。在浮点数表示中，数符和阶符都各占一位，阶码的位数随数值表示的范围而定，尾数的位数则依数的精度要求而定。

> 注意：
> 浮点数的正、负是由尾数的数符确定，而阶码的正、负只决定小数点的位置。

1.2　程序设计方法

1.2.1　传统的结构化程序设计

传统的程序设计方法可以描述为“程序 = 算法 + 数据结构”，它将程序定义为处理数据的一系列过程。这种设计方法的着眼点是面向过程的，特点是数据与程序分离，即数据与数据处理分离。20世纪60年代，随着软件工程概念的提出，结构化程序设计方法逐渐产生并发展起来。

1976年，著名计算机科学家N.Wirth在其所著的《算法 + 数据结构 = 程序》一书中，明确提出算法和数据结构是程序的两个要素，即程序设计主要包括两方面的内容：行为特性的设计和结构特性的设计。行为特性的设计是指完整地描述问题求解的全过程，并精确地定义每个解题步骤，这一过程即是算法设计；而结构特性的设计是指在问题求解过程中，计算机所处理的数据及数据之间联系的表示方法。

结构化程序设计的核心是算法设计，基本思想是采用自顶向下、逐步细化的设计方法和单入单出的控制结构。自顶向下、逐步细化指的是将一个复杂任务按照功能进行拆分，形成由若干模块组成的树状层次结构，逐层细化到便于理解和描述的程度，各模块尽可能相对独立。而单入单出的控制结构指的是每个模块内部均用顺序、选择和循环三种基本结构来描述。

结构化程序设计将任务划分为模块，对各个模块进行独立的设计和测试，这为处理复杂问题提供了有力手段，所以一度成为程序设计的主流方法。然而到20世纪80年代末，这种设计方法开始逐渐暴露出缺陷。主要表现在：

（1）难以适应大型软件的设计。由于数据与数据处理相对独立，在大型多文件软件系统中，随着数据量的增大，程序变得越来越难以理解，多个文件之间的数据沟通也变得困难。

（2）程序可重用性差。结构化程序设计由于缺乏软件重用能力的工具，即使处理老问题，处理方法的改变或数据类型的改变都将导致重新设计，导致重复投入。

1.2.2 面向对象的程序设计

虽然结构化程序设计方法具有很多的优点，但还是存在程序可重用性差、不适合开发大型软件的不足。为了克服以上的缺点，一种全新的软件开发技术应运而生，这就是面向对象的程序设计方法。

面向对象程序设计方法将数据及对数据的操作方法放在一起，作为一个相互依存、不可分离的整体——对象。对同类型对象抽象出其共性，形成“类”。类通过一个简单的外部接口与外界发生关系，对象与对象之间通过发送消息进行通信。这样，程序模块间的关系更为简单，程序模块的独立性、数据的安全性有了良好的保障。另外，通过类的继承与多态可以很方便地实现代码的重用，大大缩短了软件开发的周期，使得软件的维护更加方便。

面向对象的程序设计并不是要摒弃掉结构化程序设计，这两种方法各有用途、互为补充。在面向对象程序设计中仍然要用到结构化程序设计的知识。例如，在类中定义一个函数就需要用结构化程序设计方法来实现。

面向对象程序设计的基本概念有对类、象、封装、继承、多态性等，第7章有详细的讲解。

1.3 算法的概念及表示方法

1.3.1 算法的概念

算法就是解决问题的步骤序列，它规定了解决某一特定问题的一系列运算。通俗地说，为解决问题而采用的方法和步骤就是算法。

1. 算法的基本特征

① 确定性。在算法的设计中，算法的每个步骤必须要有确切的含义，不允许有模糊的解释，也不能有多义性，即每个操作都应当是清晰的、无二义性的。

② 有穷性。指的是算法必须在执行有穷步后结束，而不能陷入死循环。

③ 有效性。算法中的每个步骤都应当能有效地执行，并得到确定的结果。

④ 有零个或多个输入。在算法执行的过程中需要从外界取得必要的信息，即输入必要的数据，并以此

为基础解决某个特定问题。所谓零个输入是指算法也可以没有输入，此时就需要算法本身给出必要的初始条件（初值）。

⑤ 有一个或多个输出。设计算法的目的就是要解决问题，算法的计算结果就是输出。没有输出的算法是毫无意义的。一个算法有一个或多个输出，以反映对输入数据加工后的结果。

2. 算法的基本要素

算法由操作和控制结构两个要素组成。

（1）对数据对象的运算和操作。

通常，计算机可以执行的基本操作是以指令的形式描述的。一个计算机系统能执行的所有指令的集合称为该计算机系统的指令系统。计算机程序就是按解题要求从计算机指令系统中选择合适的指令所组成的指令序列。在一般的计算机系统中，对数据对象基本的运算和操作有以下四类。

① 算术运算：主要包括"加""减""乘""除""求余"等算术运算。

② 关系运算：主要包括"大于""大于等于""小于""小于等于""等于""不等于"等关系运算。

③ 逻辑运算：主要包括"与""或""非"等逻辑运算。

④ 数据传输：主要包括输入、输出、赋值等数据传送操作。

（2）控制结构。

算法的功能不仅取决于所选用的操作，还与各操作之间的顺序有关。在算法中，各操作之间的执行顺序又称算法的控制结构。算法的控制结构给出了算法的基本框架，它不仅决定了算法中各操作的执行顺序，也直接反映了算法的设计是否符合结构化原则。

一般的算法控制结构有三种：顺序结构、选择结构和循环结构。

1.3.2 算法的表示方法

算法的表示方法有很多，如图形化表示的流程图、结构化流程图（N-S图）和类自然语言表示的伪代码等。其中流程图是一种传统的、广泛应用的算法描述工具，也是最常见的算法图形化表达工具，它使用一些图框、流程线来形象、直观地描述算法处理过程。图1.6为算法的三种基本控制结构的执行流程图。

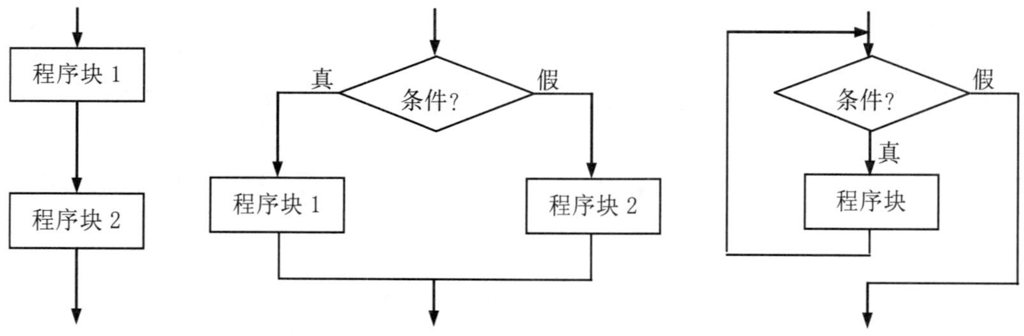

（a）顺序结构　（b）选择结构　（c）循环结构

图1.6　三种基本结构流程图

1.4　程序设计语言的发展

1.4.1 程序设计语言的演变

众所周知，人与人之间的交往是通过语言进行的。同样，人与计算机之间交换信息也必须有一种语言作为媒介，这种语言称为计算机语言。如果需要计算机来解决某个实际问题，就必须采用计算机语言来编制相应的程序，然后由计算机执行编制好的程序，最终达到解决问题的目的。

编制程序的过程称为程序设计，因而计算机语言又称为程序设计语言。按照程序设计语言对计算机的依赖程度可分为3大类，即机器语言、汇编语言和高级语言。

1. 机器语言

机器语言即是机器指令系统，也就是计算机所有能执行的基本操作的命令。机器语言是用二进制代码表示的程序设计语言，是最低级的语言。用机器语言编写的程序称为机器语言程序，能直接被计算机识别和执行，因此执行速度较快。

但是由于机种不同，其指令系统是不一样的。所以，同一道题目在不同的计算机上计算时，必须编写不同的机器语言程序，也就是说机器语言程序的可移植性差；另外，由于机器语言中每条指令都是一串二进制代码，因此可读性差、不易记忆；编写程序既难又繁，容易出错；程序的调试和修改难度也很大，因此很少用机器语言编程。

例如，用8088微处理器的机器语言编写7+5的程序，要用到下面的机器指令：

```
1011000
0000101     } 表示将数据 5 送到累加器 AL 中。
00000100
00000111    } 表示把 AL 中的数据同 7 相加，结果放在 AL 中。
```

2. 汇编语言

为了解决机器语言的上述缺点，20世纪50年代初，出现了汇编语言。汇编语言是一种符号化的机器语言，它不再使用难以记忆的二进制代码，而是使用比较容易识别、记忆的助记符号代替操作码，用符号代替操作数或地址码。例如，上面的例子若写成汇编语言，则形式如下：

```
MOV  AL,5                //把5送到AL中
ADD  AL,7                //7+5的结果仍存在AL中
```

可以看出，程序的可读性大大增强了。与机器语言相比较，汇编语言在编写、修改和阅读程序等方面都有了相当的改进。但这种语言还是从属于特定机型的，除了用符号代替二进制码外，汇编语言的指令格式与机器语言相差无几。用汇编语言编写的程序称为汇编语言程序，计算机不能直接识别、执行它，要经过汇编程序翻译成机器语言程序（称目标程序）后才能执行，这个翻译过程称为汇编。汇编语言程序的可移植性也较差。

由于从执行速度和占用内存空间角度上讲，汇编语言较好，通常情况下用汇编语言来编写效率较高的实时控制程序和某些系统软件。

3. 高级语言

高级语言是与人类自然语言相近似的，而不依赖于任何机器指令系统的程序设计语言，其语言格式更接近于自然语言，或接近于数学函数形式。描述问题与计算公式基本一致，可读性较好，它们是面向过程的语言。由高级语言编写7+5的程序如下：

```
A=7+5                          //7+5的结果存放在变量A中
```

高级语言的通用性较好，易于掌握，大大提高了编写程序的效率，改善了程序的可读性，用高级语言编写的程序称为高级语言源程序。与汇编语言相同，计算机是不能直接识别和执行高级语言源程序的，也要用翻译的方法把高级语言源程序翻译成等价的机器语言程序（称为目标程序）才能执行。通常高级语言程序的翻译有两种方式：解释方式和编译方式。

1.4.2 程序设计语言处理系统

计算机只能直接识别和执行机器语言，那么要在计算机中运行高级语言程序就必须配备程序语言翻译程序，简称翻译程序。翻译程序本身是一组程序，不同的高级语言都有相应的翻译程序。对于高级语言来说，翻译的方法有解释和编译两种。

1. 解释方式

将源程序逐句解释执行，即解释一句就执行一句，其过程如图1.7所示，在解释方式中不产生目标文件。早期的BASIC语言采用"解释"方法，它是用解释一条BASIC语句执行一条语句的方法，效率比较低。

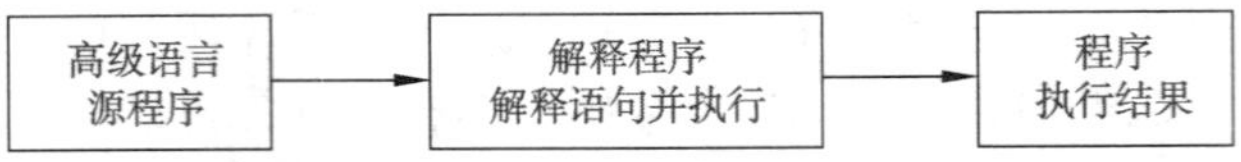

图1.7　高级语言源程序的解释过程

2. 编译方式

将整个源程序翻译成机器语言程序，然后让机器直接执行此机器语言程序。目前，流行的高级语言C、C++、Visual Basic等都采用编译的方法。它是用相应语言的编译程序先把源程序编译成机器语言的目标程序（扩展名为.obj），然后再用连接程序，把目标程序和各种标准库函数连接装配成一个完整的可执行的机器语言程序才能执行。简单地说，一个高级语言源程序必须经过编译和连接两步后才能成为可执行的机器语言程序。尽管编译的过程复杂一些，但它形成可执行文件（扩展名为.exe），且可以反复执行，速度较快。图1.8所示为高级语言的编译过程。运行程序时只要执行可执行程序即可。

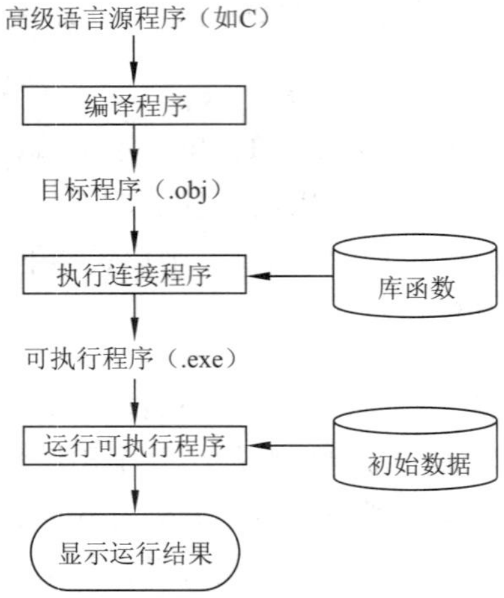

图1.8　高级语言源程序的编译过程

对源程序进行解释和编译任务的程序，分别称为解释程序和编译程序。例如，C++等高级语言，使用时需有相应的编译程序；而BASIC等高级语言，使用时需用相应的解释程序。

1.4.3　C语言和面向对象的C++语言

1960年出现的ALGOL 60是一种面向问题的高级语言，它离硬件比较远，不宜编写系统程序。1963年英国剑桥大学推出了CPL（Combined Programming Language）语言，它在ALGOL 60的基础上接近硬件一些，但规模比较大，使用困难。1967年英国剑桥大学的Martin Richards对CPL进行了简化，推出了BCPL（Basic Combined Programming Language）语言。

1970年，美国贝尔实验室的Ken Thompson以BCPL语言为基础，设计出了很简单又很接近硬件的B语言（BCPL第一个字母），并用B语言对用汇编语言编写的UNIX操作系统进行了部分改写，此时的B语言过于简单，功能有限。1972年至1973年间，贝尔实验室的D.M.Ritchie在B语言的基础上设计出了C语言（BCPL第二个字母）。C语言既保持了BCPL和B语言精练和接近硬件的优点，又克服了它们过于简单和无数据类型等缺点。1973年，贝尔实验室的Ken Thompson和D.M.Ritchie将UNIX操作系统的90%用C语言改写。

后来人们又对C语言进行了多次改进，但主要还是在贝尔实验室内部使用。直到1975年UNIX 6.0的发布，C语言的优点才引起人们的广泛注意。1978年以后，C语言先后移植到大、中、小、微型计算机上，很快风靡全世界，成为应用最广泛的计算机语言之一。

C语言是结构化、模块化的程序设计语言，是面向过程的，在处理小规模程序时较为得心应手。当问题非常复杂、程序规模很大时，面向过程的程序设计方法就显示出它的不足。于是，为适应面向对象的程序设计方法，人们在C语言基础上加以发展。20世纪80年代AT&T公司的贝尔实验室的Bjarne Stroustrup博士在C语言基础上开发出支持面向对象的C语言，被他称为“带类的C”。后来为了强调它是C的增强版，1983年Rick Masenirti提出改称为C++。

C++是一门高效实用的混合型程序设计语言，它最初的设计目标是：支持面向对象编程技术；支持抽象形态的类；更好的C语言。C++语言包括两部分：一是C++基础部分，它是以C语言为核心的；另一部分是C++面向对象部分，是C++对C语言的扩充部分。这样它既支持面向对象程序设计方法，又支持结构化程序设计方法，同时由于它广泛的应用基础和丰富的开发环境的支持，也使面向对象程序设计得到很快普及。

C++的基础部分与C语言相比除了一些细微的差别外，可以说是超级C语言，它保留了C语言功能强、效率高、风格简洁、适合于大多数的系统程序设计任务等优点，使得C++与C之间取得了兼容性，因此，在过去的软件开发中积累的大量的C的库函数和实用程序都可在C++中应用。

另外，C++语言通过对C的扩充，克服了原有C语言的缺点，完全支持面向对象程序设计方法，支持类的概念。类是一种封装数据和对这些数据进行操作的函数的用户定义的类型，提供了数据隐蔽功能，可确保程序的稳定性、可靠性和可维护性。C++还支持继承、派生和多态性等层次结构，使得其代码具有高度的可重用性。

1.5 一个简单的C++程序

下面通过一个简单的实例，分析C++源程序的基本构成。

【例1.1】编写程序，该程序在控制台上显示信息“Hello world”。

源程序：

```
#include <iostream>                    //第1行：包含头文件
using namespace std;                   //第2行：使用std命名空间
int main()                             //第3行
{                                      //第4行
    cout<<"Hello world"<<endl;         //第5行
    return 0;                          //第6行
}                                      //第7行
```

该程序的运行结果为：

```
Hello world
```

一个C++程序是由注释、编译预处理命令和函数构成的。

（1）注释（comment）。

程序中以//开始的内容称为注释，如“第1行：包含头文件”“第2行：使用std命名空间”等均为注释部分。注释的作用是对程序进行说明，是给读者看的，以便读者能更好地理解程序，适当的注释可以提高程序可读性，编写程序时可以根据需要进行添加。注释不是编程语句，在编译时会被编译器忽略，因此对程序的运行没有影响。

注释也可以包含在“/*”和“*/”之间，位于这对符号之间的任意多行内容即为注释部分，因此当需要对多行内容进行注释时，可以使用这对符号。当编译器遇到“/*”时，则会检查后续内容直至遇到“*/”，而后忽略两者之间的所有内容。

（2）编译预处理命令。

编译预处理命令是以#号开始的内容，程序中第1行#include <iostream>就是编译预处理命令（详见第5章），该命令为文件包含命令，作用是将iostream文件的内容包含到该命令所在的程序文件中，这样程序就可以直接使用iostream文件中的内容。iostream是输入输出流的意思，该文件的作用是向程序提供输入或输出时所需要的信息，由于这类文件总是放在程序的头部，因此称为“头文件”（header file）。

程序的第2行为using namespace std;语句，该语句表示程序包含的头文件放在称为std的命名空间中。std的含义是标准命名空间（standard namespace）。C++标准库中的类和函数是在命名空间std中声明的，因此程序中如果需要使用到C++标准库（此时需要使用#include命令行），就需要使用using namespace std;语句。

在初学C++时，对程序的第1、2行可不必深究，只需知道如果程序需要输入或输出，必须使用#include <iostream>命令提供必要的信息，同时要使用using namespace std;语句使程序能够使用这些信息，否则在编译时会出现错误。

（3）主函数

程序中第3~7行为主函数main()的定义，main是主函数的名字。每一个C++程序都必须有一个主函数，且只能有一个主函数。主函数是程序执行的入口，也是程序的出口。第3行为main函数的声明部分，main前面的int表示main函数的类型是整型（标准C++规定main函数必须定义为整型）。第6行是返回语句，其作用是向操作系统返回一个零值。该语句应放置在每个主函数的末尾，用于退出程序。如果程序不能正常执行，该语句会自动向操作系统返回一个非零值，通常为-1。

第4~7行为函数体，函数体是由一对{}括起来的若干语句，每一个语句的最后都必须有一个分号，表示一条语句的结束。该程序中的第5行，即函数体内的语句cout<<Hello world<<endl；是将双引号内的字符输出到系统指定的输出设备（通常为显示器）。cout是系统定义的对象名，称为输出流对象。为便于理解，把用cout和<<实现输出的语句简称为cout语句（有关cout语句的使用可参见第3章）。

函数是构成C++程序的基本单位，一个C++程序中除了主函数外，还可以包含其他函数，每个函数完成一定的功能。在前四章涉及的程序一般都只包含一个主函数，关于函数的内容可参见第5章。函数中的每个语句都以分号作为结束符，若语句后缺少了分号，编译时会出错。

在书写时，可以在一行内写几个语句，也可以将一个语句写在多行。为增强程序的可读性，通常一条语句占一行，每行语句进行缩进。

1.6　C++程序的编写与实现

一个C++程序从编写到得到运行结果，必须经过编辑建立源程序文件（.cpp）、经过编译生成目标程序（.obj）、连接生成可执行的文件（.exe），最后才能运行得到结果，这个过程是反复的，如图1.9所示。

1. 编辑

编辑即用C++语言编写程序，用C++语言编写的程序称为C++源程序，以.cpp作为扩展名。

2. 编译

由于计算机只能识别二进制指令，因此使用高级语言编写的程序不能直接被计算机识别和执行。为了使计算机能执行用高级语言编写的程序，首先要使用编译器（compiler，也称为编译程序或编译系统）将源程序翻译为二进制形式的目标程序，目标程序的扩展名为.obj。编译的作用是对源程序进行词法和语法的检查，词法检查是检查源程序中的单词拼写是否正确，如误将void写作viod。语法检查是检查程序的语法是否正确，例如在语句的末尾未加分号。

编译结束后会显示所有的编译错误信息，一般编译系统给出的错误信息分为两种：一种是错误（error）；一种是警告（warning）。

一旦检查出错误（error），就不能生成目标程序，必须对源程序文件进行修改，修正错误后，重新进行编译，当编译没有错误后，才会生成目标程序。

警告（warning）表示源程序可能有错误，也可能不是错误。一般来说，如果只出现警告信息，仍然可以继续连接、运行程序。有些程序员因此而经常忽视这些编译警告，继续连接程序、运行程序，直到出现运行错误后再回过头来检查这些警告信息，这是非常不好的习惯，因为运行错误比编译错误更难于检查和修改，严重的运行错误还会引起“死机”现象。因此，建议在出现编译警告时最好仔细检查程序，设法消除引起警告的原因。

3. 连接

生成目标程序后，就可以进行连接操作，连接的目的是将目标程序和系统的库文件以及系统提供的其他信息连接起来，最终形成一个可执行的二进制文件，其扩展名为.exe，是可以直接运行的。如果连接时出现错误，例如程序中包含了两个main函数或没有main函数，此时也要对源程序文件进行修改，而后再编译、连接，若没有错误，才能生成可执行文件，如图1.9所示。

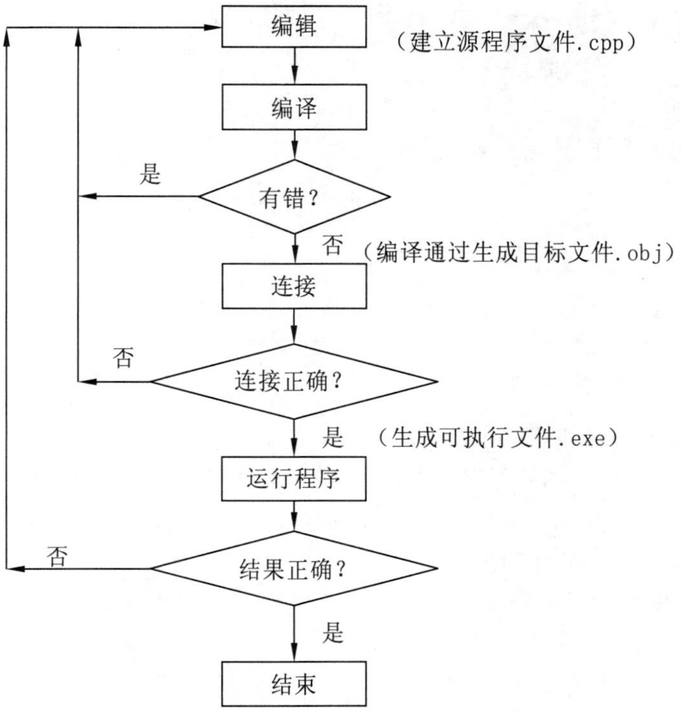

图1.9 建立一个C++程序的操作流程

4. 运行

运行生成的.exe文件，即可得到程序的运行结果。对运行结果进行分析，若结果有误，说明程序中有逻辑错误，此时还是要修改程序，而后重新进行编译、连接、运行，直到程序的运行结果正确。

1.7 使用Visual C++开发C++程序

Visual C++是Microsoft公司开发的Visual Studio的一部分，是一个集成开发环境（Integrated Development Environment，IDE），集代码的编辑、编译、连接和运行、调试功能于一体，不仅可以开发C++程序，还提供了MFC（Microsoft Foundation Class）及开发工具，用于快速的创建基于Windows的应用程序框架。本书介绍Visual C++6.0，简称VC 6.0。

下面介绍如何在Visual C++中创建一个项目、创建一个源程序文件到项目中，以及如何编译和运行程序。

1. 启动Microsoft Visual C++ 6.0

安装Microsoft Visual C++ 6.0后，可以在“开始”菜单中的“所有程序”中选择“Microsoft Visual Studio 6.0”级联菜单下的“Microsoft Visual C++ 6.0”命令，启动Visual C++ 6.0，或双击桌面上名

为“Microsoft Visual C++ 6.0”的快捷方式图标，也可启动Visual C++ 6.0。启动后的界面如图1.10所示。

2. 创建项目

为了在Visual C++ 6.0中创建C++程序，必须首先创建一个项目。项目像一个容器一样将所有文件联系在一起。

（1）在“File”菜单下，选择“New”命令，弹出“New”对话框，在“Projects”选项卡下的列表框中列出了Visual C++可创建的项目类型，如图1.11所示。

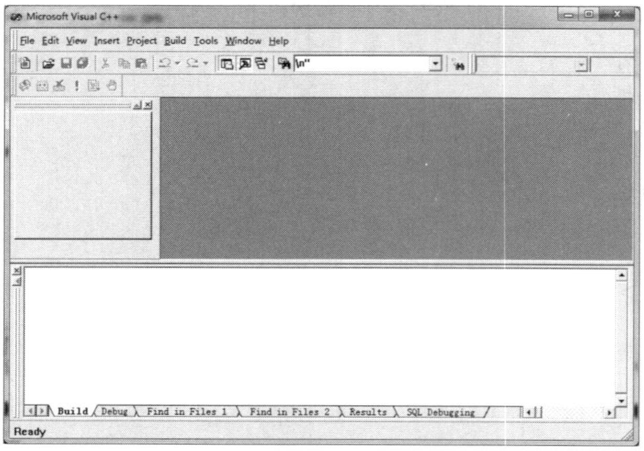

图1.10 Visual C++ 6.0启动界面

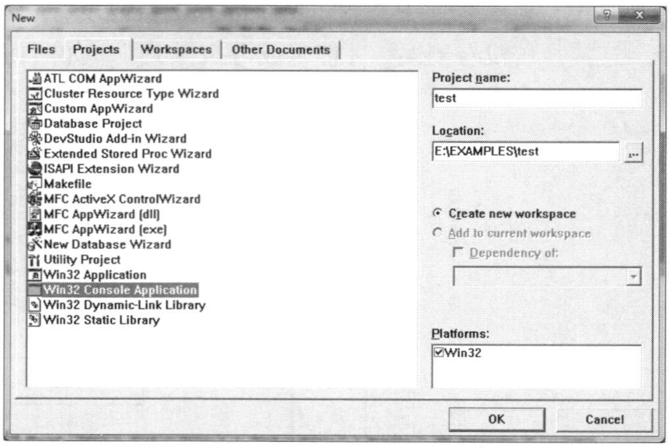

图1.11 “New”对话框

（2）在“Projects”选项卡选择“Win32 Console Application”（Win32控制台应用程序），在“Project name”（项目名称）中输入要创建的项目名，如test；在“Location”（位置）框中显示了存放该项目的位置，要设置项目的保存位置，可单击右侧的“…”按钮进行设置。单击“OK”按钮，弹出“Win32 Console Application-Step 1 of 1”对话框，如图1.12所示。

（3）该对话框提供了四种项目的类型，选择不同的选项，意味着系统会自动生成一些程序代码，为项目增加相应的功能。这里选择“An empty project”选项，则生成一个空白的项目。单击“Finish”按钮，弹出“New Project Information”对话框，显示出将要创建项目的有关信息，如图1.13所示。

（4）单击“OK”按钮，则完成项目的创建，此时在选定存储位置处建立了一个项目文件夹test，存放项目中的各个文件，包括工作区文件（.dsw）、项目文件（.dsp）及参数文件（.opt）等。

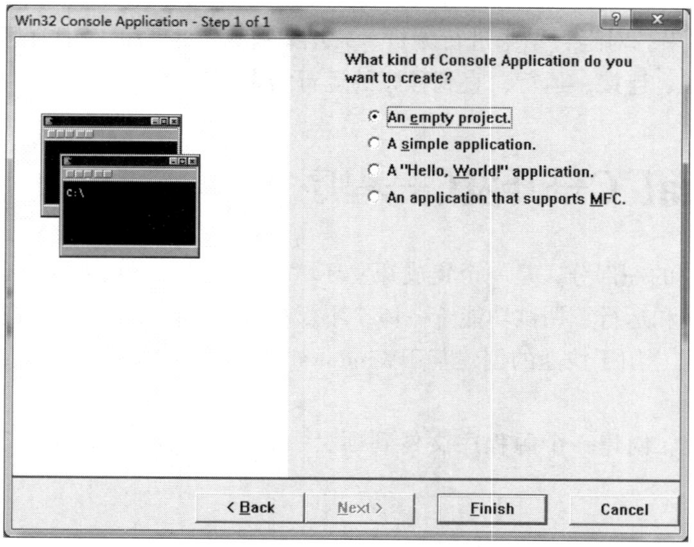

图1.12 “Win32 Console Application-Step 1 of 1”对话框

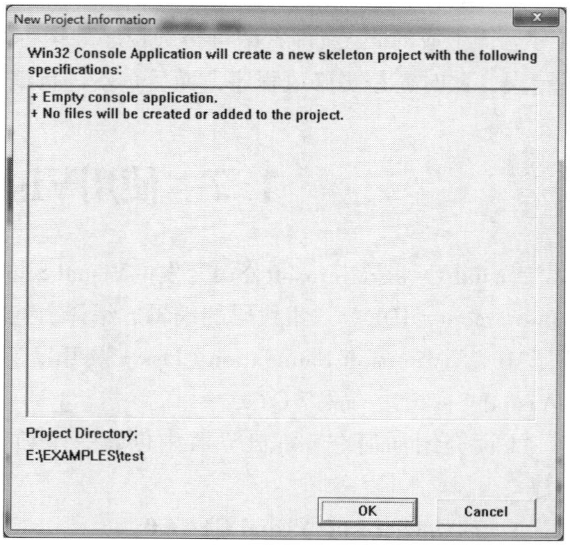

图1.13 “New Project Information”对话框

3. 创建C++源程序

创建一个项目之后，就可以在该项目中创建源程序文件。创建C++源程序的步骤如下：

（1）选择“File”菜单中的“New”命令，弹出“New”对话框，选择“Files”选项卡，如图1.14所示，其中列出了可创建的文件类型。

选择“C++ Source File”选项，新建C++源程序文件；在“File”编辑栏中输入新建文件名，如test1；注意选中“Add to project”复选框，以便将建立的源文件添加到项目中。单击“OK”按钮，创建源文件test1.cpp，并在右边的文件编辑窗口将其打开，此时就可以开始输入程序代码，如图1.15所示。

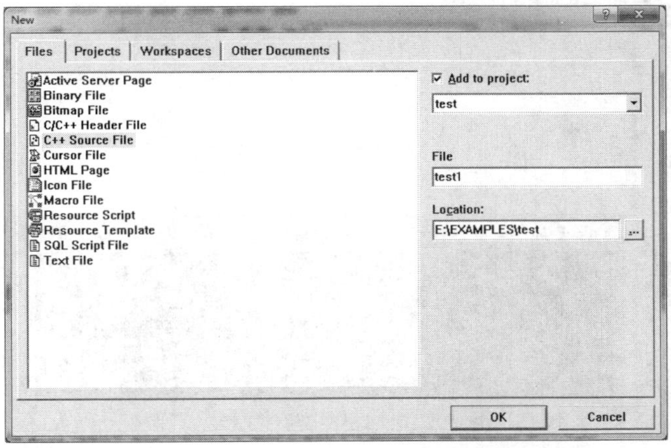

图1.14 “New”对话框中的“Files”选项卡

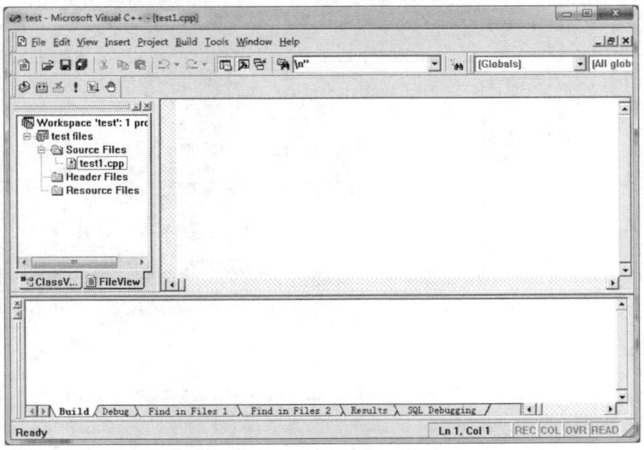

图1.15 在项目中创建了源程序test1.cpp

（2）在右侧窗口中输入例1.1所示的源程序代码，如图1.16所示。编辑完源文件，单击工具栏中的“Save”按钮保存源文件。

4. 编译源程序

源程序文件创建完后，就可以进行编译了。选择“Build”菜单中的“Compile”命令，或使用组合键【Ctrl+F7】，或单击工具栏上的“Compile”按钮都可对源程序文件进行编译。编译结果显示在下面的输出窗口，如图1.17所示。如果编译无错，则生成目标程序test1.obj文件；如果编译有错，则显示错误信息，需对源程序进行修改，修改后再次进行编译。

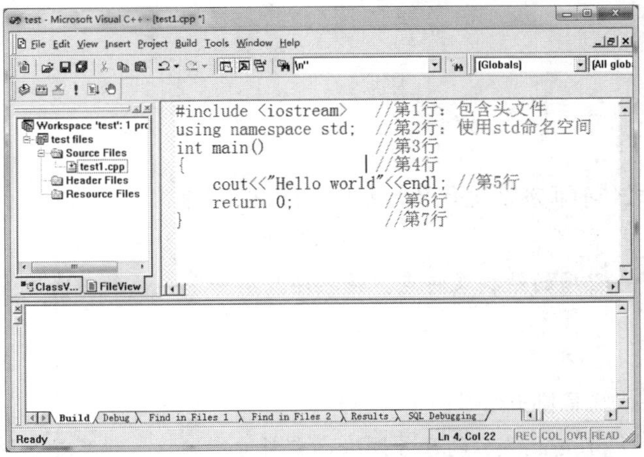

图1.16 输入test1.cpp的源代码

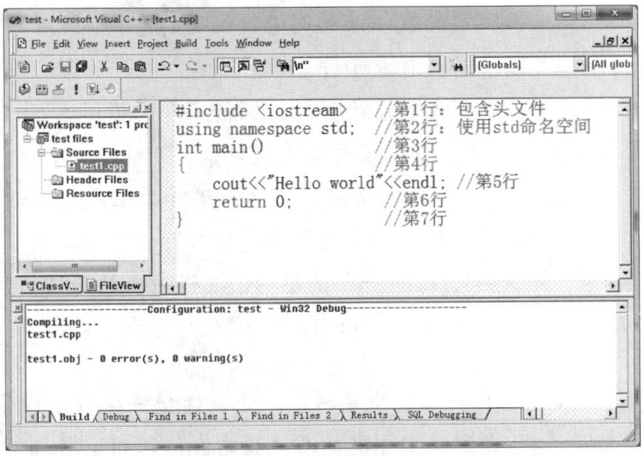

图1.17 对程序进行编译

5. 连接生成可执行文件

选择“Build”菜单中的“Build”命令，或使用快捷键【F7】或单击工具栏上的“Build”按钮，可连接生成可执行文件（.exe）。连接完成后，在输出窗口显示连接结果，如图1.18所示，如果正确，则生成可执行文件test.exe；若有错，则显示错误信息，需对源程序进行修改。如果连接时，项目中的源程序文件还没有进行编译，系统会先进行编译，编译无误后再连接生成可执行文件。

6. 运行程序

成功地建立了可执行文件后，即可执行程序。选择Build菜单中的“Execute”命令、单击工具栏上的“Execute Program”按钮或使用组合键【Ctrl+F5】，即开始执行程序。程序的运行结果会显示在一个DOS窗口中，如图1.19所示。此时检查运行结果是否正确，如果结果错误，需对源文件再次进行修改，直到得到正确结果。

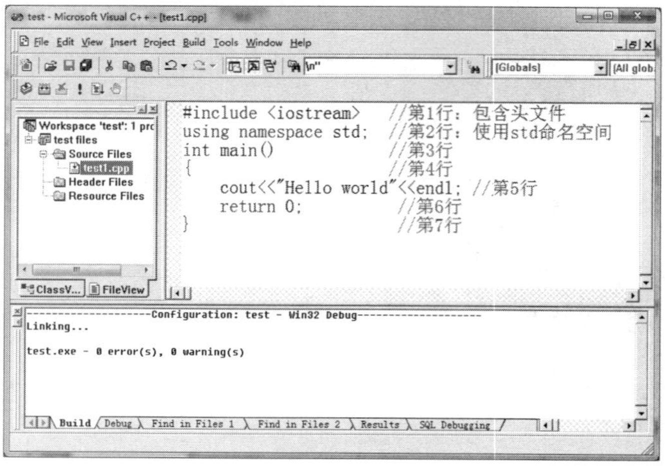

图1.18 对程序进行连接

图1.19 程序运行窗口

习 题

1. 将下列十进制数分别转换为二进制、八进制和十六进制。

100 241 1000

2. 将下例二进制数分别转换为十进制、八进制、十六进制。

01110111 10000111 111100001101

3. 计算机中的数值是如何进行编码的？

4. 算法有哪几种表示方法？

5. 解释什么是机器语言、汇编语言和高级语言？

6. C语言与C++语言的关系是什么？

7. C++源程序的扩展名是什么？编译后生成的目标文件的扩展名是什么？可执行程序的扩展名是什么？

8. 什么是注释？注释的作用是什么？

9. 仿照例1.1编写一个简单的C++程序，从而理解C++程序的结构及特点。该程序只由一个主函数组成，主函数的函数体中包含一个语句：

```
cout<<"This is a C++ program";
```

在Visual C++环境中编辑、编译、连接并运行该程序，观察输出结果。

10. 将9题程序中创建的程序语句cout<<"This is a C++ program";后的分号删除，重新进行编译，观察显示的编译错误。

11. 将9题中创建的程序中的main修改为mian，重新进行编译、连接，观察显示的连接错误。

第2章
基本数据类型及表达式

数据是程序中最基本的元素，是程序进行处理的对象。任何一种数据都有自身的属性，即数据值和数据类型，不同的数据具有不同的数据类型。凡是在程序中出现的数据，都要规定其数据类型。本章主要介绍C++的基本数据类型、运算符及表达式，重点在于学习变量的定义与使用方法，表达式的书写，以便为后续章节的学习打下良好的基础。

2.1 词法符号

每种程序设计语言都使用一些特定的字符来构造基本词法单位，进而描述程序语句，这些字符构成的集合就称为字符集。C++作为一种程序设计语言，也有严格的字符集和严密的语法规则，程序中的各种词法符号（如常量、变量、表达式、语句等）都是根据语法规则由字符集中的字符构成的。在程序中不能使用这个字符集以外的字符，否则就违反了语法规则。

2.1.1 字符集

C++的字符集（ASCII码字符集）包括：26个小写字母（a ~ z），26个大写字母（A ~ Z），10个数字（0 ~ 9），其他符号（+ - * / = , . _ : ; ? \ " ' ~ | ! # % & ( ) { } [ ] ^ < > 空格）。

只有使用C++字符集中的字符才可以构造各种词法符号，C++的字符集所构成的词法单位有5种：标识符、关键字、标点符号（分隔符）、常量和运算符。

2.1.2 标识符

用来标识变量、符号常量、函数和数据类型的有效字符序列就称为标识符（identifier）。简单地说，标识符就是一个名字，用以区分不同的变量、符号常量、数组和函数等。C++中，对标识符的命名要遵守一定的规则，其命名规则为：

（1）标识符只能由字母、数字和下画线组成，即：A ~ Z，a ~ z，0 ~ 9或_（下画线）。

（2）标识符的第一个字符必须是字母或下画线，不能用数字开头。

例如，下面的标识符都是合法的：

```
name      NAME          _old   F_747    a123   Total
```

而下面的标识符则是不合法的：

```
2b              //不能以数字开始
D$7             //不能使用$符号
name 1          //不能含有空格
f3.5            //不能含有小数点
```

使用标识符时，应注意以下几点：

（1）由于在C++语言中是区分大、小写字母的，因此time、TIME、Time被认为是三个不同的标识符。

习惯上，变量名、函数名和类型名常用小写字母表示，而符号常量使用大写字母表示。

（2）标识符的长度理论上可以任意长，但不同的C++编译器可能会有限制，为保证程序的可读性，可使用31个字符或更短的标识符。

（3）标识符不能分行书写。

（4）为了提高程序的可读性，在命名变量名或其他标识符时，最好做到简洁且“见名知意”，如使用day表示日期，area表示面积，sum表示和，average表示平均值等。

2.1.3 关键字

关键字（keyword）又称为保留字（reserved word），是由系统定义的具有特定含义的标识符。由于已经被系统占用，因此用户不能用关键字来命名变量名、符号常量名、函数名等。C++中的关键字都是小写的。

asm	do	inline	short	typeid	auto
double	int	signed	typename	bool	dynamic_case
long	sizeof	union	break	else	mutable
static	unsigned	case	enum	namespace	edef
using	catch	explicit	new	struct	virtual
char	extern	operator	switch	void	class
false	private	template	volatile	const	float
protected	this	wchar_t	const_cast	for	public
throw	while	continue	friend	register	true
default	goto	reinterpret_cast	try	delete	if
return	typedef				

2.2 基本数据类型

C++提供了丰富的数据类型，如图2.1所示。C++中的数据类型可分为两大类，一类是基本类型，由系统提供，用户可直接使用，如整型（int）、实型（float、double）、字符型（char）等；另一类是构造类型，是在基本类型的基础上，由系统或用户自行定义的，如数组、结构体（struct）、类（class）等。本节只对基本数据类型进行讨论。

不同类型的数据所占用的内存空间（字节数）和表示的数据范围都是不同的，如表2-1所示。

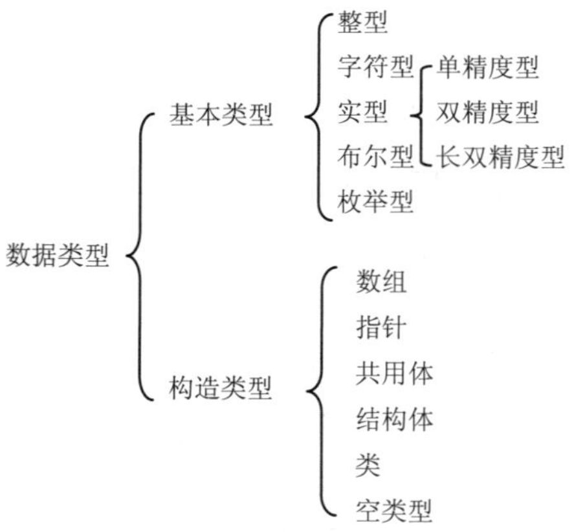

图2.1 C++数据类型

表2-1 C++基本数据类型描述

数据类型	存储字节数	数值范围
整型（int）	4	−2147483648～2147483647（-2^{31}～$2^{31}-1$）
短整型（short int）	2	−32768～32767（-2^{15}～$2^{15}-1$）
长整型（long int）	4	−2147483648～2147483647（-2^{31}～$2^{31}-1$）
无符号整型（unsigned int）	4	0～4294967295（0～$2^{32}-1$）
无符号短整型（unsigned short int）	2	0～65535（0～$2^{16}-1$）

续表

数 据 类 型	存储字节数	数 值 范 围
无符号长整型（unsigned long int）	4	0～4294967295（$0 \sim 2^{32}-1$）
字符型（char）	1	−128～127（$-2^7 \sim 2^7-1$）
单精度浮点型（float）	4	$-3.4 \times 10^{38} \sim 3.4 \times 10^{38}$
双精度浮点型（double）	8	$-1.7 \times 10^{308} \sim 1.7 \times 10^{308}$
长双精度（long double）	8	$-1.7 \times 10^{308} \sim 1.7 \times 10^{308}$
布尔型（bool）	1	true 或false

C++中的数据遵循“先定义后使用”的原则，即要对程序中使用的数据声明其数据类型，数据类型的作用有两个：

（1）它指出了该类型数据在内存中如何存储，即占用多大的存储空间，同时也确定了该类型数据的取值范围。

（2）它指出了该类型数据所能进行的运算。

在实际编程中，可根据所处理数据的特性确定其类型，如人数、年、月、日、年龄等都不可能有小数，所以确定为整型；而成绩、工资、销售额等都要精确到小数，所以可定义为实型。

说明：

（1）整型用于描述整数，整型又包括基本整型（int）、短整型（short int或short）和长整型（long int或long）三种整型，每种整型又分为有符号型（signed）和无符号型（unsigned）。它们所占内存字节数没有具体规定，只要求long型数据长度不短于int型，short型不长于int型。基本整型占用的字节数与机器型号和编译器有关，在Visual C++6.0中基本整型占用4个字节。

由于在实际应用中，有些数据常常是正数（如学号、年龄等），因此可将其定义为“无符号（unsigned）”类型。在以上三种整型前加上unsigned关键字，即指定该类型为无符号类型。如果加上关键字signed，则指定为有符号数。若既不加signed，也不加unsigned，则默认为有符号型（signed）。

（2）字符型（char）用来处理字符数据，存储的是该字符的ASCII码，占用1个字节。

（3）实型即浮点类型，是用于描述实数的。C++支持三种浮点类型：单精度（float）、双精度（double）和长双精度（long double）。double型数据占用的空间通常是float型的2倍，能容纳的浮点数的范围更大，精度也更高。

（4）布尔型（bool）用于描述逻辑量，其取值只有true（逻辑真）和false（逻辑假）两个值。在Visual C++6.0中布尔型数据在内存中占用1个字节。在C++内部用1表示true，用0表示false。

2.3　常量与变量

在C++程序中，数据是以常量（Constant）或变量（Variable）的形式来描述的。例如：

```
c = 2 * 3.14159 * r;
cout<<"circumference = "<<c;
```

在以上两个语句中，c、r称为变量，而2、3.14159、"circumference = "则称为常量。

2.3.1　常量

常量就是那些可以直接写在程序中的数据，在程序运行过程中其值始终保持不变。例如，上面语句中的2、3.141 59都是常量。

常量有两种形式：一种是以字面值的形式直接出现在程序中，如上面提到的2和3.14159；另一种常量是用标识符的形式表示，称为符号常量。

程序中的任何数据都要有确定的类型，每个常量也具有确定的数据类型。常量的类型由其表示方法决定，在程序中不必对常量的类型进行说明。在C++中，常量包括整型常量、实型常量、字符型常量和字符串常量。

1. 整型常量

整型常量即不含小数点的数，整型常量可用十进制、八进制和十六进制的形式来表示。

（1）十进制整型常量。

十进制整型常量与日常生活中的书写方式相同，以负号、0~9数字组成，如2、1234、10、-9都是合法的十进制整型常量。

（2）八进制整型常量。

以数字0开头的，由数字0~7组成的整型常量，如01777、010、032767为合法的八进制整型常量，而123，029则是非法的八进制整型常量。

（3）十六进制整型常量。

以0x或0X（数字0和字母X）开头的，由数字0～9、a～f（或A~F）组成的常量，如0x10、0x2f、0xa为合法的十六进制整型常量，而1A、0xgf、20H都是非法的十六进制整型常量。

（4）长整型常量。

以上介绍的整型常量的数据类型默认为基本整型int，若要表示长整型常量，可在末尾加上大写字母L（或小写字母l，为与数字1区分推荐使用L），如12L、-123L、010L、 027L、0xa2L、0x9FL等都是长整型常量。

2. 实型常量

实型常量又称为浮点型常量，浮点型常量有两种表示形式，即：小数形式和指数形式。

（1）小数形式。

由负号、数字和小数点组成，其中小数点必不可少，如2.0为实型常量，而2为整型常量。以下均为合法的实型常量：

```
3.14159    0.123    -12.3    0.0   .234    250.
```

（2）指数形式。

指数形式也称为科学表示法，它是由尾数部分、阶码标志（E或e）和指数部分组成的实型常量，尾数和指数部分都可以带有符号。如实数0.000 021可表示为2.1×10^{-5}，由于程序中无法表示上标，因此用字母E或e表示$\times10$，则该数可表示为2.1E-5。因此，实数1.23×10^{-3}在程序中表示为1.23E-3，-8.23×10^{6}表示为-8.23e6。

需要注意的是，在指数形式中，E或e的前后必须有数字，后面的指数部分必须为整数，例如3.E、1.2e.5、.E-5等都是非法的指数形式。

默认情况下，C++是把实型常量当作双精度类型的数据来处理的，因此若要表示float型常量，则必须在实型常量后面加F或f。若要表示长双精度型常量，则应在末尾加L（或l）。例如：

```
12.3F          //float型常量
12.3           //double型常量（缺省类型）
12.3e+4f       //float型常量
12.3E4         //double型常量（缺省类型）
1.23L          //long double型常量
```

3. 字符常量

C++中有两种字符常量，即一般字符常量和转义字符常量。

（1）一般字符常量。

即用单引号引起来的单个字符，如'a'、'A'、'x'、'$'、'#'等都是合法的字符常量，在内存中保存的是它们的ASCII码值，占据一个字节。

注意：

- 小写字母的ASCII码值是连续的整数，从'a'开始，然后是'b'、'c'、…、'z'。大写字母也是如此。小写字母'a'~'z'的ASCII码值为97~122，大写字母'A'~'Z'的ASCII码值为65~90，小写字母的ASCII码值大于大写字母的ASCII码值。同一个字母的大小写的ASCII码值的差值是32，即'a' - 'A'的值与'b' - 'B'的值相同，都是32。
- 数字字符'0'~'9'的ASCII码值是连续的整数，为48~57。整数0和数字字符'0'表示的是两个截然不同的数据，'0'是字符常量，占1个字节，其ASCII码值为48；而0则是整型常量，占4个字节。

（2）转义字符。

除了使用一般字符常量外，C++中还使用转义字符表示一些特殊字符。转义字符是一个以反斜杠\开头的特定字符序列，用于表示一些不可显示或无法从键盘输入的控制字符，常用的转义字符如表2-2所示。如用'\n'表示换行、'\t'表示制表符等。

转义字符的意思是将反斜杠\与后面的字符转变成为另外的含义，表中有些是控制字符，如'\n'，有些是表示某些符号的字符，如可用\'表示单引号'。

表2-2　转义字符表

字 符 形 式	ASCII码值	功　能
\0	0x00	NULL
\a	0x07	响铃
\b	0x08	退格（backspace键）
\t	0x09	水平制表（Tab键）
\n	0x0a	回车换行
\v	0x0b	垂直制表
\f	0x0c	走纸换页
\r	0x0d	回车（不换行）
\\	0x5c	反斜杠
\'	0x27	单引号
\"	0x22	双引号
\?	0x3f	问号
\ddd	0ddd	1~3位八进制数所代表的字符
\xhh	0xhh	1~2位十六进制数所代表的字符

表中最后两行是使用转义字符的形式表示任意一个字符，此时反斜杠后面是八进制或十六进制数值，该值为所要表示的字符的ASCII码值。例如，'\3'表示Ctrl+C，'\X0A'表示回车换行。由于字符型常量占用1个字节，所以转义字符使用八进制数表示时，最多是三位数，范围是'\000' ~ '\377'；使用十六进制数表示时，必须以x或X开头，表示的范围是'\x00' ~ '\xff'。

4. 字符串常量

用一对双引号引起来的若干个字符称为字符串常量。如"a"、"abc123"、"班级"、"123"、"CHINA"、"circumference = "，"￥1.23"等都是字符串常量。注意，字符常量和字符串常量中的字符都不受字符集限制，例如前面的"班级"也是一个合法的字符串常量。

在C++中，字符串常量与字符常量是不同的，字符串常量在内存中是按顺序逐个存储串中每个字符的ASCII码，并在最后自动加上一个'\0'字符，该字符称为字符串的结束标志，其ASCII码值为0。例如字符串"HELLO"，它在内存中要占用连续的6个字节进行存储，如图2.2所示。

'H'	'E'	'L'	'L'	'O'	'\0'

图2.2 字符串的存储示意图

字符串的长度是字符串中包含字符的个数，即'\0'字符之前的所有字符个数，包括转义字符。因此字符串常量实际占用的内存字节数是：串的长度+ 1。

> 注意：
>
> 'a'和"a"代表不同的含义。'a'由单引号引起来，是字符常量，在内存中只占用一个字节，存放的是字母a的ASCII码值97；而"a"是由双引号引起来的，为字符串常量，在内存中要占用两个字节，分别存放小写字母a的ASCII码值97和'\0'。

需要说明的是，当双引号作为字符串中的一个字符时，只能用转义字符的形式进行表示，例如：

```
"\"Book\""              //表示字符串"Book"
```

当单引号作为字符串中的一个字符时，可以直接书写，也可以使用转义字符的形式。例如：

```
"My sister\'s book"  或 "My sister's book"  //表示字符串 My sister's book
```

> 注意：
>
> 由于C++中没有提供专门处理字符串的基本数据类型，因此对于字符串常量的处理只能使用构造类型，如数组或指针变量，有关内容请参阅第4章。

5. 符号常量

在程序中，可以用一个符号来代替常量，也就是给常量起一个“名字”，这个“名字”就称为符号常量。例如，在对两个不同半径的圆进行面积和周长等运算时，反复输入圆周率3.14159是很烦琐的，这时就可以使用一个符号来表示它。

定义符号常量的形式为：

```
const 数据类型 符号常量 = 常量表达式;
```

其中，const为定义符号常量的关键字，数据类型用来指定符号常量的类型，符号常量名为标识符，其命名要符合标识符的命名规则，习惯上常常用大写字母来表示，常量表达式的值即符号常量的值。

例如：

```
const double PI = 3.14159;    //将3.14159定义为符号常量PI
```

此时在计算半径为r的圆的面积和周长时就可以用PI来代表圆周率了。

【例2.1】使用符号常量表示圆周率，编写程序计算半径为1.5的圆的面积和周长。

源程序：

```
#include <iostream>
using namespace std;
const double PI = 3.14159;    //定义符号常量PI
int main()
{
    double r, c, s;
    r = 1.5;
    c = 2 * PI * r;           //使用符号常量PI
    s = PI * r * r ;          //使用符号常量PI
    cout<<c<<endl;
    cout<<s<<endl;
    return 0;
}
```

运行结果为：

```
9.42477
```

```
7.06858
```

与在程序中直接使用常量相比，使用符号常量有以下优点。

（1）增强了程序的可读性，便于理解常量的含义。

（2）增强了程序的可维护性。首先是可避免重复输入，其次当需要对符号常量值进行修改时，只需要在定义处进行一处修改即可，从而避免了在程序中多处查找修改的麻烦，同时也避免了因遗漏修改而导致的程序运行结果错误。例如在例2.1中，若需要将3.14159修改为3.14，只需修改符号常量定义语句即可。

```
const double PI = 3.14;
```

这样在计算面积和周长的运算中PI的值就是3.14了。

使用符号常量时要注意以下两点：

（1）在程序中不允许修改符号常量的值，因此符号常量在定义时就必须初始化，即在定义时为其赋值。例如下面语句是错误的定义方式：

```
const double PI;
PI = 3.14159;    // 错误，必须在定义时赋值
```

（2）在符号常量的定义中赋值号右侧的“常量表达式”中不能含有变量或函数。例如下面的定义形式是错误的：

```
int n = 5;
const int NUMBER = n + 10;  //错误，n为变量
```

2.3.2 变量

与常量不同，变量的值在程序的运行过程中是可以变化的。在程序中，变量实际代表的是计算机内存中的一块存储空间，存储空间的名称就是变量名，其中存储的内容就是变量的值，存储空间的具体大小则是由变量的类型决定的。在程序中使用变量时，系统会通过变量名找到对应的存储空间，从而访问其中的数据。

可以将变量看作是一个可以存放物品的盒子，盒子的名字就是变量名，盒子的大小取决于变量的类型，盒子里存放的物品即变量的值。盒子里可以存放不同的物品，即变量的值也是可以变化的。当把一个新的值存放到变量中时，变量原有的值会被新值覆盖掉而不复存在，即变量在某一个时刻只能保存一个值（与生活中的盒子稍有区别）。

C++中在使用变量前，必须先对变量进行定义，即定义其类型和名字。对于变量的定义，在程序编译时，编译器会根据变量的数据类型为变量分配一块存储空间，用于存储该变量的值。例如，若变量的类型为int型，则分配4个字节的存储空间，若为double型，则分配8个字节的存储空间。

变量定义的一般形式为：

数据类型 变量名表;

其中：

（1）变量名是用户定义的标识符，因此为变量命名时要符合标识符的命名规则。

（2）变量名表中可以包含多个变量，彼此之间要使用逗号分开。

（3）数据类型可为基本数据类型，也可以是构造类型。常用的几种基本类型为char（字符型）、int（整型）、long（长整型）、float（浮点型）和double（双精度型）。

例如：

```
int i, j, k;            //定义了3个整型变量i, j, k
double x, y, z;         //定义了3个双精度实型变量x, y, z
char flag;              //定义了1个字符型变量flag
```

在为变量选择数据类型时，应根据其将要存储的数据的特性确定数据类型，如要处理的是年龄、人数等，应选择整型，而工资、销售额、平均成绩等都需要精确到小数，因此应选择单精度或双精度型。另外，还应根据所要处理数据的大小确定数据类型。例如，某个运算的结果为整数，但是却超过了整型数据的取值范围，那么此时就不能再选择整型，从而应改用单精度数据类型或双精度数据类型表示。因此，在

为变量选择数据类型时，应确定以下几点：

- 数据的特性。
- 数据的取值范围。
- 数据可以参与的运算。

变量占用的内存字节数和取值范围由它们的数据类型所决定，如上面的变量定义中，i、j、k分别占用4个字节；x、y、z分别占用8个字节，而flag则占用1个字节。

C++中变量的定义可出现在程序中的任何位置，只要在使用该变量之前进行定义即可。而且，同一变量名只能定义一次，不能重复定义。例如：

```
int t;          //定义int型变量t
double t;       //定义double型变量t，错误，对t进行了重复定义
```

不同类型的变量不能在同一条语句中定义，如以下语句是错误的：

```
int t, char c;    //错误
```

正确的做法是：

```
int t;
char c;
```

2.3.3 变量的赋值与初始化

变量定义后，就有了对应的存储空间，但此时该存储空间内的值是一个随机值，也就是说此时变量的值是不确定的或不是程序中所需要的。因此在使用变量之前，应先为变量赋值。为变量赋值，就是将一个新值或确定的值存入变量对应的存储空间，此时原来的值就会被覆盖。

1. 赋值运算符与赋值表达式

赋值运算符（=）用于为变量赋值，赋值运算符与其两侧的操作数组成的表达式称为赋值表达式。赋值表达式的形式为：

变量名 = 表达式

赋值表达式的计算过程是先计算赋值运算符右边表达式的值，然后将其赋给左边的变量。赋值表达式本身也有值，其值即为赋值运算符左边的变量的值，其类型为左边变量的类型。例如，若已知变量x、y、s均为int型变量，则以下均为合法的赋值表达式：

```
x = 5       //将5赋值给变量x，x原有的值则被覆盖，赋值表达式的值为x的值5
y = x       //将变量x的值赋给变量y
s = x + y //先计算x + y的值，然后将其赋给s，该赋值表达式的值为s的值
```

在计算表达式s = x + y时，赋值运算符（=）与加号（+）是两个不同类型的运算符，此时要考虑运算符的优先级，根据优先级确定运算的顺序，优先级高的先计算，优先级低的后计算。由于x + y是一个算术表达式，而算术运算符的优先级高于赋值运算符，因此s = x + y的运算顺序是先计算x + y的值，然后再将x + y的值赋给s。实际上，在所有运算符中，赋值运算符是除了逗号运算符之外优先级别最低的运算符（有关运算符的优先级可参见2.4节）。

使用赋值运算符时应注意：

（1）赋值运算符左边必须是变量名，而不能是常量或表达式等。下面均为不合法的赋值方式：

```
2 = x              //错误，赋值运算符左边不能是常量
x + y = s          //错误，赋值运算符左边不能是表达式
```

（2）赋值运算符具有方向性，即只能将赋值运算符右边的数据赋予赋值运算符左边的变量。例如，下面两个表达式具有不同的含义。

```
t = x     //表示将x的值赋给t
x = t     //表示将t的值赋给x
```

（3）若赋值运算符右边表达式的值的类型与赋值运算符左边的变量的类型不一致，则要将表达式的值的类型转换为变量的类型，然后再进行赋值。例如：

```
int x;
x = 3.8;   //先对double型3.8进行类型转换，得到整型的3；再赋值给x，x的值为3
double t;
t = 2;     //t的值为2.0
```

（4）注意赋值运算符与数学上的等于号的含义完全不同。虽然赋值运算符与数学上的等于号形式相同，但是却有很多区别。例如，赋值运算符左边只能是变量名，而数学上的等于号两边既可以是常量也可以是表达式。又如：

```
x = x + 1
```

如果作为一个数学表达式，=表示等于，那这个表达式是不成立的，但这却是一个合法的赋值表达式，它表示将变量x的值加上1后的结果再赋给变量x，从而使变量x的值增1，而并非表示等号两边的值相等。

（5）在一个表达式中可以有多个赋值运算符，此时的运算顺序是从右向左的方向进行的（即右结合性，有关结合性可参看2.4节），例如：

```
x = y = z = 5
```

该表达式的运算顺序是：先将5赋给z，再把赋值表达式（z = 5）的值（即5）赋给y，再将表达式（y = 5）的值5赋给x，则整个表达式的结果为5。

使用赋值的目的是为了将赋值运算符右边表达式的值保存到变量中，而后就可以在后面的操作中使用该值了。程序中常常在赋值表达式后加分号;构成语句，即赋值表达式语句。

2. 变量的初始化

在定义变量的同时为变量赋初值，称为变量的初始化。例如：

```
char s = 'a', t = 'A';          //定义字符型变量s和t，并分别初始化为'a'和'A'
double area, r = 20, h;        //定义双精度实型变量area、r和h，只将r初始化为20
```

在使用变量的值进行计算时，必须保证变量有确定的值。对于已经定义而没有被赋值的变量，其值为不确定的随机值，而不是0，此时读取其值进行计算会导致错误的程序运行结果，因此在定义变量后应立即为变量赋值或在定义时对变量进行初始化。

2.4　运算符与表达式

程序中的大部分数据处理是通过运算符和表达式来实现的，同时也有相当一部分语句是由表达式构成的。对常量或变量进行运算或处理的符号称为运算符，参与运算的数据称为操作数，用运算符将操作数连接起来就构成了表达式。 C++中有丰富的运算符，不同的运算符其运算方法和特点也不同。本节只介绍常用的算术运算符、复合赋值运算符、自增自减运算符和逗号运算符，其他运算符在以后的章节中再逐一介绍。

运算符在使用时，应注意：

（1） 运算符的目数。每个运算符都有运算目数，即参与运算的操作数个数，根据操作数的个数可将运算符分为单目、双目和三目运算符。条件运算符是唯一的一个三目运算符。

（2） 运算符的优先级。每种运算符都有其优先级别，来决定运算的顺序。表达式中出现不同的运算符时，优先级高的先计算，优先级低的后计算。逗号运算符的优先级别最低，其次是赋值运算符。

（3） 运算符的结合性。结合性是指当相邻的两个运算符的优先级别相同时的运算顺序，是从左向右算，还是从右往左算。如果一个运算符对其操作数按从左向右的方向进行运算，称此运算符是左结合的，反之称其为右结合的。如a + b – c中，由于加法运算符和减法运算符的优先级别相同，此时在运算时应按照结合性决定运算顺序，从表2–3可知，加法和减法运算符都是左结合性的，因此先计算a+b，而后再减去c。

运算符的优先级和结合性决定了运算的顺序，表2–3中列出了各种运算符及其优先级和结合性。

表2–3　C++的运算符及其优先级和结合性

优　先　级	运　算　符	含　　义	目　　数	结　合　性
1	::	作用域运算符		左结合
	()	小括号		
	[]	下标运算符		
	–>	成员访问运算符		
	.	成员访问运算符		
2	!	逻辑非运算符	1	右结合
	~	按位取反运算符		
	++	自增运算符		
	––	自减运算符		
	–	负号运算符		
	(类型)	类型转换运算符		
	*	指针运算符		
	&	取地址运算符		
	sizeof	数据类型长度运算符		
	new	分配存储单元运算符		
	delete	释放存储单元运算符		
3	*	乘法运算符	2	左结合
	/	除法运算符		
	%	求余运算符		
4	+	加法运算符	2	左结合
	–	减法运算符		
5	<<	左移运算符	2	左结合
	>>	右移运算符		
6	<、<=、>、>=	小于、小于等于、大于、大于等于运算符	2	左结合
7	!=	不等于运算符	2	左结合
	==	等于运算符		
8	&	按位与运算符	2	左结合
9	^	按位异或运算符	2	左结合
10	|	按位或运算符	2	左结合
11	&&	逻辑与运算符	2	左结合
12	||	逻辑或运算符	2	左结合
13	?:	条件运算符	3	右结合
14	=、+=、–=、*=、/=、%=、<<=、>>=、&=、^=、|=	赋值运算符	2	右结合
15	,	逗号运算符	2	左结合

由表2–3可知，运算符的优先级比较复杂，笼统地讲优先级别从高到低依次是：单目运算符、算术运算符、关系运算符、逻辑运算符、条件运算符、赋值运算符和逗号运算符。

2.4.1　表达式

1. 表达式的组成

表达式是由操作数、运算符和小括号按一定规则组成的式子，其中构成表达式的操作数可以是常量、变量、函数等，小括号则可以改变运算的顺序。根据运算符的不同，表达式又分为算术表达式、关系表达式、逻辑表达式等。一个变量、常量或函数调用都是表达式。不管是什么表达式，经过运算后总能得到一个确定的值，而且是有类型的。表达式的计算要根据运算符的意义、优先级、结合性以及类型转换共同决定。

2. 表达式的运算顺序

C++中的表达式运算很灵活，运算顺序由运算符的优先级和结合性决定。如下面的表达式：

```
x = a + b * c / d
```

由于算术运算符的优先级别比赋值运算符高，因此先计算赋值号右边的表达式。因为乘法运算符*和除法运算符/的优先级比加法运算符+高，因此先计算b * c / d。*和/的优先级别相同，此时的计算顺序由结合性决定。因为算术运算符是左结合性的，因此先计算b * c，然后再除以d，而后再与a相加，最后把运算结果赋值给变量x。

由于小括号的优先级别最高，因此为达到想要的运算顺序，在表达式中可适当使用小括号来改变运算顺序。

3. 表达式的书写原则

程序设计语言中的表达式应该按照程序设计语言的规则来进行书写，而不能按照数学上的习惯书写。在C++中书写表达式时应注意：

（1）乘号不能省略。例如，x乘以y，应书写为x*y，而不能写成xy，否则编译器会认为xy是一个变量名。

（2）小括号可以改变运算顺序，但是小括号必须成对出现，而且只能使用小括号。在表达式中可以出现多个小括号，但是必须配对使用，例如，(-b+2*(a-c))/(2*d)。

（3）表达式中没有上标或下标，也没有分式，应从左到右在同一行上并排书写。例如变量名x2不能写成x_2，x^2应写作x*x。

（4） 数学表达式中的某些符号不能在表达式中使用，要使用其他符号或数值代替。例如，对数学表达式2πr，若要写成C++表达式应为2*3.14*r。又如表示百分数25%时不能直接写作25%，因为在C++中%是取余运算符，而应写作0.25。

2.4.2　算术运算符

算术运算符用于算术运算，由算术运算符连接操作数组成的表达式称为算术表达式。表2-4按优先级由高到低列出了C++中的算术运算符，其中*、/、%为同一级，+、-为同一级。

表2-4　算术运算符

算术运算符	操作	目数	结合性
-	负号	1	右结合
*	乘	2	左结合
/	除	2	
%	取余	2	
+	加	2	左结合
-	减	2	

其中负号运算符为单目运算符，加、减、乘、除和取余运算符为双目运算符。除法运算时的除数不能为0。

需要注意的是：

（1）%为取余运算符，它要求两边的操作数都必须是整数，如果对浮点数操作，则会引起语法错误。取余即取整数相除后的余数，余数的符号和被除数的符号相同，例如：

```
8%5运算结果为3
9%12运算结果为9
-15%12运算结果为-3
15%（-12）运算结果为3
12%12运算结果为0
```

（2） 进行双目运算时，运算结果的类型与操作数的类型相同，两个double型数据运算得到的结果是double型的，两个整型数据运算得到的结果是整型的。因此两个整数相除时，得到的结果的类型仍为整型。例如，1/2的结果为0，10/3的结果是3。

【例2.2】若有整型变量totalSeconds表示秒数，将其以小时:分钟:秒的形式显示。

源程序：

```
#include <iostream>
using namespace std;
int main()
{
    int totalSeconds = 13329;              // totalSeconds为秒数
    int sencond, minute, hour;             //second表示秒，minute表示分，hour表示小时
    sencond = totalSeconds % 60;           //计算秒
    int totalMinutes = totalSeconds / 60;  //计算总的分钟数
    minute = totalMinutes % 60;            //计算分钟
    int totalHours = totalMinutes / 60;    //计算总的小时数
    hour = totalHours  % 24;               //计算小时
    cout<<hour<<":"<<minute<<":"<<sencond<<endl; //输出
    return 0;
}
```

运行结果为：

```
3 : 22 : 9
```

2.4.3 复合的赋值运算符

使用复合的赋值运算符可以实现简写的赋值方法，与算术运算符相关的复合赋值运算符是由算术运算符与赋值运算符组合而成，分别为：+=、-=、*=、/=、%=，注意在算术运算符和赋值号之间不能有空格。表2-5列出了复合赋值运算符的使用示例，表中的x为整型变量，值为5。

表2-5 复合赋值运算符

复合赋值运算符	示　例	等 价 于	x的值
+=	x += 2	x = x +2	7
-=	x -= 2	x = x -2	3
*=	x *= 2	x = x * 2	10
/=	x /= 2	x = x / 2	2
%=	x %= 2	x = x % 2	1

当复合赋值运算符的右侧为表达式时，如：x/= y + 2，等价于x = x / (y + 2)，此时表达式两边的括号不能省略。

复合赋值表达式仍属于赋值表达式，它不仅可以简化书写，而且能提高表达式的运算效率。

2.4.4 自增、自减运算符

自增、自减运算符为++和--，其功能是将操作数的值增1或减1后再赋给操作数本身。自增、自减运算符都是单目运算符，只需要一个操作数，而且这个操作数必须是变量，而不能是常量或表达式。

自增、自减运算符可以写在变量的前面，如++i、--i，分别称为先增和先减；若写在变量的后面，如i++、i--，则分别称为后增和后减。

单独作为一个语句时，i++;和++i;都是实现i = i + 1，--i;和i--;实现i = i - 1，先增（减）和后增（减）是没有区别的。但如果用在表达式中，则会导致不同的结果。这里以自增运算符为例，分析i++和++i表达式的值。计算++i表达式时，i先进行增1运算，而后将i的新值作为表达式的值。计算i++表达式时，先将i的值作为表达式的值，然后再对i进行增1运算。

常见的自增、自减运算的四种形式为：

（1）i++：后增，i++表达式的值为i的值，然后i进行自增，即先取值后自增；

（2）++i：先增，i先进行自增，++i表达式的值为自增后的i的值，即先自增后取值；

（3）i--：后减，i--表达式的值为i的值，然后i进行自减，即先取值后自减；

（4）--i：先减，i先进行自减，--i表达式的值为自减后的i的值，即先自减后取值。

若i的值为3，表2-6所示为这4种形式下表达式和变量的值的变化情况。

表2-6　自增、自减运算的示例

自增/自减运算	y的值	自增/自减后i的值	说明
y = i++	3	4	等价于y = i; i = i + 1; 即先取值后自增
y = ++i	4	4	等价于i = i + 1; y = i; 即先自增再取值
y = i--	3	2	等价于y = i; i = i - 1; 即先取值再自减
y = --i	2	2	等价于i = i - 1; y = i; 即先自减再取值

从以上示例中可以看到，不管是先增或先减还是后增或后减，对于变量i而言，均是进行了增1或减1操作，而对自增、自减表达式而言，其值则是不同的。

【例2.3】自增、自减运算符的使用示例。

源程序：

```
#include <iostream>
using namespace std;
int main()
{
    int i = 2, j = 2, m, n;
    int x = 10;
    m = x - i++;
    n = x - ++j;
    cout<<"m = "<<m<<"\ti = "<<i<<endl;
    cout<<"n = "<<n<<"\tj = "<<j<<endl;
    return 0;
}
```

运行结果为：

```
m = 8    i = 3
n = 7    j = 3
```

分析：语句m = x - i++;中，i++为后增，因此i++表达式的值为i的值2，与x进行减法运算后的结果为8，赋给变量m，最后i再进行自增运算，i的值为3。语句n = x - ++j;中，++j为先增，即变量j先进行自增，其值为3，此时++j表达式的值即为3，然后再与x进行减法运算，将结果7赋给变量n，因此m、n的值分别为8、7；对于变量i和j而言，无论是先增还是后增，都只进行了一次自增操作，因此i和j的值都为3。

自增、自减运算符经常被用于循环结构或迭代运算中，通常用来计数。

2.4.5 逗号运算符

1. 逗号运算符

在C++中，逗号也是一个运算符，在所有运算符中它的优先级别最低。

2. 逗号表达式

用逗号连接起来的表达式称为逗号表达式，一般形式为：

```
表达式1,表达式2,表达式3,……表达式n
```

其运算过程是从左向右依次计算各个表达式的值，并将最后一个表达式的值作为整个逗号表达式的值。例如：

```
a = 1, b = a + 2, c = b + 3
```

该表达式的计算过程依次是：将1赋给a，再将a+2（即3）赋给b，最后将b+3（即6）赋给c，整个表达式的值为变量c的值，即6。

逗号表达式的值为最后一个表达式的值，即表达式n的值。例如：

```
d = (a = 1, b = a + 2, c = b + 3)
```

则d的值为6。

在所有运算符中，逗号运算符的优先级别最低，因此总是在最后进行计算。为了先进行逗号运算，可将逗号表达式用小括号括起来，如下列表达式：

```
x = y = (z = 3, 2 * 3)        // z的值为3, y的值为6, x的值为6, 表达式的值为6
x = y = z = 3, 2 * 3          // z的值为3, y的值为3, x的值为3, 表达式的值为6
x = (y = z = 3, 2 * 3)        // z的值为3, y的值为3, x的值为6, 表达式的值为6
```

注意，并非所有的逗号都构成逗号表达式，有些情况下逗号只作为分隔符，如定义多个变量时的分隔符和函数参数之间的分隔符等。

2.4.6 常用数学函数

C++中预定义了大量的标准函数供用户编程时使用，这些函数按功能可分为数学函数、字符串函数、输入输出函数、时间函数、图形函数等。在使用内部函数时，应把相关的头文件通过#include预处理命令包含到程序中。在标准数学库函数cmath中提供了丰富的数学函数，如三角函数、平方根、绝对值函数等，表2-7中列出了一些常用的数学函数。如果程序中要使用表中的数学函数，只要在程序的最前面加入文件包含命令即可：

```
#include <cmath>
```

表2-7 常用的数学函数

函数名	含义	范例	计算结果
abs(x)	求x（整数）的绝对值	abs(-4)	4
fabs(x)	求x（实数）的绝对值	fabs(-2.6)	2.6
sqrt(x)	计算x的平方根（x≥0）	sqrt(16)	4.0
exp(x)	计算e^x的值	exp(3)	20.086
pow(x,y)	计算x^y的值	pow(2, 3)	8.0
sin(x)	计算sinx，x为弧度值	sin(0)	0
cos(x)	计算cosx，x为弧度值	cos(0)	1
tan(x)	计算tgx，x为弧度值	tan(0)	0

2.4.7 类型转换

1. 表达式计算过程中的自动类型转换

在C++中，整型、单精度、双精度及字符型数据可以进行混合运算，即允许双目运算符两边的操作数的类型不同。当表达式中不同类型的数据进行运算时，会发生数据类型的转换，即先将不同类型的数据转换成相同类型，再进行计算。这种数据类型的转换是由系统自动转换完成的，在转换时按照以下的规则进行转换：

（1）操作数为字符型或短整型时，系统自动将其转换为整型。例如'A' + 'a'的结果为162（65 + 97 = 162），其实质是将两个字符的ASCII码值相加，运算结果类型为int。

（2）操作数为单精度float型时，系统自动将其转换为双精度double型。

（3）当两操作数类型不同时，将“所占存储空间小”的操作数的类型向“所占存储空间更大”的操作数的类型转换，转换为同一种数据类型后再进行运算，转换方向如图2.3所示，图中横向箭头表示系统自动转换的方向。注意，图2.3并不代表转换的中间过程。例如若一个double型的操作数与一个int型的操作数进行算术运算，是将int型操作数直接转换为double型，而无须先将int型操作数依次转换为unsigned、long、double。

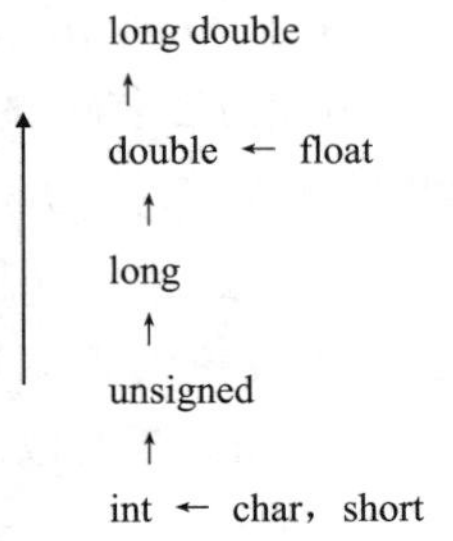

图2.3　类型转换规则

在经过类型转换后，运算符两边的操作数的类型就完全相同了，因此运算结果的类型与操作数的类型相同。

例如，1 / 2的结果为0，因为两个操作数都是int型，可直接计算，得到的结果也为int型。1.0 / 2的结果为0.5，这是因为1.0是double型，系统会自动将整型2转换为double型2.0，然后进行计算，结果也为double型。同理，1/2.0和1.0/2.0的结果均为0.5。

2. 赋值过程中的自动类型转换

在进行赋值运算时，如果赋值号右侧表达式的值的类型与左侧变量的类型不一致，在赋值时则会发生自动类型转换。此时，类型转换的原则是将右侧表达式的值的类型转换为左侧变量的类型。例如：

```
int a;
double b;
a = 5.8;      //a的值为5
b = 5;        //b的值为5.0
```

在语句a = 5.8;中，由于a为整型变量，因此需先将double型常量5.8转换为整型才能赋给变量a，a只接受5.8的整数部分，即将5赋给变量a，小数部分则丢失，相当于对5.8进行了取整运算。在语句b = 5;中，由于赋值号右侧的整型常量5的类型不同于左侧变量b的类型，这里是先将5转换为double型的5.0，然后再赋给变量b。因此不存在数据丢失的问题，但是这样做并不能增加数据的精度，而是改变了数据的表示形式。

再如，若有以下两条语句：

```
int x = 'A';
char s = x;
```

则x的值为65，s的值为'A'。

在为x赋值时，由于'A'为字符常量，x为整型变量，因此会将'A'转换为整型，实际是将字符'A'的ASCII码转换为整型赋给x，已知'A'的ASCII码为65，因此x的值为65。在为s赋值时，由于x的值为65，而s是char型变量，因此需先将x的值65作为ASCII码转换为对应的字符赋给变量s，此时s的值为字符'A'。

一般情况下，将数值取值范围小的类型转换为取值范围大的类型是安全的，而反之则是不安全的，则可能导致部分数据（如小数部分）丢失，从而进一步导致不正确的运算结果。因此在定义变量时，要为变量选取适当的数据类型以保证数值计算的正确性。

3. 强制类型转换

除了系统自动进行的类型转换外，C++还提供了在程序中进行强制类型转换的方法，即在表达式中可以根据需要把任意一个数据的类型转换为另一个数据类型。强制类型转换是靠强制类型转换运算符实现的，其一般形式为：

数据类型(操作数)

或　**(数据类型)操作数**

其中操作数可以是常量、变量或表达式。此时，是把操作数的数据类型强行转换为前面指定的数据类型。例如：

```
double f = 6.58;
```

则int(f)的值为整型6，注意此时f的值并没有发生变化，仍为6.58。这是因为变量f的数据类型是在定义时就已经确定了的，一经定义就不能发生变化。

在进行强制转换时，为数据类型加小括号或是为表达式加小括号在语法上都正确，如 double(5/2) 或 (double)(5/2)得到的结果都是2.0，都是先计算5/2得到结果整数2（注意这里是整除，不会得到2.5），然后再将整数2转换为double型的2.0。但是double(5/2)与(double)5/2的结果却是完全不同的。(double)5/2的值应为2.5，这是因为类型转换运算符的优先级别高于除法运算符/，因此首先将5转换为5.0，而后再计算5.0/2，根据以上介绍的表达式计算过程中的自动类型转换可知，该表达式的结果为2.5。

再如，若有以下定义：

```
double x = 5.2, y = 2.5;
```

则表达式 (int)x % (int)y的值应为1。计算过程为：首先进行强制类型转换，(int)x的值为整数5，(int)y的值为整数2，而后再进行取余运算，即5 % 2，得到结果为整数1。注意，此时x、y的数据类型与值并没有发生变化。强制数据类型转换并不改变操作数本身的类型，仅仅是通过类型转换运算得到一个与操作数类型不同的数据。

综上所述，本章着重介绍了C++中的基本数据类型以及数据的表示形式，使读者对C++基本语法有大致的了解。数据类型、常量、变量及运算符和表达式是程序设计的基础，因此读者应熟练掌握，以便为后续章节的学习打下坚实的基础。

习　　题

1. 下列哪些标识符是合法的，哪些不是，为什么？

```
2m  a+c  i*j  mm  data  n-a  m22  x  -n  a_1  成绩
```

2. 下面那些是C++的关键字？

```
int  float  main  include  radius  N
```

3. 下面哪些常量是合法的，说明其类型。

```
E+10    1.3f    2.1E-4    7L   '9'   'abc'   "计算机"   '\n'
```

4. 说明字符常量和字符串常量有何区别？

5. 使用符号常量有何好处？如何定义值为10的符号常量SIZE？

6. 写出下列表达式的值，其中a为整型变量，值为3。

```
47 / 9
47 % 9
'a' + 3
'2' - '0'
y = a++
a -= a *= a
y = (1, 2, 3)
pow(a, 4)
sqrt(4)
```

7. 在一个表达式中，不同类型的数据是否可以进行计算？表达式的计算结果的类型如何确定？

8. 如何将一个大写字母转换为对应的小写字母？

9. 将下列数学表示式写成C++表达式。

（1）$\dfrac{2x^2+3y^2}{x-y}$　　（2）$\dfrac{-b\pm\sqrt{b^2-4ac}}{2a}$

（3）$1+\dfrac{1+\dfrac{a}{b}}{1-\dfrac{a}{c}}$　　　　（4）$\dfrac{x}{\sqrt{|x^3+y^3+z^3|}}$

10. 写出下列程序的输出结果。

（1）________________

```
#include <iostream>
using namespace std;
int main()
{
    double x = 1.2, y = 8.5;
    int a = 3;
    double r = x + a % 3 *(int)(x + y);
    cout<<r;
    return 0;
}
```

（2）________________

```
#include <iostream>
using namespace std;
int main()
{
    int a = 2, b = 3;
    double x = 3.5, y = 2.5 ;
    double r = (double)(a + b) / 2 + (int)x % (int)y;
    cout<<r;
    return 0;
}
```

（3）________________

```
#include <iostream>
using namespace std;
int main()
{
    int x = 4, y = 8;
    double r = (++ x) * (--y);
    cout<<r;
    return 0;
}
```

（4）________________

```
#include <iostream>
#include <cmath>
using namespace std;
int main()
{
    int e = 1, f = 4, g = 2;
    double m = 10.5, n = 4.0;
    double r = (e + f) / g + sqrt(n)*1.2 / g + m;
    cout<<r;
    return 0;
}
```

（5）__________________

```
#include <iostream>
using namespace std;
int main()
{
    double x = 2.5, y = 4.7;
```

```
    int a = 7;
    double r = x + a % 3*(int)(x + y) % 2 / 4;
    cout<<r;
    return 0;
}
```

（6）____________________

```
#include <iostream>
using namespace std;
int main()
{
    int a, b, r;
    r = (a = 2, b = 5, a++, b++, a + b);
    cout<<r;
    return 0;
}
```

第3章 结构化程序设计

上一章介绍的常量、变量、运算符和表达式等基本要素都是构成程序的基本成分。本章介绍C++语言的语句和结构化程序设计中的顺序、选择和循环三种基本结构。

3.1　C++基本语句

一个为实现某种功能的程序都包含有若干语句，由语句向计算机系统发出操作指令。一个语句经编译后产生若干条机器指令。C++中的每条语句都必须以分号作为结束符，分号是语句不可缺少的部分。

C++语句一般分为以下五类：

（1）定义语句。如：

```
int a;                                  //定义整型变量a
double x,y,z;                           //定义实型变量x、y和z
const double PI = 3.14159;              //定义双精度实型符号常量PI
```

（2）表达式语句，即在任意一个表达式的后面加上分号就构成了一个表达式语句。程序中所涉及的大量操作都需要用表达式语句来实现，所以表达式语句是C++程序中使用较多的一种语句，其中最典型的是由赋值表达式构成的赋值表达式语句。例如：

```
i = 1
```

是一个赋值表达式，加上分号后：

```
i = 1;
```

就成为一个赋值表达式语句。因此，在任意一个表达式的后面加上一个分号就构成了一条语句，例如：

```
i++;
p = 1, sum = 0;
fun(w, v);          //函数调用
```

都是表达式语句。

（3）流程控制语句，用来对程序的流程进行一定的控制，从而改变程序的执行顺序。例如：

① 分支语句：if语句和switch语句。

② 循环语句：for语句、while语句和do-while语句。

③ 终止执行switch或循环语句的语句：break语句。

④ 结束本次循环的语句：continue语句。

⑤ 函数返回语句：return语句。

（4）空语句，即只包含有一个分号的语句，它什么也不做。下面就是一条空语句：

```
;
```

空语句虽然不实现任何操作，但它在语法上占据一条语句的位置。

（5）复合语句：由大括号{}括起来的若干语句组成，在语法上相当于一条语句。例如：

```
{
    t=x;
    x=y;
    y=t;
}
```

注意，右大括号}后面是没有分号的。C++的某些语句结构中常要求其内嵌语句只能是一条语句，如if语句的各分支和循环语句的循环体，如需要由多条语句实现的操作，为符合语法要求，则应将这些语句用大括号括起来构成复合语句，从而在语法上相当于一条语句，这些内容将在本章的后续部分会详细介绍。

3.2 输入与输出

输入（Input）是指将数据从外部输入设备传送到计算机内存的过程，输出（Output）则是将运算结果从计算机内存传送到外部输出设备的过程。

程序中的输入是将输入设备输入的数据传送给内存中的变量，输出是将某些信息和计算结果由输出设备显示出来。本节介绍C++中通过标准输入设备（键盘）及标准输出设备（显示器）进行输入/输出的方法。

在C++程序中进行输入/输出时，除了可以继续使用C语言中的标准输入/输出（I/O）函数scanf和printf外，还可以使用C++语言特有的输入流cin和输出流cout对象，它们被声明在iostream头文件中。如果程序中使用cin、cout进行输入/输出，使用前必须用编译预处理中的文件包含命令“#include”将头文件iostream包含到源程序文件中，即

```
#include <iostream>
```

有关编译预处理命令请参考第5章的内容。

3.2.1 数据的输出

利用输出流cout可向输出设备输出若干个任意类型的数据。cout必须配合插入操作符<<使用，用于向cout输出流中插入数据，引导待输出的数据输出到屏幕上。

使用cout输出数据的格式为：

cout<<输出项1<<输出项2 … <<输出项*n*;

其中，“输出项”是需要输出的数据，可以是变量、常量或表达式。每个输出项前都必须使用插入操作符<<进行引导。

使用cout时应注意：

（1）当插入操作符<<后面为变量名时，则输出变量的值；若为常量，则将常量直接输出，对于字符常量或字符串常量，是将单引号或双引号内的字符或字符串原样输出，而单引号或双引号是不会输出的，因为它们是字符常量和字符串常量的界定符（不存储）。

例如，若有int radius = 2;，则以下语句将分别输出变量的值及常量本身的值。

```
cout<<radius;                //输出变量的值2
cout<<"PI = "<<3.14159;      //输出 PI = 3.14159
```

（2）当插入操作符<<后面是表达式时，系统先计算出表达式的值，然后输出表达式的值。为了避免一些运算符与插入操作符<<之间发生冲突，可将表达式用小括号括起来。例如：

```
cout<< 2 * radius;           //先计算表达式2*radius的值，再将其输出
cout<<15 - 9;                //输出6
cout<<(a = 15-9);            //输出6
```

（3）在cout中使用endl或转义字符'\n'作为输出项，可实现输出数据的换行功能，endl是表示行结束的流操作符。使用'\t'可使光标移到下一个制表位，然后输出下一个输出项。

【例3.1】 cout使用示例。输出两个变量的和与差，设这两个变量的值分别为15和9，则输出形式为：15+9=24。

源程序：

```
#include <iostream>
using namespace std;
int main()
{
    int a = 15, b = 9;
    cout<<"Addition\t"<<a<<'+'<<b<<'='<<a + b<<endl;          //语句1
    cout<<"Subtraction\t"<<a<<'-'<<b<<'='<<a - b<<endl;       //语句2
    return 0;
}
```

运行结果为：

```
Addition        15+9=24
Subtraction     15-9=6
```

执行语句1时，cout后的第一个输出项为字符串常量"Addition\t"，此时先直接输出Addition，而后输出字符串中最后一个字符即转义字符'\t'，光标会移动到下一个制表位，再输出变量a的值，而后依次输出字符常量'+'、变量b的值、字符常量'='、表达式a+b的值，最后输出endl使光标移动到下一行，从而实现换行后输出语句2中cout后的内容。语句2的输出结果与语句1类似。

3.2.2 数据的输入

输入流是从标准输入设备键盘向内存流动的数据流。在C++中，数据的输入通常采用输入流对象cin来完成。

使用cin将数据输入到变量的格式如下：

cin>>变量名1>>变量名2… >>变量名*n*;

cin必须和提取操作符>>配合使用，用于从输入数据流中抽取数据传送给>>后的变量，从而实现在程序运行时为变量赋值。

cin是如何执行的呢？在程序运行过程中执行到cin时，系统会暂停程序的执行并等待用户从键盘输入相应数目的数据。当用户输入完数据并回车后，cin从输入流中取得相应的数据并依次传送给>>后的变量。例如，在如下程序段中定义了三个不同类型的变量：

```
int a;
double b;
char c;
```

当执行下面的输入语句时：

```
cin>>a>>b>>c;
```

此时程序的流程处于暂停等待状态，等待用户由键盘输入的数据流。若从键盘输入：

```
10  20.3  x
```

三个数据之间用空格隔开，输入完成后按【Enter】键，此时系统则将这三个数据依次送入cin中提取操作符>>后面的三个变量a、b、c中，因此a的值为10，b的值为20.3，c的值为字符'x'。

使用cin时要注意：

（1）因为输入操作是在程序运行时为变量赋值，所以提取操作符>>后面只能是变量名，不得出现任何类型的常量（如字符、字符串常量）、换行符endl或表达式等。如下都是错误的：

```
cin>>"x=">>x;           //错误，因为含有字符串"x="
cin>>'x'>>x;            //错误，因为含有字符常量'x'
cin>>x>>10;             //错误，因为含有常量10
cin>>x>>endl;           //错误，因为含有endl
```

（2）cin可为各种类型的变量输入数据，输入时应按照变量的数据类型输入相应数据。若为整型变量，则应输入整数；若为浮点型变量（单精度或双精度），可按小数或指数格式输入一实数，也可输入一整数；若为字符型变量，直接输入字符数据即可，而不能在字符的两端加单引号。

（3）若为多个变量输入，每个变量前必须要有提取操作符>>，而且输入的数据个数应与cin中变量的个数相同，并且输入的各个数据之间要用一个或多个空格、【Enter】或【Tab】键分隔，输入完毕后要按回车键表示输入结束。

（4）当程序中用cin输入数据时，最好在该语句之前用cout输出一个需要输入数据的提示信息，以正确引导和提示用户输入正确的数据。例如，在上例中，可在cin>>a>>b>>c;语句前，加一个输出语句用于提示用户输入一个整数、一个实数和一个字符：

```
cout<<"Enter an integer, a real number and a character:  ";
cin>>a>>b>>c;
```

则在运行时先显示：

```
Enter an integer, a real number and a character:
```

由此用户即可得知要输入一个整数、一个实数和一个字符。

（5）使用cin可以为整型变量输入各种进制的数据，可按十进制、八进制或十六进制格式输入整数。当按十进制格式输入整数时，直接输入数据本身即可，如26；若按八进制格式输入整数，数据前要加0，如032（对应十进制数26）；若以十六进制格式输入整数，数据前要加0x或0X，如0x1A或0X1A（对应十进制数26）。

【例3.2】修改例3.1，从键盘为a、b输入值，而后再进行输出。

源程序：

```
#include <iostream>
using namespace std;
int main()
{
    int a, b;
    cout<<"Enter 2 integers: ";      //语句1，提示用户输入2个整数
    cin>>a>>b;                       //语句2，输入a、b
    cout<<"Addition\t"<<a<<'+'<<b<<'='<<a + b<<endl;        //语句3，输出
    cout<<"Subtraction\t"<<a<<'-'<<b<<'='<<a - b<<endl;     //语句4，输出
    return 0;
}
```

运行两次该程序，分别输入15、9和128、49，运行结果如下所示。

第一次：

```
Enter 2 integers: 15 9
Addition           15+9=24
Subtraction        15-9=6
```

第二次：

```
Enter 2 integers:
128
49
Addition          128+49=177
Subtraction       128-49=79
```

第一次运行时，执行语句1会将字符串原样输出，显示为：

```
Enter 2 integers:
```

然后执行语句2，即cin语句，此时程序将等待用户输入两个整数，若输入15和 9，则显示为：

```
Enter 2 integers: 15 9
```

注意只能用空格、【Tab】和【Enter】键分隔输入的数据（本例第一次运行时使用空格分隔，第二次则使用【Enter】键分隔）。按下【Enter】键表示数据输入完成，从而变量a获得值15，b获得值9。继续执行下面的语句3和语句4，最后输出结果为：

```
Addition        15+9=24
Subtraction     15-9=6
```

在程序中输入对变量赋值是非常有用的，它可以实现在程序运行后通过键盘的输入来为变量赋值，从而使程序获得用户输入的动态数据。通过赋值运算符也可以使变量得到值，但是这个值是固定的，例如在例3.1中是通过初始化的方式，如int a = 15, b = 9;为变量a、b赋值，因此每次运行该程序a、b的值都没有变化。若需改变变量的值，则应修改程序中的初始化语句，例如：

```
int a = 128, b = 49;
```

若有多组数据需要进行运算，那么在每次程序运行前修改程序代码是很麻烦的，需要重新编译、连接，而后才能再次运行。在程序功能不发生变化的情况下，多次修改程序中的数据则是完全没有必要的。相比之下，使用输入的方式则会更加灵活。

输入与输出是用户与计算机交互的一个途径，可为用户提供良好的交互信息，因此输入/输出与用户的使用体验直接相关，其方式和格式应尽可能方便用户。在输入前应由输出语句给出必要的提示，用于告诉用户应输入什么样的数据。虽然从语法上这种设计不是必需的，但这样做显然会使用户更加方便。

3.3 顺序结构程序设计

3.3.1 简单程序的基本结构

由前面的知识我们已经知道，编写程序要先设计算法和数据结构，其中算法描述了解决问题的步骤，而数据结构包括数据的表示和数据的处理。在编制程序时，首先要根据需要处理的问题，确定问题的解决方案，而后确定使用的数据类型及变量，并对变量进行定义；之后通过赋值或输入语句为变量提供初始数据；接下来要进行数据的处理（或计算），这是编制程序的核心，它用于完成程序的主要功能；最后要将计算或处理的结果进行输出。程序的结构一般由变量的定义、变量的赋值或输入、数据的处理、输出等四部分构成，可描述为：

```
#include<iostream>
using namespace std;
int main()
{
    //1定义变量
    //2为变量赋值或输入数据
    //3数据的处理
    //4输出
    return 0;
}
```

顺序结构是最简单的程序结构，程序中不包含流程控制语句，往往由变量定义语句、变量的赋值或输入语句、表达式语句及输出语句构成。在执行程序时，按照语句的书写顺序依次执行每条语句。

3.3.2 顺序结构程序举例

下面是一些简单的顺序结构程序设计的例子，读者可从中了解到简单的顺序结构程序的构成。

【例3.3】输入身高h（单位：m）和体重w（单位：kg），计算BMI（身体质量指数）。已知BMI = w/h^2。

【分析】程序中需要使用3个变量h、w和bmi，分别保存身高、体重和BMI，变量类型均设置为double型。

源程序：

```
#include <iostream>
using namespace std;
int main()
```

```
{
    double w, h, bmi;                  //定义变量
    cout<<"Height: ";                  //提示用户输入身高
    cin>>h;                            //输入身高
    cout<<"Weight: ";                  //提示用户输入体重
    cin>>w;                            //输入体重
    bmi = w / h / h;                   //计算bmi
    cout<<"BMI = "<<bmi<<endl;         //输出bmi
    return 0;
}
```

运行结果为：

```
Height: 1.6
Weight: 50
BMI = 19.5313
```

【例3.4】输入三角形的三条边长，求其面积。简单起见，假设输入的三边长a、b、c能构成三角形。已知求面积公式为：

$$\text{area} = \sqrt{s(s-a)(s-b)(s-c)} \quad \text{其中：} s=(a+b+c)/2$$

【分析】为计算面积，需要使用三个变量a、b、c保存三角形三条边长，根据公式可知，需要使用s变量保存周长的1/2，而后计算得到面积area。因此，本程序中需要使用5个变量，运算过程中有除法和平方根的计算，变量可定义为double型。

源程序：

```
#include <iostream>
#include <cmath>
using namespace std;
int main()
{
    double a, b, c, s, area;                        //定义变量
    cout<<"Enter a, b, c: ";                        //提示用户输入三边长
    cin>>a>>b>>c;                                   //输入三边长
    s = (a + b + c) / 2;
    area = sqrt(s * (s - a) * (s - b) * (s - c));   //计算面积
    cout<<"area = "<<area<<endl;                    //输出面积
    return 0;
}
```

运行结果为：

```
Enter a, b, c: 3 4 5
area = 6
```

程序中的sqrt函数是求平方根函数。大部分的数学函数的原型声明都在头文件<cmath>中，所以必须在程序的开头使用#include命令将该头文件包含到程序中。

【例3.5】已知整数num的值为153，编写程序输出其个位、十位、百位数字之和。num的各位数字分别是1、5、3，因此应输出1 + 5 + 3的值9。

【分析】要计算一个三位整数num的各位数字之和，应首先将各位数字分离出来，这里可以利用整数除法和取余运算解决。任何一个整数对10取余后得到的都是这个数的个位数字，例如153 % 10，结果为3；为得到百位数字，可让这个数除以100，由于两个整数相除后结果仍为整数，因此153/100的结果为1；十位数字可通过将num除以10后再对10进行取余运算得到，如153/10%10即可得到十位数字5。根据以上分析可得到以下程序。

源程序：

```
#include <iostream>
using namespace std;
```

```
int main()
{
    int num = 153;
    int d1, d2, d3;             //d1、d2、d3分别存放num的个位、十位和百位
    int sum;                    //sum用于存放各位数字之和
    d1 = num % 10;              //得到个位数字
    d2 = num / 10 % 10;         //得到十位数字
    d3 = num / 100;             //得到百位数字
    sum = d1 + d2 + d3;         //计算各位数字的和
    cout<<"sum = "<<sum <<endl;
    return 0;
}
```

运行结果为:

```
sum = 9
```

表达式num / 10 % 10中，由于/与%的优先级别相同，因此按照从左向右的顺序进行计算，先计算num/10得到15，然后15 %10得到5。用户可以自行分析若num为一个四位整数时，该如何进行计算，如何修改程序。

【例3.6】 输入两个整数到两个变量中，交换两个变量的值，然后输出。

【分析】 要交换两个变量的值，可先考虑这样一个问题，若a瓶中为醋，b瓶中为可乐，该如何才能使a瓶中变为可乐，b瓶中变为醋呢？假设所有瓶子的容积都一样。

做法很简单，就是借助一个空瓶子t，首先将a中的醋倒入空瓶t中，而后将b瓶中的可乐倒入a瓶（a中已经变为可乐），接着把t瓶中的醋倒入b瓶中（b中已经变为醋）。经过三个步骤就可以实现a、b瓶子中液体的交换，其中t瓶起到了暂存的作用。变量值的交换与以上做法非常相似，设置变量a、b代表要交换的变量，t为临时变量，经过t = a、a = b、 b = t后a、b中的值就发生了交换。

源程序:

```
#include <iostream>
using namespace std;
int main()
{
    int a, b, t;
    cout<<"Enter 2 integers: ";
    cin>>a>>b;
    cout<<"Before swaping: "<<endl;
    cout<<"a="<<a<<"\tb="<<b<<endl;          //输出交换前a，b的值
    t = a;                                    //将变量a的值赋给变量t
    a = b;                                    //将变量b的值赋给变量a
    b = t;                                    //将变量t的值赋给变量b
    cout<<"After swaping:"<<endl;
    cout<<"a="<<a<<"\tb="<<b<<endl;          //输出交换后a，b的值
    return 0;
}
```

运行结果为:

```
Enter 2 integers: 3 5
Before swaping:
a=3     b=5
After swaping:
a=5     b=3
```

【例3.7】 输入一个字符，输出其对应的ASCII码。

【分析】 定义字符型变量ch用于存放输入的字符，在内存中存放的是该字符的编码，即ASCII码。利用强制类型转换运算int(ch)，可得到整型的ASCII码值；或利用赋值时的自动类型转换，直接将ch赋给整型变量，此时该整型变量中存放的即为字符的ASCII码值。

源程序：

```
#include <iostream>
using namespace std;
int main()
{
    char ch;
    int x;
    cout<<"Enter a character: ";    //输入一个字符
    cin>>ch;
    x = ch;                         //自动类型转换，将ch中存放的字符的ASCII码赋给变量x
    cout<<ch<<"\tASCII: "<<x<<endl;
    return 0;
}
```

运行结果为：

```
Enter a character: y
y       ASCII: 121
```

程序运行时，输入字符'y'，存入变量ch中的是'y'的ASCII码121。将ch赋值给x，x的值也为121。虽然ch和x的值都是121，但输出时，因为ch是字符型的，输出该ASCII码121对应的字符'y'；而x是整型的，输出整数值121。

【例3.8】输入一个华氏温度，将其转换为摄氏温度后输出。例如若输入100，则输出为：100F = 37.7778C。已知：c = 5/9（f–32）。

源程序：

```
#include <iostream>
using namespace std;
int main()
{
    double c, f;
    cout<<"Enter Fahrenheit :  ";
    cin>>f;
    c = 5.0 / 9 * (f - 32);
    cout<<f<<"F = "<<c<<"C"<<endl;
    return 0;
}
```

运行结果为：

```
Enter Fahrenheit: 100
100F = 37.7778C
```

在书写计算摄氏温度的表达式时，需注意不能写作5 / 9 * (f – 32)，否则输出结果均为0。这是因为在计算该表达式时，首先计算5/9，由于5和9均为整数，故5/9的结果也为整数，即0。因此不论f的值是什么，计算结果总为0。写作5.0/9则可避免这种错误，此时会先将9转换为9.0，然后再进行计算，得到的结果也为double型。该表达式还可写作如下形式：

```
5 / 9.0 * (f - 32)      //5转换为5.0后再进行计算
5.0 / 9.0 * (f - 32)  //直接进行计算
5 * (f - 32) / 9
(f - 32) * 5 / 9
```

以上是一些典型的顺序结构程序，系统执行时，按照程序的书写顺序，从上向下逐个执行语句，程序的流程没有任何跳转。顺序结构的程序设计是最简单的程序设计，用来解决简单问题。复杂问题的解决要考虑不同情况下的不同解决方式或某些操作的多次重复，仅顺序结构是无法解决问题的，需要使用流程控制语句来改变程序的流程来实现。

由以上的程序例题可以看出，一个程序一般都是由这4部分构成的，即变量的定义、变量的输入或赋值、计算（程序处理）、结果的输出。请读者在编制程序时，也按照这样的结构来组织程序。

3.4　选择结构程序设计

在实际问题中，经常需要根据不同的情况或条件来选择不同的操作步骤。例如，在经过十字路口时，若为红灯则需要等待，若为绿灯则可通行；当成绩为60分以上时为合格，小于60分时，则为不合格；2月份的天数是根据该年份是否为闰年来确定，若为闰年即为29天，平年为28天；在计算三角形面积时，首先要判断三条边长是否能构成三角形。在编写程序时，有时需要对一些情况（条件）进行判断，根据情况决定程序的流程方向。在C++中，这些问题是通过选择结构来解决的。选择结构的流程图如图3.1所示，当条件P成立时，执行语句组A，当条件P不成立时，则执行语句组B，这样就根据条件P的成立与否形成了分支，因此选择结构也称为分支结构。

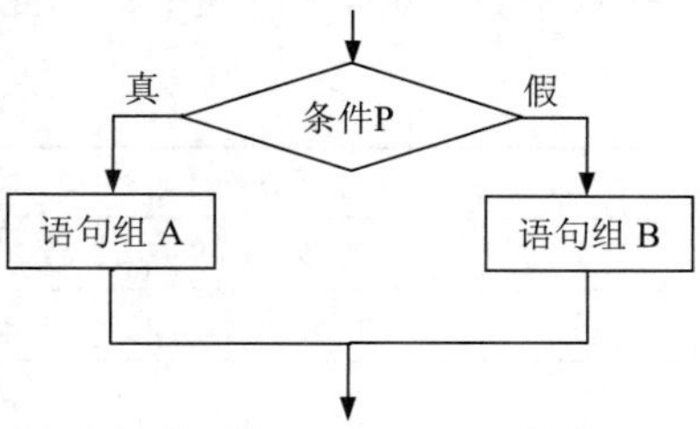

图3.1　选择结构流程图

在C++中，有两条语句可以实现选择结构，一个是if语句，另一个是switch语句。由if语句实现的选择结构中的条件可为任意表达式，但常常是由关系表达式或逻辑表达式来表示的某些条件。对于简单的判断条件可以用关系表达式来表示，对于复杂的条件则要用逻辑表达式表示。

3.4.1　关系运算符与关系表达式

1. 关系运算符

关系运算用来比较两个数据之间的大小，C++共有6个关系运算符，也称为比较运算符，如表3-1所示。关系运算符都是双目运算符，具有左结合性，>、>=、<、<=的优先级相同且高于==、!=，==和!=的优先级相同。关系运算符的优先级低于算术运算符，高于赋值、逗号运算符。注意在书写>=、<=、!=和==时，中间不能有空格。

表3-1　关系运算符

运　算　符	含　　义	优　先　级
>	大于	相同（高）
>=	大于或等于	
<	小于	
<=	小于或等于	
==	等于	相同（低）
!=	不等于	

2. 关系表达式

用关系运算符连接的表达式称为关系表达式，一般格式为：

表达式1　关系运算符　表达式2

关系运算符两侧的表达式可以是任意表达式，也可以是常量或变量。例如，1 < 3、a != 0、a + b > c等都是合法的关系表达式。

关系表达式通常用于表示一个判断条件，而对一个条件的判断只能是两种结果，即真或假，C++中提供了布尔数据类型，true表示条件为真，false表示条件为假。而C++内部是用整数1表示true，0表示false的，因此关系表达式的值是整数1或0。若关系表达式表示的判断条件为真，即条件成立，该表达式的值为1；若判断条件为假，即条件不成立，表达式的值为0。

例如，关系表达式4 > 3，若输出该表达式的值，可用以下语句：

```
cout<<(4 > 3);
```

会输出1，因为4 > 3为true。

再如，关系表达式'a'>'b'，该表达式比较的是字符常量'a'和'b'的ASCII码值97和98，97>98不成立，为假即false。若输出该表达式，如：

```
cout<<('a'>'b');
```

会输出0。

表3-2中列出了一些关系表达式的示例，需要注意的是关系运算符的优先级别低于算术运算符，因此在如4 %2 != 0的表达式中，首先计算4%2的值，而后再与0进行关系运算。

表3-2 关系表达式示例

关系运算符	示 例	结 果
>	4 > 0	1
>=	4 >= 0	1
<	4 < 0	0
<=	0 <= 4	1
==	1 + 2 == 3 -1	0
!=	4 % 2 != 0	0

注意：

（1）在书写关系表达式时，一定不要将关系运算符==写作赋值运算符=，它们代表了两个完全不同的运算。==表示比较给定的两个操作数是否相等，相当于问句，例如x==99，表示x的值是否为99，若x的值为99，该表达式的值为1，表示成立；若x的值不等于99，该表达式的值则为0，表示不成立。若写作x = 99，则为赋值表达式，相当于陈述句，表示将99赋给变量x，因此该表达式的值就是变量x的值99。此时若将x = 99当作判断条件，由于该表达式的值为非0，表示该条件总是成立的，因此不能实现将x的值与99的比较。

（2）在C++中，可以将一个数值赋给bool型变量，此时任意非0值表示true，而0表示false。例如：

```
bool t1 = 1.5;    //t1的值为true
bool t2 = 3;      //t2的值为true
bool t3 = 0;      //t3的值为false
```

3.4.2 逻辑运算符与逻辑表达式

1. 逻辑运算符

逻辑运算符也称为布尔运算符，用于表示操作数之间的逻辑关系，使用逻辑运算符可以组合多个条件，构成复杂的条件。C++中有三种逻辑运算符：逻辑非!、逻辑与&&和逻辑或||，如表3-3所示。其中，逻辑非是单目运算符、右结合性；逻辑与&&和逻辑或||是双目运算符、左结合性。这三个逻辑运算符的优先级别从高到低分别为：逻辑非、逻辑与、逻辑或。注意书写时&&和||的中间不能有空格。

表3-3 逻辑运算符

逻辑运算符	类型	含义	优先级	结合性
!	单目	逻辑非	最高	右结合
&&	双目	逻辑与	较高	左结合
||	双目	逻辑或	最低	左结合

2. 逻辑表达式

由逻辑运算符连接操作数组成的表达式称为逻辑表达式，用于表示复杂的判断条件。逻辑表达式的值同关系表达式类似，其运算结果同样只有真和假两个值，即true和false，用整数1表示true，0表示false。当判断任意一个表达式的真假时，由于这些表达式的值不只是1或0两种情况，因此要根据表达式的值为非0还是0进行判断。若表达式的值为非0，则表示为真；若表达式的值为0，则表示为假。逻辑运算符的运算规则如表3-4所示，a、b分别表示两个操作数。

表3-4 逻辑运算的真值表

a	b	!a	a&&b	a‖b
非0	非0	0	1	1
非0	0	0	0	1
0	非0	1	0	1
0	0	1	0	0

其中：

（1）逻辑与运算的特点是：仅当两个操作数都为真时，逻辑与的运算结果才为真，只要有一个操作数为假，运算结果就为假。逻辑与运算常用于表示两个或多个条件必须同时成立的情况，如判断一个整数x既能被3整除也能被5整除，写作C++的表达式应为：

```
x % 3 == 0 && x % 5 == 0
```

（2）逻辑或运算的特点是两个操作数中只要有一个为真，则运算结果就为真，当两个操作数都为假时，运算结果才为假。逻辑或运算常用于表示两个或多个条件中只要其中一个条件成立即可的情况。例如，判断一个整数x能被3整除或能被5整除的条件，写作C++表达式应为：

```
x % 3 == 0 || x % 5 == 0
```

（3）逻辑非运算的特点是：若操作数为真，进行逻辑非操作后的结果为假；反之，则为真。例如判断一个整数x不能同时被3和5整除的条件，写作C++表达式应为：

```
!(x % 3 == 0 && x % 5 == 0)
```

该表达式可简化为如下等价的表达式：

```
x % 3 != 0 || x % 5 != 0
```

关于逻辑表达式的一些说明：

（1）关系表达式和逻辑表达式通常用来表示一个判断条件，对于简单的单个条件可用关系表达式表示，如：a > b、b * b - 4 * a * c >= 0、x==0、y < 100和x % 4 == 0等；对于较复杂的多个条件，则需用逻辑运算符连接构成逻辑表达式来表示。表3-5列出了一些数学上的条件及其对应的C++表达式。

表3-5 逻辑表达式举例

条 件	C++表达式
0<x≤10	x > 0 && x <= 10
x>1或x<-1	x > 1 || x < -1
x≠0并且y≠0	x != 0 && y != 0 或 x && y
x是否为偶数	x % 2 == 0 或 !(x%2)
s是否为小写字母	s >= 'a' && s <= 'z'
s是否为字母	s >= 'a' && s <= 'z' || s >= 'A' && s <= 'Z'
a、b、c能否构成三角形	a + b > c && a + c > b && b + c > a

注意表中的数学条件0<x≤10，在用C++表达式表示时，不能写作0 < x <= 10，虽然这样表示不会出现语法错误，但会导致逻辑错误。这是因为该表达式为关系表达式，在计算时，按照关系运算符的左结合性，先计算0 < x，结果为0或1（取决于x是否大于0），再与10进行比较时，因为0或1都满足小于等于10的条件，因此最后可得到该表达式的值为1，即不论x的值是多少，该条件总是成立的，这样将不能达到条件判断的要求。

（2）逻辑与和逻辑或运算符也称作短路运算符。例如，在对A&&B求值时，首先对A进行计算，若A为真，才会继续对B进行计算；若A为假，则不会对B进行计算。当对A || B求值时，先对A进行计算，若A为假，才会继续对B进行计算；若A为真，则不会对B进行计算。例如：

```
int n = 5, i = 10, j = 5, t;
t = (n > i) && (++n > j);
```

```
cout<<t<<endl<<n;           //t的值为0，n的值为5
```

上面程序段中在计算t的值时，根据优先级可知应首先计算n > i，结果为0（因为5 > 10不成立），因此不会再计算后面 (++n > j)的值，此时可判断出(n > i) && (++n > j)的值为0，则n的值为5，t的值为0。

如果改为：

```
int n = 5, i = 10, j = 5, t;
t = (n < i) && (++n > j);
cout<< t << endl << n;       //t的值为1，n的值为6
```

这里因为n < i的值为真，从而会继续计算(++n > j)的值，n自增后为6且大于5，因此(n < i) && (++n > j)的值为真，故t的值为1，n的值为6。

3.4.3 用if语句实现选择结构

if语句可对某个条件进行判断，而后执行不同的分支，从而实现选择结构。在选择结构中，可以根据程序分支的数目，分为单分支结构、双分支结构和多分支结构。if语句可实现单分支、双分支和多分支结构。下面介绍if语句的三种形式。

1. if语句的单分支形式

在选择结构的流程图中，如图3.1所示，当条件P成立时执行语句组A，否则执行语句组B。当语句组B为空时，即什么都不做，此时则成为单分支结构。

if语句实现单分支形式为：

```
if(表达式)
{
    语句组A
}
```

该语句在执行时，首先计算表达式，若表达式的值为真（非零），则执行大括号中的语句组A；若表达式的值为假（0），则跳过语句组A，执行if语句后面的语句，其流程图如图3.2所示。也就是if语句中的语句组A的执行受表达式的控制，只有当表达式的值为真时才能被执行，否则被跳过。

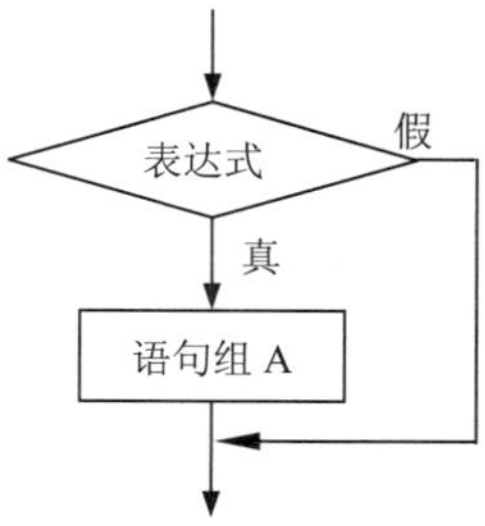

图3.2 单分支结构流程图

> **说明：**
>
> （1）表达式可为任意表达式，如关系表达式、逻辑表达式或算术表达式等，无论何种表达式，当表达式的值为非0值时都表示真，为0表示假。
>
> （2）语句组A中可以包含一条或多条语句。当语句组中只有一条语句时，大括号可省略，否则大括号不能省略，成为复合语句。

【例3.9】 输入两个整数，将其按由大到小的顺序输出。

【分析】 输入的两个整数可保存在变量a和b中，为使a大于b，当a < b时将a与b的值进行交换即可，反之则不需要交换，流程图如图3.3所示。

源程序：

```
#include<iostream>
using namespace std;
int main()
{
   int a, b, t;
   cout<<"Enter 2 integers: ";
   cin>>a>>b;
   if(a < b)  //如果a < b，将a、b的值进行交换
   {
      t = a;
      a = b;
```

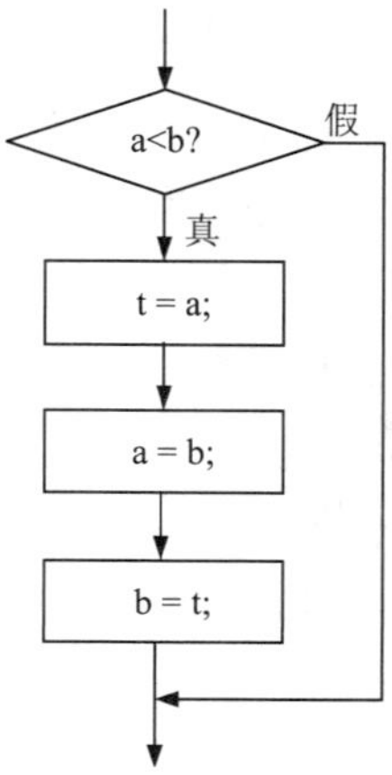

图3.3 两个数排序的流程图

```
        b = t;
    }
    cout<<"a = "<<a<<"\tb = "<<b<<endl;
    return 0;
}
```

运行两次程序，分别输入两组数据：3、5和5、3，则第一次运行结果为：

```
Enter 2 integers: 3 5
a = 5   b = 3
```

第二次运行结果为：

```
Enter 2 integers: 5 3
a = 5   b = 3
```

上例的if语句中，要交换a与b的值需使用三条语句实现，因此必须将这三条语句用大括号括起来成为复合语句。如果没有用大括号括起来，写成如下形式：

```
if (a < b)
    t = a;
    a = b;
    b = t;
```

这样虽然没有语法错误，但会出现逻辑错误。因为省略大括号后是只将t = a;这一条语句作为if语句的一个分支，如图3.4所示，它的执行与否由条件a < b决定，而后面两条语句则在if语句之后执行。例如，若为a、b输入5和3，由于a < b不成立，为假，因此不执行t = a;语句。此时将执行下面的语句a = b; b = t;，即将b的值3赋给a，将t的值赋给b，由于未对t进行赋值，t的值为无意义的随机数。因此最后运行的结果为：

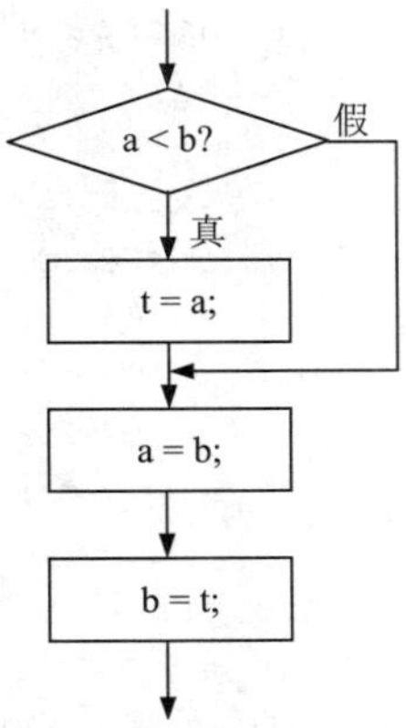

图3.4　不使用复合语句的流程图

```
Enter 2 integers: 5 3
a = 3    b = -858993460
```

语法错误会在编译阶段被检查出来，比较容易修改。而由于没加大括号造成的这种逻辑错误，在编译、连接阶段都没有错误提示信息，程序也可以运行，但运行结果错误，这种错误不易察觉，会给程序留下隐患。当if的分支中需要有多条语句时，必须将它们用大括号括起来构成复合语句，这是初学者要特别注意的。

若需要将两个数据按从小到大的顺序输出，只需将if后的表达式中的小于号换作大于号即可。请读者思考如何将三个数据按照从大到小的顺序输出。

2. if语句的双分支形式

在if语句的单分支形式中，当条件不成立时，则什么都不做。但是，若想在条件不成立时执行其他操作，则要使用到双分支形式。双分支表示程序有两个分支，当满足给定条件时，执行分支1，否则执行分支2。

if语句的双分支形式为：

```
if(表达式)
{
    语句组A
}
else
{
    语句组B
}
```

该语句在执行时，首先计算表达式，若表达式的值为非0（真），执行语句组A；否则跳过语句组A，执行else后面的语句组B，其流程图如图3.5所示。即根据表达式的值，从两个分支中选择一个来执行。

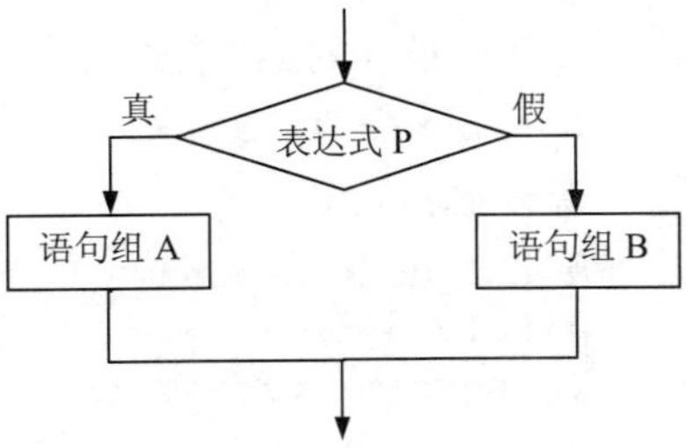

图3.5　双分支结构流程图

> 说明：
> （1）表达式可为任意表达式，表达式的值非0为真，0为假。
> （2）当语句组中只包含一条语句时，大括号才可以省略。
> （3）else后面不能书写条件，else本身就代表了表达式为假时的情况。
> （4）else及其后的分支可省略，从而变形为if语句的单分支形式。

【例3.10】 输入一个整数，判断其为偶数还是奇数。

【分析】判断一个整数是奇数还是偶数，只需令其对2取余，若余数为0，则为偶数，否则为奇数。由于对于任意一个整数其不是偶数则必为奇数，因此可以使用if语句的双分支形式实现。

源程序：

```
#include<iostream>
using namespace std;
int main()
{
    int x;
    cout<<"Enter an integer: ";
    cin>>x;
    if(x % 2 == 0)
        cout<<x <<" is even."<<endl;
    else  //表示x % 2不为0
        cout<<x <<" is odd."<<endl;
    return 0;
}
```

运行两次程序，分别输入两组数据：16和5，第一次运行结果为：

```
Enter an integer: 16
16 is even.
```

第二次运行结果为：

```
Enter an integer: 5
5 is odd.
```

> 注意：
> 该程序中在书写条件x % 2 == 0时，关系等于运算符不能写作赋值运算符，否则会出现语法错误。由于两个分支中都是只有一个语句，因此可省略大括号。

在if双分支形式中，每个分支中在原则上只能有一条语句，因此当语句组中有多条语句时，必须使用大括号括起来，成为复合语句，否则会出现语法错误或逻辑错误。

【例3.11】输入三角形的三条边长，若构成三角形，则输出其面积，否则输出"Can't construct triangle"的提示信息。

【分析】在例3.4中计算三角形面积时，是在假定输入的三条边长a、b、c可构成三角形的条件下进行的。本例中需要先对边长进行判断然后再进行计算。a、b、c可构成三角形的条件是任意两边之和大于第三边，因此该条件的C++表达式为：

```
a + b > c && a + c > b && b + c > a
```

源程序：

```
#include <iostream>
#include <cmath>
using namespace std;
int main()
{
```

```
    double a, b, c, s, area;
    cout<<"Enter a, b, c: ";
    cin>>a>>b>>c;                                      //输入三边长
    if (a + b > c && a + c > b && b + c > a)          //判断是否构成三角形
    {
        s = (a + b + c) / 2;
        area = sqrt(s * (s - a) * (s - b) * (s - c));  //计算面积
        cout<<"area = "<<area<<endl;                   //输出面积
    }
    else                                               //不能构成三角形
        cout<<"Can't construct triangle!"<<endl;
    return 0;
}
```

运行两次程序，分别输入两组数据：3、4、5和3、8、2，则

第一次运行结果为：

```
Enter a, b, c: 3 4 5
area = 6
```

第二次运行结果为：

```
Enter a, b, c: 3 8 2
Can't construct triangle!
```

> 注意：
>
> 上例中if语句的第一条分支需要多个语句来实现，必须将它们用大括号括起来成为复合语句。如果不加大括号，如：
>
> ```
> if (a + b > c && a + c > b && b + c > a)
>     s = (a + b + c) / 2;
>     area = sqrt(s * (s - a) * (s - b) * (s - c));
>     cout<<"area = "<<area<<endl;
> else
>     cout<<"Can't construct triangle!"<<endl;
> ```

此时在编译时会出现如下所示的语法错误：

```
error C2181: illegal else without matching if
```

这是因为若不加大括号，则只有s = (a + b + c) / 2;一条语句成为if分支中的语句，后面的两条语句被置于if语句之外，从而导致else语句不能与前面的if语句匹配。为了避免这样的错误，无论分支中的语句是一条还是多条，可都将其用大括号括起来，构成复合语句（本书中限于篇幅，在分支中只有一条语句时没有使用大括号）。

3. if语句的多分支形式

双分支结构只能根据一个条件为真或假选择执行两个分支中的一个，在实际问题中常常会遇到在多个条件形成的多个分支中进行选择的情况，此时需要使用多分支。

if语句的else if形式可实现多分支，形式为：

```
if(表达式1)
{
    语句组1
}
else if(表达式2)
{
    语句组2
}
else if(表达式3)
{
```

```
        语句组3
    }
    …
    else if(表达式n)
    {
        语句组n
    }
    else
    {
        语句组n+1
    }
```

执行该语句时，首先计算表达式1，若表达式1的值为真（非0值），则执行语句组1，而后退出if语句，if语句执行结束；若表达式1的值为假（0），则计算表达式2；若表达式2的值为真（非0值），则执行语句组2，而后退出if语句；若表达式2的值为假，则计算表达式3；……；依此类推，若表达式n的值为真（非0值），则执行语句组n，而后退出if语句；若表达式n的值为假（0），则执行else后面的语句组n+1，而后退出if语句，其流程图如图3.6所示。

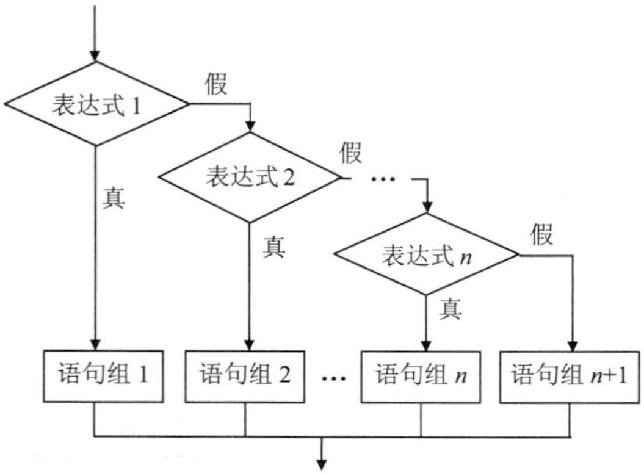

图3.6　多分支结构流程图

总之，在执行if多分支结构时，一旦某个表达式的值为真，则执行对应的语句组，然后退出if语句。如果所有表达式的值都为假，则执行else下面的语句组n+1。

> 说明：
>
> （1）无论有几个分支，程序一旦执行了某一个分支则结束if语句，其余分支不再执行。
>
> （2）else if分支数量没有限制，可以根据需要使用任意多个else if分支。
>
> （3）else后不能有表达式，else表示以上表达式均为假时则执行其下面的语句组。
>
> （4）else及其后的语句组可以省略。

【例3.12】 输入x，计算分段函数y的值并输出。

$$y=\begin{cases}0 & (x<0)\\ x & (0\leqslant x\leqslant 5)\\ x^2 & (x>5)\end{cases}$$

【分析】 由于该分段函数中要分三种情况计算y的值，因此使用if的多分支形式。

源程序：

```
#include <iostream>
using namespace std;
int main()
{
    double x, y;
    cout<<"Enter x =  ";
    cin>>x;
    if(x < 0)
        y = 0;
    else if(x <= 5)
        y = x;
    else
```

```
        y = x * x;
    cout<<"x = "<<x<<"\ty = "<<y<<endl;
    return 0;
}
```

运行三次程序，分别输入数据：-1、3和6，则

第一次运行结果为：

```
Enter x = -1
x = -1   y = 0
```

第二次运行结果为：

```
Enter x = 3
x = 3    y = 3
```

第三次运行结果为：

```
Enter x = 6
x = 6    y = 36
```

程序中else if(x <= 5)只限定了x <= 5，这是因为如果程序执行到了这里，说明前面的x<0是不成立的，此时x >= 0肯定成立，所以不需要写作else if(x >= 0 && x <= 5)。运行三次程序，依次将-1、3、6输入给变量x，得到y值分别为0、3、36。

【例3.13】输入一个百分制成绩score，输出对应的成绩等级，成绩等级的判断标准为：

```
score≥90          A
80≤score<90       B
70≤score<80       C
60≤score<70       D
score<60          E
```

【分析】由于成绩划分了多个等级，因此要分别进行判断，这里可使用if的多分支形式。

源程序：

```
#include <iostream>
using namespace std;
int main()
{
    double score;                           //score为成绩
    char grade;                             //grade为等级
    cout<<"Enter a score: ";
    cin>>score;                             //输入成绩
    if(score >= 90)
        grade = 'A';                        //若score >= 90，则grade为'A'
    else if(score >= 80)
        grade = 'B';                        //若score >=80且score < 90，则grade为'B'
    else if(score >= 70)
        grade = 'C';                        //若score >=70且score < 80，则grade为'C'
    else if(score >= 60)
        grade = 'D';                        //若score >=60且score < 70，则grade为'D'
    else
        grade = 'E';                        //若score < 60，则grade为'E'
    cout<<"Grade: "<<grade<<endl;           //输出等级
    return 0;
}
```

运行两次程序，分别输入数据：85和50，则

第一次运行结果为：

```
Enter a score: 85
Grade: B
```

第二次运行结果为：

```
Enter a score: 50
Grade: E
```

以上程序中if语句的执行流程为：首先判断第一个条件score >= 90，若为真，为grade赋值'A'；若为假，则判断第二个条件score >= 80，若该条件为真，则为grade赋值'B'；否则，判断第三个条件，以此类推，其余各个条件均以同样的方式被判断，直到某个条件为真，或所有条件均为假。若所有条件均为假，grade为'E'。注意，某个条件被判断的前提是其前面的所有条件均为假。

在每个else if分支中的条件实际上隐含了两个条件，例如在判断第二个条件score >= 80时：else if(score >= 80)，该条件实际上是一个复合条件，等价于else if(score < 90 && score >= 80)，这是因为若能判断第二个条件，第一个条件score >= 90必定是不成立的，因此可省略score < 90。

以上的if语句还可以用如下形式表示：

```
if(score < 60)
    grade = 'E';
else if(score < 70)
    grade = 'D';
else if(score < 80)
    grade = 'C';
else if(score < 90)
    grade = 'B';
else
    grade = 'A';
```

在选择结构程序设计中，对条件的判断往往是复杂的。在多分支结构中一定要注意条件之间的逻辑关系。如例3.13中若将if语句写作以下形式：

```
if(score >= 60)
    grade = 'D';
else if(score >= 70)
    grade = 'C';
else if(score >= 80)
    grade = 'B';
else if(score >= 90)
    grade = 'A';
else
    grade = 'E';
```

当score的值为95时，满足条件：score >= 60，因此执行的是if语句的第一个分支：grade赋值为'D'。这是因为各分支条件具有包含关系，当score的值为95时，满足条件score >= 90，当然也满足条件score >= 80 、score >= 70 以及score >= 60，但程序首先执行的是第一个满足条件的分支，即grade赋值为'D'，只有当score的值小于60时为grade赋值为'E'，即只能得到两种结果，显然不符合要求。因此，一定要注意条件的书写顺序，避免出现上述错误。

3.4.4 if语句的嵌套形式

在实现选择结构时，若各个分支的语句组中又包含另一个分支结构，则构成选择结构的嵌套。由于在if语句中又嵌套了另外的if语句，因此会形成更多的程序分支，所以，if语句的嵌套形式也可实现多分支结构。

例如，一个两层嵌套的if语句如图3.7所示，在双分支if语句的两个分支中分别嵌套了一个双分支if语句，形成内层分支结构，其执行过程为：首先计算表达式1的值，若表达式1的值为真，则继续判断表达式2的值，若其值为真，则执行语句组1，若表达式2的值为假，则执行语句组2；若表达式1的值为假，则判断表达式3的值是否为真，若为真则执行语句组3，否则执行语句组4。

值得注意的是，在使用嵌套的分支结构时，内层的分支结构只能处于外层分

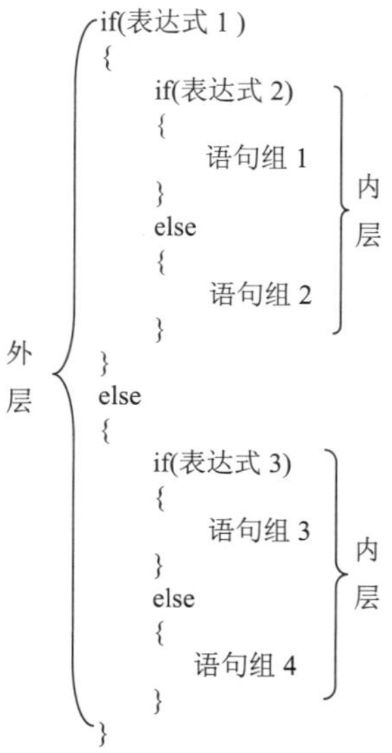

图3.7 嵌套的分支结构

支结构某个“语句组”的位置，内外层的分支结构不允许交叉。

【例3.14】用if语句的嵌套结构实现例3.12。

$$y=\begin{cases}0 & (x<0)\\ x & (0\leqslant x\leqslant 5)\\ x^2 & (x>5)\end{cases}$$

源程序：

```
#include<iostream>
using namespace std;
int main()
{
    double x, y;                          //定义变量
    cout<<"please input x= ";             //输出提示
    cin>>x;                               //输入x
    if (x >= 0)                           //外层if
    {
        if(x > 5)                         //内层if
            y = x * x;
        else
            y = x;
    }
    else
        y = 0;
    cout<<"x = "<<x<<"\ty = "<<y<<endl;   //输出
    return 0;
}
```

上例中有三个分支，使用if的嵌套形式，流程图如图3.8所示。该if语句的执行过程是：首先判断外层if的条件x >= 0，如果该条件为真，则进入内层if语句，继续判断条件x > 5，若为真，则为y赋值为x*x；否则执行内层的else分支，为y赋值为x；若外层的条件x >= 0为假，则执行外层的else分支，为y赋值为0。

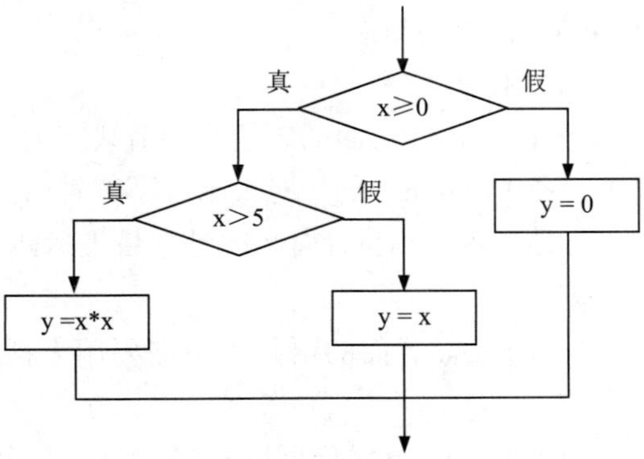

图3.8　例3.14的if语句的嵌套结构

在if嵌套结构中，else总是与它上面最近的并且未曾配对的if匹配。

如下面的if语句嵌套结构：

```
if (x >= 0)
    if (x > 5)
        y = x * x;
else
    y = x;
```

在该语句中虽然else与外层的if对齐，但并不代表else与外层的if匹配。C++规定else总是与它上面最近的并且未曾匹配的if匹配，因此else是与内层的if匹配的，内层的if是双分支形式；而外层的if是单分支形式，没有else分支。若要强制将else与外层的if匹配，则需要使用大括号，如下所示：

```
if (x >= 0)
{
    if (x > 5)
        y = x * x;
}
else
    y=x;
```

这时{}限定了内层if语句的范围，因此else与外层的if匹配。在if语句的嵌套形式中，如果if与else的数目不一样，极容易产生歧义，因此需记住else与if的匹配规定，需要时可加大括号来确定匹配关系。

在处理多个条件的情况时，if语句的else if形式或if语句的嵌套形式都可以实现多分支结构，if语句嵌套的层数是没有限制的，但过多的嵌套层数会降低程序的可读性，因此应尽量使用if语句的else if形式实现多分支。

3.4.5 switch语句

从前面的介绍可知，多分支选择结构可以用if语句的else if形式或嵌套的if语句来实现。但当分支较多时，程序结构会过于复杂，降低可读性。如果多分支的条件是用表达式的值与整数或字符进行"相等"比较，此时可用C++提供的switch语句与break语句来实现多分支，它的结构更清晰明了。

1. switch语句

switch语句也称为开关语句，它的一般形式为：

```
switch (表达式)
{
   case 常量表达式1: 语句组1;
   case 常量表达式2: 语句组2;
   …
   case 常量表达式n: 语句组n;
   default: 语句组n+1;
}
```

该语句的执行过程为：首先计算switch后的表达式的值，然后将计算的结果依次与每个case后的常量表达式的值进行比较，如果与某个值相等，则执行该case后面的语句组，而后便以此为入口顺序执行后面每一个case后的语句组，直到switch的右括号}为止。如果表达式的值与所有case中的常量都不相等，则执行default后的语句组。

说明：

（1）switch后面的表达式的值只能为整型、字符型或枚举型。

（2）switch下的一对大括号不能省略，它是switch语句的开始和结束标志。

（3）每个case后面必须是常量表达式，即表达式中不能包含变量，常量表达式的值必须为整型、字符型或枚举型。

（4）case后面的语句组不需要用大括号括起来，执行switch语句时会自动按顺序执行该case后面的所有语句。

（5）default部分可以省略，省略该部分后，当switch后的表达式与所有的常量表达式的值都不相等时，则退出switch语句。

例：

```
int x;
cin>>x;
switch (x)
{
   case 3: cout<<3;
   case 2: cout<<2;
   case 1: cout<<1;
   default: cout<<0;
}
```

当x的值为3时，与第一个case后的3相等，因此从这里开始依次执行每个case后的语句组，输出结果为3210，直到}表示switch语句执行结束。当x的值为2时，则从case 2开始执行每个case后的语句组，输出结果210。同理，当x的值为1时，输出结果为10，当x的值不是3、2、1时，则执行default后的语句，输出0。

由此可看出，执行switch语句时，如果找到一个相等的case值，就将该case作为起点，一直执行到整个switch语句的末尾（即右括号}）。因此，case后的常量表达式只是起语句标号作用，在执行switch语句时，根据switch后面表达式的值找到匹配的入口标号，就从此标号开始顺序执行下去，不再进行判断。

【例3.15】从键盘输入年、月、日，编写程序输出该日是该年的第几天。

【分析】用变量year、month和day分别表示输入的年、月、日，ds表示需要输出的结果，则需要将当月的天数day与month-1个月中每个月的天数进行累加。除了2月，每个月的天数都是固定的，2月的天数与年份year有关，闰年为29天，平年为28天。例如，输入的日期为2008、10、18，此时需要将当月的天数18依次加上从9月份到1月份的天数；若输入的为2008、5、18，则应将从4月份开始依次进行累加到1月份的天数。由此可知，当输入不同的month值时，都要从month-1的值作为开始月份，从该月份开始依次累加到1月份。因此，可以使用switch语句实现。

源程序：

```
#include<iostream>
using namespace std;
int main()
{
    int year, month, day;           //year、month、day中存放输入的年月日
    int ds;                         //ds中存放最后结果
    cout<<"Enter year, month, day: ";
    cin>>year>>month>>day;
    ds = day;                       //将当月天数day赋给ds
    switch (month - 1)              //从month-1开始，ds依次累加各月的天数
    {
        case 11 : ds += 30;
        case 10 : ds += 31;
        case 9 : ds += 30;
        case 8 : ds += 31;
        case 7 : ds += 31;
        case 6 : ds += 30;
        case 5 : ds += 31;
        case 4 : ds += 30;
        case 3 : ds += 31;
        case 2 : if (year % 4 == 0 && year % 100 != 0 || year % 400 == 0)
                ds += 29;           //闰年的2月为29天
            else
                ds += 28;
        case 1 : ds += 31;
    }
    cout<<"No."<<ds<<" day of the year."<<endl;
    return 0;
}
```

运行结果为：

```
Enter year, month, day: 2018 10 18
No.291 day of the year.
```

程序执行时，根据（month-1）的值在case语句中寻找相等的常量表达式，当输入的是10月时，month-1的值为9，程序就从case 9处开始向下执行，先执行ds += 30，而后继续往下执行，当到2月份时，首先判断输入的年份是否闰年来决定2月份的天数，然后再与1月份的天数累加。

请读者思考，每个case部分是否可以任意排列，例如上例中case 11与case 10部分的位置可否颠倒。

由于每个case后的常量值只起到标号的作用，所以case后常量的值必须互不相等，否则会在比较的过程中出现相互矛盾的问题。

在进行多分支结构的程序设计时，往往是要求在满足某个条件时，执行一条分支。而根据switch语句的

特点可知，当switch语句后的表达式与case后的某个常量值相等时，无法只执行该case后的一个语句组，而是会一直执行到switch语句的末尾，因此单独的switch语句无法实现多分支结构。

【例3.16】 输入学生成绩的等级，输出对应的成绩段。成绩等级与成绩段的对应关系如表3-6所示，例若输入字符C，则输出“70 – 79”。

表3-6　成绩等级与成绩段的对应关系

成绩等级	成绩段
A	90 ~ 100
B	80 ~ 89
C	70 ~ 79
D	60 ~ 69
E	0 ~ 59

源程序：

```
#include<iostream>
using namespace std;
int main()
{
    char grade;         //grade为成绩等级
    cout<<"Enter grade: ";
    cin>>grade;
    if(grade >= 'a' && grade <= 'z')
      grade -= 32;      //若grade为小写字母则将其转换为大写字母
    switch(grade)       //根据grade的值执行不同的操作
    {
    case 'A': cout<<"90 ~ 100"<<endl;
    case 'B': cout<<"80 ~ 89"<<endl;
    case 'C': cout<<"70 ~ 79"<<endl;
    case 'D': cout<<"60 ~ 69"<<endl;
    case 'E': cout<<"0 ~ 59"<<endl;
    default : cout<<"Invalid grade!"<<endl;
    }
    return 0;
}
```

运行两次程序，分别输入两组数据：'c'和'D'，则

第一次运行结果为：

```
Enter grade: c
70 ~ 79
60 ~ 69
0 ~ 59
Invalid grade!
```

第二次运行结果为：

```
Enter grade: D
60 ~ 69
0 ~ 59
Invalid grade!
```

该程序在运行时，当输入的成绩等级为C时，会从case 'C'位置开始执行，依次输出"70 ~ 79""60 ~ 69""0 ~ 59""Invalid grade!"，因此单独使用switch语句并不能实现题目的要求，为解决该问题，需要在switch语句中加入break语句。

2. switch与break实现多分支结构

switch语句和break语句一起使用，可实现多分支结构。break语句使用的一般格式为：

```
break;
```

break语句的写法很简单，在break关键字后直接加分号即可。break语句是流程控制语句，可用于switch语句和循环语句中。break语句在switch语句中的作用是强行跳出switch语句，即当程序执行到break语句时，会结束switch语句的执行，直接跳到switch语句的}之后。

在switch语句中将break作为每个case后的最后一个语句即可实现多分支结构，形式为：

```
switch(表达式)
{
    case 常量表达式1: 语句组1; break;
    case 常量表达式2: 语句组2; break;
    …
    case 常量表达式n: 语句组n; break;
    default: 语句组n+1;
}
```

此时，该语句的执行过程为：当switch后的表达式的值与case后的某个常量表达式的值相等时，则执行该case后的语句组，而后执行break语句，则从switch语句中退出；如果表达式的值与所有case中的常量都不相等，则执行default后的语句组。该结构的流程图如图3.9所示。

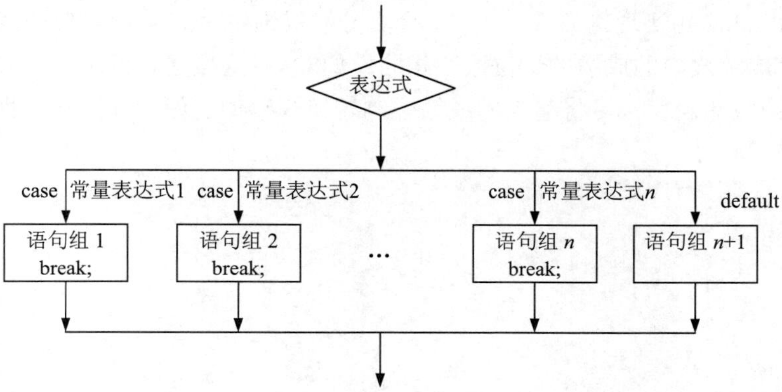

图3.9 switch与break语句实现多分支结构

【例3.17】重新修改上面的例3.16，使用switch和break语句实现多分支。

源程序：

```
#include<iostream>
using namespace std;
int main()
{
    char grade;
    cout<<"Enter grade: ";
    cin>>grade;
    if(grade >= 'a' && grade <= 'z')
      grade -= 32;      //若grade为小写字母则将其转换为大写字母
    switch(grade)      //根据grade的值执行不同的操作
    {
    case 'A': cout<<"90 ~ 100"<<endl;
          break;
    case 'B': cout<<"80 ~ 89"<<endl;
        break;
    case 'C': cout<<"70 ~ 79"<<endl;
        break;
    case 'D': cout<<"60 ~ 69"<<endl;
        break;
    case 'E': cout<<"0 ~ 59"<<endl;
        break;
```

```
    default : cout<<"Invalid grade!"<<endl;
    }
    return 0;
}
```

运行两次程序，分别输入两组数据：'c'和'D'，则

第一次运行结果为：

```
Enter grade: c
70 ~ 79
```

第二次运行结果为：

```
Enter grade: D
60 ~ 69
```

由此可见，使用switch语句和break语句也可实现多分支，但其应用范围比if语句小，只能用于整型和字符型的数据的相等比较。所以，如果多分支条件是整型或字符型的相等比较，则可以使用switch语句和break语句来实现。

在switch语句中，case后面常量表达式的值必须互不相同，但不同的case 常量表达式可以共用同一条语句组。

【例3.18】 使用switch语句实现例3.13，输入一个百分制成绩score，输出对应的成绩等级。

【分析】 由于各个成绩段内的成绩的十位数都相同，如80~89这段成绩的十位数都是8，60~69这段成绩的十位数都是6，因此按照此规律，可将输入的成绩强制转换为整型，而后除以10，即可将各个分数段的成绩与一位整数对应起来。

源程序：

```
#include<iostream>
using namespace std;
int main()
{
    double score;
    cout<<"Enter a score: ";
    cin>>score;
    switch ((int)score / 10)        //强制类型转换得到整型值，从而实现整除
    {
        case 10:
        case 9: cout<<"A"<<endl;    //case 10与case 9共用该语句组
            break;
        case 8: cout<<"B"<<endl;
            break;
        case 7: cout<<"C"<<endl;
            break;
        case 6: cout<<"D"<<endl;
            break;
        default:cout<<"E"<<endl;
    }
    return 0;
}
```

运行结果为：

```
Enter a score: 98.5
A
```

【例3.19】 编写程序实现简单的计算器功能，要求输入算术表达式，输出表达式的值。算术表达式的格式为：

操作数1 运算符 操作数2

其中，运算符包括：+（加）、-（减）、*（乘）、/（除）。例如若输入6 * 5，则输出6*5=30。

【分析】a、b分别表示第一个和第二个操作数，op表示运算符，因此op应为字符类型。当op的值分别为'+'、'-'、'*'、'/'时，进行的运算分别为：a+b、a-b、a*b、a/b，因此可根据op的值分别执行不同的运算，该结构为多分支结构，可采用switch语句和break语句实现。在进行除法运算时，应考虑除数为0的情况，为避免出现错误，可先检验除数是否为0，因此在此分支下，可嵌套if双分支形式，判断除数是否为0，若不为0，则可进行运算，若为0，则给出提示信息。由于程序中的运算符只需考虑+、-、*、/，因此在输入其他运算符时，应将其作为非法运算符进行处理。

源程序：

```
#include<iostream>
using namespace std;
int main()
{
    int a, b;                   //a、b分别为第一个和第二个操作数
    char op;                    //op为运算符
    cout<<"Enter an arithmetic expression (eg.1+3): ";
    cin>>a>>op>>b;              //输入运算表达式
    switch(op)                  //根据输入的运算符确定执行的运算
    {
        case '+': cout<<a<<op<<b<<" = "<<a + b<<endl;    //加法运算
            break;
        case '-': cout<<a<<op<<b<<" = "<<a - b<<endl;    //减法运算
            break;
        case '*': cout<<a<<op<<b<<" = "<<a * b<<endl;    //乘法运算
            break;
        case '/': if(b != 0)                             //除法运算，先判断除数是否为0
                cout<<a<<op<<b<<" = "<<a / b<<endl;
                    else
                        cout<<"Division by zero"<<endl;
            break;
        default: cout<<"Invalid operator"<<endl;                 //处理非法运算符
    }
    return 0;
}
```

运行6次程序，分别输入数据：6+5、6-5、6*5、6/5、6#5和6/0，则

第一次运行结果为：

```
Enter an arithmetic expression (eg.1+3): 6+5
6+5 = 11
```

第二次运行结果为：

```
Enter an arithmetic expression (eg.1+3): 6-5
6-5 = 1
```

第三次运行结果为：

```
Enter an arithmetic expression (eg.1+3): 6*5
6*5 = 30
```

第四次运行结果为：

```
Enter an arithmetic expression (eg.1+3): 6/5
6/5 = 1
```

第五次运行结果为：

```
Enter an arithmetic expression (eg.1+3): 6 #5
Invalid operator
```

第六次运行结果为：

```
Enter an arithmetic expression (eg.1+3): 6 / 0
Division by zero
```

程序执行到switch语句时，先计算switch语句后括号内的表达式的值，即op的值，而后依次寻找与该值相等的case后的常量值，找到后则执行该case后的语句组，若没有找到与之相等的常量值，则执行default后的语句，即处理输入非法运算符的情况。当op的值为'/'，应检验除数是否为0，这样可以避免除0错误。程序中不仅可以对用户正确的输入数据进行计算，而且还对错误的输入数据进行相应的错误处理，这对于保证程序的健壮性（即对于规范要求以外的输入情况的处理能力）是非常必要的。

switch语句实现多分支结构时，程序中每个case后的常量值出现的次序发生改变时，是不会影响程序的运行结果的。

3. switch语句的嵌套

switch语句也可以嵌套使用，即在某个case后的语句组中还有switch语句。嵌套的switch语句与嵌套的if语句类似，也是从外层到内层依次判断。在执行嵌套的switch语句时，要注意break语句只能跳出其所在的那层switch结构。下面的程序就是switch嵌套的情形。

【例3.20】 嵌套的switch结构示例。

```
#include <iostream>
using namespace std;
int main( )
{
    int x, y;
    cout<<"Enter x and y: ";
    cin>>x>>y;
    switch(x)          //根据x的值选择不同的操作，外层switch结构
    {
        case 1:
            switch(y)  //根据y的值选择不同的操作，内层switch结构
            {
                case 0 : cout<<"Good morning"<<endl; break;    //该break跳出内层switch
                case 1 : cout<<"Good afternoon"<<endl; break;
                default : cout<<"Good evening"<<endl; break;
            }
            break;                                              //可跳出外层switch结构
        case 2: cout<<"Interesting"<<endl;  break;
        default: cout<<"Error! "<<endl;
    }
    return 0;
}
```

运行两次程序，分别输入两组数据：1、1和2、0，则

第一次运行结果为：

```
Enter x and y: 1 1
Good afternoon
```

第二次运行结果为：

```
Enter x and y: 2 0
Interesting
```

程序中，在外层switch结构中，根据x的值选择不同的分支；在内层switch结构中根据y的值选择不同的分支。当x、y的值分别为1、1时，可进入内层switch结构，执行case 1后的语句，输出"Good afternoon"，而后执行break语句从内层switch语句跳出，再次执行break语句从外层switch语句中跳出，结束程序的执行。当x的值为2时，不论y的值为多少，都不会进入内层switch语句，而是执行外层的case 2后的语句组，输出"Interesting"，再执行break语句，从外层switch语句中跳出，结束程序的执行。

3.4.6 条件运算符与条件表达式

条件运算符是C++中唯一的一个三目运算符，运算时需要三个操作数，由?和:组成。由条件运算符构成

的表达式即条件表达式。

条件表达式的一般形式为：

表达式1 ? 表达式2 : 表达式3

说明：

（1）条件表达式的执行过程如图3.10所示，先计算表达式1的值，若为非0（真）则计算表达式2的值并将其作为整个条件表达式的值；若表达式1的值为0（假），则计算表达式3的值并作为整个条件表达式的值。

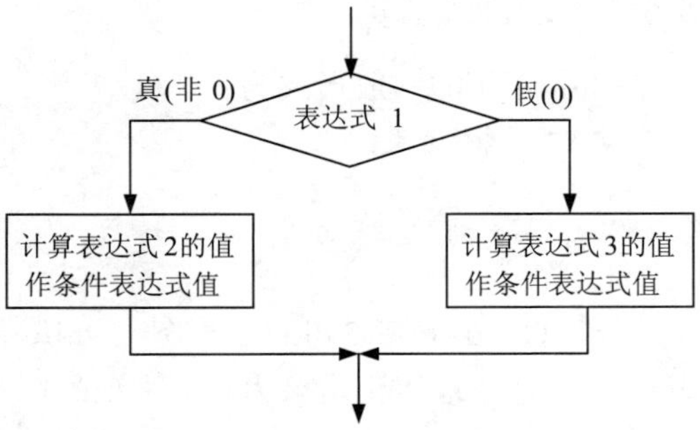

图3.10 条件表达式的执行过程

如有：

```
a > b ? a : b
```

该表达式为条件表达式，在计算时，首先判断a > b是否成立，若a > b成立，则该条件表达式的值为a，否则条件表达式的值为b，即该条件表达式的值为a与b中的最大值。

（2）条件运算符的优先级高于赋值运算符，低于算术、关系和逻辑运算符。对于表达式：

```
max = a > b ? a : b
```

先计算关系表达式a>b的值，然后计算条件表达式的值，最后进行赋值运算，将a与b中的最大值赋给max。

（3）条件运算符是三目运算符，其结合方向为自右至左。条件表达式：

```
a > b ? a : c > d ? c : d
```

相当于

```
(a > b) ? a : (c > d ? c : d)
```

【例3.21】输入一个字符，若为小写字母则转换为大写字母输出，否则保持不变。

源程序：

```
#include<iostream>
using namespace std;
int main()
{
    char t;
    cout<<"Enter a character: ";
    cin>>t;                                      //输入一个字符
    t = t >= 'a' && t <= 'z' ? t - 32 : t;   //若t为小写字母，则将其转换为大写字母
    cout<<t<<endl;
    return 0;
}
```

运行结果为：

```
Enter a character: A
A
Enter a character: t
T
```

条件表达式首先判断t是否为小写字母，若为小写字母则条件表达式的值为t-32，否则仍为t，而后将条件表达式的值再赋给t。

3.5 循环结构程序设计

在许多问题中，常常需要将某个程序段反复执行多次，如果在这类程序中安排多个重复的语句序列，就会使程序冗长并浪费计算机存储空间。为了解决这个问题，C++中提供了循环语句来实现程序段的多次反

复执行，从而简化程序结构，节省计算机存储空间。在循环结构中需要反复执行的语句称为循环体。循环结构是结构化程序设计的三种基本结构之一，它和顺序结构、选择结构一起成为各种复杂程序的基本构造单元。

C++提供了while、do-while和for三个循环语句用来实现循环结构。

3.5.1 while语句

while语句的一般形式为：

```
while (表达式)
{
    语句组
}
```

图3.11 是while语句的流程图，while语句的执行过程为：首先计算小括号内表达式的值，若计算结果为真（非0值），则执行大括号内的语句组，而后再计算表达式的值，如此反复。当表达式的值为假（0）时循环结束，程序流程转向while循环语句之后的语句继续执行。

while语句中的表达式可为任意表达式，由于它的值决定了循环是继续还是结束，因此称为循环控制条件。大括号中的语句组是需要反复执行的操作，称为循环体，若循环体只有一条语句，大括号可以省略，否则必须用大括号括起来构成复合语句。

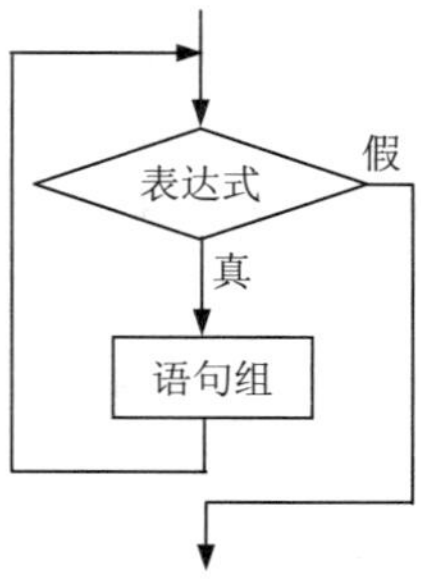

图3.11 while语句的流程图

【例3.22】编写程序，输出10行"Hello world"。

【分析】使用cout<<"Hello world"<<endl;可输出一行"Hello world"，将该语句重复执行10次就可以输出10行，因此应使用循环结构来实现。

为循环10次，可设置一个循环控制变量counter作为计数器，用于对循环次数进行计数，将其初值设置为0；将counter < 10设置为循环控制条件，在循环体中进行输出，并令counter自增1。循环检查counter < 10是否为真，如为真，则反复执行循环体。当counter < 10为假时，结束循环，程序继续执行循环语句之后的下一条语句，其流程图如图3.12所示。

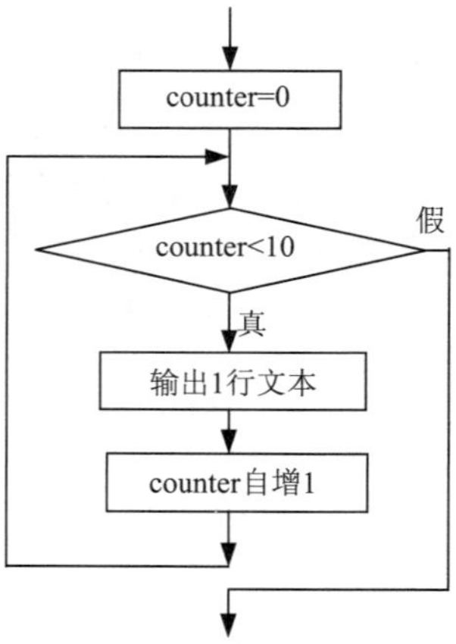

图3.12 例3.22流程图

源程序：

```
#include<iostream>
using namespace std;
int main()
{
    int counter = 0;                //将计数器变量初始化为0
    while (counter < 10)            //循环控制条件，等价于counter <= 9
    {
        cout<<"Hello world"<<endl;  //输出hello world
        counter++;                  //计数器变量的值自增
    }
    return 0;
}
```

上例中while语句的循环体包含两条语句，所以用大括号将它们括起来成为一个复合语句。循环结束时循环控制变量counter的值为10，此时counter < 10不成立，结束循环。循环体中的counter++;语句也可写为++counter;，目的是增加counter的值，以确保循环控制条件最终不成立，以便循环结构可以结束。注意循环结束时，counter的值为10。

需要特别注意的是，如果在循环体中没有使循环控制条件为假的语句，如上例中，若省略counter++;语句，则counter的值不变，循环控制条件counter < 10会永远成立，这样就会形成无限循环（也称为死循环），使程序无法终止。如果在Visual C++6.0中运行程序，此时可通过【Ctrl + Break】组合键或关闭命令窗口来终止程序。

例3.22是一种已知循环次数的循环结构，循环控制变量为计数器变量，用于累计循环次数。在构造这种循环结构时，应注意以下三点：

（1）应在循环结构之前为循环控制变量赋初值，如counter = 0。

（2）根据循环控制变量的初值，设置循环控制条件，如counter < 10。

（3）在循环体内修改循环控制变量的值，以确保循环条件最终变为假，如counter++。

步骤（1）为计数器变量赋初值，步骤（2）为循环控制条件，步骤（3）修改计数器变量的值。若省略（3），计数器变量的值不变，造成无限循环；若省略（1），计数器变量的初值为随机值，循环次数无法确定；若（2）处的循环条件设置不合理，则有可能无法进入循环或构成死循环。

因此，在编写循环结构的程序时，应特别注意计数器变量和循环条件的设置，合理地进行设置才能使程序正常运行。

【例3.23】编写程序，计算1 + 2 + 3 + … + 100的累加和并输出。

【分析】将100个数相加，如果用100个变量存储这100个数再进行相加，显然太过烦琐。此时可以利用循环结构进行累加来实现，即设置累加和变量sum，其初值为0；设置t为累加项，t的值从1变化到100，在循环体内执行sum += t、t = t + 1，这样每次循环都是在前一次求和的基础上继续累加下一个数，循环100次后sum中即为1~100的累加和。为实现循环100次，同上例一样，可设置一个计数器变量做循环控制变量，对循环次数进行计数。该例中由于累加项与计数器变量的变化规律相同，因此可将累加项作为计数器变量使用，其流程图如图3.13所示。

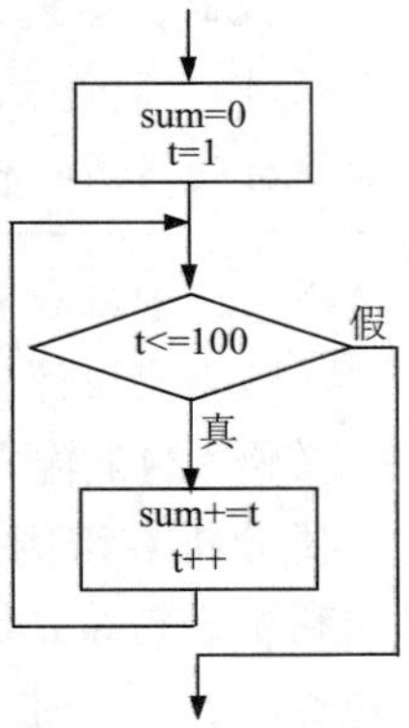

图3.13　求累加和流程图

源程序：

```
#include<iostream>
using namespace std;
int main()
{
    int sum, t;          //sum为累加和变量，t为累加项
    sum = 0;             //为累加和变量赋初值0
    t = 1;               //循环变量t赋初值
    while(t <= 100)      //设置循环控制条件，等价于t <101
    {
        sum += t;        //进行累加
        t++;             //修改t的值
    }
    cout<<"sum = "<<sum<<endl;    //输出结果
    return 0;
}
```

运行结果为：

```
sum = 5050
```

程序中使用sum += t;语句实现累加功能，即先取出sum的值与t的值进行相加，而后再赋给sum。在执行第t次循环前后，即sum+=t;语句执行前后sum的值变化情况如表3-7所示。

表3-7　sum值的变化情况

t	执行第t次循环前sum的值	执行第t次循环后sum的值
1	0	1
2	1	3
3	3	6
4	6	10
…	…	…

程序中必须对累加和变量sum和循环控制变量t赋初值，否则在第一次循环之前sum和t的值为随机值，

在此基础上执行sum += t和t++操作，会得到错误的运行结果。因此，应该养成在定义变量的同时为变量初始化的习惯，可以有效地防止此类错误的发生。

> 注意：
>
> while(表达式)后面不要加分号，单独的一个分号为空语句。如果在while(表达式)后面加了分号，那么空语句就成为while语句的循环体，这虽然符合while语句的语法格式，但会出现逻辑错误。例如：
>
> ```
> sum = 0;
> t = 1;
> while(t <= 100);        //此处添加了分号，表明循环体为空语句
> {
>     sum += t;
>     t++;
> }
> ```
>
> 此时，当表达式t<=100成立时进入循环，执行循环体，由于循环体为空语句，因此再次判断循环控制条件，而t的值没有发生变化，循环条件永远成立，这样就形成死循环，产生逻辑错误，初学者往往会犯这样的错误，应特别注意。

例3.23中待求和的数据的数量是一定的，即循环的次数已知，而有些情况下，循环的次数无法确定，此时，则需要设计一个条件来控制循环。

【例3.24】 输入一组整数，求这些整数的累加和。当输入0时，表示数据输入结束。

【分析】 该例仍是求累加和的问题，可使用循环结构实现。设置累加和变量sum，当输入一个数据x时，利用语句sum += x;实现累加。由于数据的个数是不定的，因此循环的次数是未知的。根据题目要求可以知道，当x为0时，停止数据输入，即不再进行求和。因此，可将循环控制条件设置为x != 0，在进入循环之前，要先为x输入值，若满足x != 0则进入循环体，在循环体内将x与sum累加，而后继续输入下一个数据x。当输入0时，则不再执行循环体，终止循环结构，执行循环后面的语句。

源程序：

```
#include<iostream>
using namespace std;
int main()
{
    int x;
    int sum = 0;
    cout<<"Enter an integer (exit if enter 0): ";
    cin>>x;             //输入x
    while(x != 0)       //若x不为0则进入循环
    {
        sum += x;       //累加
        cout<<"Enter an integer (exit if enter 0): ";
        cin>>x;         //输入下一个数据
    }
    cout<<"sum = "<<sum<<endl;
    return 0;
}
```

运行结果为：

```
Enter an integer (exit if enter 0): 3
Enter an integer (exit if enter 0): 4
Enter an integer (exit if enter 0): 5
Enter an integer (exit if enter 0): 0
sum = 12
```

程序中当输入的数据不是0时，就将其与sum进行累加，并继续输入下一个数据。只有当输入的数据为0

时，循环条件不满足，循环才能结束。当输入的第一个数据就是0时，则不会进入循环，直接输出结果，此时sum的值为0。

在有些情况下，程序需要同用户之间进行交互，即由用户来确定是否进行下一次循环，使用如下程序段可实现此要求：

```
char reply = 'y';
while(reply == 'y' || reply =='Y')
{
    语句组                                          //需要反复执行的语句

    cout<<"Enter y to continue and n to exit:";  //提示用户输入
    cin>>reply;                                   //等待用户确认
}
```

【例3.25】 修改例3.19的简易计算器程序，程序运行时，允许用户输入多个算术表达式，每进行一次计算，则给出提示信息，询问用户是否继续，当用户输入'y'或'Y'，则继续，否则结束程序的运行。

【分析】 可利用上面给出的while语句程序段来实现程序要求。

源程序：

```
#include<iostream>
using namespace std;
int main()
{
    int a, b;                               //a、b分别为第一个和第二个操作数
    char op;                                //op为运算符
    char reply = 'y';                       //存放用户的输入
    while(reply == 'y' || reply =='Y')      //输入'y'或'Y'则继续执行循环
    {
        cout<<"Enter an arithmetic expression (eg.1+3): ";
        cin>>a>>op>>b;                      //输入运算表达式

        switch(op)                          //根据输入的运算符确定执行的运算
        {
        case '+': cout<<a<<op<<b<<" = "<<a + b<<endl;
            break;
        case '-': cout<<a<<op<<b<<" = "<<a - b<<endl;
            break;
        case '*': cout<<a<<op<<b<<" = "<<a * b<<endl;
            break;
        case '/': if(b != 0)
                cout<<a<<op<<b<<" = "<<a / b<<endl;
            else
                cout<<"Division by zero"<<endl;
            break;
        default: cout<<"Invalid operator"<<endl;
        }
        cout<<"Enter y to continue and n to exit: "; //提示用户输入
        cin>>reply;
    }
    cout<<"End"<<endl;
    return 0;
}
```

运行结果为：

```
Enter an arithmetic expression (eg.1+3): 1+3
1+3 = 4
Enter y to continue and n to exit: y
```

```
Enter an arithmetic expression (eg.1+3): 2 * 8
2*8 = 16
Enter y to continue and n to exit: Y
Enter an arithmetic expression (eg.1+3): 8/4
8/4 = 2
Enter y to continue and n to exit: n
End
```

程序中为reply赋初值'y'的目的是为了能够进入循环，在循环体内输入算术表达式，根据运算符选择不同的分支进行计算，而后输出运算符结果。当用户希望输入其他的算术表达式继续进行运算时，在循环体的最后询问用户是否继续，当用户输入'y'或'Y'进行确认后，继续进行下一次循环，否则结束循环，输出"End"。

3.5.2 do-while语句

do-while语句的一般形式为：

```
do
{
    语句组
}
while (表达式);
```

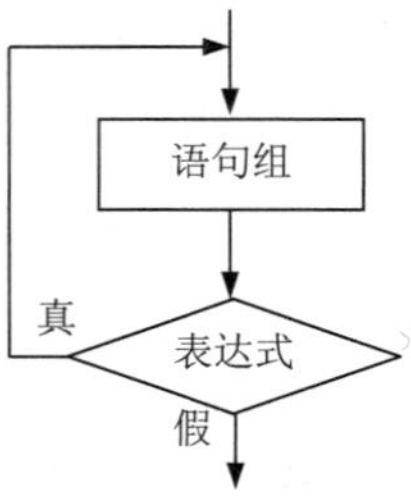

图3.14 do-while语句的流程图

do-while语句的流程图如图3.14所示，其执行过程为：首先执行大括号内的语句组，然后计算while后的表达式的值，当表达式的值为真（非0值）时，则返回再次执行语句组，如此反复，当表达式的值为假（0）时，结束循环。这里，语句组即为循环体，while后的表达式即循环控制条件。do-while语句的特点是：先执行循环体，而后再判断循环控制条件。

> 注意：
>
> （1）如果循环体内只有一条语句，则可省略大括号，否则必须使用大括号括起来，以复合语句的形式出现。
>
> （2）while后的表达式可为任意表达式，表达式的值若为非0，则表示真，若为0，则表示为假。
>
> （3）do-while语句中，while(表达式)后面一定要加分号。

【例3.26】使用do-while语句，计算1+2+3+…+100的累加和。

源程序：

```
#include<iostream>
using namespace std;
int main()
{
    int sum, t;
    sum = 0;
    t = 1;
    do
    {
        sum += t;
        t++ ;
    }while(t <= 100);
    cout<<"sum = "<<sum<<endl;
    return 0;
}
```

运行结果为：

```
sum = 5050
```

在执行循环结构时，首先执行循环体，进行累加sum += t及将t进行自增，而后计算while后的表达式，此时该表达式成立，继续执行循环体，流程图如图3.15所示。当t的值为101时，循环条件不满足，循环结束，该程序的运行结果与例3.23的结果相同。

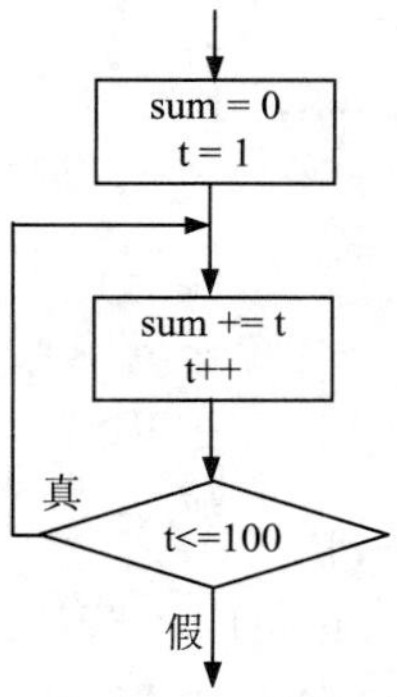

图3.15 求累加和流程图

while语句和do-while语句的区别就在于：do-while语句是先执行循环体，再进行判断，无论条件是否成立，do-while语句的循环体至少被执行一次；而while语句则要先对条件进行判断，只有条件成立才执行循环体，其循环体可能一次都不执行。

一般情况下，用while和do-while语句处理同一个问题时，若两者的循环控制条件和循环体是相同的，则结果也是相同的。这是因为，大多数情况下在循环开始时循环控制条件都为真，所以是否先判断循环控制条件都不影响运行结果。如在例3.23和例3.26中循环体是相同的，得到的结果也相同。但如果while后面的表达式一开始就为假，两种循环的结果则不同。下面比较while语句和do-while语句。

【例3.27】从键盘输入t的值，求t~100的累加和。

（1）用while语句实现。

源程序:

```
#include<iostream>
using namespace std;
int main()
{
    int sum, t;
    sum = 0;
    cin>>t;
    while(t <= 100)
    {
        sum += t;
        t++;
    }
    cout<<"sum = "<<sum<<endl;
    cout<<"t = "<<t<<endl;
    return 0;
}
```

运行时，若从键盘输入：1

则输出结果为:

```
sum = 5050
t = 101
```

若输入：101

则输出结果为:

```
sum = 0
t = 101
```

（2）用do-while语句实现。

源程序:

```
#include <iostream>
using namespace std;
int main()
{
    int sum, t;
    sum = 0;
    cin>>t;
```

```
        do
        {
            sum += t;
            t++;
        }while(t <= 100);
        cout<<"sum = "<<sum<<endl;
        cout<<"t = "<<t<<endl;
        return 0;
    }
```

运行时，若从键盘输入：1

则输出结果为：

```
sum = 5050
t = 101
```

若输入：101

则输出结果为：

```
sum = 101
t = 102
```

由此可知，当输入t的值小于或等于100时，两者得到的结果是相同的。而当t>100时，两者的结果就不同了。这是因为此时对while循环来说，一次也不执行循环体（表达式t<=100为假），而对do-while循环来说，则要执行一次循环体。因此，在循环体相同的情况下，当while后面表达式的初始值为真时，两种循环得到的结果是相同的，否则二者结果不相同。

【例3.28】使用do-while语句实现例3.24，输入若干个整数，求这些整数的累加和。当输入0时，表示数据输入结束。

源程序：

```
#include<iostream>
using namespace std;
int main()
{
    int sum = 0;        //将sum初始化为0
    int x = 0;          //将x初始化为0
    do
    {
        sum += x;       //累加
        cout<<"Enter an integer (exit if enter 0): ";
        cin>>x;         //输入下一个数据
    }while(x != 0);
    cout<<"sum = "<<sum<<endl;
    return 0;
}
```

运行结果为：

```
Enter an integer (exit if enter 0): 3
Enter an integer (exit if enter 0): 4
Enter an integer (exit if enter 0): 5
Enter an integer (exit if enter 0): 0
sum = 12
```

程序中要为sum和x初始化为0，否则sum和x的初值可能为任意值，这样会导致一个逻辑错误，得到错误的运行结果。

虽然while语句和do-while语句都可以实现循环结构，但当循环体内的语句至少要执行一次时，使用do-while循环语句更恰当。

3.5.3 for语句

for语句是常用的一种循环语句，它的使用也最为灵活。for语句的一般形式为：

```
for (表达式1; 表达式2; 表达式3)
{
    语句组
}
```

for语句的流程图如图3.16所示，执行过程为：

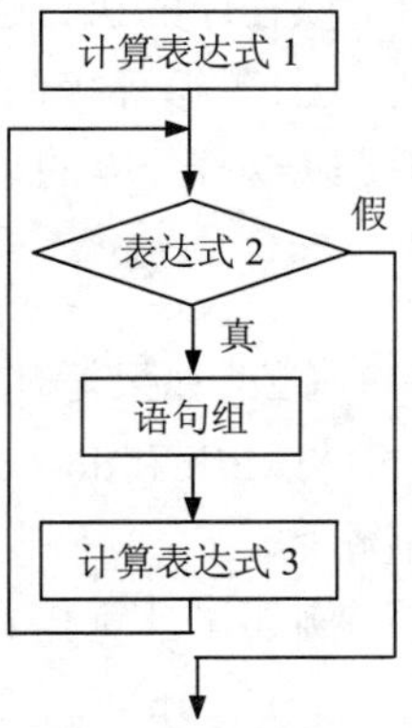

图3.16 for语句的流程图

首先计算表达式1的值，然后计算表达式2的值，若表达式2的值为真，则执行语句组，并执行表达式3，而后继续计算表达式2的值，若表达式2的值仍然为真，则继续执行语句组和表达式3；若表达式2的值为假，则循环结束，执行for语句后面的语句。

for语句中的三个表达式可为任意表达式，表达式之间必须用分号隔开；若语句组中只有一条语句，大括号可以省略，若为多条语句则不能省略大括号，要使用复合语句的形式。

在使用中，表达式1只执行了一次，因此一般用来初始化循环控制变量；表达式2为循环控制条件，当其值为真时，执行循环体，为假时结束循环，其作用与前两种循环语句中的表达式完全一样，用法也基本相同；表达式3用来修改循环控制变量，以确保循环可以结束。当循环条件成立时，执行语句组，因此语句组为循环体。按照各部分的作用，for语句可表示为：

```
for (循环初始设置; 循环控制条件; 修改循环变量的值)
{
    语句组
}
```

任何一个for语句都可将其转换为while语句，反之亦然。for语句与如下的while语句形式等价：

```
循环初始设置;
while(循环控制条件)
{
    语句组
    修改循环变量的值;
}
```

例如，使用下面的for循环语句实现输出10行"Hello world"：

```
for(int i = 0; i < 10; i++)
{
    cout<<"Hello world"<<endl;
}
```

这里i为循环控制变量，在for循环语句中，首先将i初始化为0，而后计算i < 10的值，该表达式为真，因此进入循环体输出"Hello world"，随后执行i++，i的值自增为1，再判断i < 10的值，如此反复，当i 的值为10时，i < 10为假，循环终止，程序流程转向循环后的语句。

【例3.29】使用for语句，计算1+2+3+…+100的累加和并输出。

源程序：

```
#include<iostream>
using namespace std;
int main()
{
    int sum = 0;
    for (int t = 1; t <= 100; t++)
    {
        sum += t;
```

```
    }
    cout<<"sum = "<<sum<<endl;
    return 0;
}
```

运行结果为：

```
sum = 5050
```

该程序的执行过程和运行结果与例3.23完全一样，需要注意的是：

（1）循环控制变量t的定义可放在循环语句内，可见for循环语句中的表达式1除了赋值表达式外，还可以是以逗号分隔的定义语句，甚至可以是空语句。例如：

```
for (int t = 1, sum = 0; t <= 100; t++)     //将变量sum和t的定义放在表达式1处
    sum += t;
```

（2）如果循环体只包含一条语句，如上面这个例子，可将大括号省略。

与while和do-while语句相比，显然，for语句更简洁方便，结构更清晰，尤其适用于循环次数已知的情况。

例如，计算1~100以内的偶数和的for语句形式为：

```
for(int t = 2, sum = 0; t <= 100; t += 2)  //t的初值为2，按照t+=2的规律变化
    sum += t;
```

计算5 + 10 + 15 +⋯+ 100的累加和的for语句形式为：

```
for(int t = 5, sum = 0; t <= 100; t += 5)  //t的初值为5， 按照t+=5的规律变化
    sum += t;
```

计算$1+\frac{1}{2}+\frac{1}{3}+\cdots+\frac{1}{50}$的累加和的for语句形式为：

```
for(double sum = 0, t = 1; t <= 50; t++)
sum += 1/t;                                 //累加项为1/t
```

除了累加和问题外，也常常使用for语句实现累乘积问题。

【例3.30】 输入整数n，计算n!并将其输出。

【分析】 因为n!=1 × 2 × 3 × ⋯ × n，所以求n!即求多个数的累乘积，因此这是一个循环次数已知的累乘求积问题。为了计算n!，首先计算1！，然后用1! × 2得到2!，再用2! × 3得到3!，依此类推，可利用(n−1)! × n得到n!。因此可用如下公式进行表示：

```
i! = (i-1)! ×i
```

若(i−1)!的值已知，用fac表示，则fac × i则为i!，这种累乘关系可表示为：

```
fac = fac * i;
```

即先用fac的值乘以i，然后再赋给fac，这样fac原有的值被覆盖，其值成为i!。若令fac的初值为1，i的值从1递增到n，这样反复执行fac = fac * i，执行n次，fac的值则为n!。

源程序：

```
#include<iostream>
using namespace std;
int main()
{
    int n;
    cout<<"Enter n = ";
    cin>>n;        //输入n
    double fac = 1;
    for(int i = 1; i <= n; i++)
        fac *= i;        //进行累乘计算
    cout<<n<<"! = "<<fac<<endl;
    return 0;
}
```

运行结果为：

```
Enter n = 5
5! = 120
```

说明：

（1）程序中用于保存累乘积的变量fac定义为double型而并非int，是考虑n!有可能会超出整型数据的允许范围，造成溢出，得到错误的运行结果。因此，在定义变量时，应考虑变量内将要存储的数据的大小，然后再选择合适的数据类型。

（2）程序中一定要为累乘积变量fac赋初值，若不赋初值，则fac的初始值为随机值，在随机数的基础上进行累乘，会得到错误的计算结果。该程序与求累加和程序的不同之处在于将累加运算改为了累乘运算，而且累乘积变量的初始值不能为0，而应初始化为1。

（3）循环结束时，循环变量i的值应为n+1，即若n的值为5，循环结束时i的值为6。

for语句中的三个表达式都可以是任意类型的表达式，也可以省略不写，但是用作分隔符的两个分号一定不可以省略，否则会出现语法错误。省略各个表达式的情况如下所示：

（1）如果省略表达式1，则for语句的形式为：

```
for (; 表达式2; 表达式3)
{
    语句组
}
```

此时，会直接进入表达式2进行循环控制条件的判断。通常表达式1是为循环控制变量赋初值，相当于循环前的准备工作，省略后可将其放到for语句之前，这样程序的运行效果是不变的。例如：

```
int t = 1, sum = 0;  //将初始化部分放到for语句之前
for (; t <= 100; t++)
{
    sum += t;
}
```

（2）如果省略了表达式3，则for语句的形式为：

```
for (表达式1; 表达式2; )
{
    语句组
}
```

此时，会在执行完语句组后，直接计算表达式2，判断是否继续循环。通常表达式3用来修改循环控制变量的值，是需要反复执行的，因此可将其放在循环体内，程序的运行效果不变。例如：

```
for (int t = 1, sum = 0; t <= 100; )
{
    sum += t;
    t++;  //将表达式3放在循环体内
}
```

（3）如果省略了表达式2，则for语句的形式为：

```
for (表达式1; ; 表达式3)
{
    语句组
}
```

省略表达式2表示循环控制条件始终为真，循环将无终止地进行下去，形成死循环。为使循环能正常结束，则需要在循环体内添加终止循环的语句，如break语句（可参见3.5.4节）。例如：

```
for (int t = 1, sum = 0; ; t++ )
{
    if(t > 100)    //当t的值大于100时，则结束循环
        break;
    sum += t;
}
```

（4）若将三个表达式都省略，for语句的形式为：

```
for (; ;)
{
    语句组
}
```

此时，相当于下面的while语句形式：

```
while(1)
{
    语句组
}
```

也相当于如下的do-while语句形式：

```
do
{
    语句组
} while(1);
```

此时，为使程序能正常运行，则需要通过其他途径完成原来的功能。例如：

```
int t =1, sum = 0;       //将初始设置部分放在循环前
for (; ; )
{
    if(t > 100)          //当t的值大于100时，终止循环
        break;
    sum += t;
    t-+;                 //循环变量值的修改放到循环体内进行
  }
```

总之，for语句的各个表达式均可省略，只要在省略后通过其他方式使程序正常运行即可。

3.5.4 break语句

C++中的三个循环语句都是当循环控制条件为假时结束循环，但是在有些循环结构中，可能需要中途提前退出循环，此时就可以使用break语句。

break语句是一种流程控制语句，3.4.5节中介绍了break语句在switch语句中的使用，break语句的作用是退出switch语句，从而实现多分支结构。除了switch语句外，break语句还可以用于由while、do-while或for语句中，此时其作用是立即结束循环，从循环结构中跳出来，程序流程继续执行循环结构后面的语句。

break语句的使用形式非常简单，如下所示：

break;

当break语句出现在由while、do-while、for语句的循环体时，各个循环语句的流程图如图3.17所示。从流程图中可以看到，此时循环结构中有两个出口，一个是循环控制条件为假时的出口，将其称为正常出口；另一个是当循环执行到break语句时提前结束循环的出口，可称为非正常出口。不论从哪个出口结束循环，程序的流程都会继续执行循环结构后面的语句。

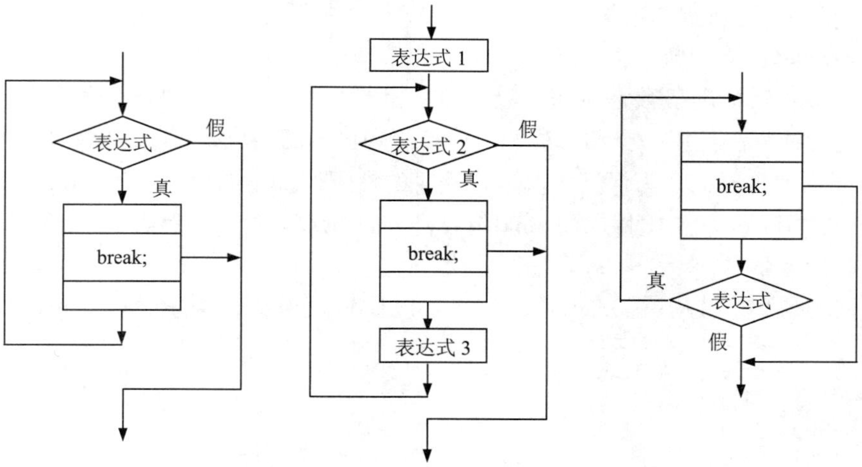

(a) while循环　　(b) for循环　　(c) do-while循环

图3.17　break语句控制流程图

【例3.31】计算1+2+3+…+100的和，若和超过1000则停止累加，输出超过1000的第一个累加和及累加项i的值。

【分析】在每次累加后，要判断累加和是否超过1000，若超过1000，则应结束循环。

源程序：

```
#include <iostream>
using namespace std;
int main()
{
    for (int sum = 0, i = 1; i <= 100; i++)
    {
        sum += i;
        if(sum > 1000)   //当sum>1000时立即结束循环
            break;
    }
    cout<<"sum = "<<sum<<endl<<"i = "<<i<<endl;
    return 0;
}
```

运行结果为：

```
sum = 1035
i = 45
```

该程序中，if语句表明当sum>1000时，就会执行break语句，提前终止循环。通常在循环体中将if语句和break语句配合使用，使得循环在指定条件成立时执行break语句立即结束循环。

【例3.32】编写猜数字程序。首先由计算机产生一个1 ~ 100之间的随机数，而后请用户猜，若猜对了则输出提示信息“Good guess”以及猜的次数，而后结束程序；否则给出提示所猜的数是太大（提示“Too high”）还是太小（提示“Too low”）；最多可以猜10次，若10次均没有猜对，则输出“Sorry, game over”并结束程序。

【分析】由于最多猜10次，因此循环的次数是已知的，为此可以构造一个循环10次的循环结构。但是，若用户在10次以内猜对了，则应立即结束循环，用户不需要再猜，此时可使用break语句提前结束循环。

为得到一个随机数，可使用cstlib头文件中的rand函数，该函数产生的是一个0~32 767之间的整数。可利用取余运算，由表达式rand() % 100得到0~99范围内的随机数。因此，要得到一个n1~n2范围内的随机整数，可使用如下表达式：

```
n1 + rand() % (n2 - n1 + 1)
```

为得到1~100范围内的随机数的语句则应为：

```
target = 1 + rand() %100;
```

实际上，rand函数生成的随机数是伪随机数，即在相同的系统上，每次运行都会生成相同的数列，这是因为rand函数所使用的算法是用一个称为种子的值控制随机数的生成，种子的默认值为1。如果改变种子值，生成的随机数序列就会不同。为保证每次运行程序的种子值都不同，可以使用ctime头文件中的time(0)函数的值作为种子值，用cstdlib 头文件中的srand函数将time(0)函数的值设置为随机数种子，该语句为：

```
srand(time(0));
```

time(0)函数返回的是自格林尼治标准时间1970年1月1日00:00:00至当前时间所经过的秒数。

源程序：

```
#include <iostream>
#include <cstdlib>
#include <ctime>
using namespace std;
int main()
{
    const int N = 10;                      //N存放用户最多可猜的次数
    srand(time(0));                        //为rand函数设置随机数种子
    int target = 1+ rand() %100;           //target存放1~100范围的随机数
    int  guess;                            //guess为用户猜的数
    for( int  i = 1; i <= N; i++)          //i用户用于记录用户猜的次数
    {
        cout<<"what is your guess: ";
        cin>>guess;                        //输入用户猜的数
        if(target == guess)                //若猜对了，则立即结束循环
        {
            cout<<"Good guess, times: "<<i<<endl; //输出用户猜的次数
            break;
        }
        else if(guess > target)            //若guess>target，则提示"Too high"
            cout<<"Too high"<<endl;
        else                               //此时guess<target，则提示"Too low"
            cout<<"Too low"<<endl;
    }
    if(i == N+1)                           //N次没有猜对，则提示游戏结束
        cout<<"Sorry, game over"<<endl;
    return 0;
}
```

运行结果为：

```
what is your guess: 55
Too high
what is your guess: 25
Too low
what is your guess: 33
Too high
what is your guess: 29
Good guess, times: 4
```

【例3.33】 输入整数n，判断其是否为素数。

【分析】素数是只能被1和它本身整除的数。要判断n是否为素数，只有当n不能被2 ~ n-1范围内的所有数整除时，才说明n为素数；只要在2 ~ n-1范围内发现有一个整数能整除n，则说明n不是素数（此时，不需再检测其他数）。利用循环让i从2递增到n-1，如果n能被i整除，说明n不是素数，不需再检测而提前结束循环，此时i必然小于n；如果n不能被2 ~ n-1之中任何一个整数整除，则for循环正常结束，说明n肯定为素

数，此时i的值为n，因此在循环结束之后根据i的值是否为n来判定n是否为素数。

源程序：

```
#include <iostream>
using namespace std;
int main()
{
    int i, n;
    cout<<"Enter an integer: ";
    cin>> n;
    for (i = 2; i < n; i++)          //i<n不成立时结束循环，正常出口
    {
        if(n % i == 0)               //若n能被i整除则立即结束循环，非正常出口
            break;
    }
    if (i == n)                      //循环正常结束，是素数
        cout<<n<<" is a prime number "<<endl;
    else                             //从break结束循环，不是素数
        cout<<n<<" is not a prime number"<<endl;
    return 0;
}
```

运行两次程序，分别输入两组数据：5和25，则

第一次运行结果为：

```
Enter an integer: 5
5 is a prime number
```

第二次运行结果为：

```
Enter an integer: 25
25 is not a prime number
```

程序中当n被i整除时，说明此时n肯定不是素数，因此使用break语句立即结束循环，否则循环正常结束，说明n是素数。

数学上可以证明，对于一个整数n，如果不能被2到$\sqrt{n}$之间（包括$\sqrt{n}$）的所有整数整除，该数就是素数，利用该结论可以对本例进行改进以减少循环次数。

改进后的程序为：

```
#include <iostream>
#include <cmath>
using namespace std;
int main()
{
    int i, n;
    cout<<"Enter an integer: ";
    cin>> n;
    int k = sqrt(n);    //k的值为√n
    for (i = 2; i <= k; i++)
    {
        if(n % i == 0)
            break;
    }
    if (i == k + 1)
        cout<<n<<" is a prime number "<<endl;
    else
        cout<<n<<" is not a prime number"<<endl;
    return 0;
}
```

3.5.5 continue语句

关键字continue只能用于循环结构中。continue语句的使用形式为：

```
continue;
```

它的作用是结束本次循环，即跳过循环体中下面尚未执行的语句，继续进行下一次的循环。continue语句用在while语句和do-while语句的循环体内时，执行continue语句后，会立即对循环控制条件进行判断，即程序流程将跳转到while后的表达式处进行判断；当continue语句用在for语句的循环体内时，执行continue语句后，程序流程会跳转到for语句中表达式3的位置，然后再去执行表达式2（即循环控制条件的判断），continue语句用于各个循环语句的流程图如图3.18所示。

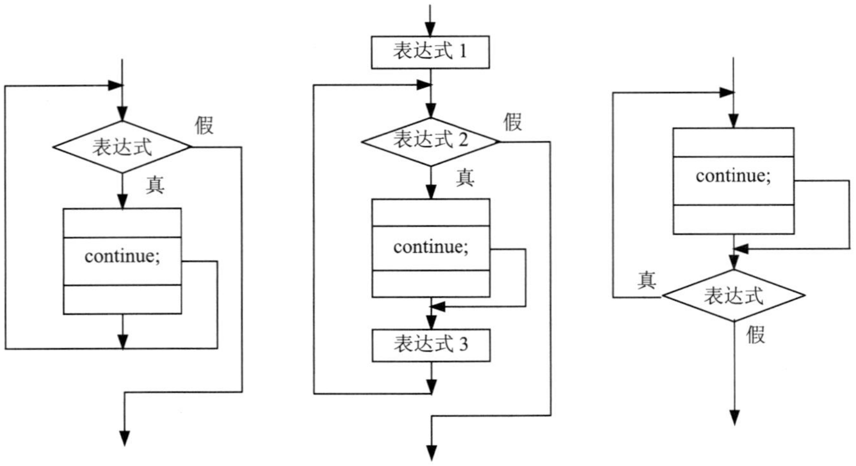

（a） while循环　　（b） for循环　　（c） do-while循环

图3.18　continue语句控制流程图

【例3.34】计算1~10内的除了8以外的数的累加和并输出。

源程序：

```
#include <iostream>
using namespace std;
int main()
{
    int sum = 0;
    for (int i = 1; i <= 10; i++)
    {
        if (i == 8 ) //若i为8，则执行continue语句，结束本次循环
            continue;
        sum += i;
    }
    cout<<"sum = "<<sum<<endl;
    return 0;
}
```

运行结果为：

```
sum = 47
```

程序中使用循环结构进行累加，当i为8时，执行continue语句，此时会结束本次循环，循环体剩余部分sum += i;语句不会继续执行，程序流程跳转到for语句的表达式3处，即执行i++，因此当i为8时，其值不会加到sum上。

continue语句和break语句的区别是，continue语句只结束本次循环，继续进入下一次循环，相当于本次循环的短路，而不终止整个循环的执行。而break语句则是结束整个循环，不再进行循环条件的判断。上例中，若将continue语句改为break语句，当i为8时，则会结束整个循环，程序流程跳转到cout<<"sum =

"<<sum<<endl;语句处进行输出，因此sum的值为1~7的累加和。

实际上，在编写程序时，不一定必须使用break或continue语句，一般来说，如果使用break或continue语句能够简化代码，增强程序的可读性，那么使用它们就是恰当的。

【例3.35】 输入一组百分制成绩，计算平均成绩并输出。输入-1，则表示结束输入，若输入成绩未在0~100内则忽略不计。

源程序：

```
#include <iostream>
using namespace std;
int main()
{
    double score, sum = 0;                  //score为成绩，sum为总成绩
    int n = 0;                              //n为计数器，对输入的成绩进行计数
    while(1)
    {
        cout<<"Enter score: ";
        cin>>score;                         //输入成绩
        if(score == -1)                     //若score的值为-1，表示输入结束
            break;
        if(score < 0 || score > 100)        //若score的值未在0~100之间，则进行下一次循环
        {
            cout<<"Invalid score, ignore"<<endl;
            continue;
        }
        sum += score;                       //累加成绩
        n++;                                //对符合要求的成绩进行计数
    }
    if(n != 0)                              //若有有效成绩，计算平均成绩
    {
        cout<<"All done"<<endl;
        sum /= n;
        cout<<"Average = "<<sum<<endl;
    }
    else                    //若n为0，表示没有输入有效成绩
        cout<<"No valid input"<<endl;
    return 0;
}
```

运行结果为：

```
Enter score: 70
Enter score: 86
Enter score: 102
Invalid score, ignore
Enter score: 66
Enter score: -1
All done
Average = 74
```

程序中在最后对n的值进行判断，若n的值不为0，表明输入了有效成绩，可以计算平均成绩；否则说明未输入有效的成绩。例如，若第一个输入的就是-1，循环会立即结束，n的值则为0。

3.5.6 循环的嵌套

与选择结构的嵌套类似，循环结构也可构成嵌套。当一个循环的循环体内包含有另一个完整的循环

时，称为循环的嵌套。嵌套的循环由一个外层循环和一个或多个内层循环构成，外层循环每循环一次都会重新进入内层循环，开始一次新的执行。

while、do-while、for这三个循环语句均可以相互嵌套，即在while、do-while、for的循环体内，都可以完整地包含上述任一种循环结构。

【例3.36】 输出九九乘法表，如图3.19所示。

【分析】 九九乘法表中被乘数和乘数都在变化，因此应使用两层循环来实现。令i表示被乘数，j表示乘数。i的值从1变化到9，当i为1时，j的值从1变化到9，当i为2时，j的值从1变化到9，…，当i的值为9时，j的值从1变化到9。可见对每个i，j的值都要从1变化到9。因此，将i作为外层循环控制变量，j作为内层循环控制变量，在内层循环的循环体内输出i*j。为输出下一行做准备，应在每次内层循环结束后，输出换行。

源程序：

```
#include <iostream>
using namespace std;
int main()
{
    for(int i = 1; i <= 9; i++)              //i为被乘数
    {
        for(int j = 1; j <= 9; j++)          //j为乘数
            cout<<i*j<<'\t';                 //输出i*j
        cout<<endl;                          //换行，为下一行输出作准备
    }
   return 0;
}
```

该程序中的循环为双层循环，外循环每循环一次，即i的值每变化一次，内循环中j的值都要从1变化到9循环9次，输出i*j。

由此可知，在执行循环嵌套结构时，总是先由外层循环进入内层循环，当内层循环终止之后接着执行外层循环，再由外层循环进入内层循环中，当外层循环全部终止时，程序结束。本例中，i为外层循环变量，当i为1时，进入内层循环，j的值从1变到9，而后结束内层循环。i的值变为2，再次进入内层循环，j的值又从1变到9。如此反复，当i的值变化到10时，外层循环结束，运行结果如图3.19所示。

1	2	3	4	5	6	7	8	9
2	4	6	8	10	12	14	16	18
3	6	9	12	15	18	21	24	27
4	8	12	16	20	24	28	32	36
5	10	15	20	25	30	35	40	45
6	12	18	24	30	36	42	48	54
7	14	21	28	35	42	49	56	63
8	16	24	32	40	48	56	64	72
9	18	27	36	45	54	63	72	81

图3.19　九九乘法表

若要输出如图3.20所示的九九乘法表，此时，i的值仍然是从1变化到9。当i为1时，j的值为1；当i为2时，j的值从1变化到2，…，当i的值为9时，j的值从1变化到9。可见对每个i，j的值都要从1变化到i。因此在内循环中将循环控制条件修改为j <= i。

修改后的源程序为：

```
#include<iostream>
using namespace std;
int main()
{
    for(int i = 1; i <= 9; i++)              //i的值从1变化到9
    {
```

```
        for(int j = 1; j <= i; j++)          //j的值从1变化到i
            cout<<<i*j<<'\t';                //输出i*j
        cout<<endl;                          //换行，为下一行输出作准备
    }
    return 0;
}
```

1								
2	4							
3	6	9						
4	8	12	16					
5	10	15	20	25				
6	12	18	24	30	36			
7	14	21	28	35	42	49		
8	16	24	32	40	48	56	64	
9	18	27	36	45	54	63	72	81

图3.20　九九乘法表

若要输出如图3.21所示的九九乘法表，i的值仍然是从1变化到9，而j的值则是从i变化到9，而且在每行开始输出i*j之前都要先输出空格（这里使用'\t'），且每行输出的'\t'的个数不同。若令k表示每行输出的'\t'的个数，则i为1时，k为0；i为2时，k为1，…，i为9时，k为8，因此k的值为1~i−1。

修改后的源程序为：

```
#include <iostream>
using namespace std;
int main()
{
for(int i = 1; i <= 9; i++)
{
        for(int k = 1; k <= i-1; k++)        //先输出i-1个'\t'
            cout<<'\t';
        for(int j = i; j <= 9; j++)
            cout<<i*j<<'\t';                 //输出i*j
        cout<<endl;                          //换行
    }
return 0;
}
```

1	2	3	4	5	6	7	8	9
	4	6	8	10	12	14	16	18
		9	12	15	18	21	24	27
			16	20	24	28	32	36
				25	30	35	40	45
					36	42	48	54
						49	56	63
							64	72
								81

图3.21　九九乘法表

【例3.37】 输出100～200之间的素数，每行8个输出，并输出素数的个数。

【分析】 例3.33中给出了对一个整数n判定其是否为素数的程序，使用循环结构进行判断。本例中n要

从100变化到200，而后对每个n进行判断，因此需要使用两层循环。在外层循环中n的值从100变化到200，在内层循环中对每个n是否为素数进行判定。为统计素数的个数，可设置计数器变量counter，其初值为0，若n为素数则counter的值增1，最后得到counter的值即为素数的个数。因为除了2以外，所有的偶数都不是素数，在该程序中，为了提高效率，将n的初值设置为101，并按2递增，即只对奇数进行判断。

源程序：

```
#include<iostream>
#include<cmath>
using namespace std;
int main()
{
    int counter = 0;                        //counter为计数器，用于对素数进行统计
    for(int n = 101; n < 200; n += 2)       //n的值从101变化到199，按2递增
    {
        int k = sqrt(n);
        for(int i = 2; i <= k; i++)
        {
            if(n % i == 0)                  //n不是素数，立即结束该层循环
                break;
        }
        if(i == k + 1)                      //循环正常结束，n是素数
        {
            cout<<n<<"\t";                  //输出n
            counter ++;                     //进行计数
            if(counter % 8 == 0)            //每行8个输出
                cout<<endl;
        }
    }
    cout<<endl<<" counter = "<< counter <<endl;
    return 0;
}
```

运行结果为：

```
101     103     107     109     113     127     131     137
139     149     151     157     163     167     173     179
181     191     193     197     199
count = 21
```

程序中，在内层循环中使用了break语句， 注意break语句只能跳出其所在的那层循环，即break语句只能跳出一层循环。程序中为实现每行8个数据输出，使用counter对8进行取余的运算，若余数为0，则进行换行。

【例3.38】 计算$\sum_{n=1}^{10} n!$（即1!+2!+3!+…+10!）的值并输出。

【分析】结合例3.29和例3.30，可用循环的嵌套结构进行计算。其中，外层循环控制变量n的值从1变化到10，用来计算从1到10的各个阶乘值的累加求和，而内层循环控制变量j的值从1变化到n，计算累乘积n！。

源程序：

```
#include<iostream>
using namespace std;
int main()
{
    double sum = 0;                         //sum用于存放累加和
    double fac;                             //fac用于存放累乘积（阶乘）
    for (int n = 1; n <= 10; n++)
```

```
    {
        fac = 1;                            //累乘积变量赋初值
        for (int i = 1; i <= n; i++)        //计算n!
            fac *= i;
        sum += fac;                 //将各项累加
    }
    cout<<"sum = "<<sum<<endl;
    return 0;
}
```

运行结果为:

```
sum = 4.03791e+006
```

该程序中的循环为双层循环，外循环每循环一次，内循环都要从1到n循环n次，求得n!。注意累加和变量sum与累乘积变量fac赋初值的位置，在外层循环前将累加和变量sum初始化为0，在外层循环体内、内层循环语句前对累乘积变量fac赋初值为1，即在每次计算n!之前都要对fac重新赋初值1，这样才能保证每当n的值变化后fac都是从1开始累乘来计算n的阶乘值。若将fac的初始化放在外循环前，则在计算完2!后，fac的值变为2，当计算3!时，是在fac值为2的基础上累乘3!，因此fac的值变为2*3!。同理，在计算4!时，fac是在2*3!的基础上进行计算，从而得到错误的运行结果。

实际上累加项n!也可由公式n * (n - 1)!求得，即利用前项来计算后项，因此累加项fac可表示为fac = fac * n，其中fac的初值为1，n的值从1变化到10，所以该程序也可用单层循环实现:

```
#include<iostream>
using namespace std;
int main()
{
    double sum = 0, fac = 1;        //将累加和变量与累乘积变量分别初始化为0和1
    for (int n = 1; n <= 10;  n++)
    {
        fac *= n;                   //根据前项与后项之间的关系计算累加项
        sum += fac;                 //将各项累加
    }
    cout<<"sum = "<<sum<<endl;
    return 0;
}
```

显然，相对于使用循环的嵌套结构实现的程序而言，使用单层循环实现的程序的循环次数大大减少，因而执行效率更高。

使用循环嵌套时应注意:

（1）在执行循环嵌套时，每执行一次外层循环，其内层循环必须循环所有的次数（即内层循环结束）后，才能进入到外层循环的下一次循环。

（2）while、do-while和for三种循环语句可以自身嵌套，也可以互相嵌套。

（3）在构成循环嵌套时要特别注意，外层循环和内层循环之间是包含关系，即内层循环必须被完全包含在外层循环里面，绝对不能出现循环交叉的情况。如用缺口矩形表示每层循环结构，则图3.22中（a）、（b）是正确的多层循环结构，而（c）是错误的多层循环结构，因为它出现了循环结构的交叉。

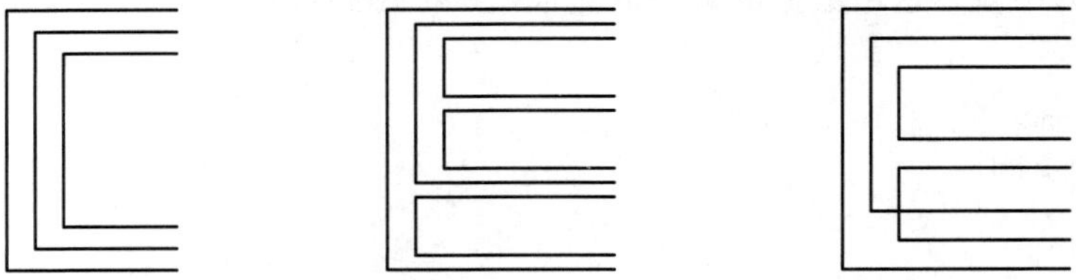

(a)　(b)　(c)

图3.22　多层循环结构

（4）break语句和continue语句也可以用于嵌套的循环结构中，但break语句只能退出其所在的那层循环，continue语句也只能对其所在的那层循环有效。

3.5.7 三种循环语句的比较

（1）三种循环语句可以相互代替，且都可以使用break语句跳出循环，用continue语句结束本次循环。也就是说，在程序中需要构造一个循环结构时，使用任何一种循环语句都是可以的。

（2）while和do-while语句中循环变量初始化应该在循环体前完成，如例3.23中t=1;，并在while后指定循环条件，如while(t <= 100)。循环体中要包含使循环趋于结束的语句，如t++;。而for循环可把这些操作一起放在for语句中，可以在表达式3中包含使循环趋于结束的操作，如：

```
for(t = 1; t <= 100; t++)
    sum += t;
```

甚至可以将循环体中的操作全部放到表达式3中，写成：

```
for(t = 1; t <= 100; sum += t , t++)
    ;
```

此时for语句的循环体为空语句。

（3）while语句和for语句是先判断表达式，后执行循环体语句；而do-while循环是先执行循环体语句，后判断表达式，其循环体至少被执行一次。

（4）while语句和for语句在功能上是等价的，但for循环结构更加直观、简洁、紧凑和灵活。在实际应用中，当循环次数已知时，多使用for语句，例如计算1~100的累加和；当循环次数未知时，多使用while循环，例如3.24中输入一组数据，直到输入0为止；当循环体必须在检验循环控制条件之前执行时，可使用do-while语句。

3.6 循环结构程序举例

掌握了C++的流程控制语句，就可以运用所学的结构和语句，编写一些较复杂的程序解决实际问题，本节着重介绍一些常用的算法。

【例3.39】 输入10个整数，输出其中的最大值和最小值。

【分析】 在日常工作和学习中，经常会遇到在一组数据中找出最大值或最小值的问题。例如，在一组成绩中求最高分和最低分，在一组商品价格中求出最贵和最便宜的。

求最小值的思路与求最大值相似，以最大值为例，求最大值算法可以用“打擂法”来形象地比喻，即先从所有参加“打擂”的人（若干个数据）中选出第一人（第一个数）站在擂台上（置于max中），第2个人上去与之比武，胜者留在台上；再上去第3个人，与台上的现任擂主（即上一轮的获胜者）比武，胜者留在台上，败者下台。如此循环往复，若有n个人进行打擂，则n-1个人依次与留在台上的人比武，直到所有人都上台比过武为止，最后留在台上的（max中的）就是冠军（最大值）。

若用max表示最大值，在n个数据中求最大值算法的基本思想是：首先将第一个数据视为最大值，将其置于max中，然后用max与后面的n-1个数据依次比较，如果发现有比max大的数据，就将其置于max中。所有数据比较完毕后，max中就是这组数据的最大值。根据以上思路可编写出以下源程序。

源程序：

```
#include<iostream>
using namespace std;
int main()
{
    int x, max, min;
    cout<<"Enter an integer: ";
    cin>>x;                          //输入第1个数
```

```
    max = min = x;                    //将输入的第1个数作为最大值与最小值分别赋给max、min

    for (int i = 2; i <= 10; i++)     //循环9次，在循环体中进行输入与比较
    {
        cout<<"Enter an integer: ";
        cin>>x;                       //输入第i个数据
        if (x > max)                  //x与max进行比较
            max = x;
        if(x < min)                   //x与min进行比较
            min = x;
    }
    cout<<"max = "<<max<<endl;        //输出结果
    cout<<"min = "<<min<<endl;
    return 0;
}
```

运行结果为：

```
Enter an integer: 1
Enter an integer: -8
Enter an integer: 12
Enter an integer: 0
Enter an integer: 53
Enter an integer: -21
Enter an integer: 45
Enter an integer: 89
Enter an integer: 35
Enter an integer: 71
max = 89
min = -21
```

【例3.40】输入x，用下列泰勒级数计算sin（x）的近似值，当最后一项的绝对值小于10^{-6}时停止计算。

$$\sin x \approx x - \frac{x^3}{3!} + \frac{x^5}{5!} - \frac{x^7}{7!} + \cdots + (-1)^{(n-1)} \frac{x^{(2n-1)}}{(2n-1)}$$

【分析】这是一个求累加和的问题，这类问题的关键是找到累加项的构成规律。通常当累加项比较复杂或者前后项之间没有关系时，需要单独计算各个累加项。当累加项的前后项之间有关时，则可以根据累加项的后项和前项之间的关系，通过前项来计算后项。

该例中由于前后项之间有符号变化，因此可将符号提取出来，设置变量 sign 保存符号，令 sign 的初值为 1，通过重复执行语句 sign=–sign;，sign 的值就会在 1、–1 之间切换。令 t 表示累加项的绝对值，则计算累加和的语句为 sum += sign * t;。对于各项的绝对值，第一项 x，也可写作 $x^1/1!$，因此第二项 $x^3/3! = x^1/1!*x^2/(2*3)$，第三项 $x^5/5! = x^3/3!*x^2/(4*5)$。由此可知，若将前项用 t 表示，则后项为：

t = t * x * x / ((i+1)*(i+2))，其中t的初值为x，i=1，3，5，…

这就是由前项求出后项的递推公式。

源程序：

```
#include <iostream>
#include <cmath>
using namespace std;
int main()
{
    double sum = 0;               //sum为累加和变量
    double x;
    cout<<"Enter x: ";
    cin>>x;
    double t = x;                 //t表示累加项的绝对值，初值为x
```

```
    int i = 1, sign = 1;        //sign表示符号
    while(t >= 1e-6)            //当t小于10^-6则结束循环
    {
        sum += t * sign;                            //将当前项累加
        t = t * x * x /((i + 1) * (i + 2));         //计算后一项的绝对值
        sign = - sign;                              //变化符号
        i += 2;
    }
    cout<<"sum = "<<sum<<endl;
    cout<<"sin("<<x<<") = "<<sin(x)<<endl;          //输出标准库函数的计算结果
    return 0;
}
```

运行结果为：

```
Enter x: 1.5
sum = 0.997495
sin(1.5) = 0.997495
```

程序中为了验证计算结果的正确性，调用了cmath头文件中的sin（x）函数。

【例3.41】 输入10个学生成绩，统计各个分数段的人数并输出。各个分数段按80分以上、60~79及60以下进行统计。

【分析】 统计计数是日常工作中经常遇到的操作，例如统计年龄超过20岁的人数、库存量小于5的商品数等。为统计数量，可设置整型变量作为计数器，其初值为0；在循环结构中对各个条件进行判断，遇到满足条件的情况计数器就加1。

本例中要统计三个不同分数段的人数，因此需要设置3个计数器变量c1、c2、c3分别表示80以上、60~79、60以下的人数。

源程序：

```
#include <iostream>
using namespace std;
int main()
{
    int c1 = 0, c2 = 0, c3 = 0;       //c1、c2、c3分别表示80以上、60~79、60以下的人数
    double score;                     //score表示成绩
    for (int i = 0; i < 10; i++)
    {
        cout<<"Enter score: ";
        cin>>score;                   //输入成绩
        if (score >= 80)              //若成绩大于等于80，c1加1
            c1++;
        else if(score >= 60)          //若成绩大于等于60且小于80，c2加1
            c2++;
        else                          //若成绩小于60，c3加1
            c3++;
    }
    cout<<">=80: "<<c1<<endl;
    cout<<"60~79: "<<c2<<endl;
    cout<<"<60: "<<c3<<endl;
    return 0;
}
```

运行结果为：

```
Enter score: 90
Enter score: 86
Enter score: 73
Enter score: 56
```

```
Enter score: 49
Enter score: 66
Enter score: 61
Enter score: 84
Enter score: 71
Enter score: 48
>=80: 3
60~79: 4
<60: 3
```

【例3.42】输出所有的"水仙花数"。"水仙花数"是指一类三位整数，其各位数字的立方和等于该数本身。例如：371是一个水仙花数，因为$371=3^3+7^3+1^3$。

【分析】本题可利用穷举法来实现，穷举法的基本思想是根据题目的部分条件确定答案的大致范围，并在此范围内对所有可能的情况逐一验证，直到全部情况验证完毕。若某个情况验证符合题目的全部条件，则为本问题的一个解；若全部情况验证后都不符合题目的全部条件，则本题无解。穷举法也称为枚举法。

本例中要逐个判断每一个三位整数，条件为各位数字的立方和等于该数本身。设n为一个三位数，则n的变化范围为100~999，将n的百、十、个位上的数字分别提取出来，存放到变量i、j、k中，计算i、j、k的立方和，若与n相等，说明n是水仙花数。

源程序：

```
#include <iostream>
using namespace std;
int main()
{
    int i, j, k;                                          //i、j、k分别表示百、十、个位数
    for (int n = 100; n <= 999; n++)
    {
        k = n % 10;                                       //计算个位数
        j = n / 10 % 10;                                  //计算十位数
        i = n / 100;                                      //计算百位数
        if (n == i * i * i + j * j * j + k * k * k)      //若满足条件，说明n是水仙花数
            cout<<n<<endl;
    }
    return 0;
}
```

运行结果为：

```
153
370
371
407
```

【例3.43】输入两个自然数，输出其最大公约数。

【分析】求两自然数的最大公约数，通常采用欧几里得算法（也称为辗转相除法）。假定这两个数分别为n1和n2，该算法描述为：

（1）对于n1和n2，使n1 > n2;

（2）n1除以n2，得到余数r;

（3）若r=0，则n2为最大公约数，算法结束，否则继续进入下一步；

（4）将n2赋给n1，r赋给n2，而后执行第（2）步，进行相除得到新的r。

由此可知，求最大公约数需要通过循环结构来实现，循环的终止条件为余数r为0。

源程序：

```
#include <iostream>
using namespace std;
```

```
int main()
{
    int n1, n2;
    cout<<"Enter 2 integers: ";
    cin>>n1>>n2;
    if(n1 < n2)                    //如果n1<n2，则进行交换
    {
        int t = n1;
        n1 = n2;
        n2 = t;
    }
    int r = n1 % n2;               //r为余数
    while(r != 0)
    {
        n1 = n2;
        n2 = r;
        r = n1 % n2;
    }
    cout<<"The greatest common divisor is "<<n2<<endl;
    return 0;
}
```

运行结果为：

```
Enter 2 integers: 12 18
The greatest common divisor is 6
```

【例3.44】 输出斐波那契数列1，1，2，3，5，8，…的前20项，每行5个输出。斐波那契数列具有如下规律：

$$\begin{cases} F_1=1 & (n=1) \\ F_2=1 & (n=2) \\ F_n=F_{n-1}+F_{n-2} & (n\geqslant 3) \end{cases}$$

【分析】数学上的一些定义和算法是用迭代的方式来描述的，迭代在数学上有严格的定义。简单地说，迭代就是一个数列或一组数据，其中的第n项由前n-1项经过计算得到，如斐波那契数列中的第n项为前两项之和，而阶乘可用迭代方式定义为：n! = （n-1）! * n。

为了输出斐波那契数列的前20项，首先输出F_1和F_2，然后控制循环变量从3变化到20，依次输出斐波那契数列的第3到20项的数据。定义三个变量fab1、fab2和fabn，其中fab1和fab2分别初始化为前两项的值，利用fabn = fab1 + fab2可求得下一项fabn。为了用该式继续求得下一项，将fab2的值赋给fab1，fabn的值赋给fab2，再次执行fabn = fab1 + fab2可求得下一项。

源程序：

```
#include <iostream>
using namespace std;
int main()
{
    int fab1 = 1, fab2 = 1;
    cout<<fab1<<"\t"<<fab2<<"\t";              //输出第一项和第二项
    int fabn;
    for (int n = 3; n <= 20; n++)
    {
        fabn = fab1 + fab2;                    //计算下一项
        fab1 = fab2;                           //将fab2赋给fab1
        fab2 = fabn;                           //将fabn赋给fab2
        cout<<fabn<<"\t";
```

```
        if(n % 5 == 0)                        //控制输出每5个数据进行换行
            cout<<endl;
    }
    return 0;
}
```

运行结果为：

```
1        1        2        3        5
8        13       21       34       55
89       144      233      377      610
987      1597     2584     4181     6765
```

【例3.45】用牛顿迭代法求解方程$2x^3-4x^2+3x-6=0$在1.5附近的一个根，当$|x_{n+1}-x_n|\leq 10^{-6}$时达到精度要求。

【分析】迭代法也是求解方程根的常用方法，它是一种重要的逐次逼近的方法，此方法是用某个迭代公式根据旧值x0生成一个新值x1，然后再把新值当作旧值，不断重复上面的过程，逐步精确化，最后得到满足精度要求的结果，该过程即为迭代。

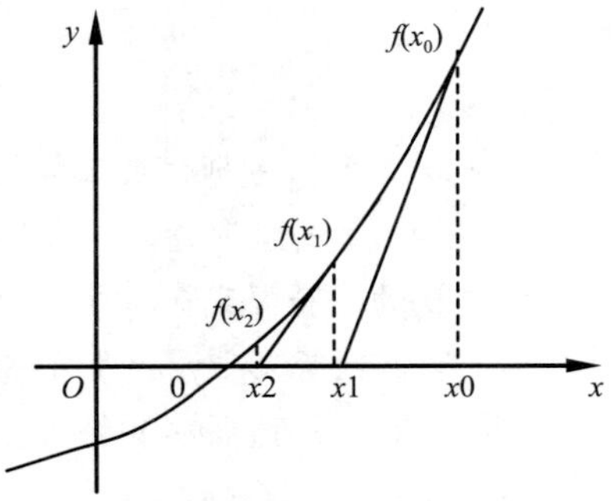

图3.23　牛顿迭代法的几何意义

牛顿迭代法又称牛顿切线法。它采用以下方法求根：先设定一个与真实的根相近的值x_0作为第一次近似根，由x_0求出$f(x_0)$，过$(x_0, f(x_0))$点做$f(x)$的切线，交x轴于x_1，把它作为第二次近似根；再由x_1求出$f(x_1)$，过$(x_1, f(x_1))$点做$f(x)$的切线，交x轴于x_2，求出$f(x_2)$；再作切线…，如此继续下去，直到足够接近真正的根x为止，其几何意义如图3.23所示。由该图可以看出：

$$f'(x_0)=f(x_0)/(x_1-x_0)$$

因此：

$$x_1=x_0-f(x_0)/f'(x_0)$$

这就是牛顿迭代公式。可以利用它由x_0求出x_1，然后再由x_1求出x_2，以此类推。

本例中$f(x)$为$2x^3-4x^2+3x-6$，则$f'(x)$为$6x^2-8x+3$，程序中使用do-while循环语句，为得到所要求精度的解，当求得的新、旧近似解差的绝对值大于精确度时继续循环；否则即可结束循环。

源程序：

```
#include <iostream>
#include <cmath>
using namespace std;
int main()
{
    double x0, x = 1.5;  //x0为旧值，x为新值
    double f, f1;        //f表示f(x)，f1表示f'(x)
    do
    {
        x0 = x;                          //将新值作旧值，为再一次求出新值作准备
        f = 2 * x0 * x0 * x0 - 4 * x0 * x0 + 3 * x0 - 6;
        f1 = 6 * x0 * x0 - 8 * x0 + 3;
        x = x0 - f / f1;
    } while((fabs(x - x0)) > 1e-6);
    cout<<"Root: "<<x<<endl;
    return 0;
}
```

运行结果为：

```
Root: 2
```

习　题

1. 若有int t = 5;，写出下列表达式的计算结果：

（1）t > 0

（2）t < 0

（3）t == 0

（4）t != 0

（5）t >= 0 && t <= 3

（6）t < 0 || t > 1

（7）!(t >= 5)

（8）!t

（9）t > 1 || t < 1

2. 若a、b、c分别代表三角形的三条边长，写出判断其能够构成三角形的表达式。

3. 若t为字符型变量，写出判断t是数字字符的表达式。

4. 若t为字符型变量，写出判断t是字母字符的表达式。

5. 写出判断某年year为闰年的表达式，已知满足下面任意一个条件即为闰年：该年可以被4整除但不能被100整除，或该年可以被400整除。

6. 若有以下程序段：

```
int i , j;
cin>> i>> j;
if(i > 2)
    if(j > 2)
    {
        cout<<"sum = "<< i + j << endl;
    }
    else
        cout<<"i = "<< i << endl;
```

运行三次，依次输入三组数据：2和2、3和2、3和3时输出结果分别是什么？

7. 用switch语句实现下面的if语句。

```
if(i == 1)
    cout<<1<<endl;
else if(i == 2)
    cout<<2<<endl;
else if(i == 3)
    cout<<3<<endl;
else
    cout<<100<<endl;
```

8. break语句和continue语句的作用分别是什么，它们之间的区别是什么？

9. 一个while语句是否可以由for语句替换？请将下面的while语句替换为for语句实现。

```
int i = 1;
int sum = 0;
while(sum < 1000)
{
    sum += i;
    i ++;
}
```

10. 编写程序，输入圆柱的半径和高，输出圆柱的表面积和体积。

11. 编写程序，输入梯形的上边长、下边长及高度，输出梯形的面积。

12. 输入小时、分、秒，将它们换算为秒，然后输出。

13. 输入直角三角形的两条直角边，输出其斜边、周长和面积。

14. 输入一个4位的正整数，将其翻转后输出，例如输入1234，则输出4321。

15. 输入一元二次方程$ax^2+bx+c=0$的系数a、b、c，若有实根则将其输出，否则输出提示信息。

16. 输入一个整数，输出其绝对值（使用分支结构实现）。

17. 输入三个整数，按由大到小的次序输出。

18. 某商城为促进销售，采用了高额购物打折的优惠活动。若每位顾客一次性购物的金额为b，当1000≤b＜2000时，给予九五折优惠；当2000≤b＜3000时，给予九折优惠；当3000≤b＜5000时，给予八五折优惠；当b≥5000时，给予八折优惠。编写程序，输入顾客的购物金额，输出顾客的应付款（低于1000元无优惠）。

19. 输入三角形的3个边长，若不能构成三角形，则输出提示信息“Can't construct triangle!”，否则判断其为哪种三角形（等边、等腰或一般三角形）。

20. 输入PM2.5的值，输出对应的空气质量。已知PM2.5的值与空气质量的对应关系为：

pm ≤ 50	优
50＜pm≤100	良
100＜pm≤150	轻度污染
150＜pm≤200	中度污染
200＜pm≤300	重度污染
pm＞300	严重污染

21. 编写程序，输入字符'a'时显示"America"，输入'b'时显示"Britain"，输入'c'时显示"China"，输入'd'时显示"Denmark"，输入其他字符时显示"Harland"。

22. 编写程序，输入一整数，当其为0～6范围内的整数时，输出对应的星期：Sunday、Monday、Tuesday、Wednesday、Thursday、Friday、Saturday，为其他整数时，输出error。

23. 输入出生年份，输出属相，已知1996年为鼠年。

24. 编写程序，输入n，计算$1+2+3+\cdots+n$的累加和。

25. 编写程序，输出100以内所有偶数之和。

26. 编写程序，输入实数x和整数n，输出x^n。

27. 编写程序，输出$1-\frac{1}{3}+\frac{1}{5}-\frac{1}{7}+\cdots-\frac{1}{99}$的值。

28. 编写程序，输出100以内的素数。

29. 编写程序，输入n和m，计算并输出$1^m+3^m+5^m+7^m+\ldots(2n-1)^m$的值。

30. 编写程序，输入一组学生的成绩，输出平均成绩、最高成绩和最低成绩，并统计其中90分以上、70～89、60～69、小于60分的人数，当输入的成绩小于0时表示输入结束。

31. 编写程序，输出斐波那契数列的第25项。

32. 编写程序，用牛顿迭代法求方程$x^3-2x-4=0$在0.5附近的根，当前后两项的差的绝对值小于10^{-6}则达到精度要求。

33. 编写程序，用迭代法求$x=\sqrt{a}$，当前后两项的差的绝对值小于10^{-6}则达到精度要求。求平方根的迭代公式为：$x_{n+1}=\frac{1}{2}(x_n+\frac{a}{x_n})$

第4章 数组与指针

在C++中，除了前面介绍的基本数据类型外，还有一种将基本数据类型的数据按一定的规则组成的构造类型，构造类型的每一个分量可以是一个基本数据类型的变量，也可以又是一个构造类型的变量，它们可以像简单变量一样使用。C++语言的构造类型有：数组、结构体、共用体等。指针可用于有效地表示数据之间复杂的逻辑关系，使程序员通过动态地分配内存而有效地使用内存，指针还可以简单有效地处理数组。本章主要介绍数组与指针的基本概念，然后介绍指针与数组之间的关系。

4.1 数　　组

数组是具有相同的数据类型且按一定次序排列的一组变量的集合。数组中的每个变量是数组中的一个元素，称为数组元素，它们之间具有固定的先后顺序。数组有一个统一的名字叫数组名，每个数组元素由下标确定。通过使用数组名和下标就可以唯一地确定数组中的数组元素。

具有一个下标的数组称为一维数组，具有两个或两个以上下标的数组称为二维或多维数组。

利用数组可以描述许多有意义的对象，例如使用一维整型或浮点数据组成的数组可以描述一个向量，使用二维整型或浮点型数组可以描述一个矩阵，利用字符型数组则可以描述一行文本等。因此，数组是一种非常重要的数据类型。

4.1.1 数组概念的引入

前面介绍了使用字符型、整型、浮点型等基本数据类型定义一些简单变量，由于一个变量只能保存一个值，如果要处理比较多的数据，使用单个变量就会力不从心。在实际应用中若要处理具有同一类型的一批数据，可通过数组来解决，一个数组可以看作是一组变量，可将需要处理的一批数据全部保存到一个数组里。

【例4.1】 输入50个学生的某科成绩，计算平均分，然后统计高于平均分的人数。

【分析】 如果只求平均分，该程序比较简单，使用简单变量和循环结构即可，如下程序段：

```
int score;
double aver = 0;
for(int i = 0; i < 50; i++)
{
    cin>>score;
    aver += score;  //求和
}
aver /= 50;         //求平均值
cout<<aver;
```

但是若要统计高于平均分的人数，则无法实现。这是因为存放成绩的变量score是一个基本类型变量，只能存放一个学生的成绩。在for循环体中输入下一个学生的成绩就会把前一个学生的成绩覆盖掉。因此，如果要统计高于平均分的人数，则必须逐一定义50个变量分别存储这50个成绩，如score1、score2、score3、…、score50，而且还要分别书写对这50个变量的输入，再考虑计算平均分及计数的处理，程序的编写工作量将非常庞大。从实际观点来看，按这种方式编程是不可能的，因此需要一种更高效、更有条理的方法。C++语言中提供了数组这样的数据类型，它可以保存一组具有相同类型的变量，引入数组以后，这个问题的处理将非常方便。

源程序：

```
#include<iostream>
using namespace std;
int main()
{
    int score[50],n = 0;            //定义score数组，包含有50个数组元素，n用作计数变量
    double aver = 0;
    for (int i = 0;i < 50; i++)
    {
        cin>>score[i];              //依次输入各个成绩
        aver += score[i];           //求和
    }
    aver /= 50;                     //求平均值
    for(i = 0;i < 50; i++)          //统计高于平均分的人数
    {
        if(score[i] > aver)
            n++;
    }
    cout<<aver<<endl<<n;
    return 0;
}
```

该程序中将score定义为包含有50个数组元素的整型数组，用来存储50个学生的成绩。这样在程序中就可以通过下标的形式，如score[i]（i的取值依次为0至49）来访问各个数组元素，从而大大减少了编程工作量，使程序得以简化，提高了效率。

4.1.2 一维数组

1. 一维数组的定义

数组在使用前必须先进行定义，目的是为数组分配内存空间。定义数组时，需要明确数组名、数组元素的类型和数组的长度。

一维数组定义的一般形式为：

数据类型 数组名[常量表达式];

例如：

```
int a[10];
```

它表示定义了一个一维整型数组，数组名为a，该数组中包含10个数组元素，且每个数组元素均为整型。

说明：

（1）数据类型指定了数组的数据类型，即每个数组元素的类型。它可以是基本数据类型中的任何一种，如char、int、float或double等，也可以是构造类型。

（2）数组名是数组的名称，其命名和变量名相同，遵循标识符的命名规则。

（3）常量表达式表示该数组中数组元素的个数，即数组长度。常量表达式中可以包含常量和符号常量，但是不能包含变量，也不可以为实数。

以下是常见的定义数组的例子：

```
const int N = 10;
#define M  5
int a[N], b[2 * N];      //定义int类型数组a、b，数组长度分别为10和20
float d[M];              //定义float类型数组d，数组长度为5
char c[20];              //定义char类型数组c，数组长度为20
double f[15];            //定义double类型数组f，数组长度为15
```

注意，下面的数组定义是非法的。

```
int m;
cin>>m;
int a[m];                //错误，因为m为变量，不能作为数组长度
double s[2.5];           //错误，数组长度不可以为实数
```

需要注意的是，在定义数组时，数组长度不能为变量。这是因为数组长度和类型决定了数组所需内存空间，而数组所占内存空间必须在编译时确定，而变量的值则是在程序运行期间获得的。如果在定义时不能确定数组大小，那么通常采用“大开小用”的方法，即根据要求预先估计元素个数，以最大可能值来定义数组大小。例如，在处理学生成绩时，已知学生人数有可能是30、50或85等，但不会超过100人，那么可定义数组长度为100，即：

```
double score[100];
```

2. 一维数组元素的访问

定义数组后，就可以使用它了。使用数组就是对数组元素的使用，数组中的每个数组元素都有一个唯一的下标，通过下标即可访问数组元素。数组元素的表示形式为：

数组名[下标]

其中，“[ ]”是下标运算符，它是单目运算符，优先级最高；“下标”必须是一个整型表达式，不能为float或double型。C++中数组的第一个数组元素的下标为0，因此下标的合法取值范围为0~（数组长度-1），例如：

```
int a[5], b[10];
```

则a数组中数组元素的下标取值范围为0~4，这5个数组元素分别为a[0]、a[1]、a[2]、a[3]、a[4]；b数组中数组元素的下标取值范围为0~9，数组元素分别为b[0] 、b[1]、b[2]、…、b[9]。

在使用数组元素时，若其下标未在其合法取值范围内，则称为下标越界。例如a[-1]、a[5]、b[10]等都使用了越界的下标。由于C++语言对数组元素的边界不做检查，即当使用越界的下标时不会引起语法错误，但运行时系统可能会报告一个非法内存访问错误，因此在编程时，读者应严格检查数组的边界值，避免使用越界的下标。

一个数组元素相当于一个变量，例如在上述描述中，a数组中的5个数组元素就相当于5个变量，其变量名分别为a[0]~a[4]，因此其使用方法与变量相同。数组元素可以被赋值，也可以参加各种运算。对数组的使用实际上是对数组元素的使用。

例如以下均为合法的语句。

```
int a[3], k = 1;
cin>>a[0];
a[k] = a[0] + 1;
a[k + 1] = 2 * a[k];
cout<<a[k + 1];
```

注意区分定义数组时与表示数组元素时“数组名[整型表达式]”含义的不同。

定义数组时，[ ]内是常量表达式，代表数组长度，可为整型常量或符号常量，但不能是变量，即数组长度在定义时必须指定，在程序的运行过程中是不可以改变的。

表示数组元素时，[ ]内是整型表达式，代表下标，可为常量也可以为变量，但无论是何种形式，下标的值一定要在其合法的取值范围内，即0~（数组长度-1）。

3. 一维数组的存储

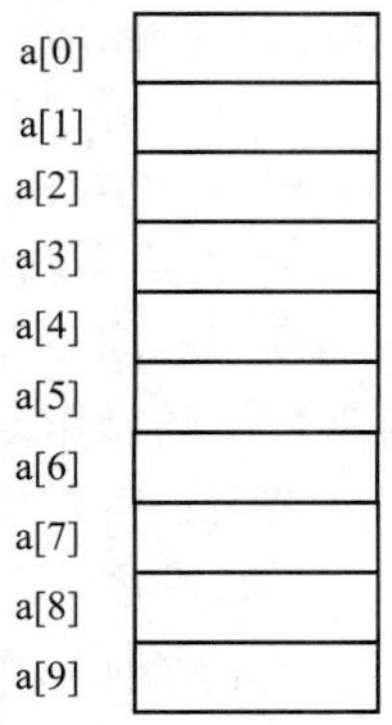

图4.1 数组的存储

一维数组中的所有数组元素是连续存放的，在内存中占用一块连续的内存空间。各数组元素在内存中所占的存储单元大小相同，并且按下标值递增的顺序存放。例如有定义：

```
int a[10];
```

若该数组中各数组元素在内存中的存储情况如图4.1所示。

定义一维数组以后，即可知整个数组所占用的存储空间大小（即字节数），它取决于数组元素的类型和数组长度。

一维数组在内存中所占用的字节数为：

总字节数 = 数据类型长度 × 数组长度

例如：

```
int a[10];
double b[8];
```

这里定义了整型数组a，它有10个数组元素，由于每个整型数据在内存中占用4个字节，所以数组a在内存中占用40个字节的内存空间。对于双精度型数组b，有8个数组元素，由于每个双精度型数据在内存中占用8个字节，因此数组b在内存中占用64个字节的内存空间。

4. 一维数组的初始化

数组在定义后，若未对数组元素进行赋值，则各个数组元素的值均无法确定，这一点与基本类型变量类似。因此，可在定义数组的同时为数组元素赋初值，这称为数组的初始化。

一维数组初始化的一般形式为：

数据类型 数组名[常量表达式] = {初值列表};

即在定义时将各数组元素的初值放在一对大括号内，初值列表用逗号相隔。

常见的对一维数组的初始化形式有以下几种：

（1）为全部数组元素初始化。

此时初值列表内的数据将按照数组的存储顺序依次赋给各数组元素，如：

```
int a[10] = {0, 1, 2, 3, 4, 5, 6, 7, 8, 9};
```

此时，a[0]为0，a[1]为1，a[2]为2，a[3]为3，a[4]为4，a[5]为5，a[6]为6，a[7]为7，a[8]为8，a[9]为9。

（2）只给部分数组元素初始化。

即{}内给出的初值个数小于数组长度，此时依次给前面的元素赋初值，后面的元素自动设置为0（若为字符型数组则设置为'\0'）。如：

```
int a[10] = {0, 1, 2, 3, 4};
```

此时，a数组中只有前5个数组元素被赋初值（a[0]~a[4]），而后5个数组元素自动初始化为0，即：a[0]为0，a[1]为1，a[2]为2，a[3]为3，a[4]为4，a[5]~a[9]的值均为0。

下面语句可实现将t数组中的数组元素全部初始化为0：

```
int t[10] = {0};    //所有数组元素的值初始化为0
```

（3）当对全部数组元素初始化时，可以省略数组长度。

此时，{}内初值的个数就是数组的长度。如：

```
int a[] = {0, 1, 2, 3, 4, 5, 6, 7, 8, 9};
```

由于大括号中有10个数据，此时系统会按初值的个数自动设定数组长度，将a数组的长度定义为10。

显然，在只给部分数组元素初始化时，不能省略数组长度。为了增强程序的可读性，避免出错，建议读者在对数组进行初始化时，无论是否对全部数组元素初始化，都不要省略数组长度。

需要注意的是，在对数组进行初始化时，初值个数不能超过数组长度，例如下面的语句是错误的：

```
int a[5] = {1, 2, 3, 4, 5, 6};  //错误，初值过多
```

另外，在对数组进行初始化时，只能在一条语句中完成数组的定义与初始化，而不能将两者分开，下

面语句是错误的：

```
int b[5];
b = {1, 2, 3, 4, 5};    //错误
```

5. 一维数组的输入和输出

在对数组进行输入和输出时，应依次对各个数组元素进行输入和输出（只是对于数值型数组而言，字符型数组的操作参见4.1.3）。

若有以下定义：

```
int a[5];
```

则a数组的5个数组元素分别为a[0]、a[1]、a[2]、a[3]、a[4]，可将数组元素的下标作为循环变量构造循环。设置循环变量i表示数组元素的下标，i的取值范围为0~4，因此循环条件为i < 5，此时，对数组中的全部数组元素进行输入即可使用循环语句进行：

```
for(int i = 0; i < 5; i++)   //输入
    cin>>a[i];
```

同理，对数组元素的输出语句为：

```
for(int i = 0; i < 5; i++)   //输出
     cout<<a[i]<<'\t';
```

程序中除了通过初始化或输入的方式为数组元素赋值外，还可以利用随机数为数组元素赋值。例如：

```
for(i = 0; i < 5; i++)
    a[i] = rand() % 100;   //a[i]的值在0~99范围之间
```

在该程序段中，通过循环语句分别为每个数组元素进行了赋值，数组元素的值为在0~99范围之间的随机数。在涉及数组的程序的调试过程中，通过随机函数为数组元素赋值，可简化调试过程。

6. 一维数组使用举例

使用数组时多用循环结构来处理数组元素，这是由于数组中所有数组元素的数据类型相同，使用循环可以反复地以相同方式一致处理所有元素；再者，数组大小已知，且数组元素的下标值是连续的（0~数组长度-1），因此在程序中用for循环最理想。

（1）计算所有数组元素的和。

【例4.2】 编写程序，输入数据到长度为10的整型数组中，计算各个数组元素之和。

【分析】 为便于调试，可使用符号常量N表示数组长度，在程序中设置sum变量表示数组元素之和，其初值为0，利用循环可实现sum与各个数组元素的累加。

源程序：

```
#include <iostream>
using namespace std;
const int N = 10;
int main()
{
    int a[N], i, sum = 0;            //sum表示各元素之和，i表示下标
    cout<<"Enter "<<N<<" integers: "<<endl;
    for(i = 0; i < N; i++)           //输入数据到数组元素中
        cin>>a[i] ;
    for(i = 0; i < N; i++)           //求和
        sum += a[i];
    cout<<"sum = "<<sum<<endl;
    return 0;
}
```

运行结果为：

```
Enter 10 integers:
1  2  3  4  5  6  7  8  9  10
sum = 55
```

（2）最大值最小值。

第3章曾介绍过使用“打擂法”求多个数据中的最大、最小值，求数组中的最大值、最小值也是类似的过程，不同之处是这组数据存放在数组中，结合循环，操作更方便，程序也比较简洁。

【例4.3】 编写程序求整型数组a中的最大值及其下标，假定数组长度为5。

【分析】 设置变量k表示最大值的下标，则a[k]即为最大值。首先将数组中的第一个数组元素作为最大值，即k的初值为0，然后将a[k]依次与其他数组元素（a[1]~a[4]）进行比较，若该元素大于a[k]，则将其下标赋给k。

源程序：

```
#include <iostream>
using namespace std;
const int N = 5;
int main()
{
    int a[N], k, i;                     //k为最大值的下标
    cout<<"Enter "<<N<<" integers: ";
    for(i = 0; i < N; i++)              //输入数据到数组元素中
        cin>>a[i];
    k = 0;                              //开始假定a[0]最大，将其下标保存到k中
    for(i = 1; i < N; i++)              //将a[k]与a[i]依次比较
    {
        if(a[k] < a[i])                 //若a[i]大于a[k]，保存其下标到k中
            k = i;
    }
    cout<<"max =  "<<a[k]<<"\tindex =  "<<k<<endl;
    return 0;
}
```

运行结果为：

```
Enter 5 integers: 19  40  -1  7  0
max = 40    index = 1
```

若求数组元素的最小值，只需要将程序中if语句中的的大于号>改为小于号<即可。

（3）排序。

排序是在程序设计中常见的操作，即按照数据的大小，将其由小到大或由大到小的顺序排列。数组最典型的应用就是排序，排序的方法很多，如冒泡法、选择法、插入法等，这里介绍冒泡法。

【例4.4】 用冒泡法对数组长度为N的整型数组a按升序进行排序（假定N为5）。

【分析】 以升序为例，冒泡法可以形象地描述为：使较小的数据像气泡一样逐渐“上浮”到数组的顶部，而较大的数据逐渐下沉到数组的底部。冒泡法的思路是：从第一个数据开始，对数组中两两相邻的数据进行比较，如a[0]与a[1]比较，若a[0]大于a[1]，则a[0]与a[1]交换，这样较大的数据就向后移动；然后a[1]与a[2]比较…直到最后a[N-2]与a[N-1]比较后结束。经过这样的一轮排序后，将最大的数据沉底移动到末尾，成为最后一个数组元素，而较小的数据像气泡一样“上浮”一个位置，这就是第一轮排序，将最大数放置到了正确的位置a[N-1]（不再参与后面的排序操作）。然后再对剩下的N-1个数据（a[0]~a[N-2]）按照同样的方法进行两两比较、互换，将次大数放置到了正确的位置a[N-2]，完成第二轮排序。由此可知，每完成一轮排序，就会有一个数据排在了它应该在的位置上。如此进行两两比较互换，经过N-1轮排序后即可得到一个有序的数组。

例如，对5个整数（9，8，7，5，2）进行升序排序，排序过程如图4.2所示。

第一轮：

a[0]与a[1]比较互换
a[1]与a[2]比较互换
a[2]与a[3]比较互换

a[3]与a[4]比较互换

第一轮结束后，最大数9“沉底”，存放到a[4]中，下一轮中只需对剩余的四个数据8、7、5、2进行排序。

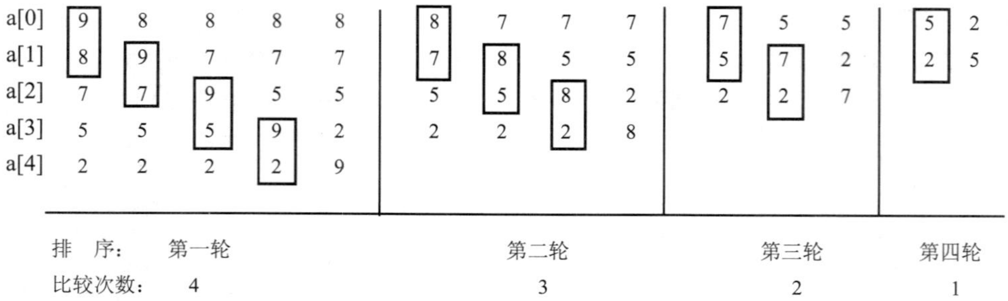

图4.2　排序过程

第二轮：

a[0]与a[1]比较互换
a[1]与a[2]比较互换
a[2]与a[3]比较互换

第二轮结束后，8存放到a[3]中，下一轮只需对剩余的三个数据7、5、2进行排序。

第三轮：

a[0]与a[1]比较互换
a[1]与a[2]比较互换

第三轮结束后，7存放到a[2]中，下一轮只需对剩下的两个数据5和2进行排序。

第四轮：

a[0]与a[1]比较互换

第四轮结束后，5存放到a[1]中，2存放到a[0]中，至此完成5个数据的升序排序。

综上所述，5个数要进行4轮排序。第一轮中对a[0]~a[4]进行比较互换，第二轮中对a[0]~a[3]进行比较互换，第三轮对a[0]~a[2]进行比较互换，第四轮中对a[0]和a[1]进行比较互换。

由此可知，对N个数据进行冒泡法排序的过程要分N-1轮进行；而每一轮中相邻数组元素的比较互换又是一个循环过程，因此该排序过程是一个两重循环。外层循环表示排序的轮数，内层循环表示每轮需要进行比较互换的数组元素范围。

设置外层循环变量i表示排序轮数，为控制循环N-1轮，令其初值为0，则终值为N-2。设置内层循环变量j表示每轮比较互换中数组元素的下标，相邻的数组元素表示为a[j]和a[j+1]，则：

在第1轮时，i = 0，需要进行两两比较的数是a[0]~a[N-1]，j的值为0 ~ N - 2
在第2轮时，i = 1，需要进行两两比较的数是a[0]~a[N-2]，j的值为0 ~ N - 3
…
在第N-2轮时，i = N-3，需要进行两两比较的数是a[0]~a[2]，j的值为0 ~ 1
在第N-1轮时，i = N-2，需要进行两两比较的数是a[0]~a[1]，j的值为0

因此，j的初值为0，终值为N - 2 - i。

下面给出使用冒泡法对5个整数进行升序排序的源程序。

源程序:

```
#include <iostream>
using namespace std;
const int N = 5;                        //定义符号常量N，代表数组长度
int main()
{
    int a[N], t, i, j;                  //定义整型数组a，长度为N
    cout<<"Enter "<<N<<" integers:";
    for(i = 0; i < N; i++)              //输入数据到数组元素中
        cin>>a[i];
```

```
    for(i = 0; i < N - 1; i++)              //循环N-1轮
    {
        for(j = 0; j < N -1 - i; j++)       //每轮排序的数组元素为a[0]~a[N-1-i]
            if(a[j] > a[j + 1])             //大数往后换（放到a[j + 1]中）
            {
                t = a[j];
                a[j] = a[j + 1];
                a[j + 1] = t;
            }
    }
    cout<<"After sorting :\n";
    for(i = 0; i < N; i++)                  //输出数组
        cout<<a[i]<<"\t";
    cout<<endl;
    return 0;
}
```

运行结果为：

```
Enter 5 integers:
9  8  7  5  2
After sorting :
2       5       7       8       9
```

若将数组按降序排序，将if语句中的大于号改为小于号即可。

（4）查找。

查找（Searching）是程序设计中常见的一种操作，所谓查找就是在数组中寻找一个指定元素的处理过程，例如在商品列表中查找某种商品的价格，在成绩表中查找某个学生的成绩等。查找有两种常用的方法，一种是顺序查找法（Linear Search），一种是二分查找法（Binary Search）。顺序查找法简单直观，但效率较低。二分查找法相对复杂一些，但效率较高。顺序查找对数组中的数据无要求，而二分查找法要求数组中的数据必须是排好序的。

顺序查找也称为线性查找，即将待查找数据与数组中的每个元素进行比较，直到待查找数据与某个数组元素匹配，或者与所有数组元素全部比较完毕，未找到该数据。

【例4.5】已知长度为N的一维数组a，输入数据key，使用顺序查找法，在数组a中查找key，若找到则输出其在数组中的位置，若找不到，输出未找到的提示信息，假定N为10。

【分析】为方便调试，将数组a进行初始化。输入数据key后，可构造以下标i为循环变量的循环结构，i的取值范围为0 ~ N-1，在循环中将key与数组元素a[i]依次进行比较，若相等则终止循环，此时下标i的值即为key在该数组中的位置。当i为N时，说明key与全部数组元素比较结束，未找到key。

源程序：

```
#include <iostream>
using namespace std;
const int N = 10;
int main()
{
    int a[N] = {10, 5, 8, 17, 21, 9, 11, 3, 12, 51};
    int key;                                   //key表示待查找的数据
    cout<<"Enter the searching data: ";
    cin>>key;
    for(int i = 0; i < N; i++)
    {
        if(a[i] == key)                        //若找到key，则结束循环
            break;
    }
    if(i >= N)                                 //与全部元素比较完毕，未找到
```

```
        cout<<"Not found!"<<endl;
    else            //找到key，其位置为i
        cout<<"a["<<i<<"] = "<<key<<endl;
    return 0;
}
```

运行程序两次，分别输入数据9、65，则

第一次的运行结果为：

```
Enter the searching data: 9
a[5] = 9
```

第二次的运行结果为：

```
Enter the searching data: 65
Not found!
```

顺序查找是用数组中每个元素与key进行比较，数组中元素的次序可以是任意的。顺序查找的运行时间将随着数组元素个数的增长而线性增长，因此对于大数组而言其效率不高。

当数组中的数组元素是有序存放时，使用二分查找法的效率会很高。二分查找法也称为折半查找法，它要求数组中的数组元素必须是有序存放的。

假定数组为升序存放，则二分查找法的思路是：首先将要查找的数据key与数组中央的元素进行比较，若相同则说明key被找到，查找结束；否则，如果key大于数组中央元素，则说明key位于数组后半部分；如果key小于数组中央元素，则说明key位于数组前半部分。而后即可在该部分中进行查找，从而舍弃另一半，这样就将查找范围缩小到原来的一半。如此重复该过程，直到找到或数组中无此数据。很明显，每经过一次查找，二分查找法就会将搜索范围缩小一半。

若有长度为N的一维数组a，升序排列，则在该数组中查找数据key的步骤为：

（1）首先设置3个整型变量top、mid和bottom，分别代表所查找区间的起始、中间和末尾数组元素的下标值，即：top为0，bottom为N -1 。

（2）计算查找区间中间元素的下标mid为(top + bottom) / 2。

（3）若key与a[mid]相等，说明已找到，查找结束；若key大于a[mid]，说明key位于后半部分，修改查找区间的下标，使top为mid + 1，bottom不变；若key小于a[mid]，说明key位于前半部分，修改查找区间的下标，使bottom为mid - 1，top不变。至此，查找范围缩小一半。

（4）重复上面的步骤（2）和（3），直到找到key，或当top大于bottom时说明未找到。

假定key=12，则在a数组中查找key的过程示意图如图4.3所示。

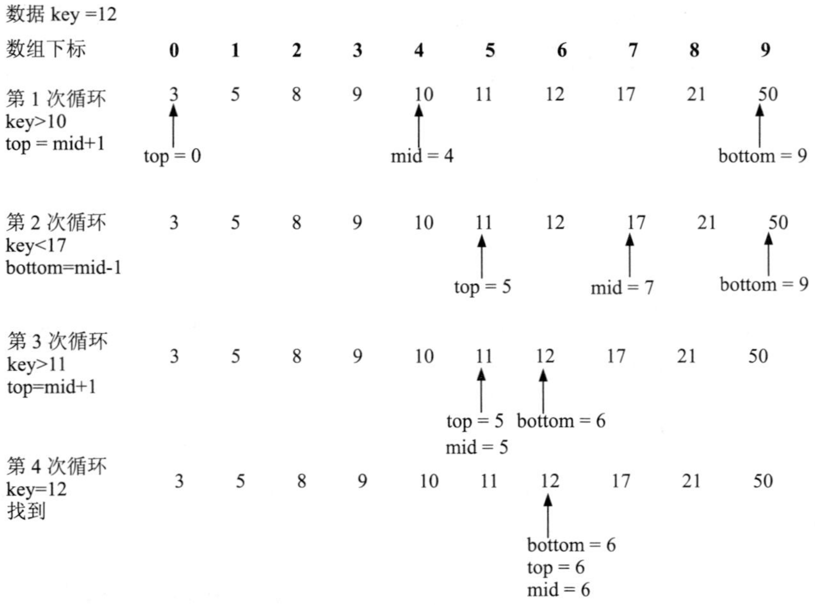

图4.3　二分查找法查找过程示意图（key=12）

第一次循环时，top = 0，bottom=9，则mid =（0+9）/2，mid为4，a[mid]为10，此时key > a[4]，说明key在后半部分，top = mid + 1，即5，此时查找范围缩小一半。

第二次循环时，top = 5，bottom=9，则mid =（5+9）/2，mid为7，a[mid]为17，此时key < a[7]，说明key在前半部分，bottom = mid – 1，即6。

第三次循环时，top = 5，bottom=6，则mid =（5+6）/2，mid为5，a[mid]为11，此时key > a[5]，说明key在后半部分，top = mid + 1，即6。

第四次循环时，top = 6，bottom=6，则mid =（6+6）/2，mid为6，此时key == a[6]成立，说明查找成功，此时可终止循环，mid即为key在数组中的位置。

假定key=6，则在a数组中查找key的过程示意图如图4.4所示，读者可根据该图进行分析。

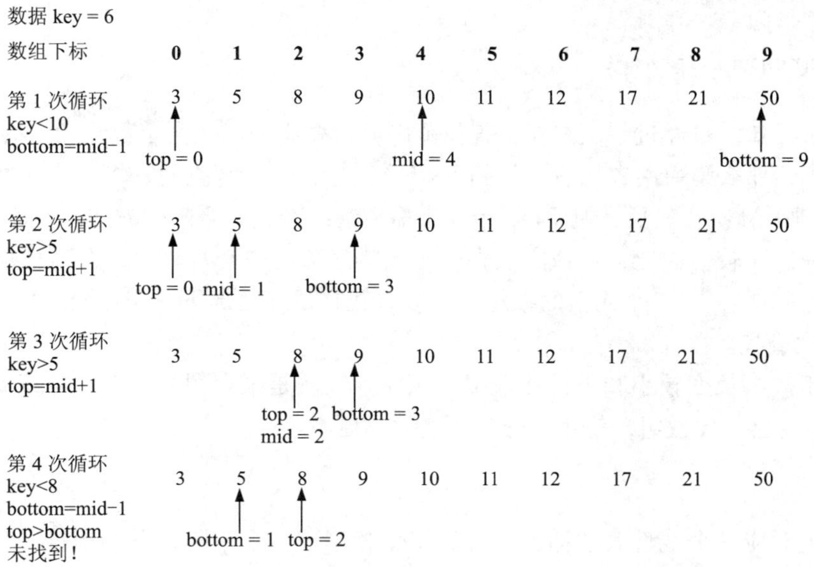

图4.4　二分查找法查找过程示意图（key=6）

【例4.6】已知长度为N的一维数组a已按升序排列，输入数据key，使用二分查找法，在数组a中查找key，若找到则输出其在数组中的位置，若找不到，输出未找到的提示信息，假定N为10。

源程序：

```
#include <iostream>
using namespace std;
const int N = 10;
int main()
{
    int a[N] = {3, 5, 8, 9, 10, 11, 12, 17, 21, 50};     //a数组已按升序排列
    int key;                                              //key表示要查找的数据
    cout<<"Enter the searching data:";
    cin>>key;
    int top = 0;                         //top表示数组第一个数组元素的下标
    int bottom = N - 1;                  //bottom表示末尾数组元素的下标
    int mid;                             //mid表示中间数组元素的下标
    while(top <= bottom)                 //top <=bottom时进行查找
    {
        mid = (top + bottom) / 2;
        if(key == a[mid])                //若key与a[mid]相等，说明找到该数据，终止循环
            break;
        else if(key > a[mid])            //若key大于a[mid]，说明该数据在后半部分
            top = mid + 1;
        else                     //此时key小于a[mid]，说明该数据在前半部分
            bottom = mid - 1;
```

```
    }
    if(key == a[mid])
        cout<<"a["<<mid<<"] = "<<key<<endl;
    else
        cout<<"Not found!"<<endl;
    return 0;
}
```

运行程序两次，分别输入数据12、6，则

第一次的运行结果为：

```
Enter the searching data: 12
a[6] = 12
```

第二次的运行结果为：

```
Enter the searching data: 6
Not found!
```

使用二分查找法可知，每经过一次查找，查找范围就会缩小一半。假定数组元素的长度为n（为方便起见，假定n为2的幂），那么第一次查找后，只剩下n/2个元素需要继续查找；第二次查找后，只剩下n/2/2个元素需要继续查找。则第k次比较后，剩下$n/2^k$个元素需要继续查找。当$k = \log_2 n$时，就只剩下一个元素了，此时只需要再进行一次比较。因此，用该方法在一个已排序数组中查找数据，在最坏情况下只需$\log_2 n+1$次查找操作。对一个有1 024（2^{10}）个元素的数组，二分查找在最坏情况下只需比较11次，而顺序查找法在最坏情况下则需1 024次查找。

由此可知，对于数组长度较小和未排序数组，顺序查找法是很有用的，但在数组元素长度较大的情况下效率较差。若数组为已排序数组，使用二分查找法效率更高。

4.1.3 二维数组

如果说一维数组对应一个线性表的话，二维数组就相当于一个矩阵，需要用行、列两个下标来描述。同样，多个下标表示多维数组，例如若要描述某书中的某个字符，则可以用三维数组表示这本书，用页号、行号、列号三个下标即可表示该字符。本节主要介绍二维数组，在实际应用中，最常用的是一维数组和二维数组。

1. 二维数组的定义

二维数组定义的一般形式为：

数据类型　　数组名[常量表达式1][常量表达式2];

其中，常量表达式1表示数组的行数，常量表达式2表示数组的列数。

例如：

```
int a[2][3];
```

该语句定义了一个二维数组，数组名为a，包含2行3列共6个数组元素，数组元素均为整型。

与定义一维数组相似，在定义二维数组时，不能使用变量表示行数和列数。下面的定义是错误的：

```
int n = 2, m = 3;
int a[n][m];        //错误
```

在定义二维数组时，不能省略行数或列数。以下均为错误的定义方式：

```
double b[][5];     //错误，定义时不能省略行数
char t[3][];       //错误，定义时不能省略列数
int c[][];         //错误，定义时不能省略行数和列数
```

2. 二维数组元素的访问

对二维数组的使用与一维数组相似，即只能使用数组中的单个元素，而不能把数组当成一个整体来使用。表示二维数组元素要使用两个下标，即行下标和列下标，形式为：

数组名[行下标][列下标]

其中，行下标和列下标均为整型表达式，行下标的取值范围为0~（行数-1），列下标的取值范围为0~（列

数-1）。在使用二维数组元素时，应注意行下标和列下标不能越界。

例如，若有 int a[2][3];，则可以使用的数组元素的行下标值的范围为0~1，列下标值的范围为0~2，该数组中的6个数组元素分别为：a[0][0]、a[0][1]、a[0][2]、a[1][0]、a[1][1]和a[1][2]。需要特别注意的是不存在数组元素a[2][3]，不能对其进行使用。

二维数组可以表示二维表或矩阵，因此使用上述a数组可描述2行3列的矩阵或二维表，图4.5给出的是该数组的逻辑形式。

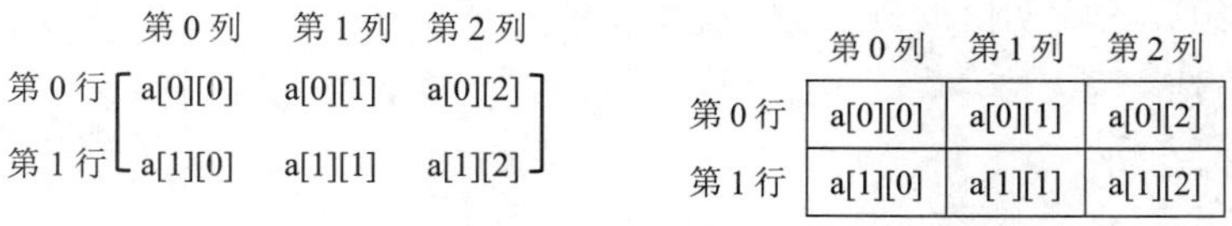

图4.5　用二维数组表示矩阵或二维表

3. 二维数组的存储

二维数组中的数组元素仍占用连续的存储空间，在内存中数组元素是按行线性存放的，即先存放第一行的元素，再存放第二行的元素。如有int a[2][3];，图4.6给出了该数组中各元素在内存中的存放顺序。

也可以把一个二维数组看作是由多个一维数组构成的。如定义：

```
int a[2][3];
```

则该二维数组也可按图4.7来理解。首先，将a看作是包含2个数组元素的一维数组，这两个元素分别为a[0]和a[1]。而后将a[0]和a[1]分别看作数组名，是由3个整型数组元素组成的一维数组，如a[0]所代表的一维数组中的3个数组元素分别为a[0][0]、a[0][1]、a[0][2]；a[1]中的3个数组元素分别为a[1][0]、a[1][1]、a[1][2]。即二维数组a是由2个一维数组所组成的。

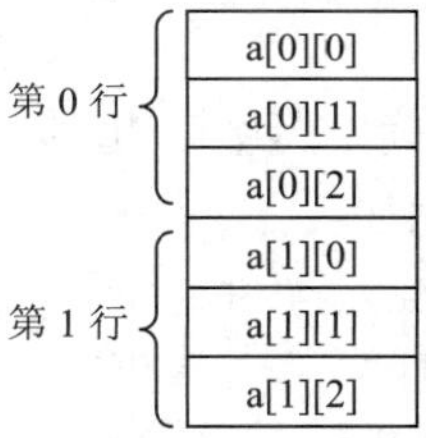

图4.6　二维数组的存储

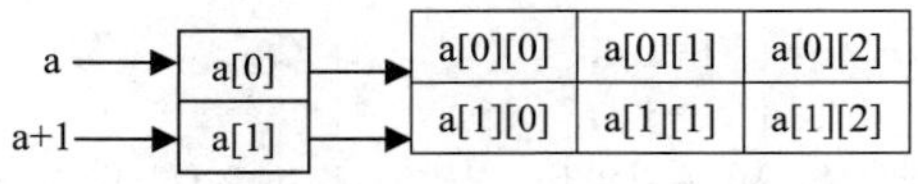

图4.7　二维数组a看作是2个一维数组

4. 二维数组的初始化

在定义二维数组时，也可以对数组元素赋初值，初值也必须写在一对大括号{}内。

（1）分行赋初值。一般形式为：

数据类型 数组名[行数][列数]={{初值表1}, {初值表2}, …};

即在外层的{}内嵌套一层{}，将每一行的初值写在内层{}内，并用逗号相隔。如：

```
int a[3][4]={{1, 2, 3, 4}, {5 ,6, 7, 8}, {9, 10, 11, 12}};
```

此时，内层第一个{}内的数据将赋给第一行的各个元素，第二个{}内的数据赋给第二行的元素，以此类推，赋值后各数组元素的值如图4.8所示。这种赋初值方法较为直观清晰，不易出错。

	0	1	2	3
0	1	2	3	4
1	5	6	7	8
2	9	10	11	12

图4.8　初始化后各元素的值

（2）按数组元素的存储顺序赋初值。一般形式为：

数据类型 数组名[行数][列数]={初值表};

由于二维数组元素在内存中是按行存放的，因此初值表内的数据将按照行从上到下、列从左到右的顺序依次存放到各个二维数组元素内。如：

```
int a[3][4]={1, 2, 3, 4, 5, 6, 7, 8, 9, 10, 11, 12};
```

则赋值后的结果与方法（1）相同。

（3）给部分元素赋初值。与一维数组的规定相同，对二维数组初始化时，可只为部分数组元素初始化，此时未得到初值的数组元素的值将自动设置为0（若为字符型数组则设置为'\0'）。同样，若初值个数多于数组元素个数，则会出现语法错误。

下面是只给部分数组元素赋初值的例子：

```
int a[3][4]={{1},{3},{5}};
int b[3][4]={1, 3, 5};
int c[3][4]={{1}, {3, 5}};
int d[3][4]={{1}, {0}, {5}};
```

这4个二维数组初始化后各个数组元素的值如图4.9所示。

	0	1	2	3
0	1	0	0	0
1	3	0	0	0
2	5	0	0	0

(a) 数组a

	0	1	2	3
0	1	3	5	0
1	0	0	0	0
2	0	0	0	0

(b) 数组b

	0	1	2	3
0	1	0	0	0
1	3	5	0	0
2	0	0	0	0

(c) 数组c

	0	1	2	3
0	1	0	0	0
1	0	0	0	0
2	5	0	0	0

(d) 数组d

图4.9　各数组初始化后数组元素的值

（4）当为全部元素赋初值时，行数可省略。需要注意的是任何时候都不能省略列数，必须给定。当使用按行初始化的方式时，系统会根据初值表中{}的个数来确定数组的行数。如：

```
int x[][4]={{1,2,3,4},{5,6,7,8},{9,10,11,12}};   //初值中有3个{}，行数为3
int y[][3]={{1}, {3}}; //初值中有2个{}，行数为2
```

当按数组元素的存储顺序初始化时，将根据初值的个数和列数来确定行数。此时，系统将依次按给定的列数为数组中各个数组元素赋初值，赋值完成后，行数即可确定。例如：

```
int z[][3]={1, 2, 3, 4, 5, 6, 7, 8, 9};     //9个初值，列数为3，行数为3
int m[][4]={1, 2, 3, 4, 5};                 //5个初值，列数为4，行数为2
```

对数组m初始化时，为第0行赋初值后，剩下数据5存放到第2行，由于初值个数不足，因此剩余的3个数组元素将自动设置为0。

以下均为错误的初始化方式：

```
int x[3][]={1, 2, 3, 4, 5, 6};                        //错误，不能省略列数
int y[][]={1, 2, 3, 4, 5, 6};                         //错误，不能省略列数
int z[2][3]={{1, 2, 3}, {4, 5, 6}, {7, 8, 9}};        //错误，多给了一行初值
int a[2][3]= {{1, 2, 3, 4}, {4, 5, 6}};               //错误，初值{1, 2, 3, 4}多给了一列初值
int b[3][2];
b ={1, 2, 3, 4, 5, 6};                                //错误，必须在定义的同时为数组赋初值
```

5. 二维数组元素的输入和输出

由于二维数组有两个下标（行下标和列下标），因此将行下标和列下标分别作为循环变量，使用两层循环即可访问二维数组的各个数组元素。如果按行输入，可将行下标作为外层循环变量，列下标作为内层循环变量。

如有以下定义语句：

```
int a[2][3];
```

设置整型变量i表示行下标，整型变量j表示列下标，则i的取值范围为0~1，j的取值范围为0~2，对数组中的各个数组元素进行输入的语句为：

```
int i, j;
for(i = 0; i < 2; i++)
    for(j = 0; j < 3; j++)
```

```
        cin>>a[i][j];
```

输出二维数组时，可以通过循环有效地控制输出的方式，即某一行的数组元素在同一行显示，输出完该行的所有元素后再进行换行，这样可以直观地显示二维数组的逻辑形式。输出语句为：

```
for(i = 0; i < 2; i++)
{
    for(j = 0; j < 3; j++)     //输出第i行的所有元素
        cout<<a[i][j]<< '\t';
    cout<<endl;                //输出第i行的所有元素后换行
}
```

与一维数组元素的赋值类似，还可以利用随机数为数组元素赋值。例如：

```
for(i = 0; i < 2; i++)
    for(j = 0; j < 3; j++)
        a[i][j] = rand() % 100;  //a[i][j]的值在0~99范围之间
```

在该程序段中，通过循环语句分别为每个数组元素进行了赋值，数组元素的值为在0~99范围之间的随机数。

6. 二维数组使用举例

二维数组多用来处理二维表或矩阵，在使用二维数组时，往往通过两层循环访问二维数组中的所有元素。

（1）使用二维数组处理矩阵。数学中的矩阵也是由行、列组成的，因此矩阵的问题也适合用二维数组处理。

【例4.7】编写程序求两个N行M列的矩阵的和，假定N为3，M为2。

【分析】两个矩阵可以相加的条件是具有相同的行数和列数，相加后的结果仍是一个矩阵，且行、列数与两矩阵相同。两个矩阵相加，实际就是将两矩阵中相对应的元素相加。使用二维数组a、b分别表示要相加的矩阵，c表示相加后的矩阵，则其行、列数均为N和M。设置整型变量i、j分别表示行下标和列下标，i的取值范围为0 ~ N − 1，j的取值范围为0~M−1，则有c[i][j] = a[i][j] + b[i][j]。

源程序：

```
#include <iostream>
using namespace std;
const int N = 3, M = 2;          //定义符号常量N和M，分别表示数组行数和列数
int main()
{
    int a[N][M],b[N][M],c[N][M];
    int i, j;
    //输入a数组
    cout<<"Enter matrix a("<<N<<"*"<<M<<"):\n";
    for(i = 0; i < N; i++)
        for(j = 0; j < M; j++)
            cin>>a[i][j];
    //输入b数组
    cout<<"Enter matrix b("<<N<<"*"<<M<<"):\n";
    for(i = 0;i < N; i++)
        for(j = 0; j < M; j++)
            cin>>b[i][j];
    //求和
    for(i = 0; i < N; i++)
        for(j = 0; j < M; j++)
            c[i][j] = a[i][j] + b[i][j];
//输出c数组
    cout<<"The result of a+b:\n";
    for(i = 0;i < N; i++)
    {
```

```
        for(j = 0; j < M; j++)
            cout<<c[i][j]<<"\t";
        cout<<endl;
    }
    return 0;
}
```

运行结果为:

```
Enter matrix a(3*2):
1  2
4  5
6  2
Enter matrix b(3*2):
1  4
3  2
5  1
The result of a+b:
2       6
7       7
11      3
```

【例4.8】 已知一个3行3列的矩阵，分别求其两条对角线元素之和。

【分析】使用二维数组a表示矩阵，其行数和列数均为3，则主对角线上的数组元素分别为a[0][0]、a[1][1]、a[2][2]，副对角线上的数组元素分别为a[0][2]、a[1][1]、a[2][0]。若用整型变量i表示下标，i取值范围为0 ~ 2，则主对角线上的数组元素可用a[i][i]表示，副对角线元素则可表示为a[i][2−i]。由于用一个下标变量i即可访问对角线数组元素，因此只需使用一重循环进行求和操作，结果存放到sum1和sum2变量中。为便于调试，数组元素的值通过初始化获得。

源程序:

```
#include <iostream>
using namespace std;
int main()
{
    int a[3][3]={1, 4, 8, 2, 9, 3, 4, 1, 7};
    int sum1 = 0, sum2 = 0;        //sum1和sum2分别表示主、副对角线之和
    for(int i = 0; i < 3; i++)
    {
        sum1 += a[i][i];           //计算主对角线元素的和
        sum2 += a[i][2 - i];       //计算副对角线元素的和
    }
    cout<<"sum1 = "<<sum1<<endl;
    cout<<"sum2 = "<<sum2<<endl;
    return 0;
}
```

运行结果为:

```
sum1 = 17
sum2 = 21
```

【例4.9】输入一个N行N列的矩阵，将其转置后输出，假定N为3。

【分析】将矩阵转置就是将行变为列，将列变为行，如图4.10所示。原来第0行的1、2、3，转置后成了第0列；原来第1行的4、5、6转置后成为第1列，第2行的7、8、9转置后成了第2列。即a[1][0]与a[0][1]进行交换，a[2][0]与a[0][2]交换，a[2][1]与a[1][2]交换，由图可知，矩阵转置其实就是以主对角线为轴线，将数组元素a[i][j]与a[j][i]进行交换。

$$\begin{bmatrix}1 & 2 & 3\\4 & 5 & 6\\7 & 8 & 9\end{bmatrix} \qquad \begin{bmatrix}1 & 4 & 7\\2 & 5 & 8\\3 & 6 & 9\end{bmatrix}$$

图4.10 矩阵的转置

源程序：

```
#include <iostream>
using namespace std;
int main()
{
    int a[3][3]={{1,2, 3},{4, 5, 6},{7, 8, 9}};
    int i, j, t;
    for(i = 1; i < 3;i++)
    {
        for(j = 0; j < i; j++)  //交换
        {
            t = a[i][j];
            a[i][j] = a[j][i];
            a[j][i] = t;
        }
    }
    //输出转置后的矩阵
    for(i = 0; i < 3; i++)
    {
        for(j = 0; j < 3; j++)
            cout<<a[i][j]<<"  ";
        cout<<endl;
    }
    return 0;
}
```

运行结果为：

```
1  4  7
2  5  8
3  6  9
```

【例4.10】编写程序，输出N*M矩阵中的最大值及其所在的行号和列号，假定N为3，M为4。

【分析】求二维数组中的最大值的方法仍可使用“打擂法”，将第一个数组元素作为最大值，将其行号和列号存放到变量row和column中，因此row和column的初值为0，则最大值可表示为a[row][column]。利用两层循环，分别将数组元素a[i][j]与a[row][column]进行比较，若a[i][j]大于a[row][column]，则将i赋值给row，将j赋值给column。对所有数组元素比较完成后，row和column的值即为最大值的行号和列号，a[row][column]即为最大值。

源程序：

```
#include<iostream>
using namespace std;
const int N = 3,  M = 4;
int main()
{
    int row = 0, column = 0;   //row表示最大值的行号，column表示最大值的列号
    int a[N][M] = {{1,2,3,4},{8,7,6,5}};
    for (int i = 0; i < N; i++)
    {
        for (int j = 0; j < M; j++)
            if(a[i][j] > a[row][column])
            {
                row = i;
                column = j;
            }
    }
    cout<<"max = "<< a[row][column]<<endl;
```

```
    cout<<"row = "<<row<<"\tcolumn = "<<column<<endl;
    return 0;
}
```

运行结果为：

```
max = 8
row = 1 column = 0
```

（2）使用二维数组处理二维表数据。一组相关的数据可以使用一维数组进行处理，多维相关的数据的处理则需要使用多维数组。例如对表4-1所示的成绩表中，行的方向表示的某个学生的成绩，列的方向表示的是某个科目的成绩。因此表中的数据（深色底纹内）都具有两个特性，如左上角的86，它表示学号为16001的学生科1的成绩。为了明确表示这些数据，必须使用两个下标，第一个下标用于表示学生（即元素所在的行），第二个下标表示科目（即元素所在的列）。像这种需要两个下标才能表示某个元素的表称为二维表，对二维表中的数据进行处理，最好使用二维数组。

表4-1　5个学生3门课程的成绩表

科目 学号	科1	科2	科3	平均成绩
16001	86	81	90	85.67
16002	78	73	80	77
16003	69	66	75	70
16004	85	70	68	74.33
16005	50	65	66	60.33
各科平均成绩	73.6	71	75.8	

【例4.11】 输入5名学生的学号和3科成绩，输出每个学生的平均成绩和各个科目的平均成绩。

【分析】 由于5个学生都有3科成绩，因此适合用二维数组保存数据。定义5行3列的二维数组score用于保存5个学生的3科成绩，每行表示的是某个学生的三科成绩，每列表示的是5个学生某个科目的成绩。因此，每个学生的平均成绩即每行数组元素的平均值，每个科目的平均成绩即每列数组元素的平均值。

每个学生都要计算三科的平均成绩，共有5个平均成绩，适合用一维数组保存，因此可定义包含5个数组元素的一维数组averStu保存每个学生的平均成绩。3个科目每个科目都要计算平均成绩，共有3个平均成绩，故使用包含3个数组元素的一维数组averCourse，用于保存每个科目的平均成绩。学生的学号用长度为5的一维整型数组id进行保存。

【源程序】

```
#include <iostream>
using namespace std;
const int N = 5, M = 3;  //N表示学生人数，M表示科目数
int main()
{
    double score[N][M];       // score表示成绩
    double averStu[N] = {0};  //averStu表示学生平均成绩，并初始化为0
    double averCourse[M] = {0};  //averCourse表示科目平均成绩，并初始化为0
    int id[N];                   //id表示学号
    int i, j;
    //输入每个学生的学号和各科成绩
    cout<<"Enter student ID number and 3 scores: "<<endl;
    cout<<"Id\tM1\tM2\tM3"<<endl;
    for(i = 0; i < N; i++)
    {
        cin>>id[i];                      //输入学号
        for(j = 0; j < M; j++)           //输入每个学生的各科成绩
            cin>>score[i][j];
```

```
    }
    //计算每个学生的平均成绩
    for(i = 0; i < N; i++)
    {
        for(j = 0; j < M; j++)
            averStu[i] += score[i][j];
        averStu[i] /= M;
    }
    //计算每个科目的平均成绩
    for(j = 0; j < M; j++)
    {
        for(i = 0; i < N; i++)
            averCourse[j] += score[i][j];
        averCourse[j] /= N;
    }
    //输出每个学生的学号、各科成绩、平均成绩
    cout<<endl<<"Id\tM1\tM2\tM3\tAverage"<<endl;
    for(i = 0; i < N; i++)
    {
        cout<<id[i]<<'\t';                  //输出学号
        for(j = 0; j < M ; j++)
            cout<<score[i][j]<<'\t';        //输出各科成绩
        cout<<averStu[i]<<endl;             //输出每个学生的平均成绩
    }
    //输出每个科目的平均成绩
    cout<<"Aver: \t";
    for(j = 0; j < M; j++)
        cout<<averCourse[j]<<'\t';
    cout<<endl;
    return 0;
}
```

运行结果为：

```
Enter student ID number and 3 scores:
Id      M1      M2      M3
16001   86      81      90
16002   78      73      80
16003   69      66      75
16004   85      70      68
16005   50      65      66

Id      M1      M2      M3      Average
16001   86      81      90      85.6667
16002   78      73      80      77
16003   69      66      75      70
16004   85      70      68      74.3333
16005   50      65      66      60.3333
Aver:   73.6    71      75.8
```

程序中计算每个学生的平均成绩，即对每一行计算平均值。在按行处理时，行下标变化慢，列下标变化快，因此将行下标作为外层循环变量，列下标作为内层循环变量，在内层循环中对每一行中所有列的数组元素累加求和后在外层循环计算平均值。在计算每个科目的平均成绩时，是对每一列计算平均值。此时列下标变化慢，行下标变化快，则将列下标作为外层循环变量，行下标作为内层循环变量，在内层循环中对每一列中所有行上的数组元素累加求后在外层循环并计算平均值。

4.1.4 字符数组与字符串

1. 字符串

字符串常量简称为字符串，是在程序中经常处理的数据。字符串是用双引号括起来的一串字符，如"hello""1234""计算机"等。字符串在存储时，系统会在字符串的末尾自动增加一个转义字符'\0'，用于表示字符串的结束。该字符是一个ASCII码值为0的空字符，也称作字符串结束标志。

利用字符串结束标志，可测定字符串的长度。字符串中'\0'字符之前的字符个数即为字符串的长度。例如，字符串"hello"的长度为5，字符串"1234"的长度为4。虽然'\0'不计入字符串的实际长度，但其也占一个字节的内存，因此在对字符串进行存储时，要考虑为字符串结束标志'\0'预留存储空间。如若要存储字符串"hello"，需要6个字节，存储"1234"需要5个字节，存储"计算机"则需要7个字节（每个汉字占用2个字节）。在对一个字符串进行存储时，至少需要该串长度+1个字节的内存空间。

在C++中可用字符数组、字符指针变量（参见4.3.3）来处理字符串。本节主要介绍如何使用字符数组处理字符串。

2. 字符数组的定义

字符型数组是数据类型为char的数组，每个数组元素中存放的是字符常量。因此前面介绍的数组的定义、存储形式和使用等也都适用于字符型数组。在处理一个字符串时，可使用一维字符数组，而处理多个相关的字符串时，可使用二维字符数组。

字符数组定义的一般形式为：

```
char 数组名[常量表达式];                  //定义一维字符数组
char 数组名[常量表达式1][常量表达式2];    //定义二维字符数组
```

> 说明：
>
> （1）常量表达式表示数组长度，每个字符数组元素内可存放一个西文字符，在内存中占用1个字节。
>
> （2）常量表达式1和常量表达式2分别表示二维字符数组的行数和列数。
>
> 当使用字符数组处理字符串时，要确保字符数组的长度足以存放字符串，即要考虑为字符串结束标志'\0'预留存储空间。

例如：char c[10];

表示定义了一个字符数组c，包含10个数组元素，即c[0]~c[9]，该数组中只能存放长度小于10的字符串。

```
char n[10][20];
```

表示定义了一个10行20列的二维字符数组n，该数组最多可存放10个字符串，其中每个字符串的长度小于20。

3. 字符数组的初始化

定义字符数组时也可进行初始化，利用字符常量或字符串常量可实现对字符数组的初始化。

（1）用字符常量对字符数组进行初始化，形式为：

```
char 数组名[常量表达式] = {初值表};
```

这种形式与数值型数组的初始化方式相同，即将大括号内的字符常量依次赋给各个数组元素。例如以下均为正确的初始化方式：

```
char s[5] = { 'h', 'a', 'p', 'p', 'y'}; //'h'、'a'、'p'、'p'、'y'5个字符常量依次赋给了s[0]~s[4]
char s[] = { 'h', 'a', 'p', 'p', 'y'};  //省略长度时根据初值个数确定数组长度，长度为5
char s[10] = { 'h', 'a', 'p', 'p', 'y'};//初值个数小于数组长度，剩余数组元素自动赋值为'\0'
```

若给出的初值个数超过了数组长度，则会出现语法错误，如：

```
char s[5] = { 'h', 'a', 'p', 'p', 'e', 'n'};    //错误，初值个数过多
```

（2）用字符串对字符数组进行初始化，形式为：

char 数组名[常量表达式] = {字符串常量}; 或
char 数组名[常量表达式] = 字符串常量;

即用一个字符串做初值时，大括号可省略。如：

```
char s[6] = {"happy"};  或：char s[6] = "happy";
```

此时，系统会在字符串的有效字符后自动添加结束标志'\0'，并将其存放到s数组的最后一个数组元素中，初始化后s数组中各元素的值如图4.11所示。

s[0]	'h'
s[1]	'a'
s[2]	'p'
s[3]	'p'
s[4]	'y'
s[5]	'\0'

图4.11　s数组中各元素的值

在用字符串为字符数组初始化时，数组长度也可省略，此时要注意数组长度的确定。例如：

```
char s[] = "happy"; //数组长度为6，s[5]元素内存放'\0'
```

注意下面写法是错误的：

```
char s[5] = "happy";  //错误，数组长度定义过小，无法存放字符串
```

当数组长度大于字符串长度时，其余数组元素的值会自动设置为'\0'，如：

```
char s[10] = "happy";
```

此时，s[0]~s[4]中分别为'h''a''p''p''y'，s[5]~s[9]的值均为'\0'。这种方式与下面语句等价：

```
char s[10] = { 'h', 'a', 'p', 'p', 'y'};
```

当省略数组长度时，以下两种初始化方式中数组的长度是不同的。

```
char c1[]={'h', 'a', 'p', 'p', 'y'};  //数组长度为5
char c2[]="happy";                    //数组长度为6
```

对c1字符数组是使用字符常量进行初始化，此时数组的长度即为字符的个数，因此，该数组的长度为5。

对c2字符数组使用字符串进行初始化，因为系统会自动在字符串末尾加上'\0'，因此该数组的长度为6。它的前5个元素分别为'h''a''p''p''y'，最后一个数组元素为'\0'。

注意区分字符串长度与数组长度的不同。字符串长度指的是字符串中字符的个数，不包括字符串结束标志'\0'。数组长度可在定义时确定，也可由初始化时初值的个数决定。当用字符串来初始化字符数组时，数组长度应大于字符串长度，否则会出现语法错误。

> 注意：
>
> 一个字符串可以存放到一个字符数组中，但是一个字符数组中存储的并非一定是字符串，只有当其中存放'\0'字符时才表示字符串。
>
> ```
> char s1[10] = "happy";                        //s1中存储的是字符串
> char s2[10] = { 'h', 'a', 'p', 'p', 'y'};   //s2中存储的是字符串，与s1数组等价
> char s3[5] = { 'h', 'a', 'p', 'p', 'y'};    //s3中存储的不是字符串
> ```

（3）使用多个字符串对二维字符数组进行初始化，此时数组第一维的长度（行数）表示要存储的字符串的个数，而第二维的长度（列数）应按最长的字符串的长度进行设定。初始化形式为：

char 数组名[行数][列数]={字符串1,字符串2,…};

例如：

```
char name[3][8]={"Monica","Rebecca","Joey"};
```

name数组的行数为3，表示最多可存放3个字符串。列数为8，表示每行最多可存放有8个字符（包含'\0'）的字符串，当初始化列表中给出的字符串长度小于8时，系统会将其剩余的数组元素初始化为'\0'，因此初始化后name数组的存储形式如图4.12所示。

	0	1	2	3	4	5	6	7
name[0]	M	o	n	i	c	a	\0	\0
name[1]	R	e	b	e	c	c	a	\0
name[2]	J	o	e	y	\0	\0	\0	\0

图4.12　二维字符数组初始化

对于二维字符数组，在表示二维数组元素时也用两个下标，如name[1][2]表示第1行第2列的字符'b'；另外也可以用一个下标表示某一行，如name[0]表示第0行的"Monica"字符串。可以看出，在处理多个字符串时，使用二维字符数组是非常方便的。

二维字符数组初始化时，行数可以省略，而列数则不可省略，这是因为二维数组是按行存储的，系统必须明确每一行的长度才能为数组分配存储空间。上面name数组的初始化形式也可写作：

```
char name[][8]={"Monica","Rebecca","Joey"};  //根据字符串个数确定，行数为3
```

当给出的字符串个数小于行数时，其余数组元素的值则自动初始化为'\0'，如：

```
char name[3][8]={"Monica","Rebecca"}; //name[2]的各个元素值均为'\0'
```

下面则为错误的初始化方式：

```
char name[2][8]={"Monica","Rebecca","Joey"}; //错误，字符串个数超过行数
```

4. 字符数组的输入输出

若字符数组不用于存储字符串，其输入输出和数值型数组的输入输出没有区别，即利用循环结构为每一个数组元素进行输入或输出。例如以下程序段：

```
char s[10];
int i ;
for(i = 0; i < 10; i++) //依次输入10个字符
    cin>>s[i];
for(i = 0; i < 10; i++) //依次输出10个字符
    cout<<s[i];
```

由于通常我们总是用字符数组来处理字符串，因此其输入输出方式与以上形式有所不同。

（1）字符串的输出，格式为：

cout<<字符数组名;

表示将该字符数组内存放的字符串中的每个字符依次输出，若遇到字符串结束标志'\0'，则停止输出。

【例4.12】输出一个字符串。

源程序：

```
#include <iostream>
using namespace std;
int main()
{
    char s[20] = "Hello  world";
    cout<<s;
    return 0;
}
```

运行结果为：

```
Hello  world
```

另外，也可以直接输出字符串，如：

```
cout<<"Hello  world";
```

又如下面程序段实现了对存储多个字符串的二维字符数组的输出。

【例4.13】 输出多个字符串。

源程序：

```
#include <iostream>
using namespace std;
```

```
int main()
{
    char name[3][8] = {"Monica", "Rebecca", "Joey"};
    int i;
    for(i = 0; i < 3; i++)
        cout<<name[i]<<endl;      //按行输出每个字符串
    return 0;
}
```

运行结果为：

```
Monica
Rebecca
Joey
```

（2）字符串的输入，除了使用初始化的方法将字符串存放到字符数组中外，还可以采用以下方法输入字符串到字符数组中。

① 使用cin输入，格式为：

cin>>字符数组名;

该语句表示将输入的字符依次存放到字符数组的各个数组元素内，直到遇到空格、制表符或回车符为止，最后在末尾自动添加一个字符串结束标志'\0'。

【例4.14】 从键盘输入一个人名，如"Michel"，然后输出"Welcome Michel"。

源程序：

```
#include <iostream>
using namespace std;
int main()
{
    char s[20];
    cout<<"Enter your name:;
    cin>>s;
    cout<<"Welcome ";
    cout<<s<<endl;
    return 0;
}
```

输入Michel后的运行结果为：

```
Enter your name: Michel
Welcome Michel
```

输入Michel Jason后的运行结果为：

```
Enter your name: Michel Jason
Welcome Michel
```

在第二次输入"Michel Jason"时，为什么没有显示空格后的"Jason"呢？

这是因为在使用cin输入数据时，空格、制表符或回车符被当作数据的分隔符，遇到它们就认为前面的数据已结束。所以，当输入时遇到"Michel"后的空格，就认为字符串已结束，自动在末尾添加'\0'送入数组s中。而余下的字符则作为下一个输入数据留在了输入缓冲区中。

将上述程序进行修改，再次验证上述分析结果：

```
#include <iostream>
using namespace std;
int main()
{
    char s[20];
    cout<<"Enter your name: ";
    cin>>s;
    cout<<"Welcome ";
```

```
    cout<<s<<endl;
    cin>>s;
    cout<<"Welcome ";
    cout<<s<<endl;
    return 0;
}
```

重新运行该程序，输出结果为：

```
Enter your name: Michel Jason
Welcome Michel
Welcome Jason
```

程序中第一个cin语句将输入字符串中空格前面的字符串读到数组s中，然后进行输出。第二个cin语句将输入缓冲区中余下的上次未被读走的空格后面的字符串输入到数组s中，然后进行输出。

由此可知，在使用cin输入字符串时，在读到空格、制表符或回车符时，系统会认为输入结束，因此当字符串中有空格时，不能使用这种方法。

② 使用cin.getline函数，C++中提供了cin.getline函数，用于输入包含空格等字符的字符串。格式为：

cin.getline(字符数组名, 长度n, 结束符);

其中，字符数组名是存放字符串的数组名称，长度n指定了输入的字符个数（包括字符串结束标记'\0'），结束符是一个字符型常量或变量。

该函数的作用是在输入字符串时，当遇到结束符或读入n-1个字符时，才停止读取字符，并自动在已输入字符的最后加上'\0'。注意结束符是不会保存在数组中的。

当省略结束符时，默认的结束符为回车键，即当按下回车键后停止读取字符串的操作。

【例4.15】 使用cin.getline函数从键盘输入一个带空格的人名，如"Michel Jason"，然后输出"Welcome Michel Jason"。

源程序：

```
#include <iostream>
using namespace std;
int main()
{
    char s[20];
    cout<<"Enter your name: ";
    cin.getline (s, 20, '\n'); // 将回车符作为结束符，也可写作cin.getline (s, 20);
    cout<<"Welcome ";
    cout<<s<<endl;
    return 0;
}
```

运行结果为：

```
Enter your name: Michel Jason
Welcome Michel Jason
```

对二维数组的输入，如下例所示。

【例4.16】 在例4.15的基础上，使用cin.getline函数输入3个带空格的人名并输出。

源程序：

```
#include <iostream>
using namespace std;
int main()
{
    char s[3][20];
    for(int i = 0; i < 3; i++)
    {
        cout<<"Enter name: ";
        cin.getline(s[i], 20); //以回车符作为结束符
```

```
            cout<<"Welcome "<<s[i]<<endl;
        }
        return 0;
    }
```

运行结果为：

```
Enter name: Michel Jason
Welcome Michel Jason
Enter name: Sunny Ma
Welcome Sunny Ma
Enter name: Brad Peter
Welcome Brad Peter
```

除了cin、cin.getline函数之外，还可以使用cin.get函数实现字符串的输入，其使用方法与cin.getline非常相似，cin.get函数中也包含3个参数，各个参数的含义与cin.getline函数完全相同。例如：

```
char s[20];
cin.get(s, 20); //读取字符串存放到s数组中
```

cin.get函数与cin.getline函数的不同之处在于，cin.get函数在读取完输入的字符后会将剩余字符（包括回车符）留在缓冲区中，而这些字符将被下一个读取输入的操作获取，从而影响输入处理。因此在输入带有空格的字符串时，建议使用cin.getline函数。

5. 字符串处理函数

C++中提供了许多功能强大的字符串处理函数，使用这些函数需要包含头文件string。常用的字符串处理函数如表4-2所示。在字符串复制、连接和itoa函数中，参数s是字符数组名，其长度应足够大以便存放字符串；在其他函数中的参数s和参数t可以是字符数组名，也可以是字符串常量。

表4-2 常用字符串处理函数

函数功能	使用形式	功能描述
求字符串长度	strlen(s)	返回字符串的长度，即字符串结束标志'\0'之前的字符的个数
字符串复制	strcpy(s, t)	将字符串t复制到s中，复制时包括字符串结束标志'\0'。s应定义得足够大以便存放字符串t
字符串复制	strncpy(s, t, n)	将字符串t中的前n个字符复制到s中（如果前n个字符中不包括字符串结束标志'\0'则不复制'\0'）。s应定义得足够大以便存放字符串t
字符串比较	strcmp(s, t)	比较字符串s和字符串t的大小，对于s大于、等于、小于t的三种情况分别返回正数、0、负数
字符串比较	strncmp(s, t, n)	比较字符串s的前n个字符和字符串t的前n个字符的大小，对于s大于、等于、小于t的三种情况分别返回正数、0、负数
字符串连接	strcat(s, t)	把字符串t连接到s中字符串的后面，连接时s中的字符串结束标志'\0'被t的第一个字符覆盖，连接后的字符串存放到s中，s应定义得足够大以便存放连接后的字符串
字符串连接	strncat(s, t, n)	把字符串t的n个字符连接到s中字符串的后面，连接时s中的字符串结束标志'\0'被t的第一个字符覆盖，连接后的字符串存放到s中，s应定义得足够大以便存放连接后的字符串
字符串转换为整数	atoi(s)	将字符串s转换为一个int型数值
字符串转换为实数	atof(s)	将字符串s转换为一个double型数值
整数转换为字符串	itoa(n, s, r)	以r进制形式将int型数据n转换为字符串存放到s中

说明：

（1）strcpy和strncpy函数。这两个函数都用于字符串复制，strcpy(s, t)函数在复制时，会将字符串t中的所有字符包括结束标志'\0'一起复制到s中，复制结束后，s和t的内容相同；strncpy(s, t, n)函数是仅将字符串t的前n个字符复制到字符数组s中，如果前n个字符中不包括字符串结束标志'\0'则不复制'\0'。

下面是这两个函数的使用示例。

【例4.17】 strcpy和strncpy函数的使用示例。

```
#include <iostream>
#include <string>
using namespace std;
int main()
{
    char s1[20];
    char s2[]="Pirate Ship";
    char t[]="TTTT";
    strcpy(s1, t);              //将字符串t复制到s1内
    cout<<"The string in s1 is:"<<s1<<endl;
    strncpy(s2, t, 3);          //将字符串t的前3个字符复制到s2内
    s2[3] = '\0';               //添加字符串结束标志
    cout<<"The string in s2 is:"<<s2<<endl;
    cout<<"The length of string s2 is: "<<strlen(s2)<<endl;    //输出字符串s2的长度
    return 0;
}
```

运行结果为：

```
The string in s1 is:TTTT
The string in s2 is:TTT
The length of string s2 is: 3
```

程序中使用语句：s2[3] = '\0'; 将字符串结束标志插入到s2[3]处，表示字符串结束。如果没有该语句，字符串s2中的内容为"TTTate Ship"，s2的长度则为11。

（2）strcmp 和strncmp函数。两个字符串的比较不能使用关系运算符（如>、<等运算符），而是应该使用字符串比较函数来完成。strcmp和strncmp这两个函数均可实现对两个字符串的比较，不同的是strncmp是只对两个字符串中的前n个字符进行比较。

若s和t表示两个字符串，则strcmp(s, t)函数的返回值的含义为：

① 返回值为0，说明s与t相等；

② 返回值为正整数，说明s大于t；

③ 返回值为负整数，说明s小于t。

那么字符串是如何进行比较的呢？

字符串比较实际上是字符ASCII码值的比较，即将两个字符串按从左到右的顺序对每对字符的编码进行比较，当出现不相同的字符对或遇到'\0'时，则停止比较。此时由这对不相同的字符的ASCII码值的差值决定大小，并将其差值作为函数的返回值。若差值为0，表示两个字符串相等；若差值为正整数，则表示字符串s大于字符串t；若差值为负整数表示字符串s小于字符串t。在一些编译器中，这两个函数的返回值为0、1、-1，分别表示相等、大于和小于的关系。

例如，若s中的字符串为"happy"，t中的字符串为"happen"，当使用strcmp(s,t)函数时，首先比较s和t中的第一对字符('h'与'h')，由于相等，继续比较第二对（'a'与'a'），第二对仍相等，继续比较下一对。当遇到第五对字符（'y'与'e'）时，两个字符不同则停止比较，由于'y'的ASCII码值大于'e'的ASCII码值（差值为20），说明字符串s大于字符串t，在VC6.0下该函数返回值为1。当使用strncmp(s, t, 3)函数时，是仅比较字符串s和t中的前3个字符，由于前3对字符均相同，因此该函数的返回值为0。

【例4.18】 strcmp和strncmp函数的使用示例。

```
#include <iostream>
#include <string>
using namespace std;
int main()
{
    char s[]="Happy";
    char t[]="Happen";
```

```
    char t2[]="Happy";
    cout<< strcmp(s, t)<<endl;
    cout<< strcmp(s, t2)<<endl;
    cout<< strcmp(t, s)<<endl;
    cout<< strncmp(s, t, 4)<<endl;
    cout<< strncmp(s, t, 5)<<endl;
    return 0;
}
```

运行结果为：

```
1
0
-1
0
1
```

（3）strcat和strncat函数。这两个函数的作用均是完成两个字符串的连接，strcat(s, t)是将字符串t连接到s中字符串的后面，而strncat(s, t, n)是将字符串t的前n个字符连接到s中字符串的后面。在使用这些函数前，字符数组s应该分配了足够的内存空间。在进行连接时，字符串t的第一个字符将覆盖s中字符串的结束标志'\0'，连接完成后系统会自动在s串的末尾添加字符串结束标志'\0'。

下面是这两个函数的使用示例。

【例4.19】 strcat和strncat函数的使用示例。

```
#include <iostream>
#include <string>
using namespace std;
int main()
{
    char s[30]="Bei";
    char t[]="Tianjin, China";
    strncat(s,"cheng",4);      //将"cheng"的前4个字符连接到s中字符串的末尾
    cout<<s<<endl;             //此时s中的内容为"Beichen"
    strcat(s, ',");            //将","连接到s的末尾
    cout<<s<<endl;             //此时s中的内容为"Beichen,"
    strcat(s, t);              //将字符串t连接到s的末尾
    cout<<s<<endl;             //此时s中的内容为" Beichen,Tianjin, China"
    return 0;
}
```

运行结果为：

```
Beichen
Beichen,
Beichen,Tianjin, China
```

（4）函数atoi、atof是将一个字符串转换为一个数值，函数itoa则是将数值转换为字符串。下面给出了这些函数的使用示例。

【例4.20】 atoi、atof、itoa函数的使用示例。

```
#include <iostream>
#include <string>
using namespace std;
int main()
{
    char s[10];
    double y;
    y = atoi("22") + atof("11.5");         //字符串转换为数值
    cout<<y<<endl;
    int x = 41;
```

```
    itoa(x, s, 8);                          //以8进制形式将x转换为字符串后存放到s中
    cout<<s<<endl;
    return 0;
}
```

运行结果为：

```
33.5
51
```

程序中atoi("22") 是将字符串"22"转换为整数22， atof("11.5")是将字符串"11.5"转换为double型的数据11.5，因此两数据求和后结果为33.5。itoa(x, s, 8)是将整数x以8进制形式转换为字符串存放到s中，41对应的8进制数为51，因此转换为字符串后为"51"。

在使用atoi函数将字符串转换为数值型数据时，注意以下几种情况：

```
atoi("abc22")    //若起始字符为非数字字符（除空格与'-'外），则转换后的值为0
atoi("22.abc")   //若数字字符后有非数字字符，则忽略非数字字符，转换后的值为22
atoi("-22")     //若起始字符为'-'且其后为数字字符，则将'-'转换为负号，转换后的值为-22
atoi("  22")     //若起始字符为空格符且其后为数字字符，则忽略空格符，转换后为22
```

6. 使用字符数组处理字符串的应用举例

在使用字符数组处理字符串时，字符数组的长度应定义得足够长，以便存放字符串。那么在对数组元素进行访问时，数组元素的下标的取值范围如何确定呢？由于字符串长度往往比数组长度要小，因此不需要对每一个数组元素进行操作，而是应该确定字符串结束标志'\0'的位置，在'\0'之前的数组元素才是字符串的有效内容。例如字符数组s定义为：

```
char s[100];
```

若将一个字符串存放在字符数组s中，定义i为下标变量，那么i的取值范围不应该为0~ 99，而应为0 ~ n–1，其中 n 为字符串的长度，即n = strlen(s)，数组元素s[n]中存放的就是字符串结束标志'\0'。

因此，与使用其他类型数组不同，通常不用数组的长度作为循环的控制条件，而是将当前数组元素的值是否为'\0'作为字符串处理过程中的循环控制条件。

【例4.21】输入一个字符串，编写程序输出字符串的长度（不使用strlen函数）。

【分析】定义字符数组s用于存储字符串，字符串的长度即为字符串结束标志'\0'之前的字符个数。可设置i作为下标变量，通过循环对s[i]的值进行检查，循环控制条件为s[i] != '\0'，若s[i]为'\0'时，则结束循环，此时i的值即为字符串的长度。

源程序为：

```
#include <iostream>
using namespace std;
int main()
{
    char s[50]; //s用于存放字符串
    int i;
    cout<<"Enter a string: ";
    cin.getline (s, 50);              //输入字符串
    for(i = 0; s[i] != '\0'; i++)    //统计字符个数
        ;
    cout<<"The length of "<<s<<" is "<<i<<endl;
    return 0;
}
```

运行结果为：

```
Enter a string: giraffe
The length of giraffe is 7
```

程序中for循环的循环体为空语句，i既为循环控制变量也为计数变量，循环结束时，i的值即为字符串的长度。

由于字符串结束标志'\0'的ASCII码值为0，因此s[i] != '\0'也可写作s[i] != 0，如：

```
for(i = 0; s[i] != 0; i++)
    ;
```

或：

```
for(i = 0; s[i]; i++)
    ;
```

【例4.22】输入一个字符串，将其逆序后输出。例如输入"hello"，则输出"olleh"。

【分析】将一个字符串逆序即将其第一个字符与最后一个字符交换，而后将第二个字符与倒数第二个字符交换，重复此过程，直到全部交换完成为止。

为实现这一算法，可使用两种方法。

方法1：定义字符数组s用于存储字符串，使用两个变量i和j，分别存放字符串中第一个字符和最后一个字符所在数组元素的下标，即i的初值为0，j的初值为strlen(s) - 1，交换s[i]与s[j]；每循环一次，i++，j--，直到i >= j即可结束。

方法2：定义字符数组s用于存储字符串，字符串的长度为n = strlen(s)，则交换n/2次即可实现字符串的逆序。使用变量i存放要交换字符所在数组元素的下标，则与其对应的需要交换的字符的下标为n - 1- i，将s[i]与s[n - 1 - i]进行交换，i的取值范围为0 ~ n/2 - 1，共循环n/2次。

方法1源程序：

```
#include <iostream>
#include <string>              //程序中使用了字符串处理函数
using namespace std;
int main()
{
    char s[20], t;
    int i, j;
    cout<<"Enter a string: ";
    cin.getline (s, 20);       //输入字符串，存放到字符数组s中
    //i为第一个字符的位置，j为最后一个字符的位置
    for(i = 0, j = strlen(s) - 1; i < j; i++, j--)
    {
        t = s[i];
        s[i] = s[j];
        s[j] = t;
    }
    //输出逆序后的字符串
    cout<<"the reversed string is "<<s<<endl;
    return 0;
}
```

方法2源程序：

```
#include <iostream>
#include <string>
using namespace std;
int main()
{
    char s[20], t;
    int i, n;
    cout<<"Enter a string: ";
    cin.getline (s, 20);       //输入字符串，存放到字符数组s中
    n = strlen(s);    //n为字符串长度
    for(i = 0; i < n / 2; i++)
    {
        t = s[i];
```

```
        s[i] = s[n - 1 - i];
        s[n - 1 - i] = t;
    }
    //输出逆序后的字符串
    cout<<"The reversed string: "<<s<<endl;
    return 0;
}
```

运行结果为：

```
Enter a string: hello, world
The reversed string: dlrow ,olleh
```

【例4.23】输入一个十进制正整数，将其转换为二进制的字符串。

【分析】十进制数据转换为二进制的方法是将十进制数对2做取余运算，将余数存放到字符数组中，而后将十进制数除以2所得商再次对2取余，重复以上步骤，直到商为0为止，而后在末尾添加字符串结束标志'\0'。由于先得的余数为低位，因此要对字符串进行逆序。

注意取余运算后得到的余数为整数，若要将其存放到字符数组中，则要存放该余数作为字符的编码，将余数与'0'相加即为它作为字符的编码。若余数为5，存放到字符数组中的应是字符'5'的ASCII码53，等于5与'0'的和。

源程序：

```
#include <iostream>
using namespace std;
int main()
{
    int value;                          //value表示输入的正整数
    cout<<"Enter an integer:";
    cin>>value;
    char s[40];                         //s用于存放二进制字符串
    int j = 0;
    while(value != 0)
    {
        s[j] = value % 2 + '0';         //计算余数作为字符的ASCII码
        value /= 2;
        j++;
    }
    s[j] = '\0';                        //添加'\0'表示字符串结束
//对字符串进行逆序
    for(int i = 0;i < j / 2; i++)
    {
        char t = s[i];
        s[i] = s[j - 1 - i];
        s[j - 1 - i] = t;
    }
   //输出转换为二进制的字符串
   cout<<"Binary string: "<<s<<endl;
   return 0;
}
```

运行结果为：

```
Enter an integer:123
Binary string: 1111011
```

【例4.24】输入5个同学的姓名，将其升序排序后输出。

【分析】由于该问题中涉及多个字符串，因此可使用二维字符数组来处理。定义二维字符数组name，行数为5行，列数为20，即每一行最多可以存放20个字符。如前所述，可以把name[0]、name[1]、name[2]、 name[3]、name[4]看作5个一维字符数组，各有20个数组元素。因此可用name[i]分别表示这5个字符串，其中i的值为0~4。

本例使用冒泡法进行排序，注意在进行字符串的比较与互换时应使用字符串的比较函数和字符串的复制函数。例如若要比较name[0]和name[1]中的字符串，应使用strcmp(name[0], name[1])；若要对两个字符串进行交换，则需要定义一维字符数组t，用于字符串的暂存，其长度应与name数组的列数相同，例如若要交换name[0]和name[1]中的两个字符串，则需要使用以下三个语句：

```
strcpy(t, name[0]);                  //将name[0]中字符串复制到t
strcpy(name[0], name[1]);            //将name[1]中字符串复制到name[0]
strcpy(name[1], t);                  //将t中字符串复制到name[1]
```

源程序为：

```
#include <iostream>
#include <string>
using namespace std;
const int N = 5;                     //符号常量N表示字符串的个数
int main()
{
    char name[N][20], t[20];
    int i, j;
    cout<<"Enter "<<N<<" names: "<<endl;
    for(i = 0; i < N; i++)          //输入字符串
        cin.getline(name[i], 20);
    //冒泡法排序
    for (i = 0; i < N - 1; i++)
    {
        for (j = 0; j < N - 1 - i;j++)
        {
            if (strcmp(name[j], name[j + 1])>0)   //比较两个字符串
            {
                strcpy(t, name[j]);               //交换两个字符串
                strcpy(name[j], name[j + 1]);
                strcpy(name[j + 1], t);
            }
        }
    }
     //输出排序后的字符串
    cout<<"After sorting: "<<endl;
    for (i=0;i<N;i++)
        cout<<name[i]<<endl;
    return 0;
}
```

运行结果为：

```
Enter 5 names:
Chandler
Ross
Rachel
Rebecca
Monica
After sorting:
Chandler
Monica
Rachel
Rebecca
Ross
```

4.2 指　　针

C++语言能在程序运行时获得变量的地址和操纵地址，这种用来操纵地址的特殊类型变量就是指针。指针是C++语言区别于其他程序设计语言的主要特征，使用指针可以直接访问计算机内存。C++语言的高度灵活性和表达能力在一定程度上来自于巧妙而恰当地使用指针，正确灵活地运用指针，可以有效地表示和使用复杂的数据结构（如数组），可以有效地对内存中各种不同数据进行快速处理，能方便地使用字符串并为函数间各类数据的传递提供便利的方法。指针对于成功地进行C++语言程序设计是至关重要的。

4.2.1　地址和指针的概念

日常生活中经常采用编号的方式寻找位置，例如影院中的座位号，书籍中的页码，教学楼的教室号等。计算机的内存是由一个一个的字节构成的，每个字节包括8个二进制位（0或1）。内存的字节数有很多，例如2G的内存有多达2^{31}（2×1024×1024×1024=2 147 483 648）个字节。为了有效地管理内存中的字节，人们仿照了这种为事物编号的方式，也为内存中的每个字节进行了编号。把第一个字节编号为0，第二个字节编号为1，……，最后一个字节的编号为$2^{31}-1$（以2G的内存为例），通常将这个编号用十六进制的无符号整数形式表示，如图4.13所示。

图4.13　内存地址

与生活中的地址概念类似，内存中每个字节的编号也称为地址，地址也称为指针。

程序中在定义变量时，声明了变量的数据类型和变量名。变量的数据类型不同时，其所占的内存空间是不同的。例如定义整型变量a，int a = 2;，变量a要占用内存中的4个字节（在Visual C++6.0环境下），而具体占用的是哪4个字节则是由系统决定的，在不同的计算机上运行程序或在同一计算机上不同时刻运行程序时，变量a分配到的位置可能是不同的。这里假定变量a占用了编号为0x0018FF40~0x0018FF43的4个字节，对这4个字节就可以用变量名a来进行访问。变量a的值为2，即2就被保存到这4个字节中（将2转换为二进制，前30个二进制位为0，后两个二进制位为1和0），如图4.13所示。那么变量a的地址是多少呢？对变量a而言，虽然其占用了0x0018FF40~0x0018FF43的连续4个字节，但我们将变量所占用存储空间的第一个字节的地址，即首地址称为变量的地址，因此a的地址为0x0018ff40。又如若定义double型变量x，double x = 1.5;，变量x会占用8个字节，假定这8个字节的地址为0x00181000~0x00181007，则变量x的地址为0x00181000。

注意“变量的地址”与“变量的值”这两个概念的区别，“变量的地址”是变量所占内存空间的首地址，在程序运行过程中，该地址不能改变。“变量的值”是变量所占内存空间中存放的数据（即存储空间的内容），在程序运行过程中，变量的值是可以变化的。在上例中，系统分配给变量a的内存字节是0x0018FF40~0x0018FF43，即a的地址为0x0018FF40，而地址为0x0018FF40的内存空间中存放的是数据2，也就是内存空间的内容为2，即a的值。

4.2.2　指针变量的定义

通常，一个变量中存放的是一个数据值，如一个整数、一个浮点数、一个字符等。那么变量的地址又该如何保存呢？C++语言中有一种特殊的变量专门用来存放其他变量的地址（指针），这种变量称为“指针变量”。指针变量与普通变量的不同之处在于指针变量的存储空间中存放的不是普通的数据，而是一个地址值，是一个变量的地址。若指针变量中存放的是某个变量的地址，那么就称指针变量指向了该变量。

在使用指针变量之前，必须对指针变量进行定义。指针变量定义的一般形式为：

数据类型 *指针变量名;

例如：

```
int *p;
double *q;
```

说明：

（1）星号*是标志，标识其后的变量名是一个指针变量名。需要注意的是，*并不是变量名的一部分。如上例中，指针变量名应为p和q，而不是*p和*q。

（2）由于指针变量名也是标识符，因此在命名时应符合标识符的命名规则。

（3）“数据类型”可以是任意数据类型，如int、double、char等，它指的是指针变量所指向的变量的数据类型。例如上例给出的指针变量定义中，p为指向整型变量的指针变量，说明p中只能存放整型变量的地址，而q为指向double型变量的指针变量，q中只能存放double型变量的地址。因为指针变量指向的变量的类型就是指针变量的数据类型，所以称p为int型的指针变量，称q为double型的指针变量。

（4）指针变量也是变量，因此指针变量也具有普通变量的特性。指针变量和普通变量一样也占有一定的内存空间，在Visual C++6.0环境下，指针变量占用4个字节的内存空间，这4个字节的内存空间也是由系统分配的，不同的是这4个字节内存放的是一个地址而不是普通数据。

在一个定义语句中可以同时定义多个指针变量，也可以与普通变量一起定义，例如：

```
int *t, *m, s;
double *r, x, *e;
```

这里t、m、 r、e均为指针变量，因为它们前面都有*号，其中t、m中可存放int型变量的地址，r、e中可存放double型变量的地址。s、x为普通变量，可存放整数和实数。

4.2.3　取地址运算符与指针运算符

取地址运算符与指针运算符是与指针有关的运算符，通过取地址运算符可以得到变量的地址；通过指针运算符可以对变量进行间接访问。

1. 取地址运算符 &

若要获得变量的地址，则应使用取地址运算符&。该运算符的使用形式为：

&变量名

该运算符运算的结果是得到变量所占存储空间的地址，即对“&”后面的变量进行取地址运算。&是单目运算符，按自右向左的方向结合。

例如有如下定义：

```
int a;
```

则&a表示取变量a的地址，该表达式的值为变量a的地址。

既然指针变量用来存放变量的地址，因此通过&运算符，可将某一变量的地址赋值给指针变量。例如：

```
int a = 2, *p;  //定义整型变量a和指针变量p
p = &a;         //将变量a的地址赋给p
```

在上述语句中，定义了整型变量a和指向整型变量的指针变量p，通过&运算符可求得变量a的地址，而后将其赋给了指针变量p，p的值为变量a的地址，则此时指针变量p即指向变量a，这种指向关系可用图4.14表示。

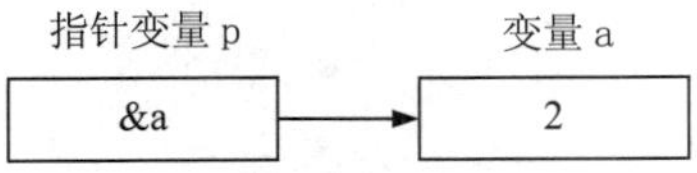

图4.14　指针变量p与变量a的关系

2. 指针运算符*

指针运算符的使用形式为：

***指针变量名**

指针运算符也称为“间接访问运算符”，用于访问指针变量所指向的变量的值，即访问指针变量所指向的内存空间中的数据。

例如，若有：

```
int a, *p;
p = &a;
```

那么*p代表什么含义呢？由于p保存的是a的地址，即p指向变量a，则*p就是按照p中所保存的地址，在对应的内存空间去访问变量a，所以*p就等价于a，即*p和a表示的是同一块内存空间，*p的值就是a的值。

由此可知，若一个指针变量指向了某个变量，则对该变量的访问可通过两种方式进行，一种是通过变量名进行直接访问，这也是我们之前一直使用的方式；另一种是通过指针变量间接访问它所指向的变量的访问方式。如在图4.15中，用a或用*p都能访问a这个变量，前者是通过变量名访问，后者是通过指针变量的间接访问。为了加深理解，可以将变量a所占的内存空间比作一个储物柜A，指针变量p所占的存储空间比作储物柜B，在储物柜B中存放着储物柜A的钥匙，那么直接访问好比直接在储物柜A中存取东西，而间接访问好比先到储物柜B中取出储物柜A的钥匙，然后打开储物柜A，在储物柜A中存取东西。

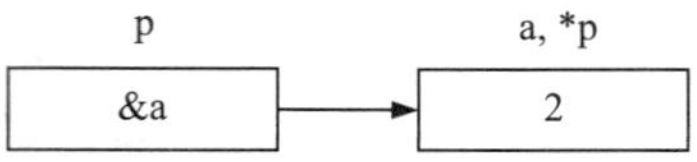

图4.15　*p与a的关系

若指针变量p指向变量a，则下列语句：

```
*p = 1;      //将1赋给p指向的变量
a = *p + 2; //将p指向的变量的值与2相加后赋给变量a
```

由于指针变量p指向变量a，因此*p就是a，修改*p的值就相当于修改a的值。语句*p = 1;即a被赋值为1，它等价于语句a = 1;，而语句a = *p + 2;则等价于语句a = a + 2;，执行这两条语句后a与*p的值均为3。

&和*都是单目运算符，结合方向为“自右向左”，*和&互为逆运算。若已有p = &a，则表达式&*p等价于p，其结果为p的值，即a的地址；*&a等价于a，即地址&a所指空间的内容，其结果就是a。

需要特别注意的是，在定义指针变量时变量名前的*号与指针运算符*是完全不同的。在程序中一定要注意区分：

（1）在变量定义时出现在变量名前的*号，表示*号后面的变量是指针变量，如果没有*号，则表示定义的是普通变量，如：

```
int *p;  //定义指针变量p，p内存放整型变量的地址
int p;   //定义整型变量p，p内存放整数
```

（2）在执行语句中出现在指针变量名前的*号（前面没有int、double等类型说明符）为指针运算符，表示间接访问指针变量所指向的变量。如：

```
int *p, a;  //*是标志，定义指针变量p
p = &a;    //p指向a
*p = 2;    //*是指针运算符，*p表示变量a，被赋值为普通数据
```

【例4.25】 取地址运算符与指针运算符使用示例。

源程序：

```
#include<iostream>
using namespace std;
int main()
{
    int a, *p;          //定义int型变量a和指针变量p
    double x, *q;       //定义double型变量x和指针变量q
    p = &a;             //p指向变量a
    q = &x;             //q指向变量x
    *p = 3;             //相当于a = 3
    *q = 4.5;           //相当于x = 4.5
    *p *= 2;            //相当于a = a * 2
    *q = x - 3 ;        //相当于x = x - 3
    cout<<*p<<'\t'<<*q<<endl;         //相当于cout<<a<<'\t'<<x<<endl;
    return 0;
}
```

运行结果为：

```
6       1.5
```

程序中定义了指向int型变量的指针变量p和指向double型变量的指针变量q，并将int型变量a的地址赋给指针变量p，double型变量x的地址赋给指针变量q，因此p指向a，q指向x，其指向关系如图4.16所示。此时*p即为变量a，*q即为变量x。语句*p = 3;表示对p指向的变量赋值，即相当于为a赋值，a的值为3；语句*q = 4.5; 表示对q指向的变量赋值，相当于为x赋值，此时x的值为4.5，如图4.16（a）所示。执行完语句*p *= 2; 和 *q = x − 3 ;后，a和b的值分别为6和1.5，如图4.16（b）所示。

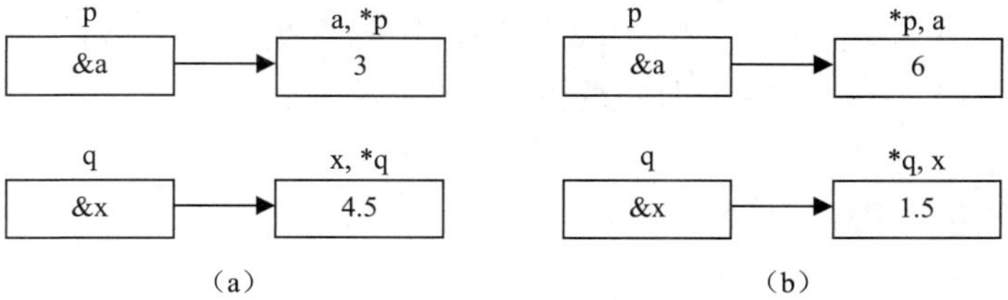

图4.16　指针变量的指向示意图

由此可知，*号在不同的情况下有不同的用法，可总结如下：

（1）双目运算符，乘号，例如a * 2；

（2）单目运算符，指针运算符，表示指针变量所指向的变量，如* p = 3表示为p指向的变量赋值为3；

（3）一个标志，用于指针变量的定义语句中，表示定义的是指针变量，例如 int *q; ，若去掉*，q则为普通的整型变量。

由上述说明可以看出，指针具有鲜明的特点，通过指针变量，不需要变量名就可以访问内存中的数据，这里只对指针变量的用法进行了简单的介绍，在后面章节中读者会逐步体会到指针变量在数组、函数等中的强大功能。

4.2.4　指针变量的赋值

指针变量定义后，在使用之前要先对其进行赋值。与普通变量类似，指针变量定义后若不赋值，其值为一个随机地址值，这表示该指针变量的指向是不确定的。使用指向不确定的指针变量是非常危险的，在不确定指针变量指向哪里的情况下（也许是一个只读的或者不可访问的存储区，例如待执行的机器指令所在的代码段），就对指针变量指向的内存空间进行写入数据的操作，将会给系统带来潜在的危险，严重时还会造成整个系统的崩溃。

例如下面的做法是错误的：

```
int *p;
*p = 100;  //错误，p的指向不确定
```

定义指针变量p后，p的值为随机值，*p则表示p指向的那块内存空间，这块内存空间中存放的为不可知的内容，因此对这块内存空间赋值很可能造成难以预料的后果。在Visual C++6.0环境下编译这两行代码，则会出现如下的Warning信息：

```
local variable 'p' used without having been initialized
```

该信息表示局部变量p未被初始化，若忽略该警告信息进行运行，则会出现运行错误。

由此可知，指针变量定义后应先进行赋值，而且应该使用已经定义的变量的地址对其进行赋值，这样指针变量就有了确定的指向，而后就可以进行安全的使用了。

为指针变量赋值，可通过赋值表达式的方式，也可以使用初始化的方式。

1. 使用赋值表达式为指针变量赋值

为指针变量赋值时，所赋的值必须为与其类型相同的变量的地址。例如：

```
int *p , a;
p = &a;
```

上述语句中定义了整型变量a和指向整型数据的指针变量p，而后通过赋值运算符将变量a的地址赋给了指针变量p，则p指向了变量a。

两个指针变量之间也可以相互赋值，但是要求这两个指针变量具有相同的数据类型。例如：

```
int *p, *q, a = 3;  //定义指针变量p和q
p = &a;             //使指针变量p指向整型变量a
q = p;             //将指针变量p的值赋给指针变量q
```

以上定义中p和q均为指向整型变量的指针变量，因此相互之间可以赋值。将变量a的地址赋给指针变量p，则p指向整型变量a，在执行语句q = p;后，将p的值赋给指针变量q，则指针变量q也指向了变量a。此时，a、*p和*q访问的是同一块内存空间，其指向关系如图4.17所示。

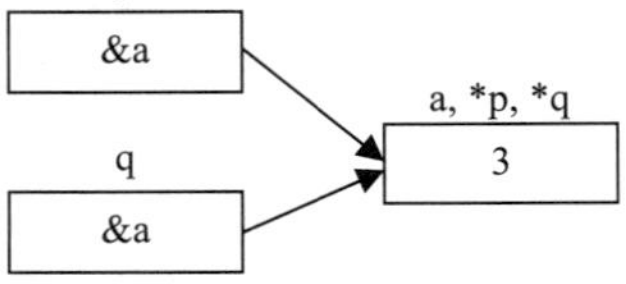

图4.17　指针变量p和q的指向示意图

2. 指针变量的初始化

与普通变量类似，在定义指针变量的同时也可对其赋初值，称为指针变量的初始化。指针变量初始化的一般形式为：

数据类型 *指针变量名 = 初值;

这里，初值必须是变量的地址或相同类型的指针变量。例如：

```
int a = 3;
int *p = &a;    //在定义指针变量p的同时对其赋值，使p指向变量a
int *q = p;     //在定义指针变量q的同时对其赋值，使p和q的值相同
```

上述语句在定义指针变量p的同时，把整型变量a的地址作为初值赋给了指针变量p，从而使p指向了变量a。在定义指针变量q的同时将p的值赋给q，从而使q也指向了变量a。

注意在语句int *p = &a;中，并不是将&a赋给*p，因为指针变量名为p，而不是*p，在指针变量的定义语句中*号只是一个标志，该语句等价于以下形式：

```
int *p;
p = &a;
```

3. 为指针变量赋值时应注意的问题

（1）为指针变量赋的值必须是变量的地址，因为变量定义后，系统会为其分配可用的内存空间，将变量的地址赋给指针变量，这样指针变量指向的才是确定的内存空间。

（2）指针变量只能指向相同类型的变量。例如，整型指针变量只能指向整型变量，double型指针变量只能指向double型变量。下面的赋值方式是错误的：

```
double m;
int *pm = &m;  //错误，指针变量pm中只能存放整型变量的地址
```

（3）不能把普通的整型数据当作地址值赋给指针变量，例如下面的赋值是错误的：

```
int *p;
p = 100;       //错误
```

（4）作为特例，可以将数值0赋给指针变量，此时该指针变量称为空指针，不指向任何内容。空指针是指针变量的一种状态，它在程序中经常作为一种状态标志使用。使用下面语句可把一个指针变量初始化为空指针：

```
int *p = 0;
或：
int *p = NULL;  //NULL是系统定义的值为0的符号常量
```

【例4.26】使用指针变量，将两个整数的值按从大到小的顺序输出。

【分析】定义两个整型变量a、b及分别指向a、b的指针变量p、q，为将a、b的值交换后输出，可使用交换指针变量p、q和交换*p、*q两种方法。

方法1，交换指针变量p、q的值。

源程序：

```
#include <iostream>
using namespace std;
int main()
```

```
{
    int a = 5, b = 8;
    int *p = &a, *q = &b, *t;
    if(a < b)
   //交换指针变量p、q的值
    {
        t = p;
        p = q;
        q = t;
}
    cout<<a<< '\t'<<b<<endl;
    cout<<*p<< '\t'<<*q<<endl;
    return 0;
}
```

运行结果为：

```
5        8
8        5
```

方法1中定义了3个指向整型变量的指针变量p、q、t，并对p、q进行初始化，使p、q分别指向整型变量a和b（如图4.18（a）），则*p为a，*q为b，指针变量t作为指针变量p、q交换时所用的临时变量。在本例中交换了指针变量p和q的值，从而改变了指针变量p和q的指向，使p指向了变量b，而q指向变量a，如图4.18（b）所示，因此此时*p就是b，*q就是a。注意本例中变量a和b的值并没有改变。

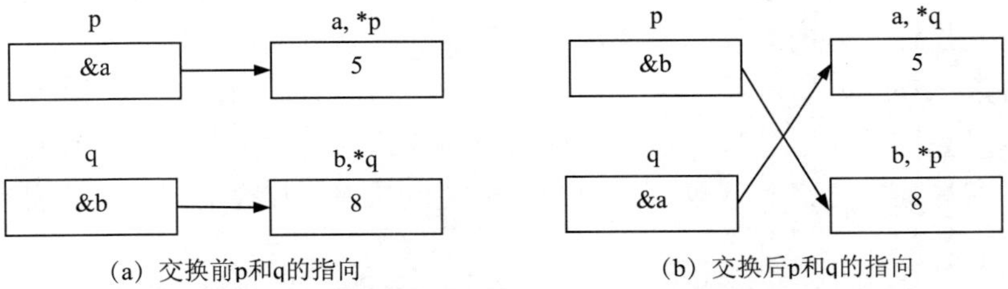

图4.18　交换指针变量p和q的指向示意图

方法2，交换*p和*q的值。

源程序：

```
#include <iostream>
using namespace std;
int main()
{
    int a = 5, b = 8, t;
    int *p = &a, *q = &b;
    if(a < b)
    //交换*p和*q
    {
        t = *p;
        *p = *q;
        *q = t;
    }
    cout<<a<<'\t'<<b<<endl;
    cout<<*p<<'\t'<<*q<<endl;
    return 0;
}
```

运行结果为：

```
8        5
8        5
```

在方法2中交换的是*p和*q的值，由于p指向a，q指向b，因此*p即为a，*q即为b，交换*p和*q的值，也就是交换a和b的值，即改变指针变量p、q所指向的变量的值。交换前p和q的指向情况如图4.19（a）所示，交换后的情况如图4.19（b）所示。由此可见，指针变量p、q的值并没有改变。注意，在本例中的变量t是一个整型变量，作为*p、*q交换时的临时变量。

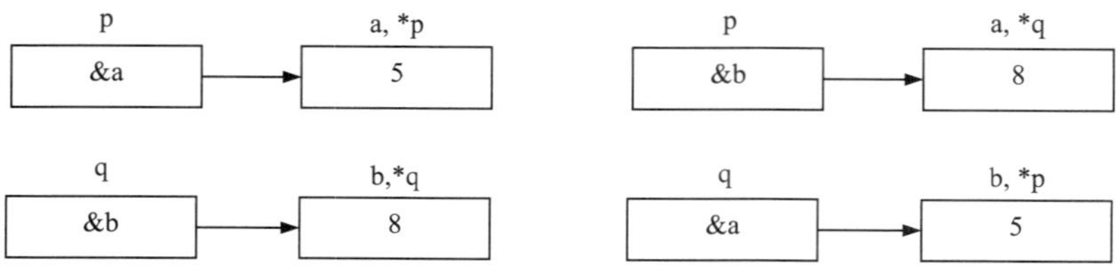

（a）交换前p和q的指向　　（b）交换后p和q的指向

图4.19　交换指针变量p和q的指向示意图

方法1和方法2中*p、*q的值都由5和8变成了8和5，但这两种方法却有本质的区别。方法1中，交换的是指针变量p和q的值，而变量a和b的值并没有改变，通过改变指针值的方法达到了输出交换后的数据的目的。在方法2中，交换的是指针变量所指向的变量即*p和*q的值，即改变了a和b的值，但指针变量p和q的值没有改变。也就是说，方法1是直接改变指针变量的值，而方法2是改变指针变量所指向变量的值。

4.2.5　指针变量的运算

指针变量也是一种变量，因此也可以像普通变量一样参与运算。但指针变量又与普通变量不同，指针变量的值为地址，因此指针变量的运算是对地址的运算。除了指针变量的赋值运算外，指针变量还可以进行算术运算和关系运算。

指针变量的算术运算和关系运算特别适合于存储在连续内存空间中的同类型数据，而数组恰好是具有相同数据类型的若干变量的集合，而且数组元素在内存中也是连续存放的，因此指针变量的运算大多是与数组有关的。

指针变量可以保存一个变量的地址，当然也可以保存相同类型的数组元素的地址。例如：

```
int a[5];  //定义包含5个数组元素的整型数组a
int *p;   //定义指向整型数据的指针变量p
p = &a[0];  //把a[0]的地址赋给p，p指向a[0]
p = &a[2];  //又把a[2]的地址赋给p，p指向a[2]
```

以上语句定义了整型数组a，包含5个数组元素，即a[0]~a[4]，由于数组元素是连续存放的，假设数组的起始地址（即数组元素a[0]的地址）为0x00181000，每个数组元素占用4个字节，因此a[0]占用0x00181000~0x00181003的4个字节，a[0]的地址为0x00181000，a[1]占用0x00181004~0x00181007的4个字节，a[1]的地址为0x00181004，a[2]占用0x00181008~0x0018100B的4个字节，a[2]的地址为0x00181008……由此可依次确定出各个数组元素的地址，如图4.20所示。

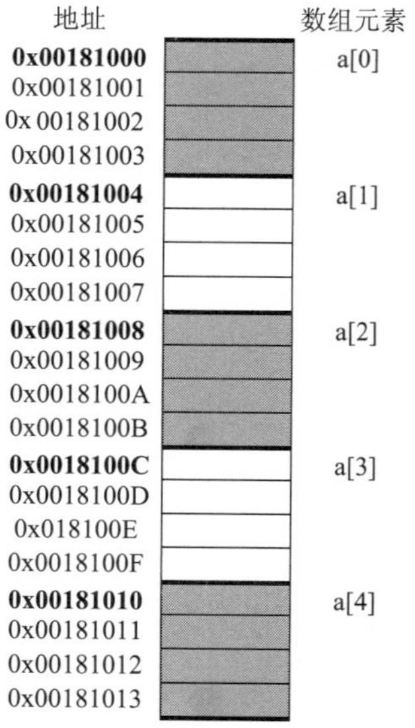

图4.20　数组元素的地址

数组中的每个数组元素都可作为普通变量使用，数组元素的地址也可以存放到指针变量中，如上例中先后把a[0]、a[2]的地址存放到指针变量p中，从而使p依次指向了数组元素a[0]和a[2]。

1. 指针变量的算术运算

指针变量的算术运算包括指针变量与整数的加减运算、指针变量的自增自减运算、两指针变量之间的减法运算。

（1）指针变量与整数的加减运算。指针变量可以加减一个整数，其运算结果仍为地址值。若有如下定义：

```
int a[5], *p;
p = &a[2];
```

指针变量p指向数组元素a[2]，那么表达式p + 1的值是多少？ p -1的值又是多少呢？

这里假定a[0]的地址为0x00181000，如图4.20所示，则a[2]的地址为0x00181008，因此p的值为0x00181008。在计算表达式p+1时，并不是将0x00181008与1相加得到0x00181009，而是加上1*sizeof(int)个字节，即0x00181008+1*4得到0x0018100C，即数组元素a[3]的地址；而p-1的值也不是0x00181007（0x00181008-1=0x00181007），而是0x00181004（0x00181008-1*4=0x00181004），即数组元素a[1]的地址。同理，p+2的值为0x00181010，即数组元素a[4]的地址，p-2的值为数组元素a[0]的地址。

由此可知，指针变量p与某个整数n的加减运算（p+n、p-n）并不是简单地用指针变量p的值与整数n进行直接的加减运算，而是将p的值与n个sizeof(数组类型)字节的加减，得到的结果即为p当前位置之后或之前的第n个数据的地址。p+n表示的是指针变量p当前位置之后的第n个数据的地址，p-n表示指针变量p当前位置之前的第n个数据的地址。对char、int、double型数组而言，sizeof(数组类型)的值分别是1、4、8。因此，指针变量p与整数n的加减运算后的实际地址值的计算公式为：

```
p±n = p±(n*sizeof(数组类型))
```

再如，若有：

```
double *q, x[10];
q = &x[5];
```

则q+3的值为数组元素x[8]的地址，这是由于每个double型数组元素占用8个字节，因此q+3就相当于q加上24（3*8）个字节，即x[8]的地址。同理，q-2的值则为x[3]的地址。

（2）指针变量的自增、自减运算。指针变量的自增、自减运算就是将指针变量的值加1或减1后再赋给其本身。若有：

```
int a[5], *p;
p = &a[2];
```

则对指针变量p，可有如下的自增自减运算形式：

```
p++ 或 ++p  //等价于p=p+1，p指向数组元素a[3]
p-- 或 --p    //等价于p=p-1，p指向数组元素a[1]
```

由前面介绍的指针变量与整数的加减运算可知，指针变量的自增自减并非将指针变量的值简单地加1减1，而是加上或减去（1*数组元素的字节数）个字节。因此，执行p++（或++p）后，p指向其后一个数据，即a[3]数组元素；若执行p--（或--p），则p指向其前一个数据，即数组元素a[1]。

注意p+1和p++（或++p）是两个完全不同的操作，虽然二者都对指针变量进行加1运算，但执行p+1后p的指向是不变的，而执行p++或++p相当于p=p+1，因此改变了指针变量p的指向，使指针变量p指向了下一个数组元素。

与普通变量一样，指针变量的自增、自减运算也分为先增、先减和后增、后减运算，当它们与其他运算符出现在同一表达式时，要注意结合方向和运算顺序，否则会得到错误的结果。例如下面语句：

```
int a[5] = {0, 1, 2, 3, 4}, x;
int *p = &a[1];      //指针变量p指向数组元素a[1]
x = *p++;           //等价于x = *(p++)
cout<<x;            //x的值为1
x=*++p;            //等价于x = *(++p)
cout<<x;           //x的值为3
```

表达式*p++中，由于指针运算符*号和自增运算符++都是单目运算符，其结合方向为从右至左，因此该表达式相当于*(p++)，因为++为后增，因此先取出p的值，与*号结合，而后p再进行自增。语句x = *p++;相当于两条语句x = *p; p++;，执行后，x的值为1，p指向数组元素a[2]。

同理，*++p相当于*(++p)，语句x = *++p;相当于p++; x = *p;，即p先进行自增，p指向数组元素a[3]，而后再将*p的值赋给x，x的值为3。

（3）两指针变量之间的减法运算。具有相同数据类型的两个指针变量之间进行相减运算，其结果是一个整数。但两个指针变量的相减不是在两个地址值之间做直接的减法运算，而是计算两个地址之间相差的数据的个数。例如若有：

```
int a[5];
int *p, *q;
p = &a[0];
q = &a[2];
```

则q－p的值是什么呢？

假定a[0]的地址为0x00181000，则a[2]的地址为0x00181008。在执行q-p运算时，并不是用0x00181008减去0x00181000，得到8，而是（0x00181008－0x00181000）/ 4，结果为2。由此可见，两指针变量之间相减，其结果不是相差的字节数，而是两者之间相差的数组元素个数。

指针变量q和p相减可通过下列公式得出结果：

```
q - p = (q - p) / (每个数组元素的字节数)
```

即两个指针变量相减，其结果为两个指针变量之间相差的数组元素个数。

再如，若有：

```
char c[10];
char *p, *q;
p = &c[1];
q = &c[8];
```

则q-p的值为7，相差7个数组元素。

2. 指针变量的关系运算

两个指针变量之间可以用>、<、==、!=等关系运算符进行大小的比较，此时相比较的是两指针变量中存放的地址值的相对大小。当两个指针变量指向同一数组中的不同数组元素时，两指针变量之间的关系运算则表示它们所指向的数组元素之间的位置关系。例如若有：

```
int a[5], *p, *q;
p = &a[1];
q = &a[3];
```

则q > p的值为真，表示q指向的数组元素位于p所指向的数组元素之后。若p == q，表示p和q指向同一个数组元素。

应注意，不同数据类型的指针变量之间是不可以进行关系运算的，指针变量与普通的整型常量或普通变量之间进行关系运算也是没有意义的。但指针变量与整数0可进行等或不等的关系运算，用于判断指针变量是否为空指针。如：

```
p == 0  //判断p为空指针，它不指向任何内容
p != 0  //判断p不是空指针，它指向某个数据
```

指针变量的算术运算和关系运算一般都是对指向数组元素的指针变量进行的，另外，在两个指针变量之间进行加法、乘法、除法等运算均是没有意义的。

4.3 指针与数组

对单个变量而言，使用指针变量的意义并不大，因为使用变量名就可以对其很方便的操作。数组和指针变量的关系很密切，因为指针变量通常用于操作内存中连续存储的批量数据，而数组恰好是具有一定顺序关系的若干同类型变量的集合，数组元素的存储在物理上也是连续的。这样就可以很方便地使用指针来对数组及其元素进行方便而快速的操作。

4.3.1　指针变量与一维数组

1. 一维数组元素及其地址的表示形式

数组在定义后，系统就会为其在内存中分配一块固定的存储空间，相应地，这块空间的首地址也就确定了。数组元素在内存中是连续存放的，在C++语言中，数组名具有特殊的含义，它的值是存放数组元素的连续存储空间的首地址，即第一个数组元素的地址。

例如若有如下定义：

```
int a[5];
```

该语句定义了包含5个数组元素的整型数组a，数组名a代表该数组的首地址，即数组元素a[0]的地址（&a[0]）。根据指针变量的运算可知，表达式a+1代表首地址后下一个元素的地址，即数组元素a[1]的地址（&a[1]）。由此可知，表达式a+i表示下标为i的数组元素a[i]的地址（&a[i]）。已知数组元素的地址后，就可以使用指针运算符来访问数组元素了。例如，*a或*(a+0)就表示地址为a的内存空间中的数据，即a[0]，*(a+1)就表示地址为a+1的内存空间中的数据，即下标为1的元素a[1]，因此*(a+i)就表示下标为i的元素a[i]。由此可知，数组元素a[i]的地址可用&a[i]和a+i表示，数组元素a[i]还可以用*(a+i)的形式表示，如图4.21所示，其中写作a[i]的形式称为下标法，写作*(a+i)的形式称为指针法。

这里需要注意的是，由于数组的存储位置是由系统分配的，不允许用户在程序中任意设定或改变数组的存储位置，所以，表示数组首地址的数组名的值是永远不能被改变的，不能为数组名重新赋值，因此数组名是一个地址常量，也被称为指针常量。

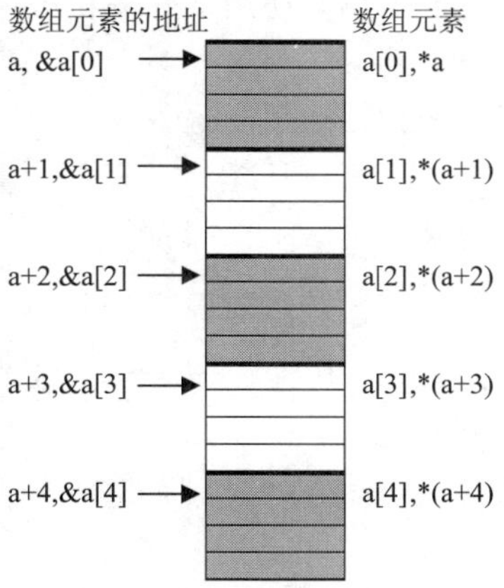

图4.21　一维数组元素及其地址的表示形式

【例4.27】使用指针法访问数组元素，为长度是5的整型数组的各个数组元素分别赋值0~4，而后输出。

源程序：

```
#include<iostream>
using namespace std;
int main()
{
    int a[5];                         //定义包含5个数组元素的整型数组
    for(int i = 0; i < 5; i++)
        *(a + i) = i;                 //*(a+i)等价于a[i]
    for(i = 0; i < 5; i++)
        cout<< *(a + i)<< '\t';
    return 0;
}
```

运行结果为：

```
0       1       2       3       4
```

2. 使用指针变量访问数组元素

若指针变量中存放的是数组的首地址，则将这个指针变量称为指向数组的指针变量。此时，指针变量指向数组中的第一个数组元素。利用指向数组的指针变量可以访问数组中的各个元素。

例如：

```
int a[5];        //定义a为包含5个数组元素的整型数组
int *p;          //定义p为指向整型数据的指针变量
p = a;           //把数组a的首地址赋给指针变量p，则p指向数组元素a[0]
```

由于a与&a[0]的值是相同的，因此p = a;与p = &a[0];这两个语句是等价的。由于指针变量p指向了数组元素a[0]，因此*p就表示数组元素a[0]。根据指针变量的运算，p+1表示当前指针变量p所指向元素的下一个元素的地址，即&a[1]，因此*(p+1)就是a[1]；同理，p+i表示当前指针变量p所指向元素之后的第i个元素的地址，即&a[i]，因此*(p+i)就是a[i]。由前面内容已知，使用下标法a[i]的形式表示数组元素与使用指针法*(a+i)表示数组元素的形式是等价的，因此*(p+i)也可写作p[i]的形式，即*(p+0)等价于p[0]，*(p+1)等价于p[1]，*(p+2)等价于p[2]……。由此可知，若p = a，则p+i的值与a+i的值相等，都等价于&a[i]；*(p+i) 就与*(a+i)的值相等，而*(a+i)等价于a[i]，因此 p[i]就是a[i]。

若指针变量p指向数组a的第一个数组元素，则在对下标为i的数组元素进行访问时，既可使用下标法，如a[i]、p[i]的形式，也可以使用指针法，如*(a+i)、*(p+i)的形式。因此，指针变量名与数组名是等效的。

实际上，当在程序中使用下标形式a[i]或p[i]的时候，系统并不区分[]前究竟是指针变量名还是数组名。在编译时，它们都被编译系统变换为指针形式*(a+i)或*(p+i)然后再执行。访问a[i]或p[i]的过程是：首先用首地址a或指针变量p与整数i相加，得到首地址之后第i个数据的地址即a+i或p+i，然后再通过指针运算符访问该地址指向的数据*(a+i)或*(p+i)。

【例4.28】使用下标法和指针法输出数组元素的值。

源程序：

```
#include<iostream>
using namespace std;
int main()
{
    int a[5] = {0, 1, 2, 3, 4}, *p;
    p = a;                                  //指针变量p指向数组元素a[0]
    for(int i = 0; i < 5; i++)
    {
        cout<<"Address: "<<p + i <<"  ";    //输出数组元素的地址，p+i等价于a+i
        cout<<"Value: "<<p[i]<<"  "<<a[i]<<"  "<<*(a+i)<<"  "<<*(p+i)<<endl;
    }
    return 0;
}
```

运行结果为：

```
Address: 0018FF34  Value: 0  0  0  0
Address: 0018FF38  Value: 1  1  1  1
Address: 0018FF3C  Value: 2  2  2  2
Address: 0018FF40  Value: 3  3  3  3
Address: 0018FF44  Value: 4  4  4  4
```

程序中将数组的首地址赋给指针变量p，从而使p指向数组元素a[0]，因此可使用下标形式a[i]和p[i]或指针形式*(a+i)和*(p+i)中的任何一种方式访问数组元素，不论使用何种形式，输出的数组元素值都是相等的。需要注意的是，虽然数组名a与指针变量p的值都是数组的首地址，但是对数组名a不能像使用指针变量p那样进行自增和自减运算。这是因为p是指针变量，它的值是可以改变的，例如通过自增、自减运算或其他赋值运算改变其值，从而使p指向数组中的其他数组元素。而数组名a为数组的首地址，一旦数组定义以后，就不可能改变数组的地址，因此a代表一个地址常量，它的值是不能被改变的。例如，下面语句是非法的：

```
int a[5], b[5];
a = b;    //错误，a、b都是数组名，是地址常量，其值不能改变
a++;      //错误，a为数组名，是地址常量，其值不能改变
```

【例4.29】使用指针变量，将数组a中的数组元素逆序后输出。

源程序：

```
#include<iostream>
using namespace std;
int main()
{
    int a[5] = {0, 1, 2, 3, 4}, t;
    int *p, *q;
```

```
//逆序
    for(p = a, q = a + 4; p < q; p++, q--)
    {
        t = *p;
        *p = *q;
        *q = t;
    }
//输出
    for(p = a; p < a + 5; p++)
        cout<<*p<<"  ";
    return 0;
}
```

运行结果为：

```
4  3  2  1  0
```

程序中通过p = a, q = a + 4的操作使指针变量p和q分别指向数组a的首、尾数组元素，p指向a[0]，q指向a[4]。交换*p和*q的值，即交换a[0]与a[4]的值。通过p++和q--操作可改变p和q的指向，使p指向a[1]，q指向a[3]，而后交换*p和*q的值。重复这样的操作，直到p>=q则结束循环，完成逆序操作。

4.3.2 指针变量与二维数组

1. 二维数组元素的地址

如前所述，二维数组在内存中是按行进行存放的，可将二维数组的每一行当作是一个一维数组，因此一个二维数组可看作是由多个一维数组构成的。如有下面的定义：

```
int a[2][3];
```

则该二维数组的逻辑存储结构如图4.22所示。

	第0列	第1列	第2列
第0行	a[0][0]	a[0][1]	a[0][2]
第1行	a[1][0]	a[1][1]	a[1][2]

图4.22 二维数组a的逻辑存储结构

从二维数组的角度来看，a代表二维数组第一个元素的地址，注意第一个元素不是普通的整型变量，而是由3个元素组成的一维数组，因此a代表的是首行的起始地址（即第0行的起始地址，&a[0]），a+1代表第1行的首地址，即 &a[1]。由于a[0]、a[1]分别为一维数组名，而C++规定数组名代表数组首元素地址，因此a[0]代表一维数组a[0]中第0列元素的地址，即&a[0][0]，a[1]的值则为&a[1][0]。数组元素a[0][1]的地址可以直接写为&a[0][1]，也可以用指针法进行表示。由于a[0]为一维数组名，即a[0]+0指向数组元素a[0][0]，那么a[0]+1则表示下一个数组元素a[0][1]的地址，即&a[0][1]；同理，a[0]+2表示数组元素a[0][2]的地址（即&a[0][2]）。由此可知，a[1]+0、a[1]+1、a[1]+2分别表示数组元素a[1][0]、a[1][1]、a[1][2]的地址。

进一步分析，若要表示二维数组元素a[0][1]的值，除了用下标法表示之外，也可用指针法进行表示。既然a[0]+1是数组元素a[0][1]的地址，那么，*(a[0]+1)就是数组元素a[0][1]的值。而a[0]又等价于*(a+0)， 因此也可以用*(*(a+0)+1) 表示a[0][1]的值。以此类推，行标为i、列标为j的数组元素可用如下任一种形式表示：

```
a[i][j]
(*(a+i))[j]
*(a[i] + j)
*(*(a + i) + j)
```

2. 使用指向数组元素的指针变量访问二维数组元素

在了解了二维数组元素的地址后，即可使用指向数组元素的指针变量来访问二维数组的各个元素。

【例4.30】使用指针变量，依次输出二维数组中各个数组元素的值。

源程序：

```
#include<iostream>
using namespace std;
int main()
{
    int a[2][3] = {{1, 2, 3}, {4, 5 ,6}};    //定义二维数组a并对其进行初始化
```

```
    int *p;                                     //定义指向整型数据的指针变量
    for(p = a[0];p < a[0] + 6;p++)
        cout<<*p<<" ";                          //输出指针变量p指向的数组元素
    cout<<endl;
    return 0;
}
```

运行结果为：

```
1 2 3 4 5 6
```

程序中定义了指向整型数据的指针变量p，在for语句中为p赋初值为a[0]，a[0]表示数组元素a[0][0]的地址，因此也可写作p = &a[0][0];，即将二维数组的第一个数组元素的地址赋给指针变量p，从而使p指向a[0][0]，那么*p则为a[0][0]。循环控制条件p < a[0]+6中的6代表的是二维数组中数组元素的个数（2行3列共6个数组元素），该条件也可写作p<&a[0][0]+6。通过p++运算使指针变量p依次指向数组中的各个元素，而后输出*p。

需要注意的是，程序中的p = a[0];不能写作p = a;，否则在编译时会出现“cannot convert from 'int [2][3]' to 'int *'”的语法错误。这是因为赋值号两边的指针变量的类型是不匹配的，指针变量p指向普通整型变量，而a指向的是a[0]（二维数组的首行，即指向一个一维数组）。

3. 使用行指针变量访问二维数组元素

前面介绍的指针变量都是指向某一个变量，例如使一个指针变量指向一个数组元素，那么对该指针变量执行自增操作后，该指针变量则指向下一个数组元素，这样的指针变量在处理一维数组时是非常方便的。实际上，还存在另外一种指针变量，它指向的不是某一个变量，而是包含有若干数组元素的一维数组。例如可将这种指针变量指向二维数组的某一行，那么对其进行自增操作后，该指针变量则指向二维数组的下一行。因此这种指针变量称为行指针变量，使用行指针变量可以很方便地处理二维数组。

行指针变量的说明形式为：

数据类型　(*行指针变量名)[元素个数];

其中，数据类型是行指针变量所指向的一维数组的类型；元素个数是行指针变量所指向的一维数组的元素个数，不能是变量且不能省略。例如：

```
int (*p)[3];
```

该语句定义了一个行指针变量p，它可指向包含有3个整型数组元素的一维数组。

实际上，行指针变量总是用于指向二维数组中的某一行，因此在定义行指针变量时，元素个数必须与二维数组的列数相同。

若有如下定义语句：

```
int a[2][3];
int (*p)[3];
```

则对指向二维数组的行指针变量p进行赋值的方法为：

```
p = a;
```

或

```
p = &a[0];
```

此时p的值为二维数组首行的起始地址，即p指向a[0]；p+1为第1行的起始地址（即&a[1]），p+1指向a[1]。p+i则是二维数组中第i行的起始地址，*(p+i)+j即第i行第j列元素的地址，*(*(p+i)+j)就是数组元素a[i][j]。通过行指针变量访问二维数组元素a[i][j]可使用以下4种形式：

```
p[i][j]
*(p[i] + j)
*(*(p+i) + j)
(*(p+i))[j]
```

由此可见，行指针变量名与二维数组名是等效的。

【例4.31】使用行指针变量，依次输出二维数组中各个数组元素的值。

源程序：

```
#include<iostream>
using namespace std;
int main()
{
    int a[2][3] = {{1, 2, 3}, {4, 5 ,6}};
    int (*p)[3];                      //定义行指针变量p，指向包含3个元素的一维整型数组
    p = a;                            //指针变量p指向二维数组a的首行
    for(int i = 0; i < 2; i++)
    {
        for(int j = 0;j < 3;j++)
            cout<<*(*(p+i)+j)<<" ";   //等价于cout<<a[i][j]<<" ";
        cout<<endl;
    }
    return 0;
}
```

运行结果为：

```
1 2 3
4 5 6
```

定义行指针变量p时，需要注意*p两侧的小括号一定不能省略，如果写成int *p[3];的形式，则表示p为指针数组（见4.3.4节）。

4.3.3 指针变量与字符串

在4.1.3小节中已经介绍了使用字符数组来处理字符串常量，例如：

```
char s[] = "Happy";
```

该语句表示将字符串"Happy"存放在字符数组s中，如图4.23所示。其中，字符数组名s表示数组存储的首地址。除了使用字符数组外，还可以使用字符指针变量来处理字符串。

由于每个字符串常量中的所有字符在内存中是连续存放的，所以在存储一个字符串常量时，系统会先给定一个起始地址，而后从该地址指定的存储单元开始，连续存放该字符串中的各个字符。该起始地址表示了存放字符串常量首字符的存储单元的地址，称为字符串常量的值。也就是说，字符串常量本身代表的就是存放它的存储空间的首地址，是一个地址常量。例如，字符串常量"Happy"的值是一个地址常量，从该地址表示的存储单元开始连续存放该字符串的6个字符（包括'\0'）。

字符指针变量是指向字符型数据的指针变量，因此可以将字符串的首地址赋给字符指针变量，使字符指针变量指向一个字符串。例如：

```
char *ps = "Happy";    //定义指针变量ps并初始化为字符串"Happy"的首地址
```

或

```
char *ps;              //定义指针变量ps
ps = "Happy";          //将字符串"Happy"的首地址赋值给ps
```

这两种方式都表示定义一个指向字符型数据的指针变量ps，并用字符串常量"Happy"的首地址对其进行赋值，从而使指针变量ps指向字符串"Happy"，如图4.24所示。

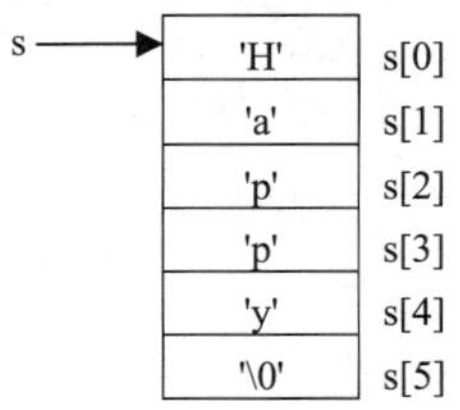

图4.23 字符串存放在数组中

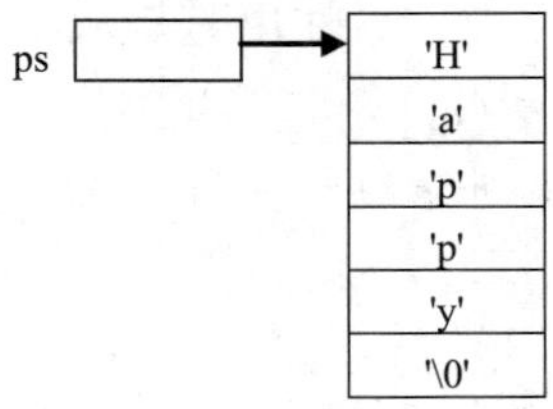

图4.24 字符指针变量指向字符串

注意，在这里是把字符串"Happy"的首地址赋给指针变量ps，而不是把"Happy"这个字符串赋值给指针变量ps，上述语句并不等价于下面语句：

```
char *ps;
*ps = "Happy";  //错误
```

对字符串中的字符既可以用指针形式也可以用下标形式进行访问。例如若有：

```
char s[] = "Happy";
char *ps = "Happy";
```

则：

```
cout<<s[1];
cout<<*(s + 1);
cout<<ps[1];
cout<<*(ps + 1);
```

以上每条语句都是输出字符'a'（字符串中的第2个字符）。对于字符指针变量ps而言，由于ps中存放字符串"Happy"的首地址，因此ps指向字符串"Happy"中的第一个字符'H'，此时*ps或ps[0]即为字符'H'，*(ps+1)或ps[1]就是字符'a'，同理，*(ps + 4)或ps[4]就是字符'y'，*(ps + 5)或ps[5]就是字符串结束标志'\0'。

若要输出字符串中的所有字符，则可使用如下语句：

```
cout<<s<<endl;    //输出字符串"Happy"
cout<<ps<<endl;   //输出字符串"Happy"
```

输出字符串时，都是从存放字符串的首地址开始，依次输出其中的字符，直到遇到'\0'为止。例如：

```
cout<<s + 1<<endl;  //以数组元素s[1]的地址为首地址，输出字符串"appy"
cout<<ps + 1<<endl; //以ps+1作为首地址，输出字符串"appy"
```

【例4.32】利用字符指针变量的自增操作，依次输出其指向的各个字符串。

源程序：

```
#include<iostream>
using namespace std;
int main()
{
    char *ps = "Happy";
    for(; *ps != '\0'; ps++)
    {
        cout<<ps<<endl;
    }
    return 0;
}
```

运行结果为：

```
Happy
appy
ppy
py
y
```

程序中ps初始化为字符串"Happy"的首地址，如图4.25所示，因此ps指向字符串"Happy"中的第一个字符'H'，此时输出字符串"Happy"。当ps执行自增操作后，ps则指向下一个字符'a'，输出时是从该字符开始依次输出各个字符直到遇到'\0'，因此输出字符串"appy"。以此类推，依次对指针变量ps执行自增操作，改变ps的指向，输出各个字符串，当ps指向'\0'时结束循环。

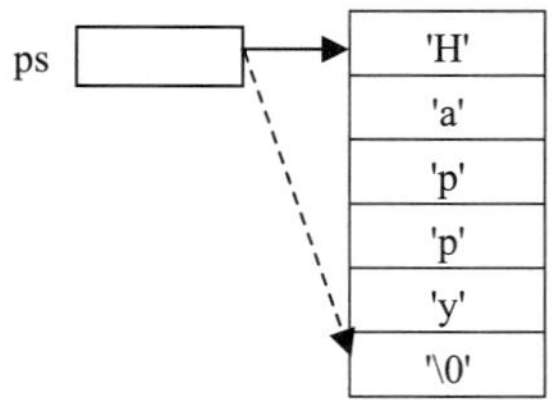

图4.25　指针变量ps指向字符串

若将程序中的语句：

```
cout<<ps<<endl;
```

改为

```
cout<<*ps<<endl;
```

则输出结果为：

```
H
a
p
p
y
```

每次输出ps所指向的字符串的第一个字符。

【**例4.33**】例4.32的另一种实现方式。

```
#include<iostream>
using namespace std;
int main()
{
    char *ps = "Happy";
    for(int i = 0; ps[i] != '\0'; i++)      //使用下标形式ps[i]访问各个字符
    {
        cout<<ps + i<<endl;                 //输出首地址为ps+i的字符串
    }
    return 0;
}
```

运行结果为：

```
Happy
appy
ppy
py
y
```

例4.33对例4.32进行了修改，不改变指针变量ps的值，使其总是指向字符串的第一个字符。利用下标变量i，使用下标形式ps[i]表示字符串中的各个字符，此时ps+i则表示ps[i]的地址，该程序的输出结果与例4.32相同。

需要特别注意的是，虽然字符数组和字符指针变量都能处理字符串，但两者之间是有重要区别的。若有：

```
char s[6] = "Happy";
char *ps = "Happy";
```

字符数组s在内存中占用一块连续的内存空间，有确定的地址，数组名表示地址常量，不可重新赋值，每个数组元素存放字符串的一个字符，字符串存储在字符数组中。如果要改变数组s中存放的内容，可以通过改变数组元素的值的方式实现，例如：

```
s[0] = 'h';             //将字符串中第一个字符由大写字母'H'修改为'h'
strcpy(s, "sunny");     //利用字符串函数将数组中的内容修改为"sunny"
cin>>s;                 //为数组s进行输入
s = "sunny";            //错误，数组名为指针常量，不可以赋值
```

字符指针变量ps是一个存放地址的变量，它里面存储的是字符串的首地址。ps作为指针变量，其值是可以修改的，即可以将其指向其他字符串。例如：

```
ps = "sunny";          //ps不再指向字符串"happy"，而是指向字符串"sunny"
```

但是，不能修改指针变量ps指向的字符串常量所占内存空间的值，例如：

```
*ps = 'h';             //错误，不能修改ps指向的内存空间的值
```

在Visual C++6.0环境下运行该语句会出现异常终止的对话框。

定义字符指针变量后，如果未对其进行赋值，则指针变量的值是不确定的，即指针变量没有明确的指向。如果使用指向不明确的指针，可能会出现难以预料的结果。例如：

```
char *ps;
cin>>ps;  //错误
```

由于未给ps赋值，则ps的值为随机值。若此时向ps指向的未知内存空间输入字符串，则会破坏这块内存空间中原本存放的内容，给系统带来潜在的危险。正确的做法为：

```
char *ps, s[20];
ps = s;      //将数组s的首地址赋给指针变量ps
cin>>ps;     //或cin.getline(ps, 20); ，表示在ps指向的内存空间中输入字符串
*ps = 'h';  //正确，等价于ps[0] = 'h'; 或s[0] = 'h';
```

由于数组s在定义后则具有确定的内存空间，数组名为该内存空间的首地址，因此将s赋给指针变量ps，就是让ps指向数组的第一个数组元素，而后就可以对该内存空间进行输入或赋值了。

【例4.34】使用字符指针变量，输出一个字符串中包含的小写字母的个数。

【分析】由于程序要求输入字符串，因此应先定义字符数组s，而后将字符指针变量ps指向该数组的第一个数组元素，这样指针变量就有了确定的指向。设置整型变量count用于对小写字母进行计数，在for循环中使用*ps的方式访问字符串中的字符，若*ps为小写字母，count++进行计数，而后对ps进行自增运算使其指向下一个字符，当*ps为'\0'时表明对字符串中的所有字符都进行了访问，从而可结束循环。

源程序：

```
#include <iostream>
using namespace std;
int main()
{
    char s[20], *ps = s;      //定义数组s和指针变量ps，并将数组的首地址赋给ps
    cout<<"Enter a string: ";
    cin.getline (ps, 20);     //在ps指向的内存空间中输入字符串
    int count = 0;            //count用于存放小写字母的个数并初始化为0
    for(ps = s; *ps != '\0'; ps++)          //改变指针变量ps的指向，直到ps指向'\0'结束循环
        if(*ps >= 'a' && *ps <= 'z')        //若为小写字母则进行计数
            count++;
    cout<<"Lowercase letters: "<<count<<endl;  //输出小写字母的个数
    return 0;
}
```

运行结果为：

```
Enter a string: abc123XYZ
Lowercase letters: 3
```

程序中使用字符指针变量指向字符串中的每一个字符，通过ps++;的方式使其指向下一个字符，这样使指针变量依次指向字符串中的每一个字符，指向一个处理一个，直到指向字符串结束标志为止。

若程序中统计大写字母或数字字符的个数，其条件应为：

```
*ps >= 'A' && *ps <= 'Z'
*ps >= '0' && *ps <= '9'
```

4.3.4 指针数组

1. 指针数组的定义

如果一个数组中的元素都是指针变量，每个元素保存的都是地址，而且每个元素指向相同数据类型的变量，则称这个数组为指针数组。指针数组的定义方式与普通数组类似，只是在定义时在数组名前加*号。指针数组的定义形式为：

数据类型　*指针数组名[元素个数];

其中，数据类型代表指针数组元素指向的数据的类型。

例如：

```
int *p[3];
```

该语句表示定义了一个指针数组p，它包含3个数组元素。由于数组名p前有*，因此数组中的数组元素p[0]、p[1]和p[2]都是指针变量，分别保存整型数据的地址。

指针数组的定义也可写作如下形式：

```
int *(p[4]);
```

其中，小括号可以省略。但是注意不要写成如下形式：

```
int (*p)[3];
```

该语句表示定义了一个行指针变量，指向长度为3的一维整型数组。

指针数组与4.3.1节中介绍的指向数组的指针变量是不同的，指向数组的指针变量中存放的是一个数组的首地址，而指针数组是一个数组，只不过数组元素都是指针变量。

2. 指针数组的初始化和赋值

由于指针数组的每个元素都是一个指针变量，因此在使用指针数组之前必须进行赋值。可对指针数组进行初始化，在定义指针数组的同时为各个数组元素赋值，也可以在定义指针数组后再分别为每个数组元素赋值。

（1）指针数组指向单个变量，如：

```
double a, b, c;
double *p[3]={&a, &b, &c};
```

这样，p[0]、p[1]、p[2]分别指向了变量a、b、c，由此可知：*p[0]的值为a，*p[1]的值为b，*p[2]的值为c。

（2）指针数组指向一维数组中的各个元素，如：

```
int a[5]={1, 2, 3, 4, 5};
int *p[5]={&a[0], &a[1], &a[2], &a[3], &a[4]};
```

指针数组p中的每一个数组元素分别指向了数组a中的各个元素。另外也可以使用循环语句来完成指针数组各元素的赋值，如：

```
int a[5] ={1, 2, 3, 4, 5}, *p[5];
for(int i = 0; i < 5; i++)
    p[i] = &a[i];  //p[i]指向a[i]，*p[i]即为a[i]
```

（3）字符型指针数组指向字符串，如：

```
char *p[3] = {"Python", "Java", "C++" };
```

此时，是将字符串"Python"、"Java"和"C++"所占存储空间的首地址分别赋给数组元素p[0]、p[1]和p[2]，即p[0]指向字符串"Python"，p[1]指向字符串"Java"，p[1]指向字符串"C++"。因此*p[0]、*p[1]和*p[1]的值分别为字符'P'、'J'、'C'。

为指针数组初始化时，若省略数组长度，则将按初始化的数据个数确定数组长度。例如上述语句可写作如下形式：

```
char *p[] = {"Python", "Java", "C++" };  //数组长度为3
```

也可将二维字符数组的每一行的首地址赋给指针数组元素，如：

```
char s[3][20] = {"Python", "Java", "C++" }, *p[3];
for(int i = 0; i < 3; i++)
    p[i] = s[i];      //p[i]指向二维字符数组的第i行
```

3. 指针数组的应用

指针数组最主要的用途之一就是对多个字符串的处理，因此在实际应用中，字符型指针数组更为常用。

【例4.35】 编写程序，当输入整数值1~7时，输出相应的星期的英文名称，若输入其他整数时则显示错误信息，并结束程序的运行。

源程序为：

```
#include <iostream>
using namespace std;
int main()
{
    //定义指针数组weekName，并用字符串进行初始化
```

```
    char *weekName[]={"Monday", "Tuesday", "Wednesday", "Thursday",
                      "Friday", "Saturday", "Sunday"};
    int i;
    while(1)
    {
        cout<<"Entr week No.(1~7): ";
        cin>>i;
        if(i < 1 || i > 7)
        {
            cout<<"Invalid number!"<<endl;
            break;
        }
        cout<<"week No."<<i<<"-->"<<weekName[i-1]<<endl;
    }
    return 0;
}
```

运行结果为：

```
Enter week No.(1~7): 3
week No.3-->Wednesday
Enter week No.(1~7): 1
week No.1-->Monday
Enter week No.(1~7): 0
Invalid number!
```

程序中定义了一个字符指针数组weekName，并对其初始化，使字符指针数组的各个元素中分别存放各字符串的首地址，根据给出的初始化数据的个数，可知数组长度为7。通过while循环，当输入的整数i在1～7之间时，则输出weekName[i-1]，如输入1，则输出"Monday"。当输入的整数不在1～7内时，则输出"Invalid number!"，而后用break语句退出循环，结束程序的运行。

【例4.36】输入若干个字符串（最多10个，每个字符串的长度不超过20），将其按升序排序后输出。

源程序：

```
#include <iostream>
#include <string.h>
using namespace std;
const int N = 10;                   //N为二维数组行数，即字符串个数
const int M = 21;                   //M为二维数组列数，即字符串最大长度为20
int main()
{
    char s[N][M];                   //定义二维字符数组，N行M列
    char *p[N], *t;                 //定义字符指针数组p
    int n, i, j;                    //n表示实际需要处理的字符串个数
    cout<<"Enter the count of strings: ";
    cin>>n;                         //输入字符串个数
    cin.get();                      //将缓冲区中的回车符读出
    cout<<"Enter strings: "<<endl;
    for(i = 0;i < n; i++)
    {
        p[i] = s[i];                //将p[i]指向二维字符数组s的第i行
        cin.getline (p[i], 20);     //将输入的第i个字符串存放到p[i]指向的内存空间中
    }
    //冒泡法排序
    for(i = 1; i < n; i++)
    {
        for(j = 0; j < n - i; j++)
            if(strcmp(p[j], p[j+1]) > 0)   //比较指针变量指向的字符串后交换指针变量
            {
```

```
                t = p[j];
                p[j] = p[j + 1];
                p[j + 1] = t;
            }
    }
    //输出排序后的字符串
    cout<<"------After sorting------ "<<endl;
    for(i = 0;i < n; i++)
    {
        cout<<p[i]<<endl;
    }
    return 0;
}
```

运行结果为：

```
Enter the count of strings: 4
Enter strings:
Python
C++
C#
Java
------After sorting------
C#
C++
Java
Python
```

程序中的变量n表示实际输入的字符串个数，利用for循环为指针数组元素p[i]依次赋值为二维字符数组s的各行的首地址s[i]，然后输入第i个字符串保存到p[i]指向的内存空间中（即二维字符数组的第i行）。程序中使用冒泡法进行排序，利用字符串比较函数strcmp对p[j]和p[j+1]指向的字符串进行比较，当该函数值大于0时，则交换指针数组元素p[j]和p[j+1]的值，即交换指向字符串的指针变量的值，从而使p[j]指向较小的字符串。也就是说，排序后只改变了指针数组p中各元素的指向，并未改变二维字符数组s中的字符串的存放顺序。

例如输入4个字符串，分别为"Python""C++""C#""Java"，排序前各指针数组元素的指向如图4.26所示，经过排序后指针数组元素的指向如图4.27所示。由此可知，排序前后指针数组元素的指向发生了变化，排序前p[0]指向字符串"Python"，排序后指向字符串"C#"，即最小的字符串；排序前p[2]指向字符串" C#"，排序后指向字符串"Java"；排序前p[3]指向字符串"Java"，排序后指向字符串"Python"，即最大的字符串。而在内存中字符串的排列顺序，仍然是"Python""C++""C#""Java"，即各个字符串在内存中的存放位置并没有发生变化。

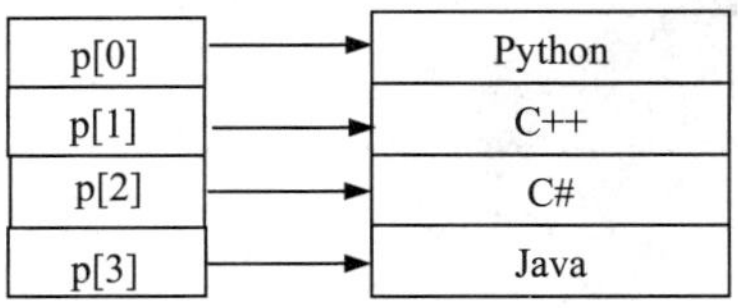

图4.26　排序前数组元素的指向

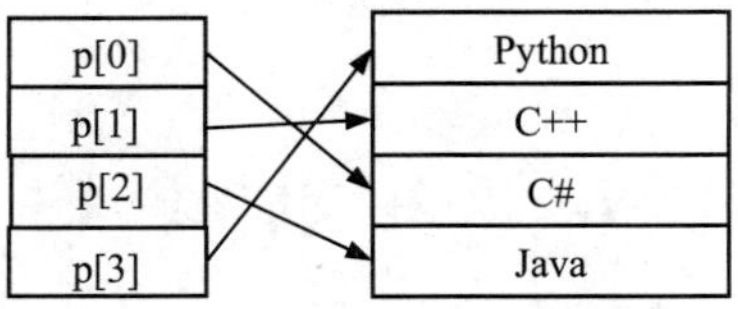

图4.27　排序后数组元素的指向

例4.24使用二维字符数组实现对字符串的排序，在排序时利用strcpy函数对两个字符串进行交换，从而改变了字符串在内存中的存放位置，如下语句所示：

```
strcpy(t, name[j]);                //交换name[j]和name[j+1]中的两个字符串
strcpy(name[j], name[j + 1]);
strcpy(name[j + 1], t);
```

其中，name是二维字符数组名，t为一维字符数组，用于临时存放字符串。通过这3条语句，实现了

name[j]和name[j+1]中字符串的交换。在利用字符指针数组排序时无须改变字符串在内存中的存储位置，只要改变各元素的指向即可。显然改变指针变量的指向比移动字符串要快得多，因此利用字符指针数组实现字符串的操作效率更高，可以省去在字符串排序过程中移动整个字符串所需的时间开销。

再者，使用字符指针数组处理多个字符串时，可依据各字符串的长度分配存储空间（字符串长度+1），如：

```
char *s[4] = {"Python", "C++", "C#", "Java"};
```

各个字符串长度依次是6、3、2、4，占据的存储空间依次为7、4、3、5。若用二维字符数组处理多个字符串时，每一行的元素个数都相等，是按最长的字符串来定义列数，需要4行7列的二维数组，则会造成内存空间的浪费。由此可见，使用指针数组处理字符串更加灵活，方便。虽然字符指针处理字符串常量是非常方便的，但如果要输入字符串，则需要定义字符数组以获取内存空间来存放输入的字符串，在处理过程中可使用字符指针，如例4.36所示。

4.3.5 多级指针变量

一个指针变量可以指向一个相应数据类型的数据，例如：

```
int a, *p;
p = &a;
```

定义指针变量p并赋值为变量a的地址，即p指向a，则*p就是变量a。如果另一个指针变量q用于存放指针变量p的地址，那么这种指针变量就称为二级指针变量，也成为指向指针变量的指针变量。同样，用于存放二级指针变量的地址的指针变量则称为三级指针变量，依此类推……，将这样的指针变量统称为多级指针变量。本节主要讨论二级指针变量。

二级指针变量的定义形式为：

数据类型 **二级指针变量名;

其中，两个*号表示其后定义的是二级指针变量。定义多级指针变量时，指针变量名前有多少个*号，即表示定义的是多少级指针变量。上述定义的指针变量p即为一级指针变量。下面的语句定义了一个二级指针变量q。

```
int **q;
```

若有：

```
q = &p;
```

该语句表示将指针变量p的地址赋给二级指针变量q，因此q就指向了指针变量p，如图4.28所示。进一步分析，*q则表示指针变量p，**q即*p，又因为*p表示变量a，因此**q也表示变量a。由此可见，对变量a的访问形式可以使用*p的形式，也可以使用**q的形式。

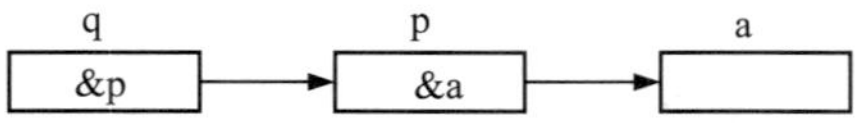

图4.28 二级指针变量q

【例4.37】二级指针变量举例。

源程序：

```
#include <iostream>
using namespace std;
int main()
{
    int a = 5, *p, **q;        //定义整型变量a，一级指针变量p和二级指针变量q
    p = &a;                    //将p指向变量a
    q = &p;                    //将q指向一级指针变量p
    cout<<"Address of a: "<<&a<<"\tValue of a: "<<a<<endl; //输出a的地址和值
    cout<<"Address of p: "<<&p<<"\tValue of p: "<<p<<endl; //输出p的地址和值
```

```
    cout<<"Address of q: "<<&q<<"\tValue of q: "<<q<<endl; //输出q的地址和值
    cout<<endl;
    cout<<"Value of *p: "<<*p<<endl;     //输出*p的值
    cout<<"Value of *q: "<<*q<<endl;     //输出*q的值
    cout<<"Value of **q: "<<**q<<endl;   //输出**q的值
    return 0;
}
```

运行结果为：

```
Address of a: 0018FF44  Value of a: 5
Address of p: 0018FF40  Value of p: 0018FF44
Address of q: 0018FF3C  Value of q: 0018FF40

Value of *p: 5
Value of *q: 0018FF44
Value of **q: 5
```

程序中二级指针变量q与一级指针变量p及普通变量a之间的关系如图4.29所示，变量a的地址为0x0018FF44，指针变量p的地址为0x0018FF40，p中存放的是变量a的地址0x0018FF44，因此*p即为a。二级指针变量q的地址为0x0018FF3C，q中存放的是指针变量p的地址0x0018FF40，因此*q即为指针变量p，**q的值与*p和变量a的值是相同的。

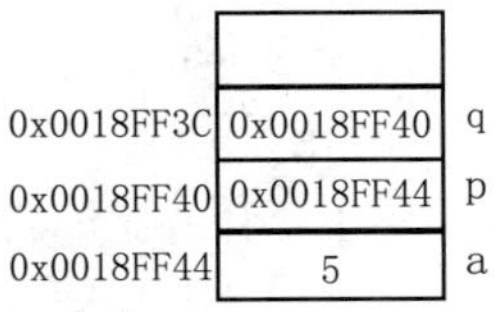

图4.29 q、p与a的关系

使用二级指针变量前也要先对其进行赋值或初始化，即应将一级指针变量的地址赋给二级指针变量，使其指向一级指针变量。而一级指针变量也应有确定的指向，指向一个普通数据。在使用二级指针变量处理数据时，首先访问它所指向的一级指针变量，再进一步访问这个一级指针变量所指向的变量，它才是要处理的数据。例如上例中若要使用二级指针变量访问变量a，首先进行一次指针运算，得到*q，即一级指针变量p，而后再进行一次指针运算，得到**q，此时**q则为变量a。因此如果使用n级指针处理数据，要经过n次指针运算。

例如，若有：

```
int a = 5, *p = &a, **q = &p;
**q = 3;
```

那么此时a的值是什么呢？

由于一级指针变量p指向变量a，二级指针变量q指向p，因此**q与*p都表示变量a，为**q赋值为3，就是对a赋值3，则a的值为3。

在使用多级指针时，应注意二级指针变量的数据类型是它所指向的最终变量的数据类型，如上例中的二级指针变量q为整型，因此它指向的一级指针变量p的数据类型也是整型，即其所指向的最终变量a的类型是整型。

在前面小节中介绍过指针数组，例如：

```
int *p[3];          //定义指针数组p，包含3个数组元素，每个数组元素都是指针变量
```

与普通数组类似，指针数组名p内所保存的是指针数组的首地址，即数组元素p[0]的地址。而数组元素p[0]本身也为指针变量，由此可知指针数组名p本身其实是一个二级指针常量（因为p为数组名，其值是不能被改变的）。因此，可使用指针数组的数组名对二级指针变量赋值，如：

```
int **q, *p[3];  //定义二级指针变量q和指针数组p
q = p;           //二级指针变量q指向指针数组
```

因此，q等价于&p[0]，q+1等价于&p[1]，q+2等价于&p[2]。此时，对指针数组元素p[i]也可表示为q[i]或*(q + i)。

4.4 引　用

4.4.1 引用及其声明

C++中有一种特殊的数据类型，即引用（reference）。引用变量是一个已经定义好的变量的别名，任何对引用变量的修改实际上都会作用到原变量上。定义引用变量时，系统并不会为其分配内存空间，只是成为另一个变量的别名。引用主要用于函数之间的数据传递，参见第5章。

引用变量的声明方法为：

数据类型 &引用变量名 = 目标变量名;

例如：

```
int num;
int &ref = num;
```

其中，ref是新声明的引用变量，并初始化为对整型变量num的引用，ref是整型变量num的别名。此时，在对目标变量num进行访问时既可以使用变量名num也可以使用ref。

说明：

（1）引用变量名前的“&”是标志，不是取地址运算符，标志在此声明的是一个引用变量。

（2）引用变量名是一个标识符，它也必须遵守标识符的命名规则。

（3）数据类型必须和目标变量的数据类型相同，这里目标变量可以是任一数据类型的变量，也可以是用户定义的对象。

（4）引用变量在声明时，必须对其初始化，即指出该引用是哪一个变量的别名。

（5）在定义引用变量时将其初始化为某个变量的别名，则引用变量就不会与初始化它的目标变量分开，也不能再作为其他变量的别名。

4.4.2 引用的使用

（1）声明引用变量之后，则该引用变量名就可作为目标变量名的一个别名来使用，任何对该引用变量的操作即为对目标变量的操作。例如下面程序段中，声明rn为变量n的引用，则对rn的任何操作都是对n的操作。

```
int n = 5, &rn = n;          //rn为变量n的引用
rn += 1;
cout<<n<<"   "<<rn<<endl;     //n和rn的值均为6
n = rn * 4;
cout<<n<<"   "<<rn<<endl;     //n和rn的值均为24
```

【例4.38】 使用引用，编写程序，输入两个整数到两个变量中，交换两个变量的值后输出。

源程序：

```
#include <iostream>
using namespace std;
int main()
{
    int a = 1, b = 5;
    int &ra = a, &rb = b;    //声明ra是a的引用，rb是b的引用
    //输出交换前的数据
    cout<<"Before swapping : ";
    cout<<a<<"   "<<b<<endl;
    //交换ra和rb的值
    int t;
    t = ra;
    ra = rb;
    rb = t;
```

```
    //输出交换后的数据
    cout<<"After swapping : ";
    cout<<a<<"    "<<b<<endl;
    return 0;
}
```

运行结果为：

```
Before swapping : 1    5
After swapping : 5    1
```

程序中，由于ra和rb分别是变量a和b的引用，因此对ra与rb的交换，实际上就是对a的b的交换。

（2）引用变量的地址就是目标变量的地址。声明一个引用变量时，系统并不为其分配存储空间，它就使用目标变量的存储空间，所以引用变量的地址与目标变量的地址相同。

例如下面程序段中，rn作为n的别名，其地址与n的地址相同。

```
int n = 5, &rn = n;
cout<<&n<<"    "<<&rn;
```

（3）由于指针变量也是变量，因此可以为一个指针变量声明引用变量。方法为：

数据类型 *&引用变量名 = 指针变量名;

例如：

```
int  *a;                //定义指针变量a
int *&rp = a;           //声明引用rp，初始化为指针变量a，所以rp是a的引用
int b;
rp = &b;                //等价于a = &b，即将变量b的地址赋给指针变量a
```

（4）不能建立数组的引用。因为数组是一个由若干个元素所组成的集合，所以就无法建立一个数组的别名。

（5）可以把函数的参数说明成引用，以建立函数参数的引用传递方式（参见第5章）。

4.5 动态内存分配

从前面学习的知识我们知道，在定义数组时，必须指定数组的大小，这是因为在编译时就要确定数组所需的内存空间。而在实际应用中，有时我们并不能确切地知道数组的大小，通常的做法是采用“大开小用”的方法，即将数组定义得足够大。如在输入字符串时，由于预先不能确定用户所输入字符串的长度，因此需要预定义一个足够大的char型数组如char s[100];。而在实际运行时，可能只需使用一小部分内存空间，例如实际输入的字符串长度为5，那没有使用的内存空间就浪费了。这时，就需要在程序运行过程中根据实际需要从系统动态地获得内存空间。

在C++中，将在程序运行期间可使用的内存空间称为堆（heap），堆也称为动态内存。C++支持动态内存分配（Dynamic Memory Allocation），动态内存分配即在程序运行时为变量分配内存的方法。C++提供了两个运算符new和delete，可以方便地实现动态内存的分配和释放。

4.5.1 单个数据内存空间的分配与释放

使用运算符new可实现动态内存的分配，对单个数据的内存空间进行分配时，形式为：

指针变量 = new 数据类型;

该语句的作用是在程序运行过程中为一个指定类型的变量分配内存空间，并将该内存空间的地址赋给指针变量。这样就可以通过这个指针变量访问内存空间。例如：

```
int *p;
p = new int;
```

或：

```
int *p = new int;
```

即在程序运行时使用new运算符为一个int型变量分配内存空间，并将该内存空间的首地址赋给指针变量p。

由于所分配的内存空间没有“变量”名，因此对这块内存空间的访问是通过指针变量p来进行的。例如：

```
*p = 10;      //为该内存空间赋值
```

若希望在分配内存时设置初始值，可采用如下形式：

指针变量 = new 数据类型(初始值);

例如可将上例写作：

```
int *p = new int(10);
```

该语句表示将动态分配的整型变量的内存地址赋给指针变量p，并为该内存空间赋初值10。

用运算符new分配的内存空间一直都是可用的，系统不会自动回收。要回收用new分配的内存空间，就必须使用运算符delete对此内存空间进行释放。

运算符delete的使用形式为：

delete 指针变量;

其中的指针变量中保存着new分配的内存空间的首地址。

例如：

```
int *p = new int(10);
delete p;    //释放p指向的内存空间
```

需要注意的是，由于由动态内存分配得到的存储空间是没有名字的，只能通过指针变量进行访问，因此一旦改变了指针的指向，原来分配的内存及数据也就随之丢失了，因此不要轻易改变该指针变量的值。例如如下代码段：

```
int *p = new int(10);  //定义指针变量p指向一个整型值的动态内存空间，初值为10
p = new int;           //将一个新的内存空间赋给指针变量p
delete p;              //释放新的内存空间
```

此时，保存整数10的内存空间将无法再次访问，因为此时已经没有任何指针指向它，故这段内存无法访问也无法释放，这就是所谓的内存泄漏。

若必须改变指向new分配的内存空间的指针变量的值，则应将其先保存到另一个指针变量中，例如：

```
int *p = new int(10);
int *q = p;  //此时指针变量q指向数据值为10的内存空间
p = new int;
delete p;
delete q;
```

上述程序段中将指针变量p的值赋给指针变量q，则q指向了数据值为10的内存空间，此时再修改p的值则不会造成内存泄漏的问题。

【例4.39】运算符new与delete应用举例。

源程序：

```
#include <iostream>
using namespace std;
int main()
{
    int *p;
    double *q;
    p = new int(5);     //申请整型变量内存空间，并初始化为5，将首地址赋给p
    q = new double;     //申请double型变量内存空间，将首地址赋给q
    q = 1.5;
    cout<<*p<<"    "    <<*q<<endl;
    delete p, q;        //释放p、q指向的内存空间
    return 0;
}
```

运行结果为：

```
5   1.5
```

该程序用new分配保存int类型数据的内存空间，并将该内存空间的地址赋给指针变量p；分配用于存放double型数据的内存空间，将其首地址赋给指针变量q。p、q指向的内存空间不再使用后，使用delete进行释放。

4.5.2 数组空间的分配与释放

1. 为一维数组进行动态内存分配

使用运算符new为一维数组进行动态内存分配的形式为：

指针变量 = new 数据类型[数组大小];

其中，数组大小为整型表达式，指出了数组元素的个数；数据类型表明了该数组中数组元素的类型，将分配的内存空间的首地址（即第一个数组元素的地址）赋给指针变量。例如：

```
int n = 10, *p;
p = new int[n];
```

该语句的作用是在程序运行过程中分配n个int型的连续内存空间，并将这段连续存储空间的首地址赋给指针变量p。由此可知，该语句相当于声明了一个一维动态数组，数组的首地址为p，长度为n，类型为int型，因此可将指针变量p当作数组名来使用，对下标为i的数组元素的访问可使用p[i]的形式，也可以使用*(p + i)的形式，这里i的取值范围为0~n-1。

运算符delete用于释放一维动态数组空间时，格式为：

delete []指针变量;

【例4.40】 输入若干个学生的成绩，输出平均成绩，学生人数从键盘输入。

【分析】 将若干个学生的成绩保存在数组中，由于学生人数需要从键盘输入，即在运行时才能确定数组大小，因此可使用运算符new进行动态内存分配。

源程序：

```
#include <iostream>
using namespace std;
int main()
{
    int n;                                    //n表示人数
    double aver = 0;                          //aver表示平均成绩
    cout<<"Enter n:  ";
    cin>>n;
    double *pScore = new double [n];          //为长度为n的一维数组分配动态内存
    cout<<"Enter "<<n<<" scores:"<<endl;
    for(int i = 0; i < n; i++)
    {
        cin>>pScore[i];                       //输入成绩
        aver += pScore[i];                    //求总成绩
    }
    aver /= n;                                //求平均成绩
    cout<<"average = " << aver << endl;
    delete []pScore;                          //释放pScore指向的动态内存空间
    return 0;
}
```

运行结果为：

```
Enter n: 4
Enter 4 scores:
78 65 89 57
average = 72.25
```

程序中设置整型变量n表示人数，则语句double *pScore = new double [n];表示建立了一个长度为n的一维doube型动态数组，通过首地址pScore可以访问数组中的元素，数组元素pScore[i]的下标变化范围为0 ~ n - 1。

注意最后要用delete释放不再使用的动态内存空间。

2. 为二维数组进行动态内存分配

除了可以为一维数组分配动态内存外，还可以为二维或多维数组分配动态内存，此时可使用多级指针变量，下面以二维动态数组为例。

例如若需要为行数为n、列数为m、数据类型为int的二维数组分配动态内存，可使用如下形式：

```
int **p = new int *[n];        //n为行数，二级指针变量p指向一个指针数组
for(int i = 0; i < n; i++)
{
    p[i] = new int[m];         //m为列数，数组元素p[i]指向长度为m的int型一维数组
}
```

该程序段中，定义二级指针变量p，使其指向new运算符分配的长度为n的指针数组；而后利用循环结构使每个指针数组元素p[i]指向长度为m的一维动态数组。因此，这里相当于创建了一个二维动态数组p，行数为n，列数为m。

当分配的二维动态数组不再使用时，其内存空间必须使用delete运算符进行释放，形式为：

```
for(int j = 0; j < n; j++)
    delete []p[j];             //释放p[j]指向的一维数组所占内存空间
delete []p;                    //释放p指向的指针数组所占内存空间
```

【例4.41】 输入若干学生的若干科成绩，输出各科的平均成绩，学生人数和科目数均从键盘输入。

【分析】 设学生人数为n，科目数为m，则n名学生的m科成绩可保存在二维数组中，由于n和m的值在运行时才能确定数组，因此使用运算符new进行动态内存分配。为保存m科的平均成绩，可将其保存到一维数组中，该数组的大小为m，也需要使用new运算符进行动态分配。计算各科的平均成绩即计算各列的平均值。

源程序：

```
#include <iostream>
using namespace std;
int main()
{
    int n, m;                                  //n表示人数，m表示科数
    cout<<"Enter n: ";                         //输入人数
    cin>>n;
    cout<<"Enter m: ";                         //输入科目数
    cin>>m;
    double **pScore = new double* [n];
    for(int i = 0; i < n; i++)                 //为二维数组分配动态内存
        pScore[i] = new double[m];

    double *pAver = new double[m];             //pAver表示m科平均成绩
    //输入成绩
    cout<<"Enter scores:"<<endl;
    int j;
    for(i = 0; i < n; i++)
    {
        for(j = 0; j < m; j++)
            cin>>pScore[i][j];
    }
    //求各科平均成绩
    for(j = 0; j < m; j++)
    {
        pAver[j] = 0;
        for(i = 0; i < n; i++)
            pAver[j] += pScore[i][j];
```

```
        pAver[j] /= n;
    }
    //输出各科平均成绩
    cout<<"average:"<<endl;
    for(j = 0; j < m; j++)
        cout<<pAver[j]<<"\t";
    cout<<endl;
    for(i = 0; i < n; i++)      //释放二维动态数组所占内存空间
        delete []pScore[i];
    delete []pScore;
    return 0;
}
```

运行结果为：

```
Enter n: 2
Enter m: 3
Enter scores:
78 65 80
82 77 63
average:
80      71      71.5
```

在使用new和delete运算符时，应注意以下两点：

（1）用new分配的内存空间，必须用delete进行释放；反之，用delete运算符释放的内存空间必须是由运算符new分配。

（2）用new分配的内存空间，只能用delete运算符释放一次。

习　题

1. 如何定义数组？数组的长度是否可为任意数据？

2. 如何访问数组元素？

3. 数组元素的下标是什么类型的数据，其有效范围是什么？若下标越界，会发生什么情况？

4. 字符串的末尾字符是什么？它的作用是什么？

5. 如何存储字符串？

6. 如何定义指针变量？指针变量的含义是什么？

7. 如何将变量的地址赋给指针变量？

8. 如何使用指针变量访问一维数组元素、二维数组元素？

9. 什么叫指针数组？它的作用是什么？

10. 引用变量是否占用内存空间？其作用是什么？

11. 当程序退出时，已申请的动态内存会自动销毁吗？

12. 编写程序，将10个整型数据2、4、6、…、18、20保存到一个10个元素的数组中，然后输出该数组中各元素的值。

13. 编写程序，使用数组，输出斐波那契数列的前20项。已知斐波那契数列为：1，1，2，3，5，8，…，具有如下规律：

$F_1 = 1$（第一项）
$F_2 = 1$（第二项）
$F_n = F_{n-1} + F_{n-2}$（$n>=3$，即当前项的值为其前两项之和）

14. 编写程序，已知某班的人数最多不超过40人，首先输入具体人数n，而后输入这n个学生的某门课程的成绩，计算平均成绩，分别统计高于平均成绩的人数、低于平均成绩的人数及与平均成绩相等的人数。

15. 编写一个模拟掷骰子的程序，掷骰子5000次，计算每一面出现的次数并输出结果。提示：使用rand()%6得到0~5之间的随机整数，使用一个包含6个整数的数组保存1~6的出现次数。

16. 编写程序，将10个学生的某科成绩按升序排序，而后输出。

17. 编写程序，输出一个3 × 4的二维数组中的最大值、最小值，及其行号和列号。

18. 编写程序，为一个3 × 4的二维数组输入任意整数，然后计算该二维数组中各元素之和及平均值。

19. 编写程序求两个矩阵的和。假定两个矩阵均为3行3列。

20. 假定有5个学生及其对10道题目的解答，如下表所示。编写程序，将其与标准答案进行比较，输出每个学生回答正确的题目的数目。

	题1	题2	题3	题4	题5	题6	题7	题8	题9	题10
学生1	A	B	D	C	C	A	D	A	C	B
学生2	D	C	A	B	D	A	A	C	B	B
学生3	D	B	D	A	C	A	B	A	C	B
学生4	B	B	C	B	C	A	D	C	B	B
学生5	A	B	C	B	D	B	A	C	C	B

标准答案为：

题1	题2	题3	题4	题5	题6	题7	题8	题9	题10
D	B	C	B	D	A	A	C	B	B

21. 编写程序，输入一个字符串，统计其中大写字母、小写字母、空格、数字及其他字符的个数。

22. 编写程序，输入一个十进制整数n，以及要转换的进制r，编写程序将n转换为r进制后输出。例如若输入n为139，r为16，则输出为8B；若输入n为139，r为8，则输出为213。

23. 编写程序，将输入的任一字符串中的大写字母替换为小写字母，例如输入：ABCdeF，则输出：abcdef。

24. 编写程序，输入一个字符串，判断其是否为回文串，回文串即正着读与反着读都相同的字符串，例如mom，dad，noon都是回文串，而moon，sun都不是回文串。

25. 编写程序，将两个字符串连接起来（不用strcat函数），例如输入两个字符串：abc和def，则输出应为：abcdef。

26. 编写程序，输入字符串、起始位置和子串的长度，输出子串的内容。例如若输入的字符串为"Friends play together"，起始位置为8，子串长度为4，则输出为"play"。

27. 编写程序，输入字符串，并输入一个要删除的字符，而后将删除该字符后的字符串输出。例如输入的字符串为"Bei jing City"，要删除的字符为i，则输出为"Be jng Cty"。

28. 编写程序，输出一个字符串中每个数字字符出现的次数。例如，若字符串为12203AB449C09，则输出为0: 2，1: 1，2: 2，3: 1，4: 2， 9: 2。

29. 编写程序，使用指针访问数组的形式，输入10个整数，输出其平均值，并统计高于平均值的数据个数。

30. 编写程序，使用指针变量，输入任意一个字符串，输出其长度（不使用strlen函数）。

31. 编写程序，使用指针变量，将输入的一个字符串逆序后输出。

32. 输入5个国家的英文名称，按英文字典序由小到大顺序输出。

33. 编写程序，当输入整数1~12（月份号）时，输出该月的英文名称，输入-1时结束程序，输入其他数据则给出提示请用户重新输入。例如，输入4，则输出"April"；输入21，输出"Invalid value, enter again"；输入-1，则结束程序，要求使用指针数组处理。

34. 编写程序，使用动态数组，输入一个n行m列的二维数组，输出数组中的最大值及其所在的行号和列号。其中，n和m从键盘输入。

第5章 函数与预处理

函数是C++程序的基本模块，在C++中，一个程序是由一个或多个函数组成的。函数是一个能完成某一独立功能的程序模块。C++语言系统自身提供了丰富的函数，可供程序设计者直接使用，这些函数称为标准库函数，例如sqrt函数、fabs函数、strlen函数、strcat函数等。除此之外，程序设计人员还可以根据具体的要求自行设计函数，这类函数就是用户自定义函数。

在程序设计中引入函数有两个作用，一是把一个复杂的程序分解成若干个功能相对独立的小模块，以便于阅读和管理；二是将那些功能相同、数据不同却需要反复编写多次的代码独立出来写成函数，避免代码的重复，优化程序结构，从而提高程序的开发效率。

掌握函数实现技术是C++程序设计的关键环节。本章将重点介绍如何定义函数、函数的调用方法、函数参数传递机制、递归函数、编译预处理、作用域与生命期等内容。

5.1 函数的定义

在C++中，程序可由一个主函数main和若干个函数构成。主函数是程序执行的起始点，而且程序中必须有且只能有一个主函数。程序的执行从main函数开始，在main的执行过程中可以调用其他函数，这些函数执行完毕后再返回到main中继续执行，直到main执行结束，则整个程序的执行结束。

在C++中的一个调用关系中，调用其他函数的函数称为主调函数，被其他函数调用的函数称为被调函数。一个函数有可能既是主调函数也是被调函数，但是，主函数main只能是主调函数，主函数可以调用其他函数，但是不能被其他任何函数调用。

5.1.1 函数概念的引入

例如，若要计算多个三角形的面积的累加和，由于在前面章节中已经介绍了计算三角形面积的公式，故若要求多个三角形的面积和，可使用相同的公式进行计算，不同的仅仅是三角形的边长。因此可以首先定义一个求三角形面积的函数，然后像调用标准函数那样多次调用。

【例5.1】求3个三角形的面积和，三角形的边长从键盘输入（假定输入的边长均可构成三角形）。

源程序：

```
#include <iostream>
#include <cmath>
using namespace std;
double area(double a, double b, double c)    //定义求三角形面积的函数
{
    double t = (a + b + c) / 2;
    double s = sqrt(t * (t - a) * (t - b) * (t - c));
    return s;
```

```
}
int main()
{
        double x1, y1, z1, x2, y2, z2, x3, y3, z3;
        cout<<"Enter 3 sides of triangle: ";
        cin>>x1>>y1>>z1;            //输入三角形的3边长
        cout<<"Enter 3 sides of triangle: ";
        cin >>x2>>y2>>z2;
        cout<<"Enter 3 sides of triangle: ";
        cin>> x3>>y3>>z3;
        double sum = area(x1, y1, z1) + area(x2, y2, z2) + area(x3, y3, z3);
        //三次调用area函数，求出面积和
        cout<<"Sum = "<<sum<<endl;
        return 0;
}
```

运行结果为：

```
Enter 3 sides of triangle: 3 4 5
Enter 3 sides of triangle: 3 3 3
Enter 3 sides of triangle: 7 9 6
Sum = 30.8733
```

该程序中，定义了area函数来计算三角形的面积，在主函数中调用了3次area函数来分别求3个不同三角形的面积。

通过上述例子，我们对函数有了初步认识，即函数是由函数说明部分和函数体构成的，每一个函数完成一个独立的功能。可以使用一个标识符对函数进行命名，这个标识符就是函数名，如area。函数被定义后，即可在程序的其他位置对其进行调用，执行完以后，返回调用它的程序段。图5.1给出了main函数与area函数间的调用顺序。

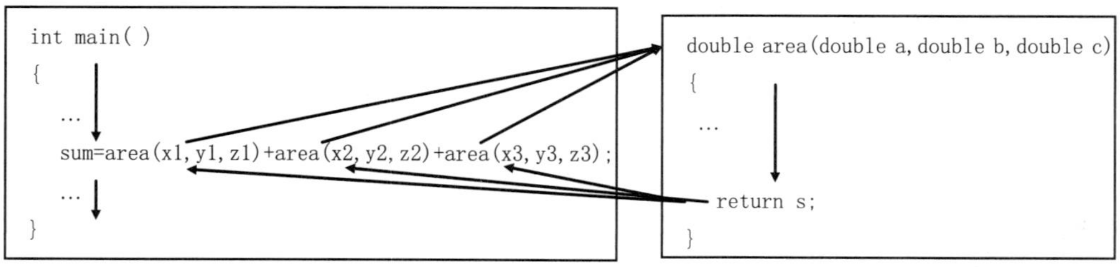

图5.1　　函数调用示意图

从该例也可以看出，函数具有如下几个特点：

- 函数具有相对独立的功能；
- 函数与函数之间通过参数和返回值来联系；
- 使用函数有利于代码重用，可以提高开发效率，增强程序的可靠性，也便于修改和维护。

5.1.2 函数的定义

在C++中，函数与变量一样，也要先定义然后再使用。定义函数，就是告诉编译器函数所做的工作。

C++中定义函数的形式为：

```
数据类型 函数名(形式参数列表)        //函数说明部分
{
    语句序列                         //函数体
}
```

例如5.1中求三角形面积的area函数的定义：

```
double area(double a, double b, double c)    //函数说明部分
```

```
{
   double t = (a + b + c) / 2;
    double s = sqrt(t * (t - a) * (t - b) * (t - c));      //函数体
    return s;
}
```

一个完整的函数定义由两部分组成，即函数说明部分与函数体。函数说明是指函数定义中的第一行，说明了函数类型、函数名、函数的参数类型和参数名，需要注意的是函数说明后面没有分号。函数说明下面由大括号括起来的语句序列称为函数体，表明了该函数要实现的功能。函数体中可以包含C++中的语句，也可以调用其他函数（main函数除外）。

说明：

（1）数据类型：数据类型是指函数返回值的数据类型。当执行完函数体中的语句后，通常会产生一个结果，返回给主调函数处理，这就是函数的返回值，这个返回值是通过return语句返回给主调函数的。它可以是任意数据类型，例如，整型、字符型等。

每个函数都有类型，如上面定义的area函数，其类型为double。如果在函数定义时没有明确指定数据类型，则默认函数类型为int型，例如：

```
max(int a, int b)                    //缺省类型为int
{
    return a > b ? a : b;            //返回两个整数之中的最大值
}
```

对于没有返回值的函数，函数的数据类型应定义为void类型，如下面的print函数：

```
void print(int *p)                   //函数没有返回值，类型为void
{
    for(int i = 0; i < 10; i++)      //输出数组中的各个数组元素
        cout<<p[i]<<'\t';
    cout<<endl;
}
```

（2）函数名：函数名是一个有效的C++标识符，符合标识符的命名规则。在C++程序中，除了main函数外，其他的函数名可以由用户自行定义，最好做到“见名知意”，如用area表示面积，sort表示排序等。

（3）形式参数列表：形式参数列表是用逗号隔开的一个变量说明列表，形式参数（简称为形参）即变量，是主调函数向被调函数传递值的主要途径。在形参列表中应分别给出每个形参的数据类型和形参名，其定义形式为：

类型 形参名1, 类型 形参名2, ..., 类型 形参名n

其中，类型可以是基本类型、指针类型、构造类型、类等，形参名是合法的标识符。如上例的area函数中有三个形式参数，均为double类型，此时函数说明的正确形式为：

double area(double a, double b, double c)

而**double area(double a, b, c)**则是错误的说明形式，编译时会出现语法错误。

形参列表可以为空，此时该函数称为“无参函数”，但是函数名后面的圆括号不能省略。通常，根据形参表是否为空，可将函数分为“有参函数”和“无参函数”。例如上例中定义的area函数、sum函数、print函数都是有参函数，而main函数则为无参函数。

在例5.1中，定义了一个求三角形面积的函数，函数名为area，函数类型为double型，该函数有三个形参，分别为a、b、c，其类型均为double型。形参没有值，只代表参数的个数、类型和位置，函数的值即三角形的面积通过return语句返回。当用户调用area函数时，将具体的值（实参）传递给形参，通过执行函数体即可获得函数的计算结果。

需要注意的是，每个函数都是一个功能独立的模块，绝对不允许在一个函数体内定义另一个函数，也就是说函数不能进行嵌套定义。

【例5.2】编写函数求x^n，其中x为double型，n为整型，在main函数中调用该函数，并输出结果。

【分析】为求x的n次方，则需要定义两个形参分别表示x和n，然后将计算出的结果通过return语句返回，由于x为double型，则x的n次方的结果为double型，因此函数的类型也为double型。

源程序：

```
#include <iostream>
using namespace std;
double power(double x, int n) //定义函数power，计算xⁿ （注意形参的书写形式）
{
    double s = 1;
    for(int i = 1; i <= n; i++)
        s *= x;
    return s;            //将结果返回
}
int main()
{
    double a;
    int b;
    cout<<"Enter x: ";
    cin>>a;
    cout<<"Enter n: ";
    cin>>b;              //输入x和n的值
    double p = power(a, b); //调用power函数，求aᵇ
    cout<<"p = "<<p<<endl;
    return 0;
}
```

运行结果为：

```
Enter x: 1.2
Enter n: 2
p = 1.44
```

该程序中有两个函数，即主函数和power函数。在主函数中为a和b输入值（如1.2和2），然后调用power函数，a和b的值作为实参传递给power函数的形参x和n，从而使x和n具有了实际值，计算出的结果（即1.2^2）通过return语句返回给主函数中的p变量，由此得到结果。同理，若给a和b输入不同的值，则可得到不同的结果。

5.1.3 return语句

return语句（也叫返回语句）用于函数体中，一般有以下两种使用形式：

return;

或：

return (表达式);

第二种形式中，return后面的圆括号可以省略，即：

return 表达式;

如：`return s;`

`return a+b;`

return语句有两个作用：

（1）作为函数体中的流程控制语句，使程序立即从当前运行的函数中返回主调函数的调用处，继续执行主调函数中的代码。

（2）在返回时，先计算其后的表达式的值，然后再从被调函数返回到主调函数，表达式的值作为函数的返回值。

需要说明的是：

（1）当函数有返回值时，函数定义中必须包含return语句，且return之后必须有一个表达式。对于无返回值的函数（即类型为void的函数），函数定义中可无return语句，此时当函数执行到函数体的右花括号后会自动返回主调函数；若有return语句，则要使用return语句的第一种形式，即：return;。

（2）如果return语句后的表达式值的类型和函数的类型不一致，系统自动将返回值的类型转换为函数的类型。如例5.1中若将area函数的类型改为int，则函数返回的值s将由double型转换为int型，即只取s的整数部分。

（3）return语句只能返回一个值。

（4）一个函数中可以出现多个return语句，但每次调用时只能执行其中的一个return语句。

【例5.3】编写函数输出一个n行的三角形图形，如图5.2所示。

```
    *
   ***
  *****
 *******
*********
```

图5.2 例5.3的输出结果

【分析】该函数输出由'*'字符构成的三角形图形，因为当行数不同时，三角形的大小不同。因此定义一个形参n，表示行数。由于该函数没有返回值，因此定义函数类型为void类型。

源程序：

```
#include <iostream>
using namespace std;
void print(int n)
{
    for(int i = 1; i <= n; i++)
    {
        for(int j = 1; j <= n - i; j++)     //输出空格
            cout<<" ";
        for(j = 1; j <= 2 * i - 1; j++)    //输出星号
            cout<<"*";
        cout<<endl;                        //换行
    }
    return;                                //结束函数执行，返回到main函数中，也可省略return语句
}
int main()
{
    print(5);                              //调用print函数，输出由5行'*'符号构成的三角形图形
    return 0;
}
```

运行结果为：

```
    *
   ***
  *****
 *******
*********
```

【例5.4】编写函数实现判断任意给定的一个正整数是否为素数。

【分析】 函数中要判断某个给定的数是否为素数，需要定义一个形参n表示待判定的数，若该数为素数，返回1，否则返回0，该函数的类型为int。

源程序：

```
#include <iostream>
using namespace std;
int isPrime(int n)                  //定义isPrime函数用来判断n是否为素数
{
    for(int i = 2; i < n; i++)
        if(n%i == 0)
            return 0;               //一旦n被i整除，说明n不是素数，返回0
    return 1;                       //返回1表示n是素数
}
int main()
```

```
{
    int a;
    cout<<"Enter an integer: ";
    cin>>a;                          //输入待判断的数
    if(isPrime(a) == 1)              //调用isPrime函数判断a是否为素数
        cout<<a<<" is a prime number."<<endl;
    else
        cout<<a<<" is not a prime number."<<endl;
    return 0;
}
```

运行程序，分别输入18和5，则

第一次运行结果为：

```
Enter an integer: 18
18 is not a prime number.
```

第二次运行结果为：

```
Enter an integer: 5
5 is a prime number.
```

该程序中，isPrime函数中有两个return语句，但每次调用时只能执行其中的一条，这是因为一旦执行了某个return语句，就表示函数的执行流程结束而返回到主调函数中。程序中，当n被某个i整除时，说明n肯定不是素数，因此执行return 0;语句，将0返回到main函数中，return 1;语句不会被执行；若n一直没有被i整除（i从2变化到n-1），return 0;语句不会被执行，而是执行return 1;语句，将1返回到主函数中进行输出。在主函数中通过判断isPrime函数的返回值是否为0来选择输出，当isPrime函数的返回值非0时，则表示输入的变量a为素数，否则，a不是素数。

5.1.4 函数声明

以上程序中的函数定义和使用都遵循了“先定义，后调用”的原则，此时编译能正常进行，这是因为当编译到函数调用时，不会遇到尚未出现过的函数。C++中也允许函数调用在前，定义在后，但是前提是必须对函数进行说明，目的是告诉编译器该函数返回什么类型的值、函数参数的个数和类型，以便使编译器能够检查对函数的调用是否正确，会不会发生错误的类型转换等，否则会出现该函数没有定义的编译错误。

函数声明也称为函数原型说明，函数原型说明的一般形式为：

数据类型 函数名(形式参数类型说明表);

或：

数据类型 函数名(形式参数列表);

其中，各部分的含义与函数定义中的各部分相同。由于函数原型说明是一条语句，因此后面要以分号结束。注意，该分号不可以省略，否则会出现编译错误。对于标准函数，如sqrt、strlen等函数，则是通过相应的头文件来加以说明的，在头文件中含有这些库函数的原型说明，这就是为什么在使用到标准函数时，必须要将其相应的头文件包含到程序中的原因。

对例5.1~例5.3中函数的原型说明为：

```
double area(double, double , double);        //只对形参的类型进行说明
double power(double, int);
void print(int);
```

也可以表示为：

```
double area(double a, double b, double c);
double power(double x, int n);
void print(int n);
```

需要说明的是：

（1）第一种形式是基本的形式，为了便于阅读程序，也允许在函数原型中加上参数名，就成为第二种

形式。由于编译系统不检查形参名，因此在函数原型说明中形参名可以任意。例如上面的area函数声明也可以写成：

```
double area(double x, double y, double z);
```

（2）函数原型说明是一条语句，它必须以分号结尾。

（3）函数原型中的函数类型、函数名、形参个数、形参类型及顺序必须与该函数定义完全一致。

（4）当函数调用在前，定义在后时，必须在函数调用前对函数进行原型说明，否则会出现编译错误。函数原型可以放在源文件开头、函数的外部，也可以放在主调函数的函数体内、调用该函数的任何位置之前。

【例5.5】 编写两个函数分别求圆的周长和面积。

源程序：

```
#include <iostream>
using namespace std;
double perimeter(double);      //函数原型声明，第一种形式，求圆的周长
double area(double x);         //函数原型声明，第二种形式，求圆的面积
int main()
{
    double a;
    cout<<"Enter radium: ";
    cin>>a;
    double l = perimeter(a); //调用perimeter函数
    double s = area(a);      //调用area函数
    cout<<"Perimeter = "<<l<<endl;
    cout<<"Area = "<<s<<endl;
    return 0;
}
double perimeter(double r)     //perimeter函数的定义
{
    return 2 * 3.14159 * r;
}
double area(double r)          //area函数的定义
{
    double s = r * r * 3.14159;
    return s;
}
```

运行结果为：

```
Enter radium: 1.2
Perimeter = 7.53984
Area = 4.52389
```

程序中由于perimeter函数和area函数的定义都出现在主调函数的后面，因此必须对perimeter函数和area函数进行原型说明。

注意，虽然在对area函数的原型说明中形参为x，在area函数的定义中形参为r，但两者并不矛盾，因为函数原型中的形参名可以任意，甚至省略。

【例5.6】 修改例5.5，将函数原型说明放在主函数内。

源程序：

```
#include <iostream>
using namespace std;
int main()
{
    double a;
    cout<<"Enter radium: ";
    cin>>a;
```

```
    double perimeter(double);  //函数原型声明，第一种形式，求圆的周长
    double l = perimeter(a);   //调用perimeter函数
    double area(double r);     //函数原型声明，第二种形式，求圆的面积
    double s = area(a);        //调用area函数
    cout<<"Perimeter = "<<l<<endl;
    cout<<"Area = "<<s<<endl;
    return 0;
}
double perimeter(double r)     //perimeter函数的定义
{
    return 2 * 3.14159 * r;
}
double area(double r)          //area函数的定义
{
    double s = r * r * 3.14159;
    return s;
}
```

（5）当函数定义出现在函数调用之前时，函数原型声明可以省略，如例5.1~例5.4所示，但这不是好的编程习惯，因为这样做，程序中函数出现的顺序就不能随意改变，维护起来非常困难。事实上，为了程序设计的逻辑结构清晰，一般都将主函数放在程序的起始位置，被调函数的定义写在后面，被调函数的函数原型说明写在源程序开始位置，如例5.5所示。C++程序中，在调用一个函数之前声明它的函数原型是一个好的编程习惯。

（6）在C++中，main是主函数，在程序中不被任何函数调用，这样，它本身即为原型。因此，main函数不需要原型说明。

5.2 函数的调用

5.2.1 函数的调用形式

函数定义后，就可以对其进行使用。在主调函数中对已定义函数的使用就称为函数的调用，函数调用是实现函数功能的手段。

函数调用是用一个表达式来表示的，其一般格式为：

函数名(实际参数表)

其中：

（1）实际参数简称实参，用来在调用函数时给形参初始化。实参表中可包含多个实参，它们之间用逗号隔开，实参可以是常量、变量、表达式，它们在调用前都应有确定的值。

例如在例5.2中，main函数调用power函数的形式为：

```
power(a, b)    //实参为变量
```

例5.3中在main函数中调用print函数的形式为：

```
print(5)       //实参为常量
```

以及例5.1中调用sqrt函数的形式为：

```
sqrt(t * (t - a) * (t - b) * (t - c))    //实参为表达式
```

需要注意的是，实参表与形参表是不同的，在实参表中出现的是各个实参名，而不能出现其类型说明，且必须有确定的值，若实参为表达式，则先计算表达式的值然后再进行调用。如写成：

```
power(int a,int b)   //错误
```

则是错误的调用形式。

（2）实参的个数是由形参决定的，因此在实参表中，实参与形参的个数、类型和次序要一致。

例5.1中area函数中含有三个形参，因此在main函数中调用area函数时，其函数调用形式为：

```
area(x1, y1, z1)
```

其中x1、y1、z1为实参，此时它们应该已经有确定的值。

（3）对于有返回值的函数，函数调用通常以表达式的形式出现，再与其他的语法成分构成语句，如例5.1中的：

```
double sum = area(x1, y1, z1) + area(x2, y2, z2) + area(x3, y3, z3);
```

例5.2中的：

```
double p = power(a, b);
```

及例5.4中的：

```
if(isPrime(a) != 0)
```

此时，函数调用表达式的值就是函数的返回值，也就是return语句所返回的值，调用表达式的类型与函数的类型一致。

对于void型的函数，函数调用应以语句的形式出现，即不能构成表达式，通常是在函数调用后面直接加分号构成函数调用语句，如例5.3中的：

```
print(5);        //函数调用表达式语句
```

（4）当函数为无参函数时，相应地，函数调用中的实参表为空，但圆括号不能省略。例如：

```
#include <iostream>
using namespace std;
void fun();     //函数原型说明
int main()
{
    fun();     //调用fun函数，fun为无参函数，实参表为空
    return 0;
}
void fun()     //fun函数定义
{
    cout<<"Hello world"<<endl;
}
```

5.2.2　函数调用的过程

当在主调函数中遇到函数调用后，程序流程将转向被调函数执行，函数调用的一般过程是：

（1）首先在主调函数中计算实参表中各表达式的值；

（2）程序的流程控制转向被调函数，将各个实参表达式的值依次传递给被调函数中相对应的各个形参；

（3）执行被调函数的函数体；

（4）当遇到return语句后，计算return语句后表达式的值，将该值作为函数值返回主调函数；若无return语句，则执行到函数体的右括号}表示函数执行结束，程序流程返回到主调函数；

（5）继续执行主调函数中后面的语句。

以例5.2中为例，函数调用的流程如图5.3所示。其中，main为主调函数， power函数为被调用函数。程序由main函数开始执行，当遇到函数调用表达式power(a,b)时，程序流程要转去执行power函数，a、b为实参，其值1.2和2分别传递给形参x和n，程序开始执行函数power函数中的第一条语句，当遇到return s;语句时，将求得的s的值返回到main函数中的函数调用处，赋给变量p，此时power函数执行结束。然后程序流程继续执行main函数中的后续语句，直到main函数执行结束。

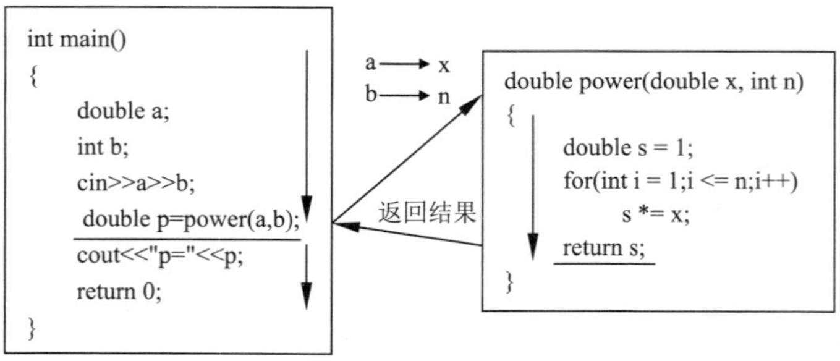

图5.3　函数调用过程示意图

5.2.3　参数传递机制

函数调用时，主调函数与被调函数之间要进行数据传递，参数是函数之间交换数据的通道。函数之间的参数传递是按照参数书写的先后次序（与参数名无关），由实参向形参的单向传递，因此要求实参与形参的类型、个数等必须一致。

主调函数中实参可为任意表达式，但是在进行函数调用时要具有确定的值。对于形参来说，在函数未被调用时，形参没有实际意义，不占用存储空间；当函数被调用时，此时系统为形参分配存储单元，实参和形参之间进行数据传递；当函数调用结束时，系统释放形参所占的存储单元。

C++中有两种不同的参数传递机制，一种称为传值调用（值调用），另一种称为引用调用。

1. 传值调用

C++中变量的值可分为两种，即变量所占内存空间中存储的值（简称为变量值）和变量所占内存空间的地址值（简称为变量地址）。因此传值调用相应的也可以分为两种：变量的值传递和变量的地址值传递。

（1）变量的值传递。

参数使用变量的值传递方式时，形参为变量名，实参可为常量、变量或表达式。调用函数时，首先计算实参的值，然后系统为形参分配存储单元，并将实参的值按书写顺序赋给对应的形参，即对形参进行初始化。被调函数中的操作是在形参的存储单元中进行的，形参的值可以改变，但不会影响到主调函数中实参的值。所以变量的值传递的特点是形参值的改变不会影响实参的值。

【例5.7】 编写convert函数实现将任意一个正整数逆序，如若输入123，则输出321，要求在主函数中输入该数，然后调用该函数，在主函数中将结果输出。

【分析】 为将任意一个正整数逆序，可用除10取余法依次取出个位、十位直到最高位为止。因为要将从主函数输入的数据作为实参传递给convert函数，因此在convert函数中需要定义一个形参来接收主调函数传递过来的数据，然后利用return语句将结果返回给主调函数。

源程序：

```
#include <iostream>
using namespace std;
int convert (int);             //函数原型说明
int main()
{
    int x;
    cout<<"Enter a positive integer: ";
    cin>>x;                    //输入正整数x
    int y = convert(x);        //调用convert函数
    cout<<"x = "<<x<<endl<<"y = "<<y<<endl;
    return 0;
}
int convert(int a)             //convert函数定义
{
    int t = 0;
    while(a != 0)
```

```
    {
        int d = a % 10;         //a对10取余，从低到高依次取出每个数位上的数字
        a /= 10;                //a的值为去掉个位数后的数
        t = 10 * t + d;         //组成逆序整数
    }
    return t;                   //将最后结果返回主函数
}
```

分别运行两次该程序，依次输入：123 和3781，则

第一次运行结果为：

```
Enter a positive integer: 123
x = 123
y = 321
```

第二次运行结果为：

```
Enter a positive integer: 3781
x = 3781
y = 1873
```

该程序采用的是变量的值传递机制，其中x为实参，a为形参。当程序运行到语句int y = convert(x);时，开始调用convert函数，系统为形参a分配内存空间，并将实参x的值传递给形参a，这样形参a就具有了与实参x相同的值。程序中通过语句a /= 10; 使形参a的值不断发生变化，例如输入数据123时，convert函数中当while语句的第一次循环后，a的值变为12，第二次循环后变为1，第三次循环后为0。但是此时，实参x的值（123）并没有发生变化，因为实参x和形参a占据了不同的内存空间，犹如我们将某页资料复印后，对复印件的任何处理都不会影响资料原件一样。函数调用结束时将结果t通过return语句返回给主函数，释放形参a所占存储单元，此时t也被释放。由此可见，形参值的修改并不会影响到实参的值，这正是值传递机制的最大特点。

【例5.8】编写area函数计算三角形的面积，在主函数中输入3个边长，然后调用area函数，在主函数中输出结果，若不能构成三角形则给出错误信息。

源程序：

```
#include <iostream>
#include <cmath>
using namespace std;
double area(double x,double y,double z);   //函数原型说明
int main()
{
    double a, b, c, s;
    cout<<"Enter a,b,c: ";
    cin>>a>>b>>c;                          //输入三边长
    s = area(a, b, c);                     //调用area函数
    if(s != 0)
        cout<<"area = "<<s<<endl;
    else
        cout<<"Can't construct triangle!"<<endl;
    return 0;
}
double area(double x,double y,double z)    //area函数的定义
{
    double s;
    if (x + y <= z||x + z <= y||y + z <= x)
        return 0;
    s=(x + y + z) / 2;
    return sqrt(s * (s - x) * (s - y) * (s - z));
}
```

运行两次程序，分别输入两组值3、4、5和1、2、3，

第一次运行结果为：

```
Enter a,b,c: 3 4 5
area = 6
```

第二次运行结果为：

```
Enter a,b,c: 1 2 3
Can't construct triangle!
```

该例中，main函数调用了area函数，其中a、b、c为实参，x、y、z为形参。在调用area函数时，采用了传递变量值的参数传递机制。函数调用时，首先为形参x、y、z分配存储空间，并将a的值赋给x，b的值赋给y，c的值赋给z，这样形参x、y、z具有了自己的存储空间和值，虽然其值与实参相同，但是它们占用的存储空间与实参是无关的。函数执行结束后，释放形参x、y、z所占存储空间。

需要注意的是，在main函数中定义了变量s，而area函数中也有一个变量s，由于它们是在不同的函数中定义的，分别占用不同的存储空间，因此虽然它们具有相同的变量名但并不会相互影响。

但是，并不是所有的函数都可以通过传值调用机制来实现其功能。

【例5.9】 编写swap函数实现两个变量值的交换，在主函数中调用swap函数并输出结果。

【分析】 由于swap函数的功能是实现两个变量值的交换，而return语句只能返回一个结果，因此该函数的类型定义为void型。

源程序：

```
#include <iostream>
using namespace std;
void swap(int x, int y);
int main()
{
    int a = 3, b = 4;
    cout<<"a = "<<a<<"\tb = "<<b<<endl;
    cout<<"-----------swap--------" << endl;
    swap(a,b);    //调用swap函数
    cout<<"a = "<<a<<"\tb = "<<b<<endl ;
    return 0;
}
void swap(int x, int y)
{
    int t = x;
    x = y;
    y = t;
}
```

运行结果为：

```
a = 3   b = 4
-----------swap--------
a = 3   b = 4
```

函数调用过程中内存空间的使用情况如图5.4所示，虽然被调函数swap实现了交换两个形参x和y值的功能，但由于实参a、b与形参x、y分别占用不同的存储单元，如图5.4（a）所示。在函数调用结束后（x和y所占的内存单元释放），主调函数中实参a和b的值仍然为原来的值，并没有实现互换。

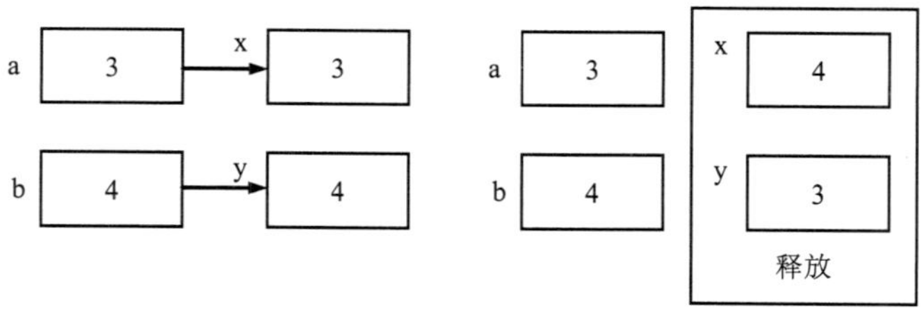

（a）参数传递　　（b）函数调用后

图5.4　例5.9中函数调用过程的存储单元使用情况

上面的例子很好地说明了传值调用的一个特点：传值调用是单向值传递，实参的值被传递给形参，由于形参与实参占用不同的内存空间，因而在函数中改变了形参的值时，相应的实参是不会受影响的。

由于传递变量的值方式中被调函数只能返回一个值，因此以下两种swap函数的定义形式，均不能将交换后的结果返回。

形式1：

```
int swap(int x, int y)
{
    int t = x;
    x = y;
    y = t;
    return x, y;    // return后为一个逗号表达式，因此只返回y
}
```

形式2：

```
int swap(int x, int y)
{
    int t = x;
    x = y;
    y = t;
    return x;    //执行到该语句，函数执行结束，只返回x
    return y;    //该语句永远都不会被执行
}
```

因此，如果需要从函数中返回多个值，或者希望函数中形参的改变影响实参的值，可以采用以下的两种方法：即使用变量的地址传递和引用调用。

（2）变量的地址值传递。

使用地址传递方式时，主调函数的实参为变量的地址值，被调函数的形参为指针变量。函数调用时，系统将实参（地址值）赋给对应的形参指针变量，则形参和实参指向同一存储单元，此时在被调函数中，通过改变形参指针所指向的变量值，从而实现对主调函数中变量值的修改。

因此，地址传递的实现机制就是使实参和形参指向相同的存储单元，从而可以达到被调函数修改主调函数中多个变量值的目的。

【例5.10】 修改例5.9，使用变量的地址传递方式来实现两个变量值的交换。

源程序：

```
#include <iostream>
using namespace std;
void swap(int *x,int *y);      //函数原型说明
int main()
{
    int a = 3,b = 4;
    cout<<"a = "<<a<<"\tb = "<<b<<endl;
    cout<<"-----------swap--------"<<endl;
    swap(&a, &b);              //函数调用语句，实参为变量的地址
    cout<<"a = "<<a<<"\tb = "<<b<<endl;
    return 0;
}
void swap(int *x,int *y)       //函数定义，形参为指针变量
{
    int t = *x;
    *x = *y;                   //交换指针变量x、y所指向的变量的值
    *y = t;
}
```

运行结果为：

```
a = 3   b = 4
```

```
------------swap--------
a = 4   b = 3
```

程序中函数调用过程中存储单元的使用情况如图5.5所示，在执行函数调用语句 swap(&a,&b); 时，a和b的地址作为实参传给了形参指针变量x和y，如图5.5（a）所示，这样指针变量x和y就分别指向了变量a和b的存储空间，即：*x的值为a，*y的值为b。在swap函数中将*x与*y的值进行了交换，也就是将主函数中的变量a和b的值进行了交换。函数返回后，形参x和y所占空间释放，如图5.5（b）所示，但是此时它们所指向的存储空间的内容已经发生了交换。

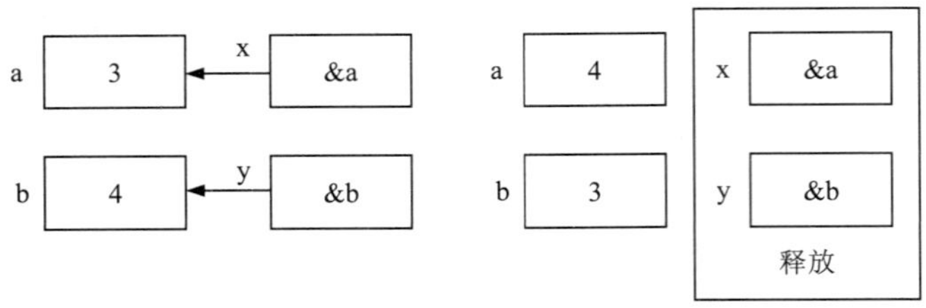

（a）参数传递　　（b）函数调用后

图5.5　例5.10中函数调用过程的存储单元使用情况

另外，需要注意的是，程序中的函数原型说明语句：void swap(int *x,int *y); ，也可以写为另一种表示形式，即省略参数名，如：void swap(int *, int *);，此时*是不可以省略的，因为若略去*，则表示该参数为一般整型变量，而并非整型的指针变量。

【例5.11】修改例5.10中swap函数的定义，分析下面程序是否能实现两个变量值的交换。

源程序：

```
#include <iostream>
using namespace std;
void swap(int *x,int *y);      //函数原型说明
int main()
{
    int a = 3,b = 4;
    cout<<"a = "<<a<<"\tb = "<<b<<endl;
    cout<<"------------swap--------"<<endl;
    swap(&a, &b);              //函数调用语句，实参为变量的地址
    cout<<"a = "<<a<<"\tb = "<<b<<endl;
    return 0;
}
void swap(int *x,int *y)       //函数定义，形参为指针变量
{
    int *t = x;
    x = y;                     //交换形参的值
    y = t;
}
```

运行结果为：

```
a = 3   b = 4
------------swap--------
a = 3   b = 4
```

函数调用过程中存储单元的使用情况如图5.6所示，实参分别为变量a、b的地址值，形参仍然为指针变量x和y，如图5.6（a）所示。但是被调函数中进行交换的却是形参变量x和y的值，而并没有交换*x和*y的值，即没有交换主调函数中变量a和b的值，如图5.6（b）所示，因此函数调用结束后没有实现所要求的功能，同例5.9一样，是错误的程序。

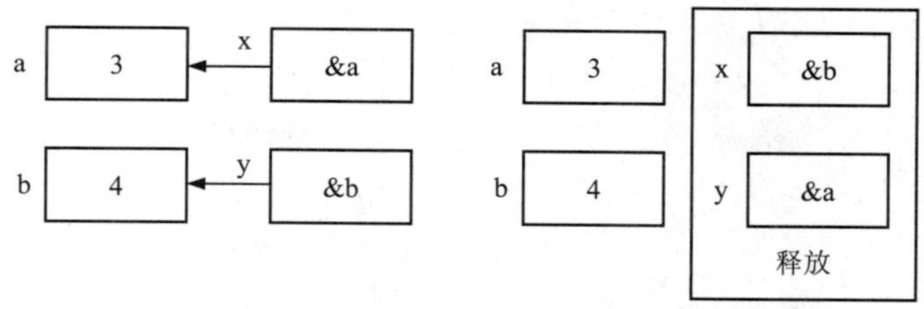

（a）参数传递　　　　（b）函数调用后

图5.6　例5.11中函数调用过程的存储单元使用情况

【例5.12】 编写root函数求一元二次方程$ax^2 + bx + c = 0$的两个实根。在主函数中输入a、b、c的值，调用root函数，并输出结果。

【分析】 由于函数中要得到两个实根，而函数不能有两个返回值，因此可采用传递变量地址值的调用机制。注意此时还要将3个系数传递给被调函数，因此函数中要使用5个形参，分别代表3个系数和两个实根。

源程序：

```
#include <iostream>
#include <cmath>
using namespace std;
void root(double, double, double, double *, double *);  //函数原型说明，注意*不可以省略
int main()
{
    double a, b, c, x1, x2;
    cout<<"Enter a, b, c: ";
    cin>>a>>b>>c;
    if(b * b - 4 * a * c >= 0)                           //判断是否有实根
    {
        root(a, b, c, &x1, &x2);                         //函数调用语句
        cout<<"x1 = "<<x1<<"\tx2 = "<<x2<<endl ;
    }
    else
        cout<<"No real roots"<<endl;
    return 0;
}
void root(double a, double b, double c, double *x1, double *x2) //root函数的定义
{
     *x1 = ( - b + sqrt(b * b - 4 * a * c))/(2 * a);
     *x2 = ( - b - sqrt(b * b - 4 * a * c))/(2 * a);
}
```

运行两次程序，分别输入两组数据：1、2、1和3、1、2，则

第一次运行结果为：

```
Enter a, b, c: 1 2 1
x1 = -1 x2 = -1
```

第二次运行结果为：

```
Enter a, b, c: 3 1 2
No real roots
```

2. 引用调用

在C++中，也可以通过在函数中使用引用参数来解决上面的问题。要把形式参数声明为引用类型，只需在参数名字前加上引用变量的标志&即可。简单地说，引用是给一个已知变量起别名，它不占用任何存储单元，对引用的操作也就是对被它引用的变量的操作，它们代表的是同一存储单元。因此当形参为引用类型时，实参用变量名，此时在被调函数中对引用的任何操作，实质上都是对实参的操作，实参的值将随函数体内形参的改变而改变。通常，引用主要是用来作函数的形参和函数的返回值。

【例5.13】 使用引用调用的方法实现两个变量的值的交换。

源程序：

```
#include <iostream>
using namespace std;
void swap(int &x,int &y);      //函数原型说明
int main()
{
    int a = 3,b = 4;
    cout<<"a = "<<a<<"\tb = "<<b<<endl;
    cout<<"-----------swap--------"<<endl;
    swap(a, b);                //函数调用语句，实参为变量名
    cout<<"a = "<<a<<"\tb = "<<b<<endl;
    return 0;
}
void swap(int &x,int &y)       //形参为引用类型
{
     int t = x;
     x = y;
     y = t;
}
```

运行结果为：

```
a = 3   b = 4
-----------swap--------
a = 4   b = 3
```

程序中，函数swap 中的两个形参被定义为引用类型。当调用该函数时，形参x、y分别与实参a、b共用相同的存储单元，如图5.7所示，因此在swap函数中对x、y的操作实际就是对实参a、b的操作。

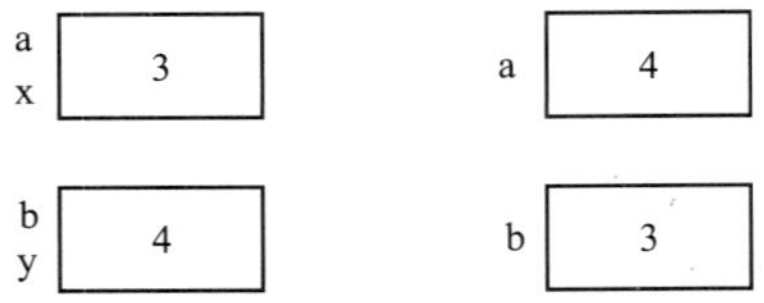

（a）参数传递　　（b）函数调用后

图5.7　例5.13中函数调用过程的存储单元使用情况

值得注意的是，该程序中的函数原型说明语句：void swap(int &x,int &y);，也可以省略参数名写为另一种表示形式，即：void swap(int &, int &);，此时引用变量标志&是不可以省略的，代表该形参为引用类型。

利用引用传递机制进行函数调用，有两个优点：

① 在函数内对形参的修改实际就是针对实参的修改。这就是例5.13中swap函数可以正常工作的原因。

② 在传递大型数据时，也不再有高额的内存空间与时间开销。因为引用变量只是变量的别名，不占用内存空间。

在C++中，经常使用引用传递机制来实现函数之间的参数传递，因为这样做更方便、更容易使用，还易于维护。

5.3　指针与函数

上一节中介绍了指针变量用作函数的参数，由于数组和指针之间存在着密切的联系，即数组名是一个指针常量，因此数组名也可以作为函数的参数。除此之外，函数的返回值还可以是指针变量。本节主要讨论指针与函数的关系。

5.3.1 指针变量作为函数参数

在上一节中介绍了在函数调用机制中变量地址值的传递，其中，指针变量作为函数的形参，实参为变量的地址，其调用方法这里不再赘述，需要注意的是：被调用函数的形参必须是可以接受地址值的指针变量，而且它的数据类型应与被传递的数据类型保持一致。

5.3.2 函数调用中数组的传递

在程序设计中，经常需要把数组中的数据传递到函数中进行处理。当数组元素较多时，必然要使用大量的参数，例如若要对200个数据进行求平均值、排序等操作，此时必须将整个数组的各个元素的值传递给求平均值或排序的函数。如果使用变量的值传递的方案，则需要将所有的数组元素作为实参进行传递，这样不仅内存开销很大，而且在某些情况下并不能实现程序所要求的功能（例如排序），所以通常不采用这种传递方式，而是采用地址传递方式。

考虑到指针变量可以作为函数的参数，而数组名本身就代表着数组所在存储空间的首地址，因此可以将数组名作为参数。当实参为数组名时，形参可以是指针变量，也可以是数组名。此时，实参和形参之间的数据传递方式是数组首地址值的传递方式。函数的调用过程为：数组名（即数组首地址）作为实参传递给形参（数组名或指针变量），这样实参和形参指向的是同一个存储空间，因此在被调函数中对形参数组的任何操作都是对实参数组的操作。

1. 形参为指针变量

主调函数使用数组名作为实参时，在被调用函数中，形参可以是用于存放地址的指针变量。当数组首地址传递给形参指针变量后，该指针变量就指向了数组的存储空间。因此实参和形参指针变量指向的是同一块内存空间，在被调用函数中，使用这个指针变量就可以对主调函数中的所有数组元素进行处理。

【例5.14】 编写sort函数，对整型数组a进行升序排序，数组长度为n。在主函数对数组进行输入，然后调用该函数，输出排序后的结果。

【分析】 由于要在sort函数中对数组进行排序，即对数组进行修改，因此可将数组名和数组长度作为实参传递给sort函数，形参使用指针变量。注意该函数没有返回值，因此函数类型定义为void。该程序中的排序算法采用的是冒泡法排序。

源程序：

```
#include <iostream>
using namespace std;
const int N = 10;                    //N为符号常量，代表数组元素个数
void sort(int *s,int n);             //函数原型说明
int main()
{
    int a[N];
    cout<<"Enter "<<N<< "integers:"<<endl;
    for (int i = 0; i < N; i++)      //输入数组元素
        cin>>a[i];
    sort(a,N);                       //调用sort函数进行排序
    cout<<"---------sort----------\n";
    for (i = 0; i < N; i++)          //输出排序后的结果
        cout<<a[i]<<"  ";
    cout<<endl;
    return 0;
}
void sort (int *s,int n)             //函数定义，对数组进行升序排序
{
    int t;
    for (int i = 0; i < n - 1; i++)
        for(int j = 0; j< n - 1 - i; j++)
```

```
            if( *(s + j)> *(s + j + 1))    //采用指针形式表示数组元素
            {
                t = s[j];                  //使用下标形式表示数组元素
                s[j] = s[j + 1];
                s[j + 1] = t;
            }
}
```

运行结果为：

```
Enter 10 integers:
8 2 1 -9 10 7 81 -29 0 11
---------sort----------
-29  -9  0  1  2  7  8  10  11  81
```

程序中，由于实参数组a与形参指针变量s指向的是同一内存空间，如图5.8 所示，所以形参数组元素值的任何改变都会使对应的实参数组元素值同时发生变化。因此，当调用sort函数对s所指数组进行升序排序，实际上也就是对实参数组a的排序。

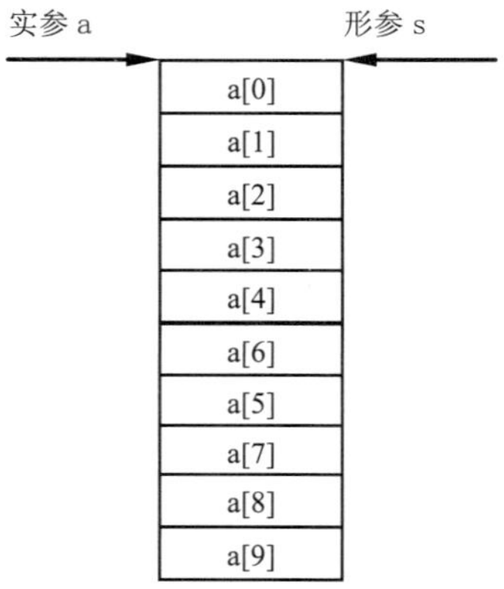

图5.8　实参与形参指针变量的存储空间示意

【例5.15】 编写len函数求字符串的长度，在主函数中实现字符串的输入，并输出长度值。

【分析】 通常使用字符数组处理字符串，虽然该函数只要求返回一个值，但是由于要对整个数组进行操作，因此将字符数组名作为实参传递给len函数，形参为字符指针变量。

源程序：

```
#include <iostream>
using namespace std;
int len(char *);                //函数原型说明
int main()
{
    char s[20];
    cout<<"Enter a string: ";
    cin.getline(s, 20);         //输入字符串
    int n = len(s);             //调用len函数，数组名s为实参
    cout<<"Length: "<<n <<endl ;
    return 0;
}
int len(char *p)                // len函数定义，形参为指针变量
{
    int i = 0;
    while(*p++ != '\0')
        i++;
    return i;                   //返回长度值
}
```

运行结果为：

```
Enter a string: cat eat fish
Length: 12
```

程序中在调用len函数时，形参指针变量p指向了实参数组s的第一个数组元素，即实参和形参指向的是同一块内存空间。因此程序中的*p代表的就是s中的各个数组元素。

2. 形参为数组名

实参是数组名时，形参还可以是数组名，此时形参数组名接收的是实参数组的首地址，系统不为形参数组分配存储空间，形参数组就使用实参数组的空间。由此可知，形参数组和实参数组共用同一块内存空间，因此对形参数组的任何操作就是对实参数组的操作。

【例5.16】编写函数inverse实现对长度为n的整型数组a的逆序，在主函数中实现输入和输出。

源程序：

```
#include <iostream>
using namespace std;
const int N=10;
void inverse(int s[], int n);          //函数原型说明
int main()
{
    int t[N];
    cout<<"Enter "<<N<<" integers: ";
    for(int i = 0;i < N; i++)          //输入数组元素
        cin>>t[i];
    inverse(t, N);                     //调用逆序函数
    for(i = 0;i < N;i++)
        cout<<t[i]<<"\t";
    cout<<endl;
    return 0;
}
void inverse (int s[],int n)           //函数定义
{
    for (int i = 0; i < n / 2; i++)
    {
        int t = s[i];
        s[i] = s[n - 1 - i];
        s[n - 1 - i] = t;
    }
}
```

运行结果为：

```
Enter 10 integers: 0 1 2 3 4 5 6 7 8 9
9       8       7       6       5       4       3       2       1       0
```

数组名作为参数传递时，要注意：

（1）如果参数是一维数组，在函数定义中形参数组的大小可以缺省，函数说明部分为：

```
void inverse(int s[], int n)
```

因为不为形参数组分配空间，不需要确定数组元素的个数。因此，数组元素个数也可以是任意整数值，如：void inverse(int s[99], int n)。

（2）同样，函数的原型声明中也可省略数组长度。也可省略数组名，则程序中的函数原型说明也可以表示为：

```
void inverse(int [], int);
```

当略去参数名时，数据类型后面的[]是不可以省略的。

（3）为了使函数更具有通用性，一般把所处理的数组的元素个数也作为形参。但是对于字符型数组，元素个数可不作为形参，这是因为对字符数组的处理可以利用字符串结束标志。

（4）形参数组和实参数组的类型应保持一致。

【例5.17】编写函数convert，将字符串中的大写字母转换为小写字母，其余字符保持不变，在主函数中实现输入和输出。

源程序：

```
#include <iostream>
using namespace std;
void convert(char []); //函数原型说明
int main()
{
```

```
    char t[50];
    cout<<"Enter a string: ";
    cin.getline(t,50);          //输入字符串
    convert(t);                 //调用转换函数
    cout<<t<<endl;
    return 0;
}
void convert (char s[])        //函数定义
{
    for (int i = 0; s[i] != '\0'; i++)
    {
        if(s[i] >= 'A' && s[i] <= 'Z')
            s[i] += 32;
    }
}
```

运行结果为：

```
Enter a string: Have FUN!
have fun!
```

【例5.18】 编写函数，求二维数组中的最大值。

```
#include <iostream>
using namespace std;
int max (int t[][4]);          //原型说明，省略第一维的大小说明
int main()
{
    int a[3][4]={1, 3, 5, 7, 2, 4, 6, 8, 15, 23, 25, 10};
    cout<<"Max = "<< max(a)<<endl;
    return 0;
}
int max(int t[][4])            //函数定义
{
    int i, j, m;
    m = t[0][0];
    for(i = 0;i < 3; i++)
    {
        for(j = 0; j < 4; j++)
        {
            if(t[i][j] > m)
                m = t[i][j];
        }
    }
    return m;
}
```

运行结果为：

```
Max = 25
```

max函数中使用二维数组名做形参，实参也为二维数组名。注意：形参为二维数组名时，可以省略第一维的大小说明，但不允许将第二维或两维大小说明都省略，因此：int t[][]、int t[3][]及int *t等形式都是错误的。该例中，形参还可以表示为：int t[3][4]，也可以使用行指针变量的形式，例如：

```
int max (int (*t)[4]);  //原型说明，形参为行指针形式
```

此时，在函数体对数组元素的访问形式仍可为t[i][j]的形式。

3. 形参为引用

在对数组类型使用引用方式时，先用类型定义语句定义一个int型的数组类型，如下所示：

```
typedef int array[10];
```

然后再使用array来定义数组和引用。

【例5.19】 修改例5.16，将形参定义为引用形式，对数组元素进行逆序输出。

```
#include <iostream>
using namespace std;
typedef int array[10];
const int N = 10;
void inverse(array &s, int n);        //函数原型说明
int main()
{
    int t[N];
    cout<<"Enter the array: ";
    for(int i = 0; i < N; i++)        //输入数组元素
        cin>>t[i];
    inverse(t, N);                    //调用逆序函数
    for(i = 0; i < N; i++)
        cout<<t[i]<<"  ";
    cout<<endl;
    return 0;
}
void inverse (array &s, int n)        //函数定义，形参为引用形式
{
    for (int i = 0; i < n / 2; i++)
    {
        int t = s[i];
        s[i] = s[n - 1 - i];
        s[n - 1 - i] = t;
    }
}
```

运行结果为：

```
Enter the array: 0 1 2 3 4 5 6 7 8 9
9  8  7  6  5  4  3  2  1  0
```

程序中inverse函数使用了引用作形参，调用时所对应的实参应该是一个数组名，这里的引用是给数组起个别名。在inverse函数中对数组s的操作，就相当于对数组t的操作。

综合5.2节及该部分内容可知，在定义函数时，可以采用变量的值传递、变量的地址传递和引用传递等参数传递机制，具体应该采用哪一种则要根据程序的功能要求来决定。一般来说：

（1）如果程序是对数组进行处理，则应采用地址传递，此时实参数组和形参数组共用同一存储空间，形参数组元素值的修改即为对相应的实参数组元素值的修改。

（2）如果程序希望从函数返回多个值，除了可用return语句返回一个值以外，形参应声明为指针或引用，即采用地址传递或引用传递。

（3）如果程序希望形参的改变能影响相应的实参的值，则形参应声明为指针变量或引用。

（4）除以上情况外，应采用变量的值传递的方法。这样被调函数中形参的改变不会影响到实参，从而可以减少函数间的关联，增加程序的可靠性，便于调试。

5.3.3 函数指针

一个函数在编译时被分配一个入口地址（第一条指令的地址），可以将该地址赋给一个指针变量，这样，指针变量中存储的就是该函数的入口地址，该指针就指向了该函数。这种指向函数的指针变量，就简称函数指针。

函数指针定义的一般形式：

数据类型 (*指针变量名) (形参列表);

在说明函数指针时，要同时描述这个指针所指向的函数的形参类型和个数，以及函数的返回值类型。

例如：

```
int (* funp) (int a, int b);
```

该语句说明了一个函数指针变量funp。注意在这个说明中，*funp两侧的圆括号是不可以省略的，表示funp是一个函数指针变量，它指向带有两个int类型形参的函数，函数返回值的类型为int。

在上面的讨论中曾经指出，在C++中，数组名表示的是该数组的首地址，可以把数组名赋给具有相同类型的指针变量，从而使指针变量指向该数组。同样的，在C++中，单独的一个函数名（其后不跟圆括号）也被赋予了一个地址值，就是该函数的入口地址，也就是该函数的第一条指令的地址。例如，若在程序中定义了下述函数：

```
int fun(int a, int b)
{
    return a + b;
}
```

则函数名fun就是该函数的入口地址。

若有如下的函数指针定义，如：

```
int (*p)(int, int);
```

则可以将函数名 fun赋给与函数具有相同类型的函数指针变量p，从而使p指向了函数fun：

```
p = fun;
```

函数指针的性质与数据指针相同，唯一的区别是数据指针指向的是内存的数据存储区，而函数指针指向的是内存的程序代码存储区（因为函数本身就是一段程序代码）。由于这一区别，使得它们进行指针运算*的意义是不同的。数据指针访问的是内存中的数据，而函数指针在进行指针运算时的结果是使程序控制转移至该函数指针所指向的函数的入口地址，从而开始执行该函数。因此，当把函数的地址赋给一个指针变量时，对该指针变量的操作就等同于调用该函数。例如：

```
result = (* p) (5, 10);
```

就等同于：

```
result = fun(5, 10);
```

这两条语句都调用函数fun，并将5和10作为实参传递给该函数。

【例5.20】 下面是一个使用函数指针的例子，它简单地演示了通过指针变量调用函数的情况。

源程序：

```
#include <iostream>
using namespace std;
int func(int a, int b);
int main()
{
    int (* pf)(int, int);  //定义一个函数指针变量pf
    pf = func;   //将函数func的入口地址赋给函数指针pf，从而使pf指向了该函数
    cout << "Enter two integers: ";
    int m, n;
    cin>>m>>n;
    int sum = (*pf)(m, n);   //等价执行sum = func(m, n)
    cout <<"sum = "<< sum << endl;
    return 0;
}
int func(int a, int b)
{
    return a + b;
}
```

运行结果为：

```
Enter two integers: 34 19
sum = 53
```

通过上面的例子可以看出，在使用函数指针调用函数时，首先要使函数指针指向要调用的函数，如上例的pf = func，然后只需以(*pf)的形式来代替函数名，并在括号中给出相应的实参即可。

在C++程序设计中，函数指针的作用主要体现在函数间传递函数。函数可以在函数间进行传递，也就是传递函数的执行地址，这也就意味着对函数的一种调用控制。当函数在两个函数间传递时，主调函数中的实参为传递函数的函数名，而被调函数中的形参是能够接收传递函数地址的函数指针。

【例5.21】设一个函数process，在调用它的时候，每次实现不同的功能。输入a和b两个数，第一次调用时找出a和b中大者，第二次调用时找出a和b中小者，第三次调用时求a与b之和。

源程序：

```
#include <iostream>
using namespace std;
int max(int x, int y);
int min(int x, int y);
int add(int x, int y);
void process(int x, int y, int(*fun)(int,int) );
int main()
{
    int a,b;
    cout <<"Enter 2 integers: ";
    cin>>a>>b;
    cout<<"max = ";
    process(a, b, max);
    cout<<"min = ";
    process(a, b, min);
    cout<<"sum = ";
    process(a, b, add);
    return 0;
}
int max(int x, int y)
{
    return (x > y ? x : y);
}
int min(int x, int y)
{
    return (x < y ? x : y);
}
int add(int x, int y)
{
    return x + y;
}
void process(int x, int y, int(*fun)(int,int) )
{
    int result;
    result = (*fun)(x, y);
    cout << result << endl;
}
```

运行结果为:

```
Enter 2 integers: 12 98
max = 98
min = 12
sum = 110
```

函数max、min、add分别实现求最大值、求最小值、求和的功能。函数process的形参fun是一个函数指针，它用来接收不同的实参（函数名），指向不同的函数入口地址，从而调用不同的函数。

在主函数中第一次调用process函数时，除了将实参a、b传送给形参x、y，还将函数名max 作为实参传送给process函数的形参fun ，从而使函数指针fun 指向了max函数。此时，在process 函数中执行(*fun)(x, y)语句，就等价于调用max 函数，它实现了求最大值的功能。在主函数中第二次、第三次调用process函数时，传递给函数指针fun的实参分别为函数名min和add ，从而实现了求最小值、求和的功能。

在程序设计中使用函数指针时，要注意以下两点：

（1）函数指针是一个指向函数的指针变量，它是专门用来存放函数的入口地址的，在程序中，给它赋予哪个函数的入口地址，它就指向这个函数。因此，在一段程序中，一个函数指针可被多次赋值，指向不同的函数。

（2）函数指针变量只能指向函数的入口地址，不能指向函数中某一条指令，因此，对一个函数指针p，类似p+n， p++，p--的运算是无意义的。

5.3.4 指针函数

指针函数是指函数的返回值为指针变量（地址）的函数。指针函数的定义形式为：

```
数据类型 *函数名(参数表)
{
    函数体
}
```

指针函数的原型声明格式为：

```
数据类型 *函数名(参数表);
```

例如：

```
int *pf(int x ,int y);
```

其中pf是一个指针函数的函数名，它有两个int型参数，它的返回值为int*。

指针函数的原型声明在形式上与函数指针非常相像，它们的区别在于一个有括号，一个没有括号，没有括号的是指针函数。

在指针函数中，使用return语句返回的可以是变量的地址、数组的首地址或指针变量，还可以是后面介绍的结构体、共用体等复合数据类型的首地址。下面是指针函数的一个应用实例。

【例5.22】编写函数，当输入月份时（1~12），输出相应月份的英文名称。

源程序：

```
#include <iostream>
using namespace std;
char *month_name(int n);
int main()
{
    int i;
    cout<<"Enter an integer: ";
    cin>>i;
    cout<<i<<"\t"<<month_name(i)<<endl;  //调用函数
    return 0;
}
char *month_name(int n)
{
    char *name[]={"illegal month", "January", "February", "March", "April", "May",
                 "June", "July", "August", "September","October", "November",
                 "December"};
    return ((n < 1 || n > 12) ? name[0] : name[n]);
}
```

运行结果为：

```
Enter an integer: 4
4       April
```

程序中month_name函数的功能是：对于给定的整数n，查出n 月份对应的英文名称。由于返回值为月份英文名称字符串的存储首地址，所以该函数是字符指针型函数。在程序中它的说明形式是：

```
char *month_name(int n);
```

函数体中的return语句使用条件表达式，根据n值的不同，返回字符指针name[n]或name[0]（都是字符串的首地址）。

在程序中调用指针函数时，用于接收函数返回值的量必须是和该函数的数据类型一致的指针，在该例中month_name函数返回后，直接输出字符串。如果在程序中调用该函数并接受其返回值的话，应使用一个字符指针接受返回值，其使用形式应该为：

```
char *pname;
pname=month_name(i);
```

需要注意的是，在程序中不能使用数组名接收指针函数的返回值。

5.4 函数的嵌套调用

在C++语言中，所有的函数从定义关系上来看是并列的、独立的，即函数是不能进行嵌套定义的，也就是说一个函数体内不能包含另一个函数的定义。但函数的调用是可以嵌套的。嵌套调用就是在某一个被调用函数执行过程中，又可以对另一个函数进行调用。也就是说，函数在执行过程中，可以在任何需要的时候在被调函数中对其他函数进行调用。

例如在例5.1中求三角形面积的程序中，main函数调用了area函数，而在area函数中又调用了sqrt函数。图5.9给出了该程序的执行流程，序号表示执行的先后关系。从图中可以看到，函数在执行过程中可以对另一函数进行调用。

要特别注意在函数嵌套调用过程中程序执行的流程和返回点的问题。在例5.1中，程序在执行main函数的过程中遇到对函数area的调用，所以，程序暂时中断main函数的执行而转去执行area函数；而在执行area函数的过程中又遇到对函数sqrt的调用，所以程序也暂时中断函数area的执行而转去执行函数sqrt。当函数sqrt被执行完毕后，程序流程返回到函数area中对sqrt函数的调用点处继续执行area函数（而不是直接返回到main函数的调用点处）；当函数area执行完毕后，程序流程再返回到main函数的调用点处继续执行main函数，直到main函数执行完毕，程序运行结束。

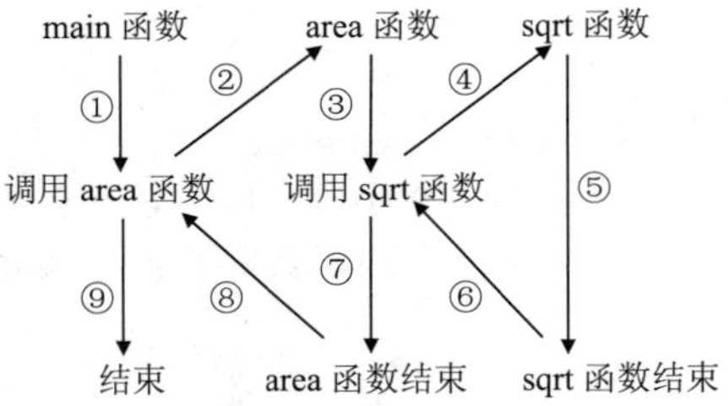

图5.9 两层嵌套调用的执行过程

由此可以看出，在函数嵌套调用过程中，程序执行的流程是一步一步向下调用，当最后一步被调函数执行完毕后，程序又一步一步返回，直到回到最初一步函数的调用点处。

【例5.23】输入一个十进制正整数，将其转换为二进制的字符串。

```
#include <iostream>
using namespace std;
int len(char*);
void reverse(char *);
void convert(int,char*);
int main()
{
    int value;                  //value表示输入的正整数
    cout<<"Enter an integer:";
    cin>>value;
    char s[40];                 //s用于存放二进制字符串
    convert(value,s);           //调用函数
    //输出转换为二进制的字符串
```

```
    cout<<"Binary string: "<<s<<endl;
    return 0;
}
int len(char *p)                    //求字符串长度
{
    for (char *t=p;*t!='\0';t++)
        ;
    return t-p;
}
void reverse(char *s)               //对字符串进行逆序
{
    char *p,*q,t;
    for (p=s,q=s+len(s)-1;p<q;p++,q--)
    {
        t=*p;
        *p=*q;
        *q=t;
    }
}
void convert(int n,char *s)         /将十进制正整数n转换为二进制的字符串
{
    for (int i = 0;n != 0;i++)
    {
        s[i] = n % 2 + '0';          //计算余数作为字符的ASCII码
        n /= 2;
    }
    s[i] = '\0';                    //添加'\0'表示字符串结束
    reverse(s);
}
```

运行结果为：

```
Enter an integer:123
Binary string: 1111011
```

程序执行中的函数嵌套调用关系如图5.10所示。

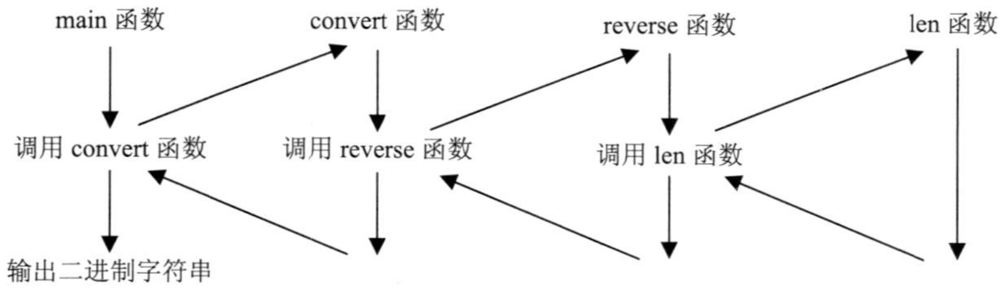

图5.10　例5.23函数嵌套调用关系示意图

5.5　函数的递归调用

函数的递归调用就是当一个函数在执行过程中出现了直接或间接地调用函数本身的函数调用方式。如果是直接调用函数本身，则称直接递归；如果是通过调用另外一个函数间接调用本身，则称为间接递归。

在程序设计中，经常会出现递归算法，如果某种语言能够支持算法的递归求解，那么，就可以设计出与问题的求解过程相一致的算法。C++就是一种支持递归的计算机语言。例如：

```
int f(int x)
{
    int y, z;
```

```
        …
    z = f(y);          // 直接调用该函数本身
        …
    return (2 * z);
}
```

在调用函数f的过程中，又要调用f函数，这是直接调用函数自己，形成直接递归，见图5.11（a）。下面是间接调用函数：

```
int f1(int x)
{
    int y,z;
    …
    z = f2(y);
    …
    return (2*z);
}
```

```
int f2(int t)
{
    int a,c;
    …
    c = f1(a);
    …
    return (3+c);
}
```

在调用函数f1过程中要调用f2函数，而在调用函数f2过程中又要调用f1函数，形成间接递归，函数调用关系如图5.11（b）所示。

因为每个被调用的函数都有一个与其他正执行的函数不同的执行环境。因此，如果一个函数调用是调用函数自己，同样要为这个调用产生一个执行环境，这里以求阶乘为例来说明C++函数的递归执行过程。

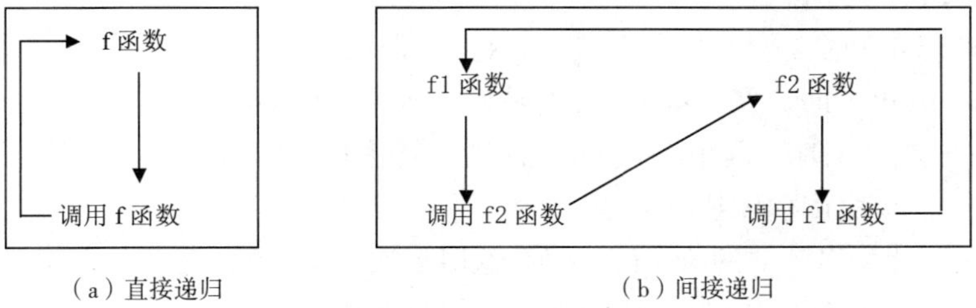

图5.11　递归函数的调用过程

【例5.24】 已知

$$n!=\begin{cases}1 & (n=0,1)\\ n\times(n-1)! & (n>1)\end{cases}$$

输入n，用递归方法求n!。

【分析】

源程序：

```
#include <iostream>
using namespace std;
double factorial(int);
int main()
{
    int a;
    cout<<"Enter an integer: ";
    cin>>a;

    double f = factorial(a);
    cout<<a<<"! = "<<f<<endl;
    return 0;
}
double factorial(int n)
{
    double t;
    if(n == 0 || n == 1)
```

```
        t = 1;
    else
        t = n * factorial(n - 1);
     return t;
}
```

运行结果为：

```
Enter an integer: 4
4! = 24
```

当a为4时，该例中递归调用的执行过程如图5.12所示，方框上为本次调用时的实参值，方框内为函数体的执行语句，箭头表明了执行的顺序。

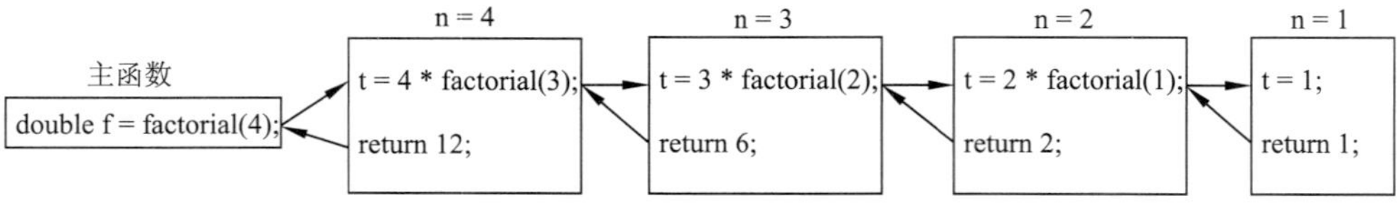

图5.12　递归调用执行过程示意说明

该程序的执行过程为：

（1）左边第一个方框为主函数中的调用语句，a的值为4，程序流程执行到该语句时， factorial(4)函数被调用，将转去执行第2个方框。

（2）执行到4*factorial(3)时，调用factorial(3)函数，转去执行第3个方框。

（3）执行到3* factorial(2) 时，调用factorial(2)函数，转去执行第4个方框。

（4）执行到2* factorial(1) 时，调用factorial(1)函数，转去执行第5个方框，得到t的值1，将t返回到上层调用处（即第4个方框），本次函数体执行完毕。

（5）在第4个方框中计算出该层的t的值2，而后返回上层（第3个方框），本次调用结束。

（6）在第3个方框中，计算t的值6后，返回上层，本次调用结束。

（7）重复上述过程，直到返回到主函数中，程序结束。

从上面的分析可知，当函数调用自己时，它就在环境中为新的局部变量和参数分配内存，函数代码用这些新的变量和参数重新执行。递归调用并不仅仅是把程序代码复制一遍，只要参数是新的，每次递归调用返回时，就从环境中消除老的局部变量和参数，并从函数内部该函数调用的调用点启动运行。因此，递归函数被说成是对自身的“推入和拉出”。

为了很好地使用递归算法，在定义一个递归函数时应该遵循以下原则：

（1）有一个能结束递归调用的条件。如上例中的n == 0 || n == 1就是一个条件，如果条件满足时就结束递归调用，否则进行递归调用。

（2）有一个递归调用语句，并且该递归调用语句的参数应该向结束递归调用的条件变化，以致最后能结束递归。如上例中t = n * factorial(n - 1)是一个递归调用，参数值在逐渐减小，这种趋势使条件n == 0 || n == 1最终满足，从而结束递归。

【例5.25】 编写递归函数fibo计算Fibonacci数列的第n项，在主函数中输入n，调用fibo函数，在主函数中输出第n项。

Fibonacci数列定义如下：

$$\mathrm{fibo}(n)=\begin{cases}1 & \text{当}n=1\text{时}\\ 1 & \text{当}n=2\text{时}\\ \mathrm{fibo}(n-1)+\mathrm{fibo}(n-2) & \text{当}n>2\text{时}\end{cases}$$

源程序：

```
#include <iostream>
using namespace std;
int fibo(int);
```

```
int main()
{
    int n;
    cout<<"Enter n: ";
    cin>>n;
    int f = fibo(n);
    cout<<"f"<<n<<" = "<<f<<endl;
    return 0;
}
int fibo(int n)
{
    if(n == 1)
        return 1;
    else if(n == 2)
        return 1;
    else
        return fibo(n - 1) + fibo(n - 2);
}
```

运行结果为：

```
Enter n: 8
f8 = 21
```

请读者自己分析该程序中递归调用的执行过程。

5.6 内联函数和重载函数

5.6.1 内联函数

1. 内联函数的引入

通过上面的学习可以知道，引进函数有如下的目的：一是为了减少程序的目标代码，实现程序代码和数据的共享；二是让使用者只关心函数的功能和用法，而不必关心函数功能的具体实现，以减少使用者的负担。

但是，函数调用是以降低效率为代价的，在程序执行过程中，调用函数时首先需要保存主调函数的现场和调用点（就是返回地址，以便从被调函数返回时继续执行主调函数），然后程序转移到被调函数的起始地址开始执行。被调函数执行结束后，先恢复主调函数的现场，取出调用点即返回地址，并将返回值赋给函数调用本身，最后在返回地址处开始继续执行主调函数。对于函数体比较小且执行的功能比较简单的函数，如果反复多次调用，系统的开销还是比较大的。为了解决这一问题，C++引入了内联函数的概念。

使用内联函数，编译器在编译时，并不生成普通的函数，而是将程序中出现的内联函数的调用表达式用该内联函数的函数体进行替换。这样处理虽然会增加目标代码量，但是不会产生由于函数调用而引起的在时间和空间中的开销。由于内联函数一般代码量不大，对其效率影响较小。因此，对代码量小且访问频繁的函数，可以采用内联函数的方式，这样有助于提高效率。

2. 内联函数的定义

定义内联函数要使用关键字inline，可加在函数原型声明前，或加在函数定义的函数说明（也称为函数头）前，其他与一般函数的定义相同。例如将一个求两个数平均值的函数定义为内联函数，可用如下方法：

```
inline int aver(int x, int y)
{
    return (x + y) / 2;
}
```

这里的aver函数就是一个内联函数。

【例5.26】 用内联函数计算圆面积。

源程序：

```
#include <iostream>
using namespace std;
inline double circleArea(double r) // circleArea函数为内联函数
{
    return 3.14 * r * r;
}
int main()
{
    double r = 3.0;              //r是圆的半径
    double area = circleArea(r);  //调用内联函数，编译时被替换为函数体语句
    cout<<"area = "<<area<<endl;
    return 0;
}
```

运行结果为：

```
area = 28.26
```

【例5.27】 用内联函数求两个整数的最大值。

源程序：

```
#include <iostream>
using namespace std;
inline int max(int x,int y);
int main()
{
    int a,b;
    cout<<"Enter 2 integers: ";
    cin>>a>>b;
    cout<<"max = "<<max(a,b)<<endl;
    return 0;
}
inline int max(int x,int y)  //因为函数原型已声明inline，此处inline可省略
{
    return x > y ? x : y;
}
```

运行结果为：

```
Enter 2 integers: 5 1
max = 5
```

执行该程序后的输出结果请读者自己分析。该程序中函数max 是一个内联函数。

3. 使用内联函数应注意的事项

内联函数与一般函数的区别，简单讲就是用替换代替了调用，从而可以提高效率。在使用内联函数时，应注意下述事项：

（1）内联函数也遵循定义在前，调用在后的原则。形参和实参之间的关系与一般函数相同。

（2）内联函数内不允许有循环语句、switch开关语句和复杂嵌套的if语句，如果内联函数含有这些语句，则按普通函数处理。

（3）内联函数的函数体一般不宜过大，以1～5行为宜。

（4）递归函数不能被用做内联函数。

（5）在类结构中，在类体内定义的成员函数都是内联函数。关于类的概念在本书第7章介绍。

5.6.2 重载函数

1. 重载函数的引入

在实际应用中会遇到这样的问题，同一项功能，由于有不同类型的需求，需要分别编制不同函数。例如，求一个数的绝对值，由于不同类型的需要，有下述不同名字的函数：

```
int abs(int);
long labs(long);
double fabs(double);
```

这些函数的功能是相同的，由于不同的名称，给使用带来了不便。如果能用一个统一的名称，使用起来将会很方便。

C++语言中引进了重载函数，使得同一个函数名可以对应着不同的函数实现。所谓函数的重载就是指建立多个同函数名的函数，但函数的形参表必须互不相同。因此，上述求绝对值的函数可以使用一个名字abs，这三个函数可以表示为：

```
int abs(int);
long abs(long);
double abs(double);
```

两个函数成为重载函数，必须具有如下特征：函数名相同，函数的作用域相同，函数的参数个数或参数类型不同。使用重载函数时应注意，只有返回值不同，不能成为重载函数。下面函数的声明是错误的：

```
int test(int a, int b);
double test(int a, int b);
```

2. 调用重载函数时选择的原则

如何从相同的函数名中选择出所对应的不同函数去执行呢？因为这些重载函数存在着一些不同之处，系统将根据这些不同之处来选择对应的函数。

在调用一个重载函数时，编译的选择原则如下：

（1）重载函数至少要在参数类型、参数个数或参数顺序上有所不同。仅仅在返回值类型上不同是不够的。例如

```
int fun(int, double);
int fun(double, int);
void fun(int, double);
```

这里，前两个同名函数可以重载，因为它们在参数顺序上是不同的。而第一个函数和第三个函数仅在返回值类型上不同，它们是不可重载的。

（2）重载函数的选择是按下述顺序查找的：将实参类型与所有被调用的重载函数的形参一一比较，先是查找到一个严格匹配的，如找到了就调用那个函数，再是通过内部数据转换查找一个匹配的，如找到了就调用那个函数，最后是通过用户所定义的强制转换来查找一个匹配的，如找到了，便可调用那个函数。

例如，重载函数fexp有如下两种：

```
void fexp(int);
void fexp(double);
```

则对于下列调用函数fexp匹配情况如下：

```
fexp(1);            //对应void fexp(int);
fexp(1.5);          //对应void fexp(double);
fexp('m');          //对应void fexp(int);
fexp((double)5);    //对应void fexp(double);
```

在具体使用重载函数时应注意如下事项：

（1）不能使用类型定义typedef语句定义的类型名来区分重载函数的参数，例如：

```
typedef int INT;
void fun(int)
{...}
void fun(INT)
```

```
{...}    //错误，函数重复定义
```

（2）在定义重载函数时，应注意相同函数名的函数要具有相同的功能。让重载函数去执行不同的功能，这是不好的编程风格。

3. 重载函数应用举例

【例5.28】编写重载的函数分别求两个或三个操作数之和。

源程序：

```
#include <iostream>
using namespace std;
int sum (int, int);
int sum (int, int, int);
double sum (double, double);
double sum (double, double, double);
int main()
{
    cout<< sum(2, 5) <<endl;                        //结果为7
    cout<< sum(2, 5, 7) <<endl;                     //结果为14
    cout<< sum(1.2, 5.0) <<endl;                    //结果为6.2
    cout<< sum(1.2, 5.0, 7.5) <<endl;               //结果为13.7
    return 0;
}
int sum (int x, int y)
{
    return x + y;
}
int sum (int x, int y, int z)
{
    return x + y + z;
}
double sum (double x, double y)
{
    return x + y;
}
double sum (double x, double y, double z)
{
    return x + y + z;
}
```

运行结果为：

```
7
14
6.2
13.7
```

从上面的例子可以看出：由于使用函数重载，不仅方便函数名的记忆，而且更主要的是完善了同一个函数的代码功能，给调用带来了许多方便。程序中各种类型的sum函数都称为sum的重载函数。

需要注意的是，对sum函数，如果调用形式为sum(1.2, 5)或sum(5, 1.2)，编译时则会出现如下所示的语法错误：

```
'sum' : 2 overloads have similar conversions
```

这是因为函数调用中给出的实参的类型（一个是double类型，一个是int类型）与函数定义的形参类型均不能严格匹配，因此会先进行数据转换而后再进行查找，这时会找到两个函数符合条件，即int sum (int, int); 和double sum (double, double);，此时出现歧义，从而导致编译错误。因此在使用重载的函数时，一定注意参数的类型。

5.7　默认参数的函数

5.7.1　默认参数的函数

在C++中，允许在函数声明或定义时为一个或多个形参指定默认值，这样，当进行函数调用时，如果省略了对应位置上的实参，则在执行被调函数时，以该形参的默认值进行运算。

【例5.29】带默认参数的函数示例。

源程序：

```
#include <iostream >
using namespace std;
void sum(int num = 10)        //形参指定默认值
{
    for(int s = 0, i =1;i <= num; i++)
        s += i;
    cout<<"sum = "<<s<<endl;
}
int main()
{
    sum(100);                 //提供了实参，调用时被调函数以100进行计算，输出结果为5050
    sum();                    //省略实参，调用时被调函数使用形参默认值计算，输出结果为55
    return 0;
}
```

运行结果为：

```
sum = 5050
sum = 55
```

5.7.2　使用默认参数的函数时需注意的问题

1. 默认参数的声明

如果程序中既有函数的声明，又有函数的定义，那么，默认参数的定义只能出现一次，一般是在函数声明中提供。也就是说，如果程序中有函数的声明且定义了默认参数，则定义函数时不允许再定义默认参数，如：

```
void sum(int num = 10);       //声明中给出默认值
void sum(int num = 10)        //定义时不能再给出默认值
{
    for(int s = 0, i =1;i <= num; i++)
        s += i;
    cout<<"sum = "<<s<<endl;
}
```

函数的声明部分还可以表示为：

```
void sum(int = 10);  //省略形参名
```

如果程序中只有函数的定义而没有函数声明，则默认参数可出现在函数定义中，如例5.29所示。

2. 默认参数的顺序

如果一个函数中有多个默认参数，则默认参数值的定义必须遵守从右至左的顺序，即：如果函数的某个形参没有默认值，则它前面的参数就不能有默认值。例如以下都是合法的函数声明：

```
void func(int a = 1, int b = 2, int c = 3);       //正确
void func(int a, int b = 2, int c = 3);           //正确
void func(int a, int b, int c = 3);               //正确
```

下面给出两个不合法的函数声明：

```
void func(int a = 1, int b, int c = 3);           //错误
void func(int a = 1, int b, int c);               //错误
```

在进行函数调用时，主调函数的实参与被调函数的形参按从左到右对应的位置结合，当实参的数目小于形参时，如果对应位置形参又没有设定默认值，就会产生编译错误。例如，对于如下的函数声明：

```
void func(int a, int b = 2, int c = 3);
```

下面函数的调用形式都是合法的：

```
func(10, 15, 20);
func(10, 15);
func(10);
```

而：

```
func();
```

则是错误的函数调用形式，这是因为第一个形参并没有设定默认值。

3. 默认值的限定

默认值可以是全局变量、全局常量，甚至可以是一个函数。例如：

```
int a = 1;
int fun(int);
int g(int x = fun(a));        //允许默认值为函数
```

默认值不可以是局部变量，因为默认参数的函数调用是在编译时确定的，而局部变量的位置与值在编译时均无法确定。例如：

```
void fun()
{
    int i;
    void g(int x = i);        //错误
}
```

5.8 作用域与生命期

5.8.1 作用域

作用域是关于控制一段代码是否能够调用或者访问另一段中的代码或数据的一些规定，一个标识符的作用域是程序中的一段区域，该标识符在该段区域是可见的，也就是说可以在该区域内使用此标识符。C++中，规定了五种作用域：块作用域（局部作用域）、文件作用域（全局作用域）、函数原型作用域、函数作用域、类作用域。下面分别对这些作用域进行讨论。

1. 函数原型作用域

这是C++中最简单的一种作用域，在函数原型说明中所作的参数声明在该作用域中。这个作用域开始于函数原型说明的左括号、结束于函数原型说明的右括号处。正因为如此，在函数原型中声明的标识符可以与函数定义中说明的标识符不同。由于所声明的标识符与该函数的定义和调用无关，所以可以在函数原型说明中只做参数的类型声明而省略参数名。例如下面的函数原型说明：

```
double fun (double n);
```

其中n只在圆括号内是有效的，在程序代码的其他地方，若需要用到标识符n时必须重新进行定义。例如：

```
int sum(int first, int second);
second = 0;    //错误，标识符second具有函数原型作用域，在此使用需重新定义
```

2. 块作用域

块是函数中一对大括号（包括函数定义所使用的大括号）所括起的一段代码区域。在块内说明的标识符具有块作用域，它开始于标识符被说明的地方，并在标志该块结束的右括号}处结束。

说明：

（1）如果一个块内有一个嵌套块，并且该块内的一个标识符在嵌套块开始之前说明，则这个标识符的作用域包含嵌套块。

（2）函数的形参具有块作用域，其开始点在标志函数定义开始的第一个左括号{处，结束于标志函数定义结束的右括号}处。

（3）在复合语句中声明的标识符的作用域结束于该语句的右括号}处。

```
void f(int x)              //形参x的作用域开始于此
{
    int y = 3;             //局部变量y的作用域开始于此
    if(y > x)
    {
        int z = y+2;       //局部变量z的作用域开始于此
        cout<<z;
    }                      // z的作用域结束于此
    int k;                 // k的作用域开始于此
}                          // x, y, k的作用域结束于此
```

这个函数中有三处声明，分别定义了三个标识符。形参x的作用域最大，它从函数f的定义开始直至标志函数定义结束的右括号}处。标识符z定义在if块中，因此这个标识符只在if块中起作用。

习惯上，人们也将块作用域称为局部作用域，所谓的局部对象就是指在这个作用域中所声明的对象。

3. 函数作用域

具有函数作用域的标识符在该函数内的任何地方可见。在C++中，只有goto语句的标号具有函数作用域。这个标识符由下述语法形式进行声明：

标号：语句

在函数中做了上述声明后，所声明的标号就可在函数内的任何位置被使用。

例如：

```
void f()
{
    goto A;
    int b;
    cin>>b;
    if(b > 0)
    {
        A: ;
        goto B;
    }
    B: cout << "All done" << endl;
}
```

上例中，说明了两个标号A和B，在f()函数的任意位置，可对这两个标号进行使用。在这里要注意一点，由于标号的作用域为整个函数范围，因此，标号在一个函数体内定义必须是唯一的。下面的程序由于在同一函数体中说明了两个同名的标号，因而是错误的。

```
void f()
{
    A: cout <<"First Label";
    A: cout <<"Second Label"; // 错误，重复标号
      if(a > 0)
        goto A;
}
```

由于goto语句的滥用可能导致程序流程无规则、可读性差，因此现代程序设计方法不主张使用goto语句。

4．类作用域

类及其对象有特殊的访问和作用域规则，由于对类的概念的认识还刚刚开始，因此关于类作用域的问题会在后面的相关章节中详细说明。

5．文件作用域

在函数和类之外说明的标识符具有文件作用域。文件作用域从说明点开始，在文件尾处结束。在前面见到的所有程序中，关于函数定义和函数原型都是在文件作用域中进行的声明，所以，所声明的函数名具有文件作用域。

如果一个标识符出现在头文件中，则该标识符的作用域扩展到包含了这个头文件的程序，直到该程序结束。例如，在程序中经常用到的标识符cout和cin就是在头文件iostream中声明的，这两个标识符的作用域也延伸到包含iostream文件的文件作用域中。

在一个文件作用域中，可能包含着其他类型的作用域（函数作用域、块作用域、类作用域）。标识符的声明规则为在同一作用域中不能声明相同的标识符，但在不同的作用域中可包含同一个标识符。因此，若某个程序中含有多个作用域，可能会出现同名标识符情况。例如：

```
#include <iostream>
using namespace std;
int i;                              //文件作用域
int main()
{
    i = 5;
    {
        int i;                      //块作用域
        i=7;
        cout<<"i = "<<i ;           //输出i = 7
    }
    cout<<"i = "<<i;                //输出i = 5
    return 0;
}
```

在这个程序中，最外层的i具有文件作用域，最内层的i具有块作用域，最内层的i只与内层块的声明有关，而与外层块的声明无关。内层块的i屏蔽最外层的i，因此在最内层无法存取文件作用域的i。解决这一问题的方法是使用作用域运算符::，它可以在块作用域中存取被屏蔽的文件作用域中的标识符。

【例5.30】作用域运算符的使用。

```
#include <iostream>
using namespace std;
int i;
int main()
{
    i = 5;
    {
        int i = 7;
        cout << "i = "<< i ;     //输出i = 7
        cout << "i = "<< ::i;    //输出i = 5
     }
    return 0;
}
```

5.8.2 全局变量和局部变量

在C++中，所定义的变量可分为全局变量（Global Variable）和局部变量（Local Variable）两大类。作用域在程序级或文件级的变量称为全局变量，作用域在函数级或块级的变量称为局部变量。

1．局部变量

一般来说，在一个函数内部声明的变量为局部变量，其作用域只在本函数范围内。也就是说，局部变量只能在定义它的函数体内部使用，而不能在其他函数内使用。例如：

```
char f2 (int x, int y)      //形参x、y在函数内定义，属于局部变量
{
    int i, j, b, c;          //i,j,b,c均是函数f2的局部变量
    ……
}
int main ()
{
    int m, n;                //m、n是主函数的局部变量，只在main中有效，其他函数不能访问
    ……
    return 0;
}
```

说明：

（1）main函数本身也是一个函数，因而在其内部声明的变量仍为局部变量，只能在main函数内部使用，而不能在其他函数中使用。

（2）在不同的函数中可声明具有相同变量名的局部变量，它们之间没有任何关系，系统会自动进行识别。

（3）形参也是局部变量，其作用域在定义它的函数内。所以形参和该函数体内的变量是不能重名的。

2. 全局变量

在文件作用域中声明的变量称作全局变量。全局变量的作用域是从声明该变量的语句位置开始，直至本文件结束。因而全局变量声明后可以被很多函数使用，如：

```
int x, y;        // 全局变量
void f1()
{
    ...
}
double a, b;     // 全局变量
int f2(int c)
{
    int z;
}
int main()
{
    int m, n;
    ...
}
```

全局变量a、b的作用域

全局变量x、y的作用域

全局变量x和y在程序的开始处进行声明，因而这两个变量在整个程序中都是有效的，可被f1函数、f2函数、main函数使用。

说明：

（1）全局变量的作用域是从声明该变量的位置开始直到程序结束处。因此，在一个函数内部，可以使用在此函数前声明的全局变量，而不能使用在该函数定义后声明的全局变量。比如上面的例子，main函数和函数f2可以使用全局变量a、b、x和y，而在函数f1内只能使用全局变量x、y。

如果想在声明全局变量的前面使用该变量，而不需要重新声明，就必须使用extern关键字对其加以说明。这种全局变量称为“外部变量”。如下例中，虽然全局变量a、b的声明在程序的结尾，但由于被声明为外部变量，因此其作用域应为整个程序。

【例5.31】外部变量使用示例。

源程序：

```
#include <iostream>
using namespace std;
```

```
int max(int x, int y)
{
    int z;
    z = x > y ? x : y;
    return z;
}
int main()
{
    extern int a, b;     // 外部变量说明
    cout<<"max = "<<max(a, b)<<endl;
    return 0;
}
int a = 13, b = -8;      // 全局变量定义
```

运行结果为:

```
max = 13
```

（2）全局变量的作用域为函数间传递数据提供了一种新的方法。如果在一个程序中，各个函数都要对同一个变量进行处理，就可以将这个变量定义成全局变量。采用这种方式，可以从某个函数内部得到多个计算值。请看下面的这个程序。

【例5.32】 将数组定义为全局变量，编写程序，对数组进行升序排序后输出。

源程序：

```
#include <iostream>
using namespace std;
void sort(int);
void print();
int a[5] = {5, 6, 7, 3, 2};    //数组a为全局变量
int main()
{
    print();
    sort(5);
    print();
    return 0;
}
void print()                    //输出数组
{
    for(int i = 0; i < 5; i++)
        cout << a[i] << " ";
    cout << endl;
}
void sort(int n)                //选择法升序排序
{
    int i, j, min = 0, t;
    for(i = 0; i < n - 1; i++)
    {
        min = i;
        for(j = i;j < n;j++)
        {
            if (a[j] < a[min])
                min = j;
        }
        t = a[i];
        a[i] = a[min];
        a[min] = t;
    }
}
```

运行结果为：

```
5  6  7  3  2
2  3  5  6  7
```

程序中将数组a定义为全局变量，这样在main函数中就不用再定义数组，函数间省去了参数的传递。

【例5.33】 编写程序求一元二次方程的实根，将实根声明为全局变量。

```
#include <iostream>
#include <cmath>
using namespace std;
double x1, x2;       //x1、x2为全局变量
int root(double a,double b,double c);
int main()
{
    double a,b,c;
    cout<<"Enter a, b, c = ";
    cin>>a>>b>>c;
    if(root(a, b, c)!= 0)
        cout<<"x1 = "<<x1<<"\nx2 = "<<x2<<endl;
    else
        cout<<"No real root"<<endl;

    return 0;
}
int root(double a, double b, double c)
{
    double t = b * b - 4 * a * c;
    if(t >= 0 && a != 0)
    {
        t = sqrt(t);
        x1 = (-b + t) / (2 * a);
        x2 = (-b - t) / (2 * a);
        return 1;
    }
    return 0;
}
```

第一次运行结果为：

```
Enter a, b, c = 1 2 1
x1 = -1
x2 = -1
```

第二次运行结果为：

```
Enter a, b, c = 4 3 2
No real root
```

由于一个return语句只能返回一个函数值，当有两个实根的情况下return语句就无能为力了，但是通过上例可以看出，使用全局变量可以很方便地解决这个问题。

（3）在一个函数内部，如果一个局部变量和一个全局变量重名，则在局部变量的作用域内，全局变量不起作用。

【例5.34】 重名的局部变量和全局变量的作用域示例。

源程序：

```
#include <iostream>
using namespace std;
int a = 3, b = 5;          //a,b为全局变量
int main()
{
```

```
    int a = 8;                //a是局部变量
    int c;
    c = a > b ? a : b;        //此时a = 8, b = 5
    cout<<c<<endl;
    return 0;
}
```

运行结果为：

8

全局变量a、b可以在函数main内起作用，但由于函数main内有相同名称的局部变量a，因而使全局变量a不再起作用。

（4）虽然全局变量给某些问题的解决带来了方便，但是建议还是尽量少使用全局变量。这是因为：

① 全局变量使各函数互相关联，结构性差。使用函数的目的是让它能够独立的完成一定的功能，将来在需要的时候可以不加修改地拿到其他程序中调用。全局变量使得各模块间独立性减弱，不符合结构化的程序设计要求。

② 降低程序可读性。因为全局变量的值随时可能被其他位置的程序修改，不便于阅读，使程序容易出错。

5.8.3 生命期

程序中的各种变量都有一个在需要时被创建，而在不需要时被删除的过程。在创建和删除之间所经过的时间就被称为生命期。

如果读者学过汇编，就应该知道，系统一开机后，内存被分为两大块。一块是系统区，存放操作系统等内容，另一块是用户区，用来存放要运行的用户程序。当一个C++程序运行时，C++程序在用户区被分为三部分，如图5.13所示。

程序区（代码段）	静态存储区（数据段）	动态存储区（栈段）

图5.13　用户区内存分配示意图

第一部分是程序区，用来存放C++程序代码。第二部分是静态存储区，存储在这个区域中的变量在程序运行过程中占据固定的存储空间，通常，这类变量在程序开始执行时被创建，程序执行完毕才释放存储空间，因而具有静态生命期。第三块是动态存储区，用来存放变量以及进行函数调用时的现场信息和函数返回地址等。存储在这个区域中的变量在程序运行过程中被动态地分配和释放存储空间，因而具有动态生命期，如形参变量、函数体内部定义的局部变量。因此，从生命期的角度看，变量可分为静态存储变量和动态存储变量。具体地说，包括四种存储类型：自动的（auto）、静态的（static）、寄存器的（register）、外部的（extern）。以下分别讨论局部变量和全局变量的存储类型。

1. 局部变量的存储方式

（1）自动的（auto）存储方式。

局部变量，如不作专门说明（专门说明为静态变量），都是动态分配存储空间，存储在动态存储区中。这种变量只在定义它们的时候才创建，在定义它们的函数返回时系统回收变量所占存储空间。对这些变量存储空间的分配和回收是由系统自动完成的，所以也叫自动变量。一般情况下，不作专门说明的局部变量，均是自动变量。自动变量也可用关键字auto作出说明。例如：

```
int f(int a)
{
    auto int c = 3;     // c为自动变量
    int x = 2;          // x未说明存储类型，则为缺省类型（自动）
}
```

（2）静态的（static）存储方式。

局部变量用关键字static作专门说明后，成为静态局部变量。静态局部变量属于静态存储类型，被分配在静态存储区，它们在程序开始执行时被创建，程序执行完毕才释放存储空间。因此，静态局部变量在函数调用前就已经存在（已经被初始化），即使在函数调用结束后，其所占内存空间也不被释放，静态变量仍然保存它的值。

> 说明：
>
> （1）对静态局部变量的初始化是在编译阶段完成的，即在程序运行前就已经初始化完毕了。在程序运行时它已有初值，以后每次调用函数时不再重新初始化而只是直接使用上次函数调用结束时保存下来的值。
>
> （2）如果在程序中没有对静态局部变量进行初始化，那么系统编译时自动对其赋值为0。
>
> （3）虽然静态局部变量在函数返回后依然存在，但由于它是局部变量，所以其他函数是不能使用这个变量的。

【例5.35】自动变量与静态局部变量说明。

源程序：

```
#include<iostream >
using namespace std;
int f(int a)
{
    auto int b = 0;     // b为自动局部变量
    static int c = 3;   // c为静态局部变量
    b++ ;
    c++ ;
    return  a + b + c ;
}
int main()
{
    for(int a = 2, i = 0; i < 3; i++)
        cout<<f(a)<<endl;
    return 0;
}
```

运行结果为：

```
7
8
9
```

程序说明为：

第一次调用函数f时，b的初值为0，c的初值为3；第一次调用结束后，b为1，c为4，a、b、c的和为7。

由于c为静态局部变量，在函数调用结束后，其所占内存空间不被释放，仍然保存它的值4；而b为自动变量，再次调用时将被重新分配空间和初始化。

第二次调用函数f时，b的初值为0，c的初值为4；第二次调用结束后，b为1，c为5，a、b、c的和为8。

第三次调用函数f时，b的初值为0，c的初值为5；第三次调用结束后，b为1，c为6，a、b、c的和为9。

从上述例子可以看到，在程序中，若需要保留函数上一次调用结束时的值，那么在函数体中定义静态局部变量可达到这一目的。

【例5.36】输入一个整数n，输出从1到n的阶乘（使用静态局部变量）。

源程序：

```
#include <iostream>
using namespace std;
int fun(int);
int main()
{
    int n;
```

```
    cout<<"Enter n = ";
    cin>>n;
    for(int i = 1;i <= n; i++)
        cout<<i<<"! = "<<fun(i)<<endl;
    return 0;
}
int fun(int n)
{
    static int f = 1;  // f为静态局部变量，每一次函数执行后f的值都会保留
    f = f * n;
    return f;
}
```

运行结果为：

```
Enter n = 5
1! = 1
2! = 2
3! = 6
4! = 24
5! = 120
```

综合上面讨论的内容可知，局部变量不作专门说明时，为自动变量；用关键字static加以说明后，为静态局部变量。两种变量的区别见表5-1。

表5-1 静态局部变量和自动变量比较

	静态局部变量	自 动 变 量
存储类别	静态存储类别，在静态存储区分配内存，程序整个运行期间所占内存都不释放	动态存储类别，在动态存储区分配内存，函数调用结束后内存即被释放
赋初值时间	在程序编译时赋初值，因此只赋一次初值，以后每次函数调用时，不重新赋初值，而使用上次函数调用结束时的保存值	在函数调用时赋初值，每调用一次都重新赋初值
源程序不赋初值	编译时自动赋初值0（数值型变量）或'\0'（字符型变量）	初值是一个不确定的数。因为每次函数调用时均释放其内存单元，下次调用时重新分配，而所重新分配的内存单元的值是随机的
其他函数使用情况	不可以被其他函数使用	不可以被其他函数使用

（3）寄存器（register）存储方式。

一般情况下，变量的值存放在内存中（包括静态存储方式和动态存储方式）。只有程序指令需要时，才从内存中读取到CPU内，如图5.14所示。如果有一个变量在某一段时间内重复使用的次数很多，如循环变量，那么，这种从内存取数的过程将花费大量的时间。所以对这种频繁使用的变量，C++允许将它存放在CPU内部的寄存器中，以提高程序的运行效率。这种存储在寄存器中的变量被称作“寄存器变量”，用关键字register声明。

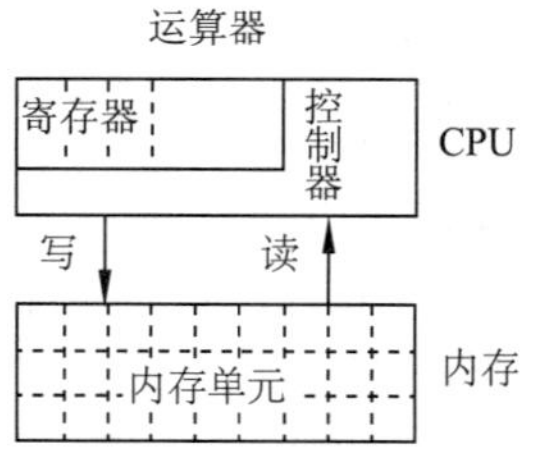

图5.14 变量的读取过程

【例5.37】输入一个整数n，输出从1到n的阶乘（使用寄存器变量）。

源程序：

```
#include <iostream>
using namespace std;
int fun(int);
int main()
{
    int n;
    cout<<"Enter n = ";
    cin>>n;
```

```
    for(int i = 1;i <= n; i++)
        cout<<i<<"! = "<<fun(i)<<endl;
    return 0;
}
int fun(int n)
{
    register int i,f = 1;    // i,f是寄存器变量
    for(i = 1; i <= n; i++)
        f = f * i;
    return f;
}
```

程序中i、f被声明为寄存器变量，如果需要计算的整数很大，则程序执行速度相对较快。

> 说明：
>
> （1）只有自动变量和形参可以作为寄存器变量，而其他变量（全局变量、局部静态变量）不可以；
>
> （2）一个变量被定义为寄存器型，则C++的编译系统将尽可能地用寄存器来存储该变量。由于计算机系统中寄存器的数目是非常有限的，所以决定了在C++程序中寄存器变量的数目有一定的限制，不能定义太多的寄存器变量。

2. 全局变量的存储方式

全局变量采用静态存储方式，放在程序的静态存储区。通常，一个程序可以由多个源程序文件组成。根据某个文件中的全局变量是否能被其他源程序文件使用，又将全局变量分为外部的和内部的。

（1）外部全局变量。未加特别说明（说明为静态的）的全局变量是外部的，能被其他文件中的函数使用。而在使用它的文件中，需要用关键字extern说明。

【例5.38】编写函数power，计算x^n。在主函数中输入a和m的值，调用power函数输出a^m。

源程序：

```
//文件file1.cpp
#include <iostream>
using namespace std;
double a;                //全局变量
double power(int n);     //函数原型说明
int main()
{
    int m;
    double p;
    cout<<"Enter a and m: ";
    cin>>a>>m;
    p = power(m);   //函数调用
    cout<<"a = "<<a<<"\tm = "<<m<<"\tp = "<<p<<endl;
    return 0;
}
//文件file2.cpp
extern double a;
double power(int n)
{
    double y = 1;
    for(int i = 1; i <= n; i++)
        y *= a;
    return y;
}
```

文件file1.cpp定义一个全局变量a，文件file2.cpp要使用到这个变量a，需要在文件file2.cpp中做外部变量

使用说明:

```
extern double a;
```

它表明在本文件中使用的变量a是一个已在其他文件中定义过的外部变量，可以直接使用。注意，这里的extern只是起一个说明作用，它不产生新的变量。

（2）内部全局变量。用关键字static声明的全局变量是内部的，其作用域为本文件，其他文件不能使用该变量。例如：

```
源文件一(f1.cpp)          源文件二(f2.cpp)          源文件三(f3.cpp)       工程文件(sj.dsp)
extern int a;             static int a = 10;        int a;                    f1.cpp
void print()              void f1()                 int main()                f2.cpp
{                         {                         {                         f3.cpp
  int i;                                               cin>>a;
  for(i=0;i<5;i++)          ....                       print();
      cout<<a++;                                       return 0;
 }                        }                         }
```

在上面这三个源程序文件中，共定义了两个全局变量。一个为文件f3.cpp中的变量a，另一个是文件f2.cpp中的变量a。由于在f2.cpp中，全局变量a用static说明，则这个变量的作用域被限定在本文件内，其他源文件（f3.cpp和f1.cpp）不能使用。这样f1.cpp中的所声明的外部变量a实际上是f3.cpp中的全局变量a。

3. 存储方式小结

从作用域角度来看，变量可分为全局变量和局部变量。对于局部变量，若使用static说明（静态局部变量），则其存储方式为静态存储方式，存放在静态存储区；未加说明的局部变量，一般为自动变量，使用动态存储方式，存放在动态存储区，函数结束后释放其存储空间。

对于全局变量，均使用静态存储方式。使用static声明的全局变量，只限于在本文件中使用；未用static说明的全局变量，则在全部源程序文件中均可以使用。

5.9 编译预处理

编译预处理是C++编译系统的一个重要组成部分，它负责分析处理几种特殊的指令，这些指令被称为预处理指令。在C++源程序文件中，加入“编译预处理”指令，使编译程序在对源程序进行通常的编译之前，先对这些命令进行预处理，然后将预处理的结果和源程序一起再进行通常的编译处理，以得到目标代码。

C++提供的编译预处理指令有:

- 宏定义（Macro）
- 文件包含（include）
- 条件编译

这些指令均以#开头，每行一条指令，指令后无分号，因此它不是C++的一般语句。注意：这些指令不是C++语言的一部分，它们是编译系统所需要的，所有的C++编译器都支持这些指令，它们已成为C++程序中不可缺少的部分。

5.9.1 宏定义（Macro）

宏定义分为两类：不带参数的宏定义和带参数的宏定义。

1. 不带参数的宏定义

#define 称为宏定义指令，用法如下：

```
#define 标识符 字符串
```

其中标识符称作宏定义标识符，简称宏名。字符串可以是常量、关键字、语句、表达式，还可以是空字符。为了表示其特殊意义，我们把它称为宏体，这样，宏定义指令的一般格式便可以写为：

#define 宏名 宏体

作用：用一个指定的标识符（宏名）代替宏体。源程序中一旦出现宏定义控制行，预处理程序就把该行以后的程序中同宏名一致的标识符全部置换为所定义的宏体，把程序中的宏名替换为宏体的过程叫宏展开。

例如：#define PI 3.1415926

功能：用标识符 PI代替字符串“3.1415926”。在预编译时，将源程序中出现的宏名PI替换为字符串“3.1415926”。

下例是使用宏定义的例子，该程序把圆周率3.1415926定义为宏名PI以后，在程序中圆周率就不必直接使用数字，而使用PI表示。

【例5.39】输入圆半径，求圆周长、圆面积、球体积。

源程序：

```
#include <iostream>
using namespace std;
#define PI 3.1415926                  // 宏定义，定义宏名PI，它代表字符串3.1415926
int main ()
{
    double l,s,r,v;
    cout <<"Enter radius: ";
    cin >> r;                         //输入圆的半径
    l = 2.0 * PI * r;                 //圆周长，预编译时遇到宏名PI均用3.1415926替换
    s = PI * r * r;                   //圆面积
    v = 4 * s * r / 3;                //球体积
    cout << "l = "<< l << endl;
    cout << "s = "<< s << endl;
    cout << "v = "<< v << endl;
    return 0;
}
```

运行结果为：

```
Enter radius: 2
l = 12.5664
s = 12.5664
v = 33.5103
```

说明：

（1）在使用宏定义时，宏名一般情况下用大写字母。这样做可以有效地与变量名（变量名一般用小写字母）区别。这只是一个编程习惯。

（2）宏定义是用宏名代替宏体。宏展开时只是作简单的置换，并不作语法检查，如果宏体写错了，则预处理时也照样代入，不管含义是否正确，只有在编译被宏展开后的源程序时才报错。例如:

```
#define  PI  3.14l59
```

将数字“1”不小心写成字母“l”了，在替换的时候系统不会报错，只在编译时才会发现错误。

（3）宏定义不是C++语句，而是发布给编译系统的预处理命令，使得在编译程序前，将程序中所有出现宏名的地方都用宏体进行置换，因此一定不要在行末加分号。如果加了分号则会将分号当成字符串的一部分一起替换。例如：

```
#define PI 3.1415926;
area = PI * r * r;
```

在宏扩展后成为：

```
area = 3.1315926;* r * r;
```

这样，在编译时出现语法错误。

（4）通常把#define命令放在一个文件的开头，使其定义在本文件内全部有效，即作用范围从其定义位

置起到文件结束。

（5）如果希望某一宏名只在文件的部分区域起作用，这时可以使用取消宏定义指令#undef来对宏名作用的区域进行控制，使用该指令的一般形式为：

#undef　　宏名

它的功能是通知预处理系统取消前面由#define所定义的宏名，预处理系统接到取消宏定义的指令后，便使对应的宏定义不再起作用。例如：

```
#define G 9.8
int main()
{
    …….                    G的有效范围
}
#undef G
f(   )
{
}
```

由于#undef的作用，使G的作用范围在#undef行处终止，因此在f函数中，不能再继续使用G这个宏了，这样可以灵活控制宏定义的作用范围。

（6）宏定义允许嵌套定义，也就是说，在进行宏定义时，可以使用已定义的宏名。

【例5.40】 求半径为6的圆周长和圆面积。

```
#include<iostream >
using namespace std;
#define R 6.0
#define PI 3.1415926
#define L 2 * PI * R                    //PI和R是已定义的宏名
#define S PI * R * R
int main()
{
    cout <<"L = "<< L << endl;
    cout <<"S = "<< S << endl;    // L、S是宏名，预编译时将被替换
    return 0;
}
```

运行结果为：

```
L = 37.6991
S = 113.097
```

该程序中共有4条宏定义命令行，其中第3条和第4条宏定义的宏体中就使用了前2 条宏定义所定义的宏名R、PI，这就是嵌套定义。

（7）宏定义对字符串不起作用。对程序中用双引号括起来的字符串，即使与宏名相同，也不替换。例如上例的cout语句中，双引号括起来的L和S不被替换。

2. 带参数的宏定义

这种宏不只是进行宏体的替换，还要进行参数的替换。一般形式为：

#define 宏名（形式参数表） 宏体

例如：
```
#define     MAX(x,y)    (x>y)? x:y
#define     X(A,B)      A*B*B
```

在使用带参数的宏定义时要注意：

（1）在程序中，使用带参数的宏名时不仅要进行宏体对宏名的替换，而且在宏展开时要将语句中宏名后面的括号内的实参代替#define命令行中的形参，例如：

【例5.41】 带参数的宏定义示例。

源程序：

```
#include <iostream>
using namespace std;
#define MAX(x, y) (x>y)?x:y
int main()
{
    int a,b,c;
    a = 5, b = 8;
    c = MAX(a, b);
    cout<<"max = "<<c<<endl;
    return 0;
}
```

运行结果为：

```
max = 8
```

上述程序中，语句c = MAX(a, b)经宏展开后为：

```
c=(a>b)?a:b
```

（2）为避免可能发生的错误，凡带运算符的参数要用圆括号括起来，如表5-2所示。

表5-2　宏定义中形参加括号与不加括号的区别

宏　定　义	语　　句	展　开　后
#define S(r) PI*r*r	area = S(a+b);	area = PI*a+b*a+b;　　　//错误
#define S(r) PI*(r)*(r)	area = S(a+b);	area = PI*(a+b)*(a+b);　　　//正确

（3）宏定义时，宏名与带参数的括号之间不应加空格，否则将空格以后的字符都作为替代宏体的一部分。例如：

```
#define S (r) PI*r*r
```

由于在S与(r)之间有一空格，所以，S被认为是不带参数的宏名，而把“(r) PI*r*r”作为宏体。如果在程序中有这样一条语句

```
area = S(a);
```

程序设计者的原意是展开为area=PI*a*a，但由于在宏定义时，在宏名与带参数的括号之间加了空格，因此被展开为

```
area=(r) PI*r*r(a);
```

显然这是错误的。

（4）带参数的宏与非内联函数有一些相似的地方，比如：它们都有若干个参数，使用方法都是写出宏名或函数名，并用实参代替形参，实参与形参的个数都要求一致。

【例5.42】带参数的宏定义示例2。

源程序：

```
#include <iostream>
using namespace std;
#define PI 3.1415926
#define S(r) PI*(r)*(r)
int main()
{
    double a, area;
    a = 3.6;
    area = S(a);    //宏展开时进行参数替换，展开为：area = 3.1415926*(a)*(a);
    cout << "r = "<< a << endl;
    cout << "area = "<< area << endl;
    return 0;
}
```

运行结果为：

```
r = 3.6
area = 40.715
```

5.9.2 文件包含（#include）

所谓文件包含是指一个源文件可以将另外一个文件的全部内容包含进来，即将另外文件包含到本文件之中。利用指令#include可实现这一功能。

文件包含指令的一般格式是：

```
#include  <文件名>
```

或

```
#include "文件名"
```

其作用都是在预处理时，把“文件名”指定的文件内容复制到本文件，再对合并后的文件进行编译。

用尖括号时，系统到存放C++库函数头文件所在的目录中寻找要包含的文件，这称为标准方式；用双引号时，系统先在用户当前目录中寻找要包含的文件，若找不到，再按标准方式查找。一般说来，如果要调用库函数而用#include命令来包含相关的头文件，则用尖括号，以节省查找时间。如果要包含的是用户自己编写的文件，一般用双引号。

图5.15表示了文件包含的含义。

图中（a）为文件file1.cpp，该文件包含命令#include “file2.cpp”，文件其他部分以A表示。图5-15（b）为另一文件file2.cpp，文件内容以B表示，它被file1.cpp 包含。在编译预处理时，要对#include命令进行“文件包含”处理，将file2.cpp的内容复制到文件file1.cpp的#include “file2.cpp”命令处，得到图5-15（c）所示的结果。这样，在其后所进行的编译中，将“包含”以后的file1.cpp，即图5-15（c）所示，作为一个源文件单位进行编译。

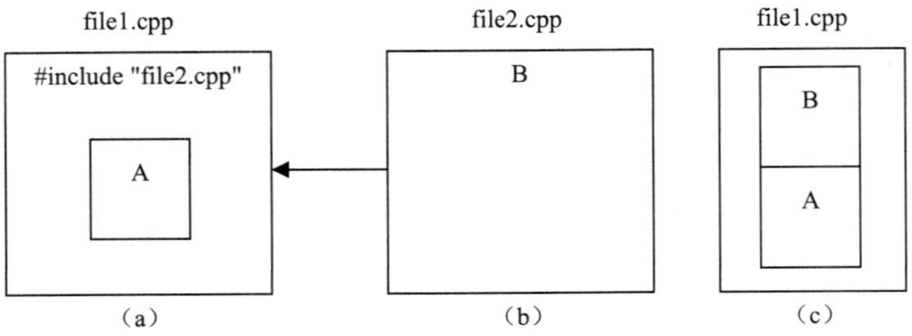

图5.15 文件包含的含义

【例5.43】#include的用法示例。

源程序：

```
#include <iostream>
using namespace std;
#include "file.h"
#include "chr.h"
int main()
{
    int n;
    char *p;
    p = "abcd efghij\t klmnopqr";
    n = chr(p);
    cout<<p<<"<<"<<n<<">>"<<endl;
    return 0;
}
```

文件file.h内容如下：

```
#define NUL '\0'
#define NL '\n'
```

```
#define SPC ' '
#define TAB '\t'
```

文件chr.h内容如下:

```
#include "file.h"
int chr(char *str)
{
    char c;
    int cn = 0;
    while((c = *str)!= NUL)
    {
        str++;
        if(c != SPC && c != TAB && c != NL)
            cn++;
    }
    return cn;
}
```

运行结果为:

```
abcd  efghij        klmnopqr <<18>>
```

程序说明:

函数chr的功能是对空格、制表符、换行符以外的字符计数，把这个函数放在名为chr.h的文件里。文件file.h中的内容是一些宏定义的语句。上例中主文件将chr.h和file.h两个文件用#include指令包含其中，注意一个#include 命令只能指定一个被包含文件，如果要包含多个文件，则要用多个#include命令，上例中要包含两个文件，因此要用两个#include命令。

5.9.3　条件编译

一般情况下，源程序中的所有行均参加编译，但有时希望部分行在满足一定条件下才进行编译，即对部分内容指定编译的条件，这就是“条件编译”。以下宏指令可以实现条件编译:

```
#if      表达式
#ifdef   标识符
#ifndef  标识符
#else
#endif
```

条件编译就是根据上面指令所给出的条件，判定是否对某部分程序进行编译。条件编译可以使程序适应不同计算机系统和不同情况，提高了源程序的通用性。

1. #if

一般格式:

```
#if  表达式
  程序段1
#else
  程序段2
#endif
```

含义: 当指定的表达式值为真(非零)时就编译程序段1；否则编译程序段2。这样就可以事先给定条件，使程序在不同的条件下执行不同的功能。

【例5.44】对于给定的一行字符，根据需要设置条件编译，使之能将字符全改为大写输出，或全改为小写输出。

源程序:

```
#include <iostream>
using namespace std;
#define  LETTER  1
```

```
int main()
{
    char str[20] = "C++ Language",c;
    int i = 0;
    while((c = str[i]) != '\0')
    {
        i++;
        #if LETTER        //LETTER为真（非0），小写-->大写。
            if (c >= 'a' && c <= 'z')
                c -= 32;
        #else             // LETTER为假（0），大写-->小写。
            if (c >= 'A' && c <= 'Z')
                c += 32;
        #endif
        cout<<c;
    }
    cout<<endl;
    return 0;
}
```

运行结果为：

```
C++ LANGUAGE
```

上例中当条件编译的条件为真时则将字符串全部转换为大写字母输出，否则全部以小写字母输出，由于在程序开头，使用宏定义，定义了LETTER为1，条件为真，因此全部按大写字母输出:

```
C++ LANGUAGE
```

相反，如果我们把LETTER的值定义为0，则小写变大写的部分不参加编译，输出结果为：

```
c++ language
```

2. #ifdef

（1）格式1:

```
#ifdef 标识符
  程序段1
+#else
  程序段2
#endif
```

含义: 如果#ifdef指令所指定的标识符已用#define定义过，则为真，编译程序段1；否则，为假，编译程序段2。

（2）格式2:

```
#ifdef 标识符
  程序段1
#endif
```

含义: 如果#ifdef指令所指定的标识符已用#define定义过，则为真，编译程序段1；否则不编译。

【例5.45】使用条件编译，根据所指定的标识符是否已被定义来决定给定字符串全部按大写输出或全部变为*输出。

源程序：

```
#include <iostream>
using namespace std;
#define MARK 1
void print(char s[20]);
int main()
{
    print("Abcdef!");
    return 0;
```

```
}
void print(char s[20])
{
    char c;
    int i = 0;
    while ((c = s[i]) != '\0')
    {
        i++;
        #ifdef MARK
            if(c >= 'a' && c <= 'z')
                c -= 32;
        #else
            c = '*';
        #endif
        cout<<c;
    }
    cout<<endl;
}
```

运行结果为:

```
ABCDEF!
```

由于MARK已被定义，所以为真，其中的程序段1被编译，所以#ifdef MARK与#else之间的程序参与编译，给定字符串全部按大写输出。

通常，在调试程序时，常常希望输出一些所需的信息，而在调试完成后不再输出这些信息，这时，可以在源程序中插入条件编译段，如下面所示:

```
#ifdef DEBUG
    cout<<x<<y<<z;
#endif
```

如果在它的前面有以下命令行:

```
#define DEBUG
```

则在程序运行时输出x、y、z的值，以便调试时分析，调试完成后只需将这个#define命令行删去即可。有人可能觉得不用条件编译也可达到此目的，即在调试时加一批cout语句，调试后一一将cout语句删去。的确，这是可以的。但是，当调试时加的cout语句比较多时，修改的工作量是很大的，用条件编译，则不必一一删改cout语句，只需删除前面的一条”#define DEBUG”命令即可，这时所有的用DEBUG作标识符的条件编译段都使其中的cout语句不起作用，即起统一控制的作用，如同一个“开关”一样。

3. #ifndef

（1）格式1:

```
#ifndef 标识符
  程序段1
#else
  程序段2
#endif
```

含义: 如果#ifndef指令所指定的标识符没有被#define定义过，则编译程序段1；否则，编译程序段2。

（2）格式2:

```
#ifndef 标识符
  程序段1
#endif
```

含义: 如果#ifndef指令所指定的标识符没有被#define定义过，则编译程序段1；否则，不编译。

【例5.46】 #ifndef的使用示例。

```
#include <iostream>
using namespace std;
```

```
#define MARK 1
void print(char s[20]);
int main()
{
    print("Abcdef!");
    return 0;
}
void print(char s[20])
{
    char c;
    int i = 0;
    while ((c = s[i]) != '\0')
    {
        i++;
        #ifndef MARK
            if(c >= 'a' && c <= 'z')
                c -= 32;
        #else
            c = '*';
        #endif
        cout<<c;
    }
    cout<<endl;
}
```

运行结果为：

```
********
```

在上例中标识符MARK被定义为1，而其中程序段1却未被编译，仍输出*。初学者可能会认为既然在前面已用#define宏指令将MARK定义为非零，条件为真，程序段1就应被编译，输出大写字母。产生这样的疑问是因为将#if和#ifdef(或#ifndef)的含义混淆了。

在使用#ifdef和#ifndef宏指令时，应特别注意，其控制条件是真还是假，与标识符是非零还是零无关，而只看标识符是否被定义过。在例5.45中，即使使用#define将MARK定义为0，其控制条件#ifdef MARK仍然为真，而#ifndef MARK仍然为假。

函数是C++程序设计的主体，是模块化程序设计中的基本模块，也是实现传统的结构化程序设计的重要语言机制。在本章中，我们学习了函数的定义、函数的各种调用、参数的各种传递机制，并讨论了变量的作用域与生命期，编译预处理等问题。下面通过一个综合实例，来体会一下上述各种概念是如何运用的。

【例5.47】输入4个学生5门课的成绩，分别用函数计算：

（1）每位同学的平均成绩。

（2）每门课程的平均成绩。

（3）找出有两门以上课程不及格的学生，输出他们的学号和全部课程的成绩及平均成绩。

（4）找出最高的分数所对应的学生和课程。

源程序：

```
#include  <iostream>
using namespace std;
#define M 4                                      //M为学生人数
const int N = 5;                                 //N为课程门数
//函数原型说明
void input_stu();                                //学生成绩录入
void avr_stu(double *);                          //计算每个学生的平均成绩
void avr_cor(double local_a_cor[N]);             //计算每门课平均成绩
void report_card(double *, double *);            //学生成绩报表
void fail(double *);                             //输出两门以上课程不及格的学生的情况
```

```
double highest(int *, int &);                    //查找成绩最高的学生
//全局变量定义
double score[M][N];                              // 学生成绩
int num[M];                                      // 学号
char cou[N][10];                                 // 课程名称
//主函数
int main()
{
    double a_stu[M];                             //每个学生的平均成绩
    double a_cor[N];                             //每门课平均成绩
    int r, c;                                    //r, c确定score中的最高分
    double h ;                                   //最高分
    input_stu();
    avr_stu(a_stu);
    avr_cor(a_cor);
    report_card (a_stu, a_cor);
    fail (a_stu);
    h = highest(&r, c);
    cout << "最高分:" << h << "是" << num[r] << "号学生的" << cou[c] << "课" << endl;
    return 0;
}
// 学生成绩录入
void input_stu()
{
    cout << "请按行输入" << N << "门课程的名称" << endl;
    for(int i = 0;i < N; i++)
    {
        cin >> cou[i];
    }
    cout << "请按下列格式输入成绩"  <<  endl;
    cout << "学号";
    for(i = 0;i < N;i++)
    {
        cout<<" "<<cou[i];
    }
    cout << endl;
    for(i = 0; i < M; i++)
    {
        cin >> num[i];
        for(int j = 0;j < N; j++)
        {
            cin >> score[i][j];
        }
    }
}
//求每个学生的平均成绩
void avr_stu(double * local_a_stu)
{
    double s;
    for(int i = 0; i < M; i++)
    {
        s  =  0;
        for(int j = 0; j < N; j++)
        {
            s += score[i][j];
        }
```

```
        local_a_stu[i]  =  s / N;
    }
}
//求每门课平均成绩
void avr_cor(double local_a_cor[N])
{
    double s;
    for(int i = 0; i < N; i++)
    {
        s  =  0;
        for(int j = 0; j < M; j++)
        {
            s += score[j][i];
        }
        local_a_cor[i]  =  s/M;
    }
}
//学生成绩报表
void report_card(double * local_a_stu, double * local_a_cor)
{
    cout<< endl;
    cout<< "-----------------学生成绩报表-----------------"<<endl;
    cout<< "学号";
    for(int i = 0; i < N; i++)
    {
        cout<<"   "<<cou[i];
    }
    cout<<"  "<< "平均分" << endl;
    for(i = 0; i < M; i++)
    {
        cout<< num[i];
        for(int j = 0; j < N; j++)
        {
            cout<< "    "<< score[i][j];
        }
        cout<<"     "<< local_a_stu[i] << endl;
    }
    cout<<"平均";
    for(i = 0; i < N; i++)
    {
        cout<< "   "<<local_a_cor[i];
    }
    cout<<endl;
}
//输出两门以上课程不及格的学生的情况
void fail(double * local_a_stu)
{
    int label;
    cout  <<  "-------------两门以上课程不及格的学生-------------" << endl;
    cout  <<  "学号";
    for(int i = 0; i < N; i++)
    {
        cout << "  "<< cou[i];
    }
    cout  <<"     "<< "平均分" <<  endl;
    for(i = 0; i < M; i++)
```

```
    {
        label = 0;
        for(int j = 0; j < N; j++)
        {
            if(score[i][j] < 60.0)
                label++;
        }
        if(label >= 2)
        {
            cout<<num[i];
            for(int j = 0; j < N; j++)
            {
                cout<<"      "<<score[i][j];
            }
            cout<<"      "<<local_a_stu[i] << endl;
        }
    }
    cout << endl;
}
//查找成绩最高的学生
double highest(int * row, int &column)
{
    double high;
    high = score[0][0];
    for(int i = 0; i < M; i++)
    {
        for(int j = 0; j < N; j++)
        {
            if(score[i][j] > high)
            {
                high = score[i][j];
                *row = i;
                column = j;
            }
        }
    }
    return high;
}
```

运行结果为:

```
请按行输入5门课程的名称
物理
化学
生物
地理
历史
请按下列格式输入成绩
学号    物理  化学   生物    地理    历史
1001    67    78     89      90     51
1002    56    90     34      76     85
1003    77    88     90      65     85
1004    67    98     23      45     59
----------------学生成绩报表----------------
学号      物理      化学      生物      地理      历史      平均分
1001      67        78        89        90        51        75
1002      56        90        34        76        85        68.2
1003      77        88        90        65        85        81
```

```
1004      67      98      23      45      59      58.4
平均    66.75    88.5     59      69      70
-------------两门以上课程不及格的学生-------------
学号     物理     化学     生物     地理     历史      平均分
1002      56      90      34      76      85      68.2
1004      67      98      23      45      59      58.4
最高分:98是1004号学生的化学课
```

习　题

1. 使用函数的好处是什么？如何定义一个函数？如何调用一个函数？

2. return语句的作用是什么？

3. 可否在void函数中使用return语句？此时return语句为何种形式？

4. 什么是形参？什么是实参？

5. 在函数调用时，参数是如何进行传递的？

6. 根据下列的函数功能的描述编写函数的原型声明语句。

（1）给定华氏温度，计算摄氏温度。

（2）判断一个数是否为素数

（3）给定年、月、日，计算该日期为该年中的第几天。

（4）给定商品价格和折扣，计算实付金额。

（5）给定一个字符和次数，按指定次数打印该字符。

（6）给定一个整数，将其按逆序输出。

7. 构成重载函数的条件是什么？

8. 编写一个函数，计算一个整数的各位数字之和，在主函数中输入数据，并调用该函数，而后输出结果。

9. 编写函数计算一个整数x的阶乘$x!$，在主函数中输入n和m，调用该函数，计算$C_n^m=\frac{n!}{m!(n-m)!}$的值，并输出。

10. 编写两个函数，分别将给定的华氏温度转换为摄氏温度、将给定的摄氏温度转换为华氏温度。在主函数中调用这两个函数，分别输出摄氏温度30、31、32、…、40度对应的华氏温度，和华氏温度120、110、100、…、30度对应的摄氏温度。

11. 编写函数将一个小写字母转换为大写字母，在主函数中调用该函数，并输出结果。

12. 编写函数计算x的n次幂。在主函数中输出a^3+b^4的值，a和b在主函数中输入。

13. 编写函数，计算一个3行4列的整型二维数组中所有数组元素的和，在主函数中定义二维数组并调用该函数，输出计算结果。

14. 编写两个函数，分别求两个整数的最大公约数和最小公倍数。用主函数输入两个整数，调用这两个函数，并输出结果。

15. 编写函数实现一个字符串的逆序。在主函数中输入字符串，调用函数将字符串逆序，而后输出。

16. 编写函数，将一个表示二进制数的字符串，转换为十进制整数。在主函数中输入字符串，调用该函数，并输出计算结果。

17. 编写函数，功能为将字符串a中的字符t1用字符t2替换。在主函数中进行调用，然后输出结果。

18. 编写4个同名函数max，分别求3个int型数据、3个double型数据、2个int型数据和2个double型数据的最大值。

第6章 构造数据类型

前面章节中介绍了基本类型的数据（如整型、实型、字符型数据等），以及一种构造类型数据——数组，数组中的各元素属于同一个数据类型。

但在处理实际问题时，经常要遇到复杂的数据，例如，一个学生的基本信息包括：班级、学号、姓名、性别、年龄、各科成绩等；又如图书档案的信息包括：书名、作者、出版社、出版时间、定价等。由于其中的各个数据的数据类型不尽相同，因此不能简单地使用数组来进行描述。C++语言提供了构造数据类型，包括：结构体类型、联合体类型、枚举类型、类，本章主要介绍结构体类型、联合体类型和枚举类型，类在后续章节中介绍。

6.1 结构体类型

6.1.1 引言

表6-1中的数据表示的是5名学生的成绩信息，包括学号、姓名、性别和三门课程的成绩。根据前面所学知识，若要对表6-1中的数据进行表示，可使用数组，但由于数组中的数组元素的数据类型都相同，因此只能定义多个相应类型的数组来表示表格中的数据，若假定学生人数为50，由于表中的数据共有6列，因此需要定义6个数组，如下所示：

```
int studentID[50];            //学号
char studentName[50][20];     //姓名
char studentGender[50];       //性别
double scoreMath[50];         //数学成绩
double scoreEnglish[50];      //英语成绩
double scoreComputer[50];     //计算机成绩
```

表6-1　学生信息表

学号	姓名	性别	数学	英语	计算机
162359	Fred	M	89.5	70	81
162360	Kate	F	79	80	89
162361	Tom	M	73	63.5	57
162362	Sue	F	73	64	71
162363	Rachel	F	52	79	74
…	…	…	…	…	…

但是，这些数组在内存中占用的内存空间比较分散，各组数组之间的相关性不强，不能反映它们之间的内在联系。对于学生信息而言，虽然每个学生的各项数据的数据类型不同，但它们同属于某一个学生，是一个整体，相互之间存在着一定的关系。为了把这些有内在联系的一组数据组成一个数据整体，使其在逻辑上相互关联，C++中提供了构造数据类型，允许用户根据具体问题利用已有的基本数据类型来构造所需

的数据类型。

结构体提供了一种将相关的数据汇集在一起的方法，它使程序可以方便地处理类似学生信息这样复杂的数据，适合于对关系紧密、逻辑相关、具有相同或不同类型的数据进行处理，尤其在数据库管理中得到了广泛应用。

6.1.2 结构体类型的定义

在程序设计过程中，使用结构体之前，必须先对结构体的组成进行描述，即结构体类型的定义。结构体类型的定义描述了组成结构体的成员以及每个成员的数据类型。定义了结构体类型以后才能使用该类型定义结构体变量。

定义结构体类型的一般形式为：

```
struct 结构体类型名
{
    数据类型 成员名1;
    数据类型 成员名2;
        ...
    数据类型 成员名n;
};
```

说明：

（1）struct是定义结构体类型的关键字（取自英文单词structure），定义中不可省略。

（2）结构体类型名是一个有效的C++标识符，符合标识符的命名规则，用于与其他结构体类型相区分。

（3）大括号内是组成该结构体的各个数据，称为结构体的成员。在结构体类型的定义中，要对每个成员的名字和数据类型进行说明。成员的命名也要符合标识符的命名规则，成员的数据类型既可以是基本的数据类型，也可以是已经定义过的结构体类型。

（4）结构体类型定义是C++的一个语句，所以大括号之后必须要有分号，不能省略。

例如下面的语句定义了一个名为student的结构体类型：

```
struct student
{
    int studentID;
    char studentName[20];
    double score;
};
```

student类型中包括3个成员，第一个成员是整型变量studentID，用于保存学生的学号；第二个成员是字符型数组studentName，用于保存学生的姓名；第三个成员是double型变量score，用于保存学生一门课的成绩。

再如下面的语句定义了名为date的结构体类型：

```
struct date
{
    int year, month, day;
};
```

date类型中包含3个成员，分别为year、month、day，表示年、月、日。

在一个结构体类型中，其成员的数据类型还可以是结构体类型，形成嵌套的结构体。例如，在描述学生信息时，可增加表示其出生日期的成员birthday。该结构体类型的定义形式为：

```
struct student1
{
    int studentID;
    char studentName[20];
```

```
    double score;
    date birthday;     //成员birthday的类型为date类型
};
```

在student1结构体类型中，birthday成员的类型为date类型。

定义结构体类型，就相当于为程序增加了一种新的数据类型，可以像使用其他数据类型如int、char和double等一样来使用它。如果要处理该结构体类型数据，就要定义该结构体类型的变量。

6.1.3　结构体变量的定义

定义结构体类型后，即可定义属于该类型的变量，即结构体类型的变量，也称为结构体变量。可使用如下的方法定义结构体变量：

1. 先定义结构体类型，再定义结构体变量

形式为：

```
结构体类型名 结构体变量名列表;
```

例如，在前面定义了student结构体类型，则可以使用该类型定义结构体变量，例如：

```
student stu1, stu2;    //定义了两个student类型的变量stu1和stu2
```

在该语句中，student是结构体类型名，stu1和stu2是结构体变量名。结构体类型和结构体变量之间的关系如同int a;语句中整型类型int与整型变量a之间的关系。

2. 在定义结构体类型的同时定义结构体变量

形式为：

```
struct 结构体类型名
{
    数据类型 成员名1;
    数据类型 成员名2;
        ...
    数据类型 成员名n;
}结构体变量名列表;
```

例如：

```
struct student
{
    int studentID;
    char studentName[20];
    double score;
}stu1, stu2;  //定义了两个student类型的变量stu1和stu2
```

该例在定义student 结构体类型的同时，定义了两个student类型的结构体变量stu1和stu2。此时，结构体类型名还可以省略不写，例如：

```
struct
{
    int studentID;
    char studentName[20];
    double score;
}stu1, stu2;  //定义了结构体类型的变量stu1和stu2
```

但是此时由于省略了结构体类型名，故而不能在程序的其他位置再次定义结构体变量，因此这种形式并不常用。

定义了结构体变量后，系统将为其分配内存空间。结构体变量所占内存空间的大小是结构体中每个成员所占内存空间之和，其中每个成员按照结构中声明的顺序分配存储空间，图6.1是student类型的变量stu1所占的内存空间示意图，首先为stu1的studentID成员分配内存空间，而后是studentName成员，最后是score成员。注意定义结构体类型时，并不为各

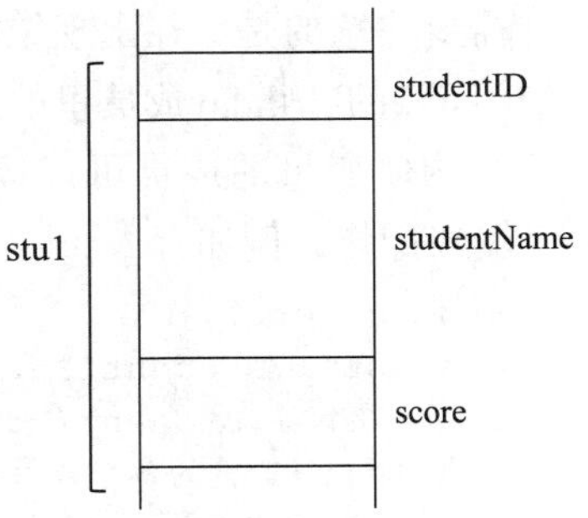

图6.1　stu1所占内存空间示意图

个成员分配内存空间，结构体类型是一种数据类型，它只规定了该类数据的性质和占用内存的大小。

6.1.4　结构体变量的初始化

结构体变量的初始化是指在定义结构体变量的同时为每个成员赋初值。

结构体变量初始化的一般语法形式为：

结构体类型名 结构体变量名={初值列表};

其中：初值的个数、顺序、类型均应与结构体类型中各成员的个数、顺序、类型保持一致，中间用逗号隔开。

例如利用上一节中定义的结构体类型student，定义结构体变量stu1，并为其初始化的形式为：

```
student stu1= {162359, "Fred", 89.5};
```

此时，stu1的第一个成员studentID被初始化为162359，第二个成员studentName被初始化为"Fred"，第三个成员score被初始化为89.5，初始化后stu1变量中的内容如图6.2所示。

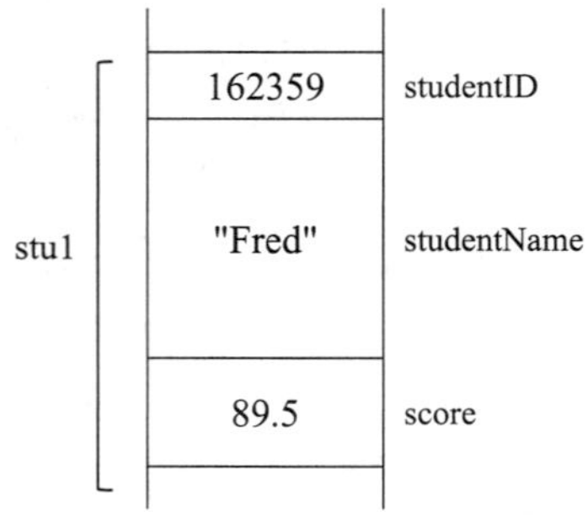

图6.2　初始化后stu1各成员的值

再如：

```
struct student1
{
    int studentID;
    char studentName[20];
    double score;
    date birthday;
}stu2 = {162360, "Kate", 91, {1998,11,15}};
```

此时，stu2中的studentID成员、studentName成员、score成员分别被初始化为162360、"Kate"、91，birthday成员被初始化为1998、11、15，注意对嵌套的结构成员在初始化时也要用{}括起来，各个初值之间用逗号分隔。

6.1.5　结构体变量成员的访问

结构体变量在定义以后，就可以使用了。在对结构体变量进行输入、输出或赋值时，不能直接将结构体变量作为一个整体进行这些操作，只能对具体的成员进行输入/输出操作。例如，下面的输入及赋值语句均是错误的：

```
student stu1;
cin>>stu1;          //错误，应依次输入各个成员
cout<<stu1;         //错误，应依次输出各个成员
stu1 = {162300, "Kate", 91};  //错误
```

访问成员的一般语法形式为：

结构体变量名.成员名

其中，符号“.”是成员运算符，左结合性，用于访问一个结构体变量中的某个成员，例如stu2.studentID表示stu2结构体变量中的studentID成员。

需要注意的是，在出现结构体嵌套时，要用成员运算符逐级找到最底层的成员，如stu2.birthday.year表示访问stu2的birthday成员里的year成员。

结构体变量的成员可以像普通变量一样进行各种运算，可以对结构体变量中的成员进行赋值或者输入、输出操作，例如：

```
student stu1;
cin>>stu1.studentID>>stu1.studentName>>stu1.score; //输入stu1变量的各个成员
cout<<stu1.studentID<<'\t'<<stu1.studentName<<'\t'<<stu1.score<<endl;
//输出stu1变量的各个成员
stu2.birthday.year = 2000;   //为stu2的birthday成员里的year成员赋值为2000
```

具有相同结构体类型的结构体变量之间可以进行整体赋值，此时是按结构体的成员顺序逐一对相应成员进行赋值的，赋值后的结果就是两个结构体变量的成员具有相同的内容。

例如：

```
student stu1= {162359, "Fred", 89.5}, stu2;  //定义student类型的变量stu1和stu2
stu2 = sut1;     //将stu1赋值给stu2
cout<<stu2.studentID<<'\t'<<stu2.studentName<<'\t'<<stu2.score<<endl;
```

上述程序段执行后，输出为：

```
162359    Fred    89.5
```

可见，将stu1赋值给stu2后，stu2的各个成员的值与stu1的各成员值相同。

【例6.1】编写程序，定义结构体类型为student（包含学号、姓名和成绩共三个成员）的两个结构体变量stu1、stu2，将其进行交换后输出。

【分析】交换两个变量的值，应借助于另一个同类型的变量。

源程序：

```
#include <iostream>
using namespace std;
int main()
{
    struct student                          //结构体类型的定义，位于main函数中
    {
        int studentID;
        char studentName[20];
        double score;
    };
    student stu1= {162359,"Fred",89.5};    //定义结构体变量stu1并进行初始化
    student stu2 ={162360,"Kate",91};      //定义结构体变量stu2并进行初始化
    //交换前进行输出
    cout<<"Before swap: "<<endl;
    cout<<"Student1: "<<stu1.studentID<<'\t'<<stu1.studentName<<'\t'<<stu1.score<<endl;
    cout<<"Student2: "<<stu2.studentID<<'\t'<<stu2.studentName<<'\t'<<stu2.score<<endl;
    //stu1与stu2进行交换
    student t;                              //t为中间变量
    t = stu1;
    stu1 = stu2;
    stu2 = t;
    //交换后进行输出
    cout<<endl<<"After swap: "<<endl;
    cout<<"Student1: "<<stu1.studentID<<'\t'<<stu1.studentName<<'\t'<<stu1.score<<endl;
    cout<<"Student2: "<<stu2.studentID<<'\t'<<stu2.studentName<<'\t'<<stu2.score<<endl;
    return 0;
}
```

运行结果为：

```
Before swap:
Student1: 162359        Fred    89.5
Student2: 162360        Kate    91

After swap:
Student1: 162360        Kate    91
Student2: 162359        Fred    89.5
```

程序中结构体类型的定义可放在main函数中，也可在main函数之前。若放在main函数中，则该类型只能在main函数中使用，具有局部作用域；若放在main函数之前定义，该类型可在整个cpp文件中使用，具有全局作用域。

【例6.2】 定义结构体类型complex表示复数，包含real和imag两个成员，分别表示复数的实部与虚部，编写add函数，实现两个复数的相加，在主函数中输入两个复数，调用add函数，而后输出这两个复数的和。

【分析】 结构体类型complex包含两个成员，在进行输入与输出时，应分别输出结构体变量的两个成员。两个复数进行相加运算，是分别将两复数的实部与实部相加，虚部与虚部相加，运算结果仍为复数。编写add函数时，形参为两个complex类型的结构体变量，函数的返回值也是complex类型的变量。

源程序：

```
#include <iostream>
using namespace std;
struct complex                          //结构体类型的定义，放在main函数之前定义
{
    double real;                        //实部
    double imag;                        //虚部
};
complex add(complex, complex);          //函数原型说明语句
int main()
{
    complex a, b, sum; //a表示第一个复数，b表示第二个复数，sum表示a与b之和
    cout<<"Enter real part of complex1: ";
    cin>>a.real;                        //输入a的实部
    cout<<"Enter imag part of complex1: ";
    cin>>a.imag;                        //输入a的虚部
    cout<<"Enter real part of complex2: ";
    cin>>b.real;                        //输入b的实部
    cout<<"Enter imag part of complex2: ";
    cin>>b.imag;                        //输入b的虚部
    sum = add(a, b);                    //调用add函数计算复数a与b的和并赋给sum变量
    cout<<"Real part of sum: "<<sum.real <<endl;      //输出sum的实部
    cout<<"Imag part of sum: "<<sum.imag <<endl;      //输出sum的虚部
    return 0;
}
//add函数定义，计算两个复数相加后的计算结果
complex add(complex x, complex y)
{
    complex s;                          //s表示两复数的和
    s.real = x.real + y.real;           //计算s的实部
    s.imag = x.imag + y.imag;           //计算s的虚部
    return s;                           //返回s
}
```

运行结果为：

```
Enter real part of complex1: 1
Enter imag part of complex1: 4
Enter real part of complex2: 2
Enter imag part of complex2: 6
Real part of sum: 3
Imag part of sum: 10
```

结构体变量可以作为函数的参数，此时向函数传递结构体的完整结构，即将实参结构体变量的成员的内容复制给形参结构体变量的相应成员，这种传递方式是传值调用，实参和形参占用不同的内存空间，在函数体中对形参结构体成员的修改不会影响实参结构体成员。注意，实参和形参的结构体类型必须相同。

6.1.6 结构体数组

前面定义了结构体类型student，一个student类型的结构体变量可以表示一个学生的信息，若有多个具有相同结构类型的学生信息，则应如何表示这些学生的信息呢？显然，此时可以使用结构体数组。结构体

数组即数据类型为结构体类型的数组，它与以前介绍过的基本数据类型数组的不同之处在于结构体数组的每个数组元素是一个结构体类型的变量。

1. 结构体数组的定义

结构体数组的定义形式为：

结构体类型名 结构体数组名[数组长度];

例如，下面语句定义了student类型的结构体数组stu：

```
student stu[3];
```

该数组中包含有3个数组元素，即stu[0]、stu[1]和stu[2]，每个数组元素的类型为student，分别包含3个成员。此时，可利用成员运算符来访问数组元素的各个成员，如stu[0].studentID 表示数组元素stu[0]的studentID成员，stu[2].score表示数组元素stu[2]的score成员。结构体数组名仍代表数组在内存中存储空间的首地址，数组各元素在内存中按存储规则连续存放。

2. 结构体数组的初始化

结构体数组在定义时也可以进行初始化。其初始化方法与一般数组的初始化方法基本相同，每个数组元素的成员的初值放置在{}内，数据之间用逗号“,”分隔，每个数组元素初始值的个数、顺序、类型必须与其对应的成员一致。当列出了所有数组元素的初始化数据时，结构体数组的长度可以省略。

例如下面的语句为stu数组的各个数组元素进行了初始化：

```
student stu[3] = {{162359, "Fred", 89.5}, {162360, "Kate", 91}, {162361, "Tom", 73 }};
```

该数组对应于表6-2中的学生信息。

表6-2 学生信息表

学 号	姓 名	成 绩
162359	Fred	89.5
162360	Kate	91
162361	Tom	73

【例6.3】已知学生的信息包括学号、姓名和成绩，学生人数最多为30，编写程序，输入学生人数n，输出这n个学生的平均成绩和高于平均分的人数。

【分析】每个学生的信息包括不同类型的数据，因此需要先定义结构体类型。由于要处理多个学生的数据，因此应使用结构体数组，学生最多30人，故将结构数组的长度定义为30。定义变量n，表示需要计算成绩的学生人数。

源程序：

```
#include <iostream>
using namespace std;
const int N = 30;
struct student                  //定义结构体类型
{
    int studentID;              //学号
    char studentName[20];       //姓名
    double score;               //成绩
};
int main()
{
    student stu[N];             //定义结构体数组
    double sum = 0, average;    //sum、average分别表示总成绩和平均成绩
    int n;                      //n表示需要计算成绩的学生人数
    cout<<"Enter amount of students: ";
    cin>>n;                     //输入学生人数
    cout<<"Enter "<<n<<" students information:"<<endl;
```

```
    cout<<"ID\tName\tscore"<<endl;
    for(int i = 0; i < n; i++)       //输入学生信息并计算总成绩
    {
        cin>>stu[i].studentID>>stu[i].studentName >>stu[i].score;
        sum += stu[i].score;
    }
    average = sum / n;               //计算平均成绩
    int counter = 0;                 //counter为高于平均分的人数
    for(i = 0; i < n; i++)           //计算高于平均分的人数
    {
        if(stu[i].score > average)
            counter++;
    }
    cout<<"Average = "<<average<<endl;
    cout<<">=average: "<<counter<<endl;
    return 0;
}
```

运行结果为：

```
Enter amount of students: 5
Enter 5 students information:
ID      Name    score
162359  Fred    89.5
162360  Kate    91
162361  Tom     73
162362  Sue     60
162363  Rachel  52
Average = 73.1
>=average: 2
```

【例6.4】已知5名学生的信息，其中包括学号、姓名和数学、英语和计算机三科成绩，如表6-3所示。编写程序，计算每个学生的平均成绩，并按平均成绩进行降序排序。

表6-3　学生信息表

学　号	姓　名	数　学	英　语	计　算　机
162359	Fred	89.5	70	81
162360	Kate	79	80	89
162361	Tom	73	63.5	57
162362	Sue	73	64	71
162363	Rachel	52	79	74

【分析】首先定义结构体类型表示学生的信息，程序中要求按照每个学生的平均分进行排序，因此可将平均成绩average也作为结构体类型的成员，从而简化操作，增强程序的可读性。采用冒泡法排序时，需要进行比较的是相邻数组元素的平均成绩成员，即stu[j].average与stu[j+1].average的比较，而后stu[j]和stu[j+1]进行交换，两数组元素的交换可参考例6.1。

源程序：

```
#include <iostream>
using namespace std;
const int N = 5;
struct student                   //定义结构体类型
{
    int studentID;               //学号
    char studentName[20];        //姓名
    double score[3];             //三科成绩
```

```
    double average;            //平均成绩
};
int main()
{
    student stu[N] = {{162359,"Fred",{89.5,70,81}},
                      {162360,"Kate",{79, 80, 89}},
                      {162361,"Tom",{73,63.5,57}},
                      {162362,"Sue",{73,64,71}},
                      {162363,"Rachel",{52,79,74}}};     //结构体数组初始化
    for(int i = 0; i < N; i++)                            //计算每个人的平均成绩
    {
        stu[i].average = 0;
        for(int j = 0; j < 3; j++)                        //计算三科成绩的总和
            stu[i].average += stu[i].score[j];
        stu[i].average /= 3;                              //计算平均成绩
    }
//冒泡法排序
    for(i = 0;i < N - 1; i++)
        for(int j = 0; j < N - 1 - i; j++)
            if(stu[j].average < stu[j+1].average)         //比较平均成绩
            {
                student t = stu[j];
                stu[j] = stu[j + 1];
                stu[j + 1] = t;
            }
//输出排序后的结构体数组
    cout<<"ID\tName\tscore1\tscore2\tscore3\taverage"<<endl;
    for(i = 0;i < N; i++)
    {
        cout<<stu[i].studentID<<'\t'<<stu[i].studentName<<'\t';
        for(int j = 0; j < 3; j++)
            cout<<stu[i].score[j]<<'\t';
        cout<<stu[i].average<<endl;
    }
    return 0;
}
```

运行结果为：

```
ID      Name    score1  score2  score3  average
162360  Kate    79      80      89      82.6667
162359  Fred    89.5    70      81      80.1667
162362  Sue     73      64      71      69.3333
162363  Rachel  52      79      74      68.3333
162361  Tom     73      63.5    57      64.5
```

在计算每个学生的平均成绩时，也可使用如下的语句实现：

```
for(int i = 0; i < N; i++)
{
    stu[i].average = (stu[i].score[0] + stu[i].score[1] + stu[i].score[2])/3;
}
```

6.1.7 结构体指针变量

在C++语言中指针变量总是扮演着十分重要的角色。指针变量不仅可以指向变量、数组、 数组元素、函数，也可以指向结构体变量与结构体数组。

1. 指向结构体变量的指针变量

指向结构体变量的指针变量称为结构体指针变量。结构体指针变量指向了结构体变量中的第一个成员。

（1）结构体指针变量的定义及初始化。结构体指针变量在使用前应先进行定义，结构体指针变量定义的一般形式为：

结构体类型名 *指针变量名;

例如：

```
student  *s;
```

该语句定义了一个指向 student 结构体类型数据的指针变量s。例中指针变量s还未具体确定指向哪个结构体变量，需要在程序中把结构体变量的地址赋给s；或者在定义结构体指针变量s 时进行初始化，这样指针变量s才能有确定的指向。例如：

```
student stu;                    //定义结构体变量stu
student *s = &stu;              //定义结构体指针变量 s并进行初始化，使其指向结构体变量stu
```

（2）用结构体指针变量访问结构体变量的成员。通过"结构体变量名.成员名"的形式可以访问成员，在定义了结构体变量，且该指针变量指向了结构体变量后，还可以利用结构体指针变量访问成员。若有如下定义：

```
student stu, *s = &stu;         //s为指向结构体变量stu的指针变量
```

则可以使用两种方式访问stu中的成员。

第一种形式为：

(*结构体指针变量名).成员名

例如：

```
(*s).score
```

其中，结构体指针变量s指向了结构体变量stu，因此*s即结构体变量stu，(*s).score就表示stu中的score成员，所以(*s).score 的意义是先访问结构体指针变量所指向的结构体变量stu，再访问stu中的score成员。由于成员运算符"."优先于指针运算符"*"，故(*s).score中的小括号不能省略。

第二种形式为：

结构体指针变量名->成员名

"->"是指向运算符，由减号和大于号组成，中间不可以加空格。

例如：

```
s->score
```

表示访问s所指向的结构体变量stu中的score成员，该形式与(*s).score的形式完全等价。

由此可见，访问结构体变量中的成员共有三种方式：

① **结构体变量名.成员名**
② **(*结构体指针变量名).成员名**
③ **结构体指针变量名->成员名**

2. 指向结构体数组的指针变量

指向结构体数组的指针变量的定义和使用方法与指向普通数组的指针变量的定义和使用方法完全一样，只不过结构体数组的数据类型是结构体类型而已。

【例6.5】 定义student类型的结构体数组，使用指针变量，输出结构体数组中的各个元素的成员的值。

源程序：

```
#include <iostream>
using namespace std;
struct student                  //定义结构体类型
{
    int studentID;              //学号
    char studentName[20];       //姓名
    double score;               //成绩
};
int main()
```

```
{
    //定义结构体数组stu，并进行初始化
    student stu[3] = {{162359,"Fred",89.5},{162360,"Kate",79},{162361,"Tom",73}};
    student *p;                     //定义结构体指针变量p
    cout<<"Id\tName\tscore"<<endl;
    for(p = stu;p < stu + 3; p++)   //p自增后则指向结构体数组的下一个数组元素
    {
        cout<<p->studentID <<'\t'<<p->studentName <<'\t'<<p->score <<endl;
    }
    return 0;
}
```

运行结果为：

```
Id      Name    score
162359  Fred    89.5
162360  Kate    79
162361  Tom     73
```

程序中数组名stu代表了数组所占内存空间的首地址，因此，通过语句p = stu;使p指向了该数组的第一个数组元素stu[0]。执行p++后指针变量p则指向该数组的下一个数组元素stu[1]，利用这种方法可以访问数组中的所有元素，此时使用->运算符访问数组元素的成员，如p-> studentID，该形式等价于(*p).studentID，都表示p所指向的数组元素的studentID成员。

6.1.8　结构体指针变量的应用

结构体指针变量有两种重要的用途：一是作为函数的参数；二是利用结构体指针变量建立链表及其他动态数据结构。

1. 用结构体指针变量作函数的参数

【例6.6】定义结构体类型student（包含学号、姓名和成绩共三个成员），将两个student类型结构体变量stu1、stu2交换后输出，编写swap函数，实现两个结构体变量的交换。

【分析】本例与例6.1类似，只是将两个结构体变量的交换用函数来实现，而后在main函数中调用该函数。为实现两个变量的交换，应使用指针变量作为形参，实参为变量的地址。

```
#include <iostream>
using namespace std;
struct student          //结构体类型的定义
{
    int studentID;
    char studentName[20];
    double score;
};
void swap(student *p1, student *p2);  //函数原型说明语句
int main()
{
    student stu1= {162359,"Fred",89.5};    //定义结构体变量stu1并进行初始化
    student stu2 ={162360,"Kate",91};      //定义结构体变量stu2并进行初始化
    //交换前进行输出
    cout<<"Before swap: "<<endl;
    cout<<"Student1: "<<stu1.studentID<<'\t'<<stu1.studentName<<'\t'<<stu1.score<<endl;
    cout<<"Student2: "<<stu2.studentID<<'\t'<<stu2.studentName<<'\t'<<stu2.score<<endl;
    swap(&stu1, &stu2);        //调用swap函数，交换stu1与stu2的值
    //交换后进行输出
    cout<<endl<<"After swap: "<<endl;
    cout<<"Student1: "<<stu1.studentID<<'\t'<<stu1.studentName<<'\t'<<stu1.score<<endl;
    cout<<"Student2: "<<stu2.studentID<<'\t'<<stu2.studentName<<'\t'<<stu2.score<<endl;
    return 0;
```

```
}
//swap函数的定义，交换指针变量p1、p2指向的结构体变量
void swap(student *p1, student *p2)
{
    student t;       //t为中间变量
    t = *p1;
    *p1 = *p2;
    *p2 = t;
}
```

运行结果为：

```
Before swap:
Student1: 162359        Fred    89.5
Student2: 162360        Kate    91

After swap:
Student1: 162360        Kate    91
Student2: 162359        Fred    89.5
```

程序中在主函数中调用swap函数，实参是结构体变量stu1、stu2的地址，形参为结构体指针变量p1和p2，这种传递方式是传地址调用。由于p1和p2分别指向了结构体变量stu1和stu2，此时*p1就是stu1，*p2就是stu2。因此，在函数swap中，交换*p1与*p2即交换stu1和 stu2的值。注意此时是将结构体变量的地址传递给被调函数，并不是将整个结构体变量的内容复制给被调函数，因此效率较高。

【例6.7】使用函数实现例6.4，分别编写inputStudentInfo函数实现学生信息的输入，outputStudentInfo函数实现学生信息的输出，calAverage函数计算学生的平均成绩，sortByAverage函数将学生信息按平均成绩进行降序排序。在main函数中定义结构体数组，分别调用函数对其进行输入、计算平均成绩，并按平均成绩排序后输出。

源程序：

```
#include <iostream>
using namespace std;
const int N = 30;
struct student              //定义结构体类型
{
    int studentID;          //学号
    char studentName[20];   //姓名
    double score[3];        //三科成绩
    double average;        //平均成绩
};
//函数原型说明语句
void inputStudentInfo(student*, int);
void calAverage(student*, int);
void sortByAverage(student*, int);
void outputStudentInfo(student*, int);
int main()
{
    student stu[N];                    //定义结构体数组stu，用于存放学生信息
    int n;
    cout<<"Enter the amount of students: ";
    cin>>n;                            //输入学生人数n
    inputStudentInfo(stu, n);          //调用inputStudentInfo函数进行输入
    calAverage(stu, n);                //调用calAverage函数计算学生的平均成绩
    cout<<endl<<"Before sorting:"<<endl;
    outputStudentInfo(stu, n);         //调用outputStudentInfo函数输出学生的信息
    sortByAverage(stu, n);             //调用sortByAverage函数按照平均成绩成员排序
    cout<<endl<<"After sorting: "<<endl;
```

```
    outputStudentInfo(stu, n);        //调用outputStudentInfo函数输出排序后的学生的信息
    return 0;
}
//输入n个学生的学号、姓名和三科成绩
void inputStudentInfo(student *stu, int n)
{
    cout<<"Enter "<<n<<" students' info: "<<endl;
    cout<<"ID\tName\tscore1\tscore2\tscore3"<<endl;
    for(int i = 0; i < n; i++)
    {
        cin>>stu[i].studentID>>stu[i].studentName;
        for(int j = 0; j < 3; j++)
            cin>>stu[i].score[j];
    }
}
//计算n个学生的平均成绩
void calAverage(student *stu, int n)
{
    for(int i = 0; i < n; i++)
    {
        stu[i].average = 0;
        for(int j = 0; j < 3; j++)     //计算三科成绩的总和
            stu[i].average += stu[i].score[j];
        stu[i].average /= 3;           //计算平均成绩
    }
}
//输出n个学生的信息
void outputStudentInfo(student *stu, int n)
{
    cout<<"ID\tName\tscore1\tscore2\tscore3\taverage"<<endl;
    for(int i = 0;i < n; i++)
    {
        cout<<stu[i].studentID<<'\t'<<stu[i].studentName<<'\t';
        for(int j = 0; j < 3; j++)
            cout<<stu[i].score[j]<<'\t';
        cout<<stu[i].average<<endl;
    }
}
//按照平均成绩成员对n个学生进行降序排序，冒泡法
void sortByAverage(student *stu, int n)
{
    for(int i = 0;i < n - 1; i++)
    {
        for(int j = 0; j < n - 1 - i; j++)
            if(stu[j].average < stu[j+1].average)    //比较平均成绩
            {
                student t = stu[j];
                stu[j] = stu[j + 1];
                stu[j + 1] = t;
            }
    }
}
```

运行结果为：

```
Enter the amount of students: 5
Enter 5 students' info:
ID      Name    score1    score2  score3
```

```
162359    Fred    89.5     70     81
162360    Kate    79       80     89
162361    Tom     73       63.5   57
162362    Sue     73       64     71
162363    Rachel  52       79     74

Before sorting:
ID        Name    score1   score2 score3  average
162359    Fred    89.5     70     81      80.1667
162360    Kate    79       80     89      82.6667
162361    Tom     73       63.5   57      64.5
162362    Sue     73       64     71      69.3333
162363    Rachel  52       79     74      68.3333

After sorting:
ID        Name    score1   score2 score3  average
162360    Kate    79       80     89      82.6667
162359    Fred    89.5     70     81      80.1667
162362    Sue     73       64     71      69.3333
162363    Rachel  52       79     74      68.3333
162361    Tom     73       63.5   57      64.5
```

程序中实参为结构体数组名，形参为结构体指针变量，在函数调用时，形参指针变量则指向主调函数中的结构体数组，因此该传递方式为传地址调用，在被调函数中修改的就是主调函数中定义的结构体数组。

2. 用结构体指针处理链表

从第4章介绍的数组可知，数组是一种线性表的顺序表示方式，优点是使用直观，便于快速、随机地存取线性表中的任一元素，但缺点是在进行插入和删除时需要移动大量的数组元素，而且数组的大小是固定的，数组定义得太小，可能不够存放新的元素，定义得太大，则会浪费大量的内存空间。链表实际上是线性表的链式存储结构，与数组不同的是，它是一种动态的数据结构，是用一组任意的存储单元来存储线性表中的数据，存储单元不一定是连续的，且链表的长度不是固定的。它能根据需要动态地进行存储空间的分配，可以适应数据动态增减的情况，可以方便地进行数据的插入、删除操作。

链表中的每一个元素称为一个结点（Node），每个节点可存放在内存中的不同位置，链表中的结点数目无须事先给定。为了表示每个结点与后继结点之间的逻辑关系，结点中除了保存本身的信息之外，还需要存储其直接后继结点的位置。因此，每个结点应包含两部分内容：一部分是链表的数据域，用来存储所需要的数据，这里的数据可以有多个；另一部分是指针域，用于存放其直接后继结点的地址，用指针变量next表示，即next指向下一个结点。若当前结点为表尾（即最后一个结点）时，next的值设为空指针，即NULL（C++中的常量，值为0，表示一个指针不指向任何数据）。

链表有单向链表、双向链表、环形链表等形式。图6.3为一个单向链表的结构示意图。头指针指向了第一个节点（表头结点），第一个结点又指向了第二个结点，依此类推，直到最后一个结点，由于表尾结点的地址为空，链表到此结束。链表的存储结构决定了链表数据的访问方式，只能顺序访问，而不能随机访问。首先要找到链表的头指针（head），因为它是指向第一个节点的指针，只有找到第一个结点才能找到第二个节点，而后才能找到第三个结点，依次类推，当结点的指针域为NULL时，表示已经到了链表的表尾。可见，对单向链表来说，头指针head是非常重要的，没有头指针，整个链表是无法访问的，而且头指针一旦丢失，链表中的数据也将全部丢失。

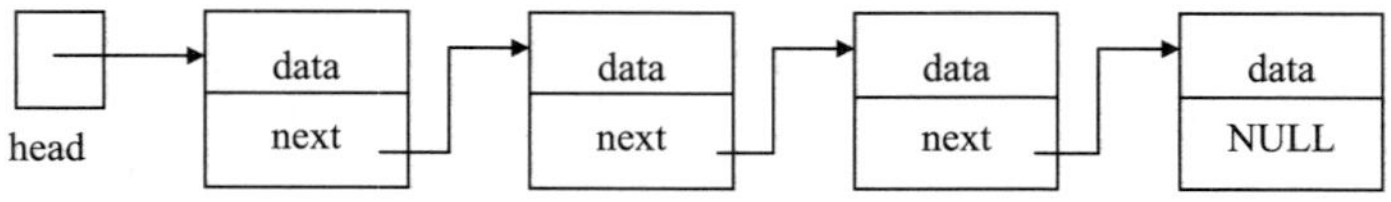

图6.3　链表的存储结构示意图

为方便描述，这里设计一个包含两个数据的链表结构，例如：

```
struct student  //定义结构体类型
{
    int studentID;     //学号
    double score;     //成绩
    student *next;    //结构体指针变量
};
```

该结构类型中包含的数据域为studentID 和score，指针域为next，用于指向下一个结点，next中存储下一个结点的地址，因而next也应为一个student类型的结构体指针变量。此时可建立如图6.4所示的链表。

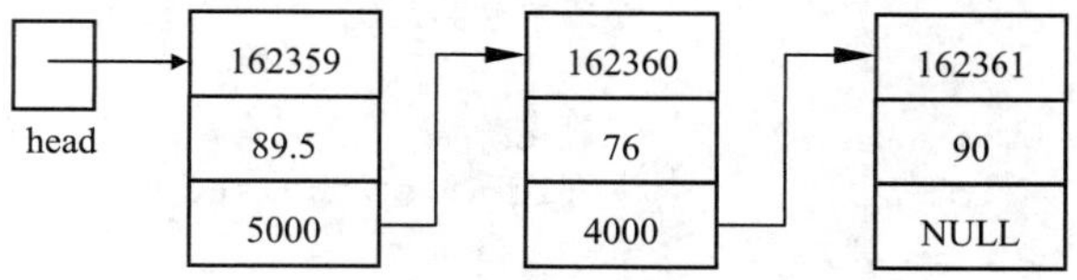

图6.4 链表数据结构的建立

链表的特点在于动态地进行内存分配，在需要使用时才会在内存中开辟一个结点的存储空间，可使用new和delete进行动态存储分配和释放。

下面通过一个具体实例来说明如何建立链表，如何使用结构体指针变量。

【例6.8】创建存放学生信息的链表，并将创建好的链表进行输出。已知学生的信息包含学号和成绩，当输入学号为0时，表示创建完毕。

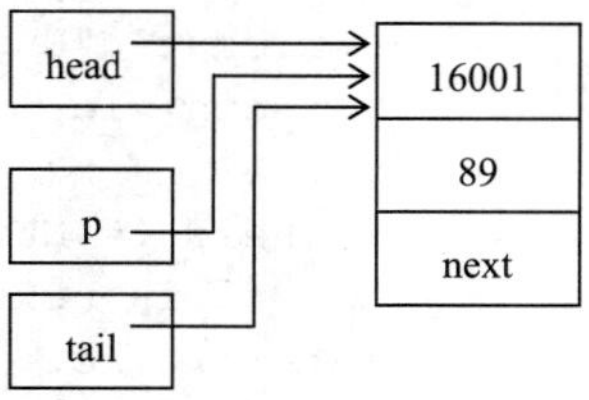

图6.5 建立表头结点

【分析】要创建链表，首先要向链表中添加一个新结点，可为新建结点申请动态内存，可让指针变量p指向这个新建结点，然后再将其添加到链表中。因此需要考虑两种情况：

（1）若链表为空，即head = NULL，则新建结点p就是头结点，即：head = p; tail = p;，如图6.5所示。

（2）若链表非空，则需要将新建的结点p添加到链表尾部，即：tail->next = p; tail = p;，如图6.6所示。若输入的学号为0，则表示创建结束，此时需将tail的next成员赋值为NULL。

链表使用完毕后，需将其所占内存空间释放，可从表头开始，依次使用delete语句对每个结点所占内存空间释放。

源程序：

```
#include <iostream>
using namespace std;
struct student                //定义结构体类型
{
    int studentID;            //学号
    double score;             //成绩
    student *next;            //结构体指针变量
};
student *create();                          //创建链表函数原型说明
void printLinkedList(student *);            //输出链表数据函数原型说明
void deleteLinkedList(student *head);       //释放head指向的链表中所有结点所占内存空间
int main()
{
    student *head;
    head = create();          // 建立链表，并返回表头指针变量
    printLinkedList(head);    // 输出链表数据
    deleteLinkedList(head);   // 释放head指向的链表中所有结点所占内存空间
    return 0;
}
```

```
//创建链表，create为指向student类型的指针函数
student *create()
{
    student *head;                  //头指针
    student *p;                     //p指向新建结点
    student *tail;                  //tail指向表尾结点
    head = NULL;                    //未创建任何结点时，头指针为空
    int id;
    cout<<"Enter student id: ";
    cin>>id;                        //输入学号，
    while(id != 0)                  //若学号不为0，则存入结点中
    {
        p = new(student);           //创建新结点p，指向新分配的内存空间
        p->studentID = id;          //将id赋给p结点的studentID成员
        cout<<"Enter score: ";
        cin>>p->score ;
        if(head == NULL)            //若head为空，说明新建结点为第一个结点
            head = p;               //让头指针指向结点p
        else
            tail->next = p;         //若不是头结点，将p结点插入到tail结点的后面
        tail = p;                   //tail指向最后一个结点
        cout<<"Enter student id: "; //输入下一个学号
        cin>>id;
    }
    if(head != NULL)                //若头指针不为空，说明至少有一个结点
        tail->next = NULL;          //tail的next成员为NULL，说明是最后一个结点
    return head;                    //返回头指针
}
//遍历链表，并输出链表
void printLinkedList(student *head)
{
    cout<<endl;
    cout<<"Students information: "<<endl;
    cout<<"ID\tscore"<<endl;
    while(head != NULL)             //当头结点不为空则输出链表
    {
        cout<<head->studentID<<'\t'<<head->score <<endl;
        head = head->next ;
    }
}
//删除链表所占内存空间
void deleteLinkedList(student *head)
{
    student *temp;
    while(head != NULL)           //依次删除链表结点
    {
        temp = head;
        head = head->next;
        delete temp;
    }
}
```

运行结果为：

```
Enter student id: 16001
Enter score: 89
Enter student id: 16002
Enter score: 74
```

```
Enter student id: 16003
Enter score: 68
Enter student id: 0

Students information:
ID      score
16001   89
16002   74
16003   68
```

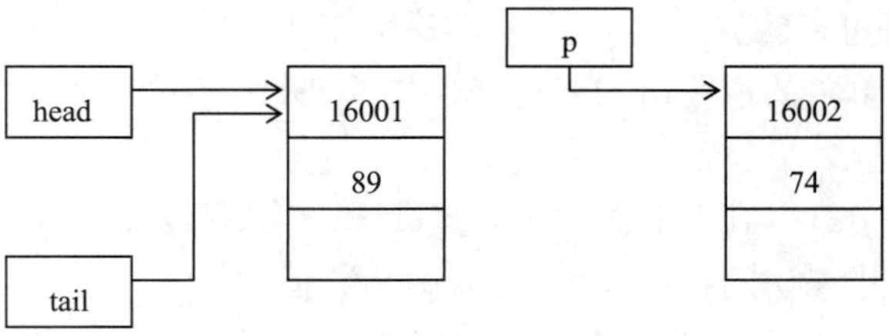

(a)

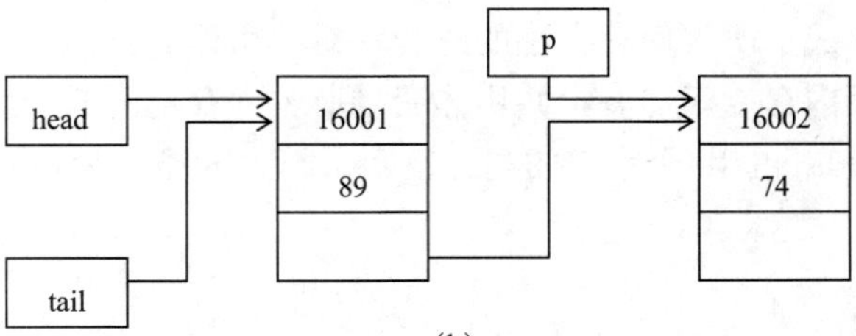

(b)

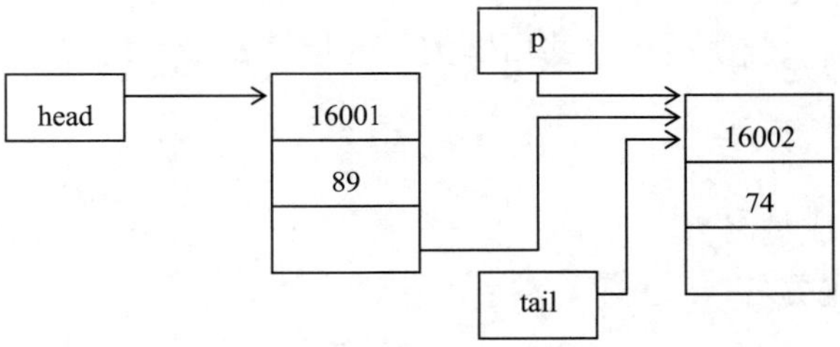

(c)

图6.6　建立第二个结点

6.2 共　用　体

有时需要使几种不同数据类型的变量放到同一段内存单元中，例如：把一个int型变量、一个char型变量和一个double型变量放于同一地址开始的内存单元中，这3个变量在内存中的字节数不同，但都从同一地址开始存放，也就是使用覆盖技术使几个变量相互覆盖。这种使几个不同类型的变量共同使用同一段内存区域的结构称为共用体类型，也称为联合体类型。

6.2.1 共用体类型的定义

定义共用体类型时要使用关键字union，其他说明部分与结构体类型定义相似。其一般形式为：

```
union 共用体类型名
{
    数据类型 成员名1;
    数据类型 成员名2;
        ...
    数据类型 成员名n;
```

```
};
```

例如：

```
union data
{
    int i;
    char ch;
};
```

共用体的定义说明了共用体的组织形式及成员的数据类型。这里定义了共用体类型data，该类型包括两个成员。共用体类型定义后就可以定义共用体变量。共用体变量的定义与结构体变量的定义相似，可以直接定义共用体变量，也可以用单独的说明语句来定义共用体变量，例如：

```
data da1;
```

该语句定义了一个共用体变量da1。在da1中，整型变量i和字符变量ch共享一个内存地址。这样，无论何时，都可以以整数或字符的形式来访问存储在变量da1中的数据。

共用体与结构体除关键字不同外，在逻辑形式上是基本一样的。两者本质的区别在于它们对内存空间的占用方式不同。对结构体而言，结构体变量中的每个成员分别占用不同的内存空间，一个结构体变量所占内存空间的大小是结构中各成员所占内存大小的总和。对共用体而言，共用体变量中各成员在内存中都从同一地址开始，共占同一段内存空间。一个共用体变量所占内存空间的长度由成员中占内存最大的成员确定，如上例中的共用体变量da1占用4个字节的内存空间，因为int型变量在内存中占用4个字节，char型变量占用1个字节。

6.2.2 访问共用体的成员

访问共用体的成员仍使用成员运算符“.”或“->”来对共用体变量的成员进行操作。若使用共用体变量访问成员，用“.”运算符；若使用指向共用体类型的指针变量，用“->”运算符。访问共用体成员的三种形式为：

① 共用体变量.成员名。

② (*共用体指针变量名).成员名。

③ 共用体指针变量名->成员名。

例如，若有以下定义，

```
union data
{
    int i;
    char ch;
}da1, *t = &da1;        //定义共用体变量da1与指针变量t，且t指向da1
```

此时如果要将整数10赋给da1中的成员i，则可使以下任意一种形式：

```
da1.i = 10 ;
(*t).i = 10;
t->i = 10;
```

6.2.3 共用体类型的特点

共用体类型具有如下特点：

（1）共用体变量的不同成员，占用同一个存储区域。各成员在内存中占用同一个起始地址，这就是共用体变量的地址。但在某一瞬间，只能存放一个成员的数据，即只有一个成员有效，其他成员无效。

（2）在共用体变量中，一个新成员被赋值后，原有成员的数据被覆盖。若连续为各成员赋值，只有最后一个被赋值的成员有效。如以下语句：

```
da1.i = 10;
da1.ch = 'a';
```

在完成以上两个赋值操作后，只有da1.ch是有效的。

（3）共用体类型和结构体类型可以嵌套定义。结构体变量和结构体数组可以作共用体的成员，反之，共用体变量和共用体数组也可作成员。例如：

```
struct s1
{
    char *name;
    int flags;
    int type1;
    union u1
    {
        int ival;
        double fval;
        char *sval;
    }u;      //u为结构体类型s1的成员
}emp[10];
```

在数据处理中，共用体常被用于类型转换，这是因为可以用两种或多种方法访问包含在共用体中的数据。因此，在编写系统软件时，要处理不同类型的数据或者要求以不同的字节为单位(如8位，16位)参加运算，常常使用共用体的方式。

【例6.9】使用共用体的方式将一个整数转换为对应的ASCII码字符。

源程序：

```
#include <iostream>
using namespace std;
union pw
{
    int i;
    char ch[2];
};
int main( )
{
    pw word;
    cout<<"Enter an integer: ";
    cin>>word.i;
    cout<<"Character is: ";
    cout<<word.ch<<endl;
    return 0;
}
```

运行结果为：

```
Enter an integer: 98
Character is: b
```

6.3　枚 举 类 型

枚举就是一一列举的意思，当有些数据仅由有限个数据值组成时，通常用枚举类型来表示。例如，一个袋子里只有红、黄、白、蓝四种颜色的球；一个星期只有7天；一场比赛的结果只有胜、负、平局和取消比赛四种情况。上述数据只有有限的几种可能值，虽然可以用int、char等数据类型来表示它们，但是对这些数据的合法性检查却是一件很麻烦的事情。例如，如果用整数0～6来代表一星期的七天，那么7便是不合法数据。C++中的枚举类型就是专门来解决这类问题的。所谓枚举，是一个有名字的整型常量的集合，它指出了这种类型的变量具有的所有合法值。

6.3.1 枚举类型及枚举变量的定义

定义枚举类型的一般形式为：

```
enum  枚举类型名
{
    枚举元素1[=整型常量1],枚举元素2[=整型常量2], ... , 枚举元素n[=整型常量n]
};
```

其中：

（1）enum是定义枚举类型的关键字。

（2）枚举类型名是用户命名的，符合标识符的命名规则。

（3）枚举元素间用逗号分隔，最后一个枚举元素后不带任何符号。

例如:

```
enum sw{a = 1, b = 2, c = 3, d = 4};        // 定义枚举类型sw
```

又如：

```
enum color{red, yellow, green, blue, white, black};  //定义枚举类型color
```

说明:

（1）枚举定义中的每个枚举元素代表一个整数值。若在定义时没有为枚举元素赋值，则系统会按定义顺序将其分别赋值为0, 1, 2, 3, ...；各枚举元素若有赋值，则以所赋的值为准；定义中若对某个枚举元素赋值，其后省略赋值者，以此赋值为基础顺序加1。

例如：

```
enum color{red, yellow, green, blue, white, black};
//red = 0, yellow = 1, green = 2, blue = 3, white = 4, black = 5
enum color{red = 3, yellow = 5, green = 8, blue = 9, white = 10, black = 15};
//red = 3, yellow = 5, green = 8, blue = 9, white = 10, black = 15
enum color{red, yellow, green = 8, blue, white, black};
//red = 0, yellow = 1, green = 8, blue = 9, white = 10, black = 11
```

（2）枚举元素被视为常量，在枚举类型定义之外，均不能对其赋值。

（3）在定义中各枚举元素不能重名，程序中其他标识符也不能与枚举元素重名。

定义枚举变量的形式为：

```
枚举类型名 枚举变量名;
```

例如：

```
enum color{red, yellow, green, blue, white, black};
color c1;  // 定义枚举变量c1
```

6.3.2 枚举元素的访问

枚举元素的访问，不同于结构体的成员和联合体的成员，它不需要使用“.”或“->”运算符，而是在枚举类型定义之外，直接访问。

枚举元素作为整型常量，可以直接赋给枚举变量、直接访问。

【例6.10】枚举变量使用举例。

```
#include <iostream>
using namespace std;
enum color{red, yellow, green, blue, white, black};
int main ()
{
    color c1;
    c1 = blue;
    cout<<"red = "<<red<<endl;
    cout<<"yellow = "<<yellow<<endl;
    cout<<"green = "<<green<<endl;
```

```
    cout<<"blue = "<<blue<<endl;
    cout<<"white = "<<white<<endl;
    cout<<"c1 = "<<c1<<endl;
    return 0;
}
```

运行结果：

```
red = 0
yellow = 1
green = 2
blue = 3
white = 4
c1 = 3
```

除枚举常量外，其他整型常量不能直接赋给枚举变量。例如：

```
color c1;
c1 = 3;      //错误
```

因为c1是枚举类型变量，3是整型常量，类型不相同。若经过强制类型转换后，可以赋值。如：

```
c1 = (color)3;    //正确，相当于 c1 = blue。
```

同类型的枚举变量间、枚举元素间、枚举变量与枚举元素间可以进行算术运算、关系运算。枚举元素和枚举变量可以作函数的参数，函数的返回值也可以是枚举类型。

6.4　用typedef定义类型

除了前面所介绍的结构体、共用体和枚举类型外，还可以用typedef关键字定义新的数据类型名。其一般形式为：

typedef 原有数据类型　新数据类型名;

其作用是用typedef定义的新数据类型名来代替已有类型名。例如：

```
typedef  int  integer;
```

该定义指定用integer代表int类型，也就是为数据类型int建立了一个新名integer。这样下面两条语句实际是等价的：

```
int m, n;
integer m, n;
```

习　题

1. 如何定义结构体类型？
2. 如何访问结构体变量中的成员？
3. 结构体变量可否作为函数的参数？
4. 如何创建链表？使用链表的优点是什么？
5. 编写程序，定义时钟类型，包含时、分、秒3个成员，再定义时钟类型的变量，输入各个成员并将其按照“时:分:秒”的形式进行输出，例如若输入14、25、58，则输出为14:25:58。
6. 已知图书的信息包括书号、书名、单价和库存量，输入N本书的信息，查找某书的库存信息，输入书号，查找是否有该书，如果有，则显示该书的信息；如果没有就给出相应提示，假定N为5。
7. 已知每个学生的信息包括学号、姓名和一门课程的成绩。编写3个函数，分别实现结构体数组的输入、排序和输出。其中排序函数可将学生的信息按照成绩进行降序排列。定义结构体类型，在主函数中定义结构体数组保存5个学生的信息，调用这些函数，输入学生的信息后，按成绩进行排序，而后输出。

8. 已知每种商品的信息包括商品代码、商品名称、单价、总量、销售量和库存量。编写程序，使用结构数组，分别输入5种商品的代码、名称、单价、总量和销售量，计算每种商品的库存量，并输出库存量为0的商品的信息。编写函数实现商品信息的输入并计算库存量，在主函数中调用该函数，并进行输出。

9. 已知复数包括实部和虚部两部分，将复数定义为结构体类型。编写3个函数分别计算两个复数的加法、减法和乘法。要求在主函数中输入两个复数，而后分别调用这些函数，输出结果。

10. 建立一个简单的通讯录系统。用结构体类型来描述每个人的记录，每个人的记录包括姓名、性别、电话号码和地址内容。编写程序，实现添加、删除和查询功能。添加时，可将输入的记录添加到末尾，而后按姓名进行升序排序；删除时，首先根据输入的姓名查找要删除的记录，而后进行删除；查询时，首先输入姓名，找到后显示该记录，若找不到则给出“无此记录”的提示信息。程序运行时，可先显示如下的菜单，并提示用户输入选项：

（1）添加记录；

（2）删除记录；

（3）查询记录；

（4）修改记录

（5）显示；

（6）退出。

然后，根据用户输入的选项执行相应的操作。

第7章 类与对象

本章讲解面向对象程序设计方法中提出的类、对象、继承、多态性以及重载等一些全新的概念，并介绍它们在C++中的实现。

7.1 类

客观世界是由千千万万个事物组成的，对于同一种事物，如许多学生对象，它们具有相同的结构特征和行为特征，只是表示内部状态的数据值不同。人们在认识事物时总是将具有相同特征的事物归为一类，属于某类的一个事物具有该类事物的共同特征。为了描述这种相同结构特征和行为特征的对象，面向对象方法引入了类的概念。

类是对一组具有相同特征的对象的抽象描述，所有这些对象都是这个类的实例。学生是一个类，而一个具体的学生则是学生类的一个对象，也称为一个实例。

类是面向对象程序设计的核心，利用它可以实现数据的封装、隐藏，通过它的继承与派生，能够实现对问题的深入抽象描述。在面向过程的程序设计中，程序是由作为模块的函数组成的；而在面向对象程序设计中，程序是由类的实例——对象构成的。函数是将逻辑上相关的语句与数据封装，用于完成特定的功能；而类则是将逻辑上相关的函数与数据的封装，是对要处理的问题的抽象描述。因此，后者的集成度更高，也就更适合大型复杂程序的开发。

从程序设计的角度来考察类这个概念，它实际上也就相当于一种用户自定义的数据类型，和前面学习的用户自定义的结构体数据类型有相似的特征。程序中可以定义某种数据类型的变量，同样可以定义某个类的变量，类的变量称为类的对象（或实例），这个定义的过程也称为类的实例化。和基本数据类型的不同之处在于，类这个特殊类型中同时包含了对数据进行操作的函数。

7.1.1 类的定义

类是对一组客观对象的抽象，它将该组对象所具有的共同特征（包括结构特征和行为特征）进行归纳抽象，以说明该组对象的性质和能力。因此，一个类至少包含以下两个方面的描述：类所有实例共同具有的属性或结构特征，称为类的数据成员；类所有实例共同具有的操作、行为或方法，称为类的成员函数。

在C++中，类是一种数据类型，与结构体有很多相似之处，类可以看作是在传统意义的结构体上又加了成员函数的一种数据类型。同结构体一样，在使用类之前必须要定义类。

类的定义可看作由说明部分和实现部分两部分来组成。说明部分用来说明该类中的成员，包括数据成员和成员函数的说明。成员函数是用来对数据成员进行操作的，又称为方法，实现部分是对成员函数进行定义。使用者关心的往往是说明部分，而对实现部分则不必关心。

1. 类定义的说明部分

现在声明一个类来描述日期，可以采用如下形式：

```
class Date
{
public:
    void setDate(int y, int m, int d);
    void showDate();
private:
    int year, month, day;
};
```

在C++中，一个类是一种用户声明的数据类型。class为类声明的关键字，其后的类名为一标识符，是所声明的数据类型名。这里以关键字class声明了类Date，其后的大括号内声明了该类包含有三个数据成员（year、month和day），它们是类的结构特征；还包含两个成员函数（setDate和showDate），它们是类的行为特征。

C++中类定义的说明部分一般形式如下：

```
class 类名称
{
public:
    公有数据成员和成员函数
protected:
    保护数据成员和成员函数
private:
    私有数据成员和成员函数
};
```

其中class是定义类的关键字；类名称是标识符，用于唯一标识一个类，一般以“C”开头，以区别于其他标识符；一对大括号内是对类的说明，说明该类的所有成员。类声明是C++的一个语句，最后一定要有分号。

类定义的声明部分也称为类声明体，对类所包含的成员进行说明。类的成员分为数据成员和成员函数，数据成员的定义方式与一般变量相同，只要将这个定义放在类的声明体中即可，它与一般变量的区别就在于其访问权限可以由类来控制；成员函数的说明是给出成员函数的原型声明。

通过设置成员的访问权限的控制属性从而实现类的成员访问控制，体现了类的隐藏和封装特性。访问控制属性有以下三种类型：

（1）公有类型（public）

公有成员用关键字public声明，它们是类的外部接口，任何外部访问都必须通过这个接口来进行。在日期类Date中，定义了设置日期setDate()和显示日期showDate()两个公有成员函数，外部若想对Date类进行操作，只能通过调用这两个函数来实现。

（2）私有类型（private）

私有成员用关键字private声明。如果私有成员紧接着类名称声明，私有关键字private可以省略。私有成员完全隐藏在类中，实现了访问权限的有效控制。前面的日期类Date中，就定义了三个私有整型数据成员year、month和day，这三个数据成员只能由其成员函数setDate()和showDate()访问。

（3）保护类型（protected）

保护成员用protected声明，它与私有成员基本相似，但它对类的派生类有影响。它除了可以被本类中的成员函数访问外，还可以被本类的派生类的成员函数访问。

在类的定义中，各种成员的访问属性声明可以以任意顺序出现，关键字也可以多次出现，但是一个成员只能具有一种访问属性。对于日期的例子，写成以下形式也是完全可以的。

```
class Date
{
public:
    void setDate(int y, int m, int d);
private:
```

```
    int year, month, day;
public:
    void showDate();
};
```

一般情况下，一个类的数据成员应该声明为私有成员，这样，就对数据成员进行了封装，同时使程序模块之间的相互影响降到最低。

类定义的说明部分应注意以下事项：

（1）在类内定义数据成员时不允许对数据成员进行初始化：因为类是一个数据类型，定义后并没有存储空间，因此不能对数据成员进行初始化（但静态数据成员可在类外进行初始化）。例如将Date类中数据成员的声明改为：

```
int year = 2000, month = 1, day = 1;
```

则会出现语法错误。

（2）在类定义的说明部分后必须加分号“;”。

（3）类中的数据成员的类型可以是任意的，包括整型、浮点型、字符型、数组、指针和引用等，也可以是类（即类的成员是另一个类的对象，但自身类的对象是不可以的，可以是自身类的对象指针）。

（4）一般在类中先说明公有成员（用户最关心），后面说明私有成员。

（5）一般将类定义的说明部分放在一个头文件中，而将它的实现部分放在一个源文件中。

2. 类定义的实现部分

类定义的实现部分就是对类中成员函数的定义。类的成员函数描述类的行为，又叫“方法”，是程序算法的实现部分，是对封装的数据进行操作的主要途径。在类定义的说明部分给出了成员函数的原型声明，说明函数返回值类型、函数名和函数的参数表，在类声明之外给出函数的具体实现，这是多数成员函数的定义方法。

与普通函数不同的是，在类说明体外定义成员函数时要指明其所属类的名称，具体形式为：

```
返回值类型 类名::函数成员名(形参列表)
{
    函数体
}
```

注意，在类声明外定义成员函数的实现时，必须在成员函数名前加上所属类名和作用域操作符“::”，从而说明该函数所属的类。下面是Date类的成员函数的定义：

```
void Date::setDate(int y, int m, int d)
{
    year = y;
    month = m;
    day = d;
}
void Date::showDate()
{
    cout<<year<<'/'<<month<<'/'<<day<<endl;
}
```

到这里，完成了对Date类这样一个自定义类型的定义。回顾类的定义：首先在类定义的说明部分以关键字class声明类的名称Date，然后说明类的数据成员和成员函数，并通过使用public、private等关键字来说明类成员的访问控制属性；最后再给出成员函数的实现过程。

7.1.2 类的成员函数

同普通函数一样，类的成员函数可以是内联函数、带缺省参数的函数和重载函数。

1. 内联成员函数

成员函数在类的声明体内定义和体外定义是有很大区别的，在类声明内定义的函数被看作内联函数

（inline function），而在类声明外定义的函数默认情况下都是非内联函数。大家知道，函数的调用过程要消耗内存资源来记录调用时的状态和返回地址，以保证调用完成后能够正确地返回并继续执行程序，因此也要耗费时间。内联成员函数和普通内联函数相同，在编译时编译系统会将函数体插入到每个调用它的地方，这样可以减少函数调用时的时间开销，提高执行效率；缺点是增加了程序的代码长度；所以，一般把相对简单的成员函数声明为内联函数，而把较复杂的函数定义为非内联函数。

将成员函数声明为内联函数有两种方式：隐式声明和显式声明。

如果将成员函数的函数体直接放在类声明体内，则该成员函数即为内联函数，这种方法称为隐式声明。例如将日期类Date的showDate()函数声明为内联函数：

```
class Date
{
public:
    void setDate(int y, int m, int d);                  //非内联成员函数
    void showDate()                                     //内联成员函数
    {
    cout<<year<<'/'<<month<<'/'<<day<<endl;
    }
private:
    int year, month, day;
};
```

为了提高类声明的可读性，一般将函数定义写在类声明体外，而采用关键字inline显式声明其为内联函数。显示声明写在类声明体外的内联成员函数有两种方式，一种是在类声明体内的该函数的原型声明前加关键字inline，或者在类声明体外定义函数时，在函数返回值类型前面加上inline，例如：

```
inline void Date::showDate()
{
       cout<<year<<'/'<<month<<'/'<<Day<<endl;
}
```

上面的例子中，用关键字inline将成员函数showDate()显式声明为内联函数，与隐式声明的效果完全相同。

2. 带缺省参数的成员函数

普通函数可以带有缺省参数值，同样，类的成员函数也可以带有缺省参数值，其调用规则同普通函数相同。在实际问题中，有时候这个缺省参数值可以带来很大的方便，如果日期类Date的setDate()函数带有缺省参数值，当使用缺省日期时就可以不提供参数了。

声明成员函数带有的缺省参数值有两种方式，一种方式在类中声明该成员函数时给出缺省参数值，如：

```
void setDate(int y = 2008, int m = 1, int d = 1);
```

另一种方式是在函数定义中给出缺省的参数值，如：

```
void Date::setDate(int y = 2008, int m = 1, int d = 1)
{
    year = y;
    month = m;
    Day = d;
}
```

这样，如果调用这个函数时不给出实参，就可以把日期设置为2008/1/1，如：

```
int main()
{
    Date date1, date2;
    date1.setDate();
    date2.setDate(2008, 8, 24);
    date1.showDate();
```

```
        date2.showDate();
        return 0;
    }
```

运行结果为：

```
2008/1/1
2008/8/24
```

3. 成员函数重载

函数重载是指同一个函数名对应着多个函数实现。在C++中，函数重载允许同一作用域内的同一个函数名可以声明多个函数，它们可以完成不同的功能，可以带不同个数、不同类型的参数。例如在程序中：

```
class My_class
{
public:
    int abs(int x);
    double abs(double x);
};
int My_class::abs(int x)
{    return x<0?-x:x;    }
double My_class::abs(double x)
{    return x<0?-x:x;    }
```

两个函数成为重载函数，必须具有如下特征：函数名相同，函数的作用域相同，函数的参数个数不同或参数类型不完全相同。

不仅可以在类的成员函数上实现重载，在构造函数上也可以实现函数的重载，而且构造函数的重载使得我们可以用多种方式来创建对象。

7.2 对　　象

在C++中，类是一种数据类型，而对象是该类型的变量，变量名即是某个具体对象的标识。

7.2.1 创建对象

与结构体一样，类也是一种数据类型。要想使用类，必须定义类的变量，类的变量在C++中称为对象（Object），也称为类的实例（Instance）。

同其他变量一样，对象也要先定义，后使用。定义一个类的对象，就是在内存中开辟一块空间来保存该对象的数据成员。可以采用以下两种方式定义对象：

（1）同定义普通变量一样，在类定义之后单独定义类对象，即：

类名 对象名表;

比如：

```
Date date1, date2, *pDate = &date1, &tDate = date2;
```

就定义了两个日期对象date1、date2、一个日期型对象指针pDate和引用tDate。

（2）另一种是，在声明类时直接定义对象，例如：

```
class Date
{
public:
    void setDate(int y, int m, int d);
    void showDate();
private:
    int year, month, day;
} date1, date2, *pDate = &date1, &tDate = date2;
```

以上两种定义对象方式的效果是完全一样的。

7.2.2 成员的访问

定义了类及其对象，就可以通过对象来访问其公有成员了。因为在类定义内，可以访问类的所有成员，而在类外，通过对象访问成员时，只能访问类的公有成员，而不能访问其保护和私有成员。采用成员操作符“.”访问公有成员，其一般形式是：

对象名.公有成员函数名(实参列表)

或

对象名.公有数据成员名

通过对象访问成员函数，实际上是对成员函数的调用。这样，在定义了Date类的对象后，就可以访问其公有成员了。例如：

```
int main()
{
    Date date1, date2, *pDate = &date1, &tDate = date2;
    date1.setDate(2008, 8, 6);
    date2.setDate(2008, 8, 24);
    pDate->showDate();
    tDate.showDate();
    return 0;
}
```

程序的运行结果为：

```
2008/8/6
2008/8/24
```

在创建了Date类的对象date1后，调用date1.setDate()函数设置日期，调用pDate->showDate()访问了日期类对象date1的日期显示函数。

> 注意：
> 在类的外部只能访问类的公有成员，不能访问类的私有成员和保护成员；在类的内部，所有成员之间都可以通过成员名直接访问，这就实现了访问的有效控制。

上面的例子中不仅创建了对象，还使用了对象指针和对象的引用，它们的定义和使用与以前介绍的指针和引用的使用方法相同。其中的对象指针变量pDate中存放的是对象date1在内存中的首地址。而对象date2及其引用tDate共享一个存储空间，使用其中任何一个名字访问对象，实际上都是对同一个对象进行操作。

当然，有了对象指针就可以使用new动态创建类的对象，例如：

```
Date* pDate;
pDate = new Date;
```

这样就可以使用这个指针来访问该指针所指向的对象的数据成员和函数成员，例如：

```
pDate->setDate(2008, 7, 20);
pDate->showDate();
```

同样的，最后别忘了释放该对象占用的内存空间：

```
delete pDate;
```

7.3 构造函数与析构函数

类是一系列具有相同性质和功能的对象的集合。对象就是类的实例，二者的关系就相当于数据类型与它的变量的关系，也就是一般与特殊的关系。类描述了一些对象的共同特征，更具有一般性，而对象是类的特例。每个对象区别于其他对象的地方就是依靠它的自身属性，即数据成员的值。因此，解决具体问题的时候，特定对象的数据成员就是一个关键的问题。C++中，对象在定义的时候进行的数据成员设置，称为对象的初始化。同样，在特定对象使用结束时，还要对数据成员进行一些清理工作。C++中类的初始化和清理的工作，分别由两个特殊的成员函数完成，它们就是构造函数和析构函数。

7.3.1 构造函数

构造函数的作用就是在对象创建时利用特定的值构造对象，将对象初始化为一个特定的状态，使此对象具有区别于彼对象的特征。构造函数完成的是从一般到具体的过程，它在对象被创建的时候由系统自动调用。

构造函数也是类的一个成员函数，除了具有一般成员函数的特征之外，还有一些特殊的性质。构造函数的函数名与类名相同，而且它没有返回值，不能有任何返回类型，也不能使用void，但在构造函数体内可有无值的return语句。构造函数通常被定义为公有函数，但是，除了在创建对象时由系统自动调用之外，其他任何过程都无法再调用到它，也就是只能一次性地影响对象数据成员的初值。

对于前面日期的例子，并没有定义与类Date同名的成员函数，这时，系统就会自动生成一个缺省的构造函数，这个构造函数的功能不做任何事情，是一个空函数。

我们可以定义构造函数使Date类的对象在生成时就获得一个缺省的日期值，类Date的定义修改如下：

```
class Date
{
public:
    Date();                              //声明构造函数
    Date(int y, int m, int d);           //声明重载构造函数
    void setDate(int y, int m, int d);
    void showDate();
private:
    int year, month, day;
};
```

构造函数的实现如下：

```
Date::Date()                             //构造函数的定义
{
    year = 2008;
    month = 1;
    day = 1;
}
Date::Date(int y, int m, int d)          //重载的构造函数的定义
{
    year = y;
    month = m;
    day = d;
}
```

在类的定义中增加了构造函数Date()，并定义了重载的构造函数Date(int y, int m, int d)。作为类的成员函数，构造函数可以直接使用类的所有数据成员，构造函数Date()把日期设置为2008/1/1，不带参数的构造函数称为缺省的构造函数。同样，构造函数可以带有参数表，可以带缺省的参数值，可以定义为非内联函数也可以定义为内联函数。构造函数也可以重载，以拥有多个带有不同参数表的构造函数，使得可以根据不同的问题需要，有针对性地选择合适的形式将对象初始化成特定的状态。

构造函数主要用来对类的数据成员进行初始化，常常将构造函数的参数值传送给数据成员，也可以将上面的两个构造函数定义为：

```
Date::Date(): year(2008),  month(1),  day(1)
{    }
Date::Date(int y, int m, int d): year(y), month(m), day(d)
```

```
{    }
```

创建对象时构造函数是被自动调用的，至于调用哪个构造函数，依据匹配情况自动选择。在创建一个对象时，可以使用带参数的构造函数将对象进行初始化，则对象的定义形式为：

类名 对象名(初始化参数表);

例如：

```
int main()
{
    Date date1;
    Date date2(2008, 8, 24);
    date1.showDate();
    date2.showDate();
}
```

上例中，创建对象date1时，调用构造函数Date()；而创建对象date2时，调用构造函数Date(int, int, int)。构造函数的参数传递方式同其他函数一样，在创建对象date2时，将实参的值传递给形参，执行函数后，则对象中的私有数据成员year、month和day分别为2008、8和24。

在创建对象date1时调用了无参的构造函数Date()，此时不要在对象名后加圆括号。以下定义一个对象是错误的：

```
Date date1();
```

这样不是定义了一个对象，而是声明了一个函数，函数名为date1，函数的返回值为Date类的对象。

7.3.2 析构函数

类的另一个特殊的成员函数是析构函数，它在对象生存期即将结束的时刻由系统自动调用。它的作用与构造函数相反，它执行一些在对象撤销前必须执行的清理任务，例如释放由构造函数申请分配的内存等。

析构函数的函数名也是固定的，就是在类名前边加一个“~”字符做前缀就构成了析构函数的函数名。与构造函数相同，析构函数也是类的一个公有成员函数，被系统自动调用，而且在定义析构函数时，同样不能指定任何的返回类型，也不能使用void，如果类中没声明析构函数，系统也会自动生成一个不做任何事情的缺省析构函数；与构造函数不同的是，构造函数可以重载，也可以带有缺省的参数值，而析构函数只能有一个，且不能接收任何参数。

【例7.1】定义整型数组类，说明构造函数和析构函数的应用。

源程序：

```
#include <iostream>
using namespace std;
class Array
{
public:
    Array (int size);                   //构造函数声明
    ~Array ();                          //析构函数声明
    int getAt(int nIndex);
    void setAt(int nIndex, int newElement);
protected:
    int* m_Data;                        //存数组首地址
    int m_Size;                         //数组中包含元素个数
};
Array ::Array (int size)                //构造函数定义
{
    cout<<"Construct the object\n";
    m_Data = new int[size];             //申请内存空间
    m_Size = size;                      //设置数组元素个数
```

```
}
Array ::~Array ()                                //析构函数定义
{
    cout<<"Destruct the object\n";
    delete[] m_Data;                             //释放内存空间
}
int Array ::getAt(int nIndex)                    //获取数组元素的值
{
    return m_Data[nIndex];
}
void Array ::setAt(int nIndex,int newElement)    //设置数组元素的值
{
    m_Data[nIndex] = newElement;
}
int main()
{
    Array  a(10);
    for (int i=0;i<10;i++)
        a.setAt(i,i);
    for (i=0;i<10;i++)
        cout<<"a["<<i<<"]="<<a.getAt(i)<<'\t';
    return 0;
}
```

运行结果为：

```
Construct the object
a[0]=0  a[1]=1  a[2]=2  a[3]=3  a[4]=4  a[5]=5  a[6]=6  a[7]=7  a[8]=8  a[9]=9
Destruct the object
```

析构函数是在对象的生命期结束时被自动调用的。在上面程序中，对象a在创建时调用了构造函数，申请了动态存储空间，设置了数组的长度。主函数结束时，对象a的生命期结束，对象a的析构函数就是在这个程序的最后一条语句执行完后被调用的。当对象的生命期结束时，执行完析构函数后，再由系统收回对象所占用的内存。

构造函数和析构函数都是由系统自动调用的，在程序中定义一个对象，则系统为其数据成员分配存储空间，然后调用它的构造函数；当对象生命期结束时，系统调用其析构函数，然后收回该对象所占用的内存空间。所以析构函数并不能收回对象本身所占用的内存。

所有的类中都必须包含有构造函数和析构函数，如果在类中没有定义，则系统会自动为类建立缺省的。一般来讲，在创建对象时都要进行初始化，所以在类中都要定义构造函数而不使用缺省构造函数。而析构函数的定义可根据需要，如果在构造函数中进行了内存等系统资源的申请，则必须定义析构函数完成内存的释放；否则可不定义析构函数。

7.3.3　拷贝构造函数

拷贝构造函数是一种特殊的构造函数，具有一般构造函数的所有特性，在创建新的对象时才被调用，但其形参是本类的对象的引用，其作用是使用一个已经存在的对象（由拷贝构造函数的参数指定的对象），去初始化一个正创建的同类的对象。

定义一个拷贝构造函数的一般形式为：

```
class 类名
{
public:
    类名(形参表);                  //构造函数的声明
    类名(类名& 对象名);            //拷贝构造函数的声明
     //其他成员的声明
};
```

```
类名::类名(类名& 对象名)          //拷贝构造函数的定义
{
    函数体
}
```

要特别注意的是，拷贝构造函数的形参是本类对象的引用。

同构造函数和析构函数一样，每一个类都必须有一个拷贝构造函数。若类中没有定义拷贝构造函数，则系统自动定义一个默认的拷贝构造函数，将一个对象的所有数据成员的值复制到另一个新建立的对象中的相应数据成员中。例如，前面定义的Date类中没有拷贝构造函数，而有如下的主函数：

```
int main()
{
    Date date1(2008,8,6);
    Date date2(date1);
    date1.showDate();
    date2.showDate();
    return 0;
}
```

程序的运行结果为：

```
2008/8/6
2008/8/6
```

由“Date date2(date1);”语句创建date2时，因为Date类中没有定义拷贝构造函数，则调用系统的缺省拷贝构造函数，将date1对象的每个数据成员的值都拷贝给了date2对象的相应成员；因此date2对象的数据成员的值与date1对象的数据成员的值相同。

再来看前面定义的Array 类，若有如下主函数：

```
int main()
{
    Array  array1(10);
    for (int i=0;i<10;i++)
        array1.setAt(i,i*2);
    for (i=0;i<10;i++)
        cout<<array1.getAt(i)<<'\t';
    Array  array2(array1);
    for (i=0;i<10;i++)
        cout<<array2.getAt(i)<<'\t';
    return 0;
}
```

经编译、链接生成可执行程序，运行程序会产生错误。这是由于类中没有定义拷贝构造函数，在创建array2时调用系统生成的缺省拷贝构造函数：

```
array2.m_Data=array1.m_Data;
array2.m_Size=array1.m_Size;
```

将array1的数据成员的值赋给array2的对应的数据成员，并没有为array2的数据成员m_Data重新分配存储空间。当程序执行将要结束时，array2和array1生命期结束，要调用析构函数释放它们的m_Data所指内存空间，而一个空间无法释放两次，从而产生错误。

为避免上述问题，为Array 类添加拷贝构造函数如下：

```
Array ::Array (Array  &a)           //拷贝构造函数定义
{
    m_Size = a.m_Size;              //设置数组元素个数
    m_Data = new int[m_Size];       //申请内存空间
    for (int i=0;i<m_Size;i++)
        m_Data[i]=a.m_Data[i];
    cout<<"Copy the construction\n";
}
```

再运行程序，结果如下：

```
Construct the object
0       2       4       6       8       10      12      14      16      18
Copy the construction
0       2       4       6       8       10      12      14      16      18
Destruct the object
Destruct the object
```

由此可见，创建array1时，调用了构造函数，而创建array2时，调用了拷贝构造函数，为新对象重新申请内存。

【例7.2】 定义字符串类说明拷贝构造函数的作用。

源程序：

```
#include <iostream>
using namespace std;
class CStr
{
public:
    CStr(char *s);                          //构造函数
    CStr(CStr &);                           //拷贝构造函数
    ~CStr();                                //析构函数
    void show();                            //显示字符串
    void setStr(char *s);                   //赋值新串
private:
    char *pStr;
};
inline CStr::CStr(char *s)                  //构造函数
{
    pStr = new char[strlen(s)+1];           //为字符串分配内存空间
    strcpy(pStr,s);                         //将字符串拷贝到pStr指向的内存空间中
}
CStr::CStr(CStr &temp) //拷贝构造函数
{
    pStr = new char[strlen(temp.pStr)+1];   //申请同样的内存空间
    strcpy(pStr,temp.pStr);                 //赋予相同的字符串
}
inline CStr::~CStr()                        //析构函数
{
    if (pStr!=NULL) delete []pStr;          //释放pStr指向的内存空间
}
inline void CStr:: show()                   //显示字符串
{
    cout<<pStr<<endl;
}
void CStr::setStr(char *s)                  //赋予新串
{
    if (pStr!=NULL) delete []pStr;          //释放原来占用的存储空间
    pStr = new char[strlen(s)+1];           //按新串长度申请存储空间
    strcpy(pStr,s);
}
int main()
{
    CStr a("hello");                        //用字符串"hello"初始化对象a
    CStr b(a);                              //调用拷贝构造函数，用对象a初始化对象b
    a.show();
    b.show();
    return 0;
}
```

普通的构造函数是在对象创建时调用，而拷贝构造函数是在用类的一个对象去初始化该类的另一个正创建的对象时被调用。例7.2中，当创建对象b时，就调用了拷贝构造函数，用对象a初始化b。

从前面的例子可知，用户可以根据实际问题的需要定义特定的拷贝构造函数。同析构函数一样，如果构造函数中没有申请系统资源，只是进行将一个对象的所有数据成员的值复制到另一个对象中的操作，则可不定义拷贝构造函数，使用系统提供的缺省拷贝构造函数即可完成了同类对象的克隆（Clone），这样得到的对象和源对象具有完全相同的数据成员的值，即完全相同的属性。如果构造函数中申请了系统资源，则必须定义拷贝构造函数。这是因为使用拷贝构造函数创建对象时不再调用构造函数，若在构造函数中进行了资源分配，则不能再使用缺省拷贝构造函数，必须自己定义拷贝构造函数，在其中进行相应的资源分配。

上面分析了用类的一个已存在的对象去初始化正创建的该类的另一个对象时，要调用拷贝构造函数，此外，如果函数的参数是类的对象，调用函数将实参的值传送给形参时，将调用拷贝构造函数；如果函数的返回值是类的对象，则函数返回时，也要调用拷贝构造函数。

7.4 类与对象的进一步讨论

本节对类与对象作进一步的讨论，介绍类的成员函数的this指针，当类的成员的类型为另一个类时和静态成员的使用，最后说明对象数组的使用。

7.4.1 this指针

在程序中创建对象时，系统会为对象分配相应的存储空间来存储对象的数据成员。如果创建了n个对象，每个对象都有自己的数据成员存储空间，而这n个不同对象调用类的某个成员函数时，所调用的成员函数只有同一个代码段，那么当不同对象的成员函数访问数据成员时，怎么保证访问的是调用该函数的对象的数据成员呢？例如对Date类，有如下主函数：

```
int main()
{
    Date date1(2008,2,16);
    Date date2(2008,8,24);
    date1.showDate();
    date2.showDate();
    return 0;
}
```

运行结果为：

```
2008/2/16
2008/8/24
```

对于成员函数showDate，执行date1.showDate();时，要输出date1对象中数据成员的值；而执行date2.showDate();时，要输出date2对象中数据成员的值，而这两个对象都调用同一段函数代码。

那么成员函数如何区分不同的调用对象呢？实际上，在每一个成员函数中都包含一个指向调用该函数的对象的指针，该指针的名字是固定的，就是this。当在成员函数中访问数据成员时，则由this指针找到对象的数据成员，如在showDate函数中的：

```
cout<<year<<'/'<<month<<'/'<<day<<endl;
```

相当于：

```
cout<<this->year<<'/'<<this->month<<'/'<<this->day<<endl;
```

所以，在执行date1.showDate();时，showDate函数的this指针存放的是date1对象的地址，则输出date1的数据成员的值；而执行date2.showDate();时，showDate函数的this中为date2的地址，则输出date2的数据成员的值。

this指针是隐含在类的成员函数中的一个对象指针，每当成员函数被调用时，this指针自动指向调用该成员函数的对象（即this指针为当前对象的地址）。this指针的系统定义格式为：

```
类名  *const  this;
```

该指针是系统自动产生的，不需要人为定义；并且它是常量指针，不能被赋值，只能使用它。

利用this指针能保证对象的每一个成员函数能够访问该对象的数据成员，从而使C++中的各个对象具有自己的数据成员空间，而共用同一个成员函数代码的机制得以实现。因为每当成员函数被调用时，未加以强制说明的数据成员是由this指针指向的，而this指针又自动指向调用该成员函数的对象，当然此成员数据为该对象的成员数据。

this指针就是指向调用成员函数的对象的指针，因此，可以使用this指针访问其数据成员，从而可允许成员函数的形参/局部变量与类的数据成员同名。例如，可将Date类的构造函数修改为：

```
Date::Date(int year, int month, int day)
{
    this->year = year;
    this->month = month;
    this->day = day;
}
```

则没有this指针指示的变量为形参，而“this->year”为类的数据成员。

7.4.2 对象成员

C++中，允许类的成员是另一个类的对象，这样的类称为组合类。也就是组合类的数据成员是一种特殊的成员，它不是普通的数据类型，它的数据类型是另一个类。例如：

```
class Student
{
public:
    Student(char *name, int y, int m, int d, int computer);
    ~Student();
private:
    CStr m_Name;
    Date m_Birthday;
    int m_Computer;
};
```

定义的Student类的的成员m_Birthday的数据类型是另一个类Date，也就是它是类Student的一个类成员，它保存的是Date类的一个对象。同样的，CStr也是一个类名，所以m_Name也是类Student的一个类成员。

为具有对象成员的类创建对象时，各个成员对象也将被自动创建。因此在创建对象时既要对本类的基本数据成员进行初始化，又要对对象成员进行初始化。所以其构造函数定义的一般形式为：

```
类名::类名(形参表):成员对象1(实参表),成员对象2(实参表),…
{
    类的非对象成员的初始化
}
```

则Student类的构造函数定义为：

```
Student::Student(char *name,int y,int m,int d,int computer):m_Name(name),
                 m_Birthday(y,m,d)
{
    cout<<"In Student Constructor\n";
    m_Computer=computer;
}
```

如果类包含有对象作为数据成员，则在构造类对象时，系统先调用其成员对象的构造函数，然后再调用该对象本身的构造函数。如果有多个成员对象，则按照类内声明的顺序依次调用它们的构造函数，析构函数的调用顺序相反。

在Date类和CStr类的构造函数和析构函数中添加输出提示信息的语句，并将这两个类的定义添加到程序的开头，最后添加Student类的析构函数和主函数：

```
Student::~Student()
{
         cout<<"In Student Destructor\n";
}
int main()
{
    Student s1("Alice",1988,10,26,85);
}
```

运行结果为：

```
In CStr Constructor
In Date Constructor
In Student Constructor
In Student Destructor
In Date Destructor
In CStr Destructor
```

7.4.3 静态成员

在定义一个类时，可以使用static关键字指定静态成员，包括静态数据成员和静态成员函数。

通常，一个类的两个对象会拥有不同的内存空间来存放它们的数据成员，每个对象的数据成员互不干扰。而静态数据成员则不同，该类的所有对象的静态数据成员都共用同一个存储空间，即静态数据成员被类的所有对象共享。

静态数据成员应该像全局变量一样，在类外初始化，不能在类声明体内初始化（类是一种描述并非具体实现）。在类定义体外对静态数据成员初始化时，需使用类名进行限定：

数据类型 类名::静态数据成员＝初值;

注意，必须对类的静态数据成员进行初始化。

静态成员函数是被一个类中所有对象共享的成员函数，不属于哪个特定的对象，因此，一般只用于访问静态数据成员或全局变量，并且只能调用类的其他静态成员函数。

【例7.3】 静态成员使用举例。

源程序：

```
#include <iostream>
using namespace std;
class Test
{
private:
    static int m;              //声明了静态的数据成员
    int n;
public:
    Test()
    {      n=0;  }
    static int get()           //静态的成员函数
    {     return m;     }
    static void grow()         //静态的成员函数
    {      m++;  }
    void add()
    {     n++;            }
    void show()
    {     cout<<m<<"\t"<<n<<"\n";}
};
int Test::m=0;                 //初始化静态数据成员
```

```
int main()
{
    Test a,b;
    for (int i=0;i<5;i++)
    {
        a.grow();
        a.add();
    }
    b.grow();
    b.add();
    a.show();
    b.show();
    return 0;
}
```

运行结果为：

```
6 5
6 1
```

从程序中看到：在创建对象a和b后，静态数据成员m为两个对象所共享。静态数据必须在类定义体外进行初始化，而不用对象的构造函数对其进行初始化。

调用静态函数时，可在其前面加对象名或类名，如程序中的a.grow()和b.grow()。但为了提高程序的可读性，最好使用加类名形式而不用对象名，即Test::grow()。而且，在类的外部，可以不通过对象而直接调用类的公有静态成员函数，其语法形式为：

类名::静态成员函数名(参数表)

例如将主函数改为：

```
int main()
{
    for (int i=0;i<5;i++)
        Test::grow();
    cout<<Test::get()<<endl;
    Test a;
    Test::grow();
    a.add();
    a.show();
    return 0;
}
```

运行结果为：

```
5
6 1
```

同样的，可以不通过具体对象，在类的外部直接访问类的公有静态数据成员，其语法形式为：

类名::静态数据成员名

如果将静态数据成员m定义为公有的，则可直接访问它：

```
Test::m +=3;
```

如果试图用同样的方法访问非静态数据成员，则会产生错误。

7.4.4 对象数组

所谓对象数组，就是同一个数组中的每个数组元素都为同一类的对象。同定义其他类型的数组一样，定义对象数组时，要指定数组的数据类型、数组名和数组元素的个数。这样，系统会创建数组中的每个对象元素，并调用相应的构造函数去初始化每个数组元素。下面根据构造函数是否需要参数等情况来分析对象数组的定义。

1. 若类中有无参的构造函数时，对象数组的定义

（1）定义对象数组。如果类中没有用户自定义的构造函数，则使用默认构造函数；若有一个用户定义的不带参数或带默认参数的构造函数，此时类中具有不需实参的构造函数，则定义对象数组时可不进行初始化，其定义形式为：

类名 对象数组名[常量表达式];

例如：

```
Date Dates[20];
```

该语句定义了一个对象数组，数组长度为20，其中每个数组元素都是Date类的对象。

（2）访问数组元素（对象）的成员。上面定义了对象数组Dates，就可以访问作为对象的数组元素的公有成员了。可使用成员运算符“.”进行访问，如：

```
Dates[0].showDate();
```

还可以使用“->”形式进行访问，如：

```
Dates->showDate();
(Dates+1)->showDate();
```

【例7.4】 使用缺省构造函数定义对象数组。

源程序：

```
#include <iostream>
using namespace std;
class Dot
{
public:
    void setDot(int x1, int y1);
    void showDot();
private:
    int x, y;
};
void Dot ::setDot(int x1, int y1)
{    x=x1;y=y1;    }
void Dot ::showDot()
{    cout<<"("<<x<<','<<y<<")\n";    }
int main()
{
    Dot parray[5];
    for (int i=0;i<5;i++)
        parray[i].setDot(i*2,i*3);
    for (i=0;i<5;i++)
        parray[i].showDot();
    return 0;
}
```

例7.4中定义了点类Dot，其中没有构造函数，则在定义对象时会调用系统自动建立的缺省构造函数，所以定义数组时可以不进行初始化。

2. 若类中只有需要参数的构造函数时，对象数组的定义

若只有用户自定义的带有参数且无缺省值的构造函数，则必须在创建对象数组时使用构造函数进行初始化，其形式为：

类名 数组名[常量表达式]={类名(参数表),类名(参数表),…,类名(参数表)};

为例7.4的Dot类添加构造函数，在类中添加函数原型如下：

```
Dot(int x1, int y1);
```

函数的定义为：

```
Dot::Dot(int x1, int y1)
{    x=x1;y=y1;    }
```

这样，在定义对象数组时要调用类的构造函数，对每个对象元素进行初始化，则定义为：

```
Dot parray[5]={Dot(2,3),Dot(5,6),Dot(7,8),Dot(6,9),Dot(5,8)};
```

如果在定义数组时不进行初始化：

```
Dot parray[5];
```

则编译时会出现错误：

```
error C2512: 'Dot' : no appropriate default constructor available
```

说明在创建对象数组时找不到合适的构造函数，因为类Dot中有定义的构造函数，则系统不再为其建立缺省构造函数，而Dot中定义的构造函数需要两个参数，没有无参的构造函数，所以出现了编译错误。

3. 若类的构造函数只需要1个参数时，对象数组的定义

将上面的类Dot的构造函数稍做修改：

```
Dot(int x1, int y1=6)
{    x=x1;y=y1;    }
```

则可为构造函数只提供1个参数，此时数组的定义可为：

```
Dot parray[5]={Dot(2),Dot(5),Dot(7),Dot(9),Dot(8)};
```

还可以使用基本数据类型数组的定义和初始化形式：

```
Dot parray[5]={5,7,3,8,9};
```

为5个数组元素提供了5个初始化数据。

7.5 类的友元

友元提供了不同类的成员函数之间、类的成员函数与一般函数之间进行数据共享的机制。也就是说，通过友元，一个普通函数或者其他类的成员函数可以访问到封装于某一个类中的数据，这相当于给类的封装挖了一个小孔，把数据的隐藏掀开了一个角，通过它，可以看到类内部的一些属性。从这个角度来讲，友元是对数据隐藏和封装的挑战。但是考虑到数据共享的必要性，为了提高程序的效率，很多情况下这种小小的破坏也是必要的，关键是一个度的问题。只要在共享和封装之间找到一个恰当的契合，使用友元可以大大提高程序的效率。在使用友元时也不要忘记，这样的共享可能给程序的重用和扩充埋下隐患。但它加强了函数之间，类与类之间的相互联系。

对于一个类，可以将别的模块（一般函数、其他类的成员函数或其他类）利用friend关键字声明为它的友元，这样这个类中本来隐藏的信息（私有、保护成员）就可以被友元访问。如果友元是一般函数或类的成员函数，称为友元函数；如果友元是一个类，则称为友元类，友元类的所有成员函数都成为该类的友元函数。

7.5.1 友元函数的定义及作用

友元函数是在类定义中用关键字friend声明的非成员函数。注意，友元函数可以是一个普通的函数，也可以是其他类的成员函数，它不是本类的成员函数，但是在它的函数体中可以通过对象使用本类的私有和保护成员。先看下面这个例子。

【例7.5】使用友元函数确定两个圆的关系。

【分析】使用友元函数来计算直角坐标系中两个圆心距与两圆半径和的差值，以确定两个圆的关系。直角坐标系中的圆用Circle类来描述，两个圆心距与两圆半径和的差值用普通的函数fErr来计算。计算过程中，这个函数需要共享Circle类的私有数据成员R、X和Y。为了做到共享，将fErr声明为Circle的友元函数。

源程序：

```
#include <iostream>
#include <cmath>
using namespace std;
class Circle
{
```

```
public:                                                //外部接口
    Circle(int rr=10,int xx=0,int yy=0)
    {    R=rr;X=xx;Y=yy;     }
    int getR() {return R;}
    int getX() {return X;}
    int getY() {return Y;}
    friend double fErr(Circle &a ,Circle &b);          //声明友元函数
private:
    int R,X,Y;
};
double fErr(Circle &c1, Circle &c2)
{
    double x=double(c1.X-c2.X);
    double y=double(c1.Y-c2.Y);
    return (c1.R+c2.R)-(sqrt(x*x+y*y));
}
int main()                                             //主函数
{
    Circle myc1(10,5,5),myc2(20,30,30);
    float myerr=fErr(myc1,myc2);
    if (myerr>0)
        cout << "两个圆相交" << endl;
    else if (myerr==0)
        cout << "两个圆相切» << endl;
    else
        cout << "两个圆相离" << endl;
    return 0;
}
```

运行结果为：

```
两个圆相离
```

在Circle类定义体中声明友元函数时，只给出了友元函数原型，友元函数fErr的实现定义在类外。可以看到在友元函数中通过对象名直接访问了Circle类中的私有数据成员R、X和Y，这就是友元的关键所在。

本例中的友元函数是一个普通函数。同样，这个函数也可以是另外一个类的成员函数，有时候把成员函数做友元的情况称为友元成员，这种友元成员函数的使用和一般友元函数的使用基本相同，只是在使用该友元成员时要通过相应的对象名来访问。

7.5.2 友元类

同函数一样，类也可以声明为另一个类的友元，称为友元类。若A为B的友元类，则A类的所有成员函数都是B类的友元函数，都可以访问B类的私有和保护成员。一般的语法格式为：

```
class B
{
    …
   friend class A;
   …
};
```

通过友元类声明，友元类的成员函数可以通过对象名直接访问到隐藏的数据，达到高效协调工作的目的。在较为复杂的问题中，实现不同类之间的数据共享，友元类的使用也是很必要的选择。

关于友元，还有两点需要注意：一是友元关系是不能传递的，A类是B类的友元，C类是A类的友元，C类和B类之间，如果没有声明，就没有任何友元关系，不能进行数据共享。第二，友元关系是单向的，如果声明A类是B类的友元，A类的成员函数就可以访问B类的私有和保护数据，但B类的成员函数不能访问A类的私有、保护数据。

7.6 类 模 板

类是对象的抽象与描述，而类模板是类的抽象。如例7.1中定义了一个整型的数组类，类似的还有长整型数组、实型数组、字符数组等，这时可抽象为数组类模板。

7.6.1　类模板的定义

类模板的定义形式：

```
template <class 类型参数>
class 类名
{
    …
};
```

若在类声明体外定义类模板的成员函数，定义形式：

```
template <class 类型参数>
函数类型 类名 <类型参数>::函数名(参数列表)
{
    …
}
```

例7.1中定义了一个整型数组类，下面修改整型数组类成为数组类模板，以便定义各种类型的数组类对象。在定义数组类模板中，数组的类型不确定，用Type标识，在定义该类对象时再确定数据类型。下面代码中的粗体部分是对整型数组类定义进行了添加或修改的代码。

```
template <class Type>
class Array
{
public:
    Array (int size);                  //构造函数声明
    Array (Array  &a);                 //拷贝构造函数声明
    ~Array ();                         //析构函数声明
    Type getAt(int nIndex);
    void setAt(int nIndex, Type newElement);
protected:
    Type* m_Data;                      //存数组首地址
    int m_Size;                        //数组中包含元素个数
};
template <class Type>
Array  <Type>::Array (int Size)        //构造函数定义
{
    m_Data = new Type [Size];          //申请内存空间
    m_Size = Size;                     //设置数组元素个数
}
template <class Type>
Array  <Type>::Array (Array  &a)       //拷贝构造函数定义
{
    m_Size = a.m_Size;                 //设置数组元素个数
    m_Data = new Type [m_Size];        //申请内存空间
    for (int i=0;i<m_Size;i++)
        m_Data[i]=a.m_Data[i];
}
template <class Type>
Array  <Type>::~Array ()                                    //析构函数定义
{
    delete[] m_Data;                                        //释放内存空间
}
```

```
template <class Type>
Type Array  <Type>::getAt(int nIndex)                    //获取数组元素的值
{    return m_Data[nIndex];   }
template <class Type>
void Array  <Type>::setAt(int nIndex,Type newElement)    //为数组元素赋值
{    m_Data[nIndex] = newElement;    }
```

7.6.2 定义类模板对象

声明了类模板后，就可以用类模板定义对象了。当使用无参的构造函数创建对象时，定义形式为：

类名 <参数类型> 对象;

若使用有参的构造函数创建对象时，定义形式为：

类名 <参数类型> 对象(构造函数实参列表);

前面已将数组类模板定义完毕，下面用数组类模板定义整型和实型数组类对象。

```
#include <iostream>
using namespace std;
int main()
{
    Array <int> a(10);
    Array <double> b(10);
    for (int i = 0; i<10; i++)
    {
        a.setAt(i, i);
        b.setAt(i, i/2.);
    }
    for (i = 0; i<10; i++)
        cout<<"a["<<i<<"] = "<<a.getAt(i)<<'\t';
    cout<<endl;
    for (i = 0; i<10; i++)
        cout<<"b["<<i<<"] = "<<b.getAt(i)<<'\t';
    cout<<endl;
    return 0;
}
```

程序中用数组类模板定义了一个整型数组对象a，可处理整型数据；还使用该数组类模板定义了另一个double型数组b，用来处理double型数据。则

运行结果为：

```
a[0]=0     a[1]=1       a[2]=2       a[3]=3       a[4]=4
a[5]=5     a[6]=6       a[7]=7       a[8]=8       a[9]=9

b[0]=0     b[1]=0.5     b[2]=1       b[3]=1.5     b[4]=2
b[5]=2.5   b[6]=3       b[7]=3.5     b[8]=4       b[9]=4.5
```

7.7 继承与派生

继承是C++的另一个很重要的机制，这一机制支持面向对象设计思想中的层次概念。它允许一个类继承其他类的属性和功能，被继承的类称为基类或父类，继承的类称为派生类或子类。派生类不仅可以继承基类的功能和属性，还可以根据需要定义新的属性和功能，以剔除那些不适合其用途的操作，增加新的功能。因此，继承可使用户重用基类的代码，专注于派生类的新代码，提高代码的可重用性。

当派生类只有一个基类时，我们称这种继承方式为单一继承，当派生类有多个基类时，则这种继承称多重继承。

7.7.1　派生类

1. 定义派生类

定义单继承的派生类的形式：

```
class 派生类名：[继承方式] 基类名
{
    派生类新增加的成员
};
```

派生类名是要定义的新类的名字，是“基类名”的派生类，基类是已定义的类。派生类的继承方式有public（公有继承）、protected（保护继承）和private（私有继承）三种，也称为派生方式。这三种继承方式指定了派生类成员以及类外对象对于从基类继承来的成员的访问权限，缺省情况下为私有派生。派生类中除了继承的基类的所有成员（不继承构造函数和析构函数）外，还可以增加自己的新成员，则在类定义体内定义派生类新增加的数据成员和成员函数。

例如：

```
class A
{
    …
};
class B:public A            //B是A的公有派生
{
    …
};
class C:protected A         //C是A的保护派生
{
    …
};
class D:private A           //D是A的私有派生
{
    …
};
```

派生类又称为导出类或子类，它具有如下特点：

（1）可在基类所提供的基础上定义新成员。

（2）可在自己类中隐藏基类的任何成员。

（3）可在派生类中重新定义基类中的函数，即覆盖基类的成员函数。

可见，继承和派生的目的在于重用基类的某些属性，并对基类进行裁剪，以制定出适合于某种需要的新的类。

2. 继承基类成员

由基类派生出派生类的目的是为了重用基类的特性，除了基类的构造函数和析构函数，派生类继承了基类的其余所有成员。类的派生方式有public（公有派生）、protected（保护派生）和private（私有派生）三种，不同的派生方式使得派生类对基类中具有不同访问属性的成员的访问属性也有所不同，表7–1总结了派生类对基类成员的访问属性。

表7–1　派生类对基类成员的访问属性

派生方式 基类成员	公有派生 public	保护派生 protected	私有派生 private
public	public	protected	private
protected	protected	protected	private
private	不能访问	不能访问	不能访问

为了便于说明基类和派生类之间的继承性质，下面定义了一个基类，并由该基类分别私有派生、保护派生和公有派生出三个派生类。

```
class CBase
{
    int i;                          //私有成员
protected:
    int j;                          //保护成员
public:
    int k;                          //公有成员
};
class CDerived1:private CBase       //私有派生
{
public:
    void set(int,int,int);
};
class CDerived2:protected CBase     //保护派生
{
public:
    void set(int,int,int);
};
class CDerived3:public CBase        //公有派生
{
public:
    void set(int,int,int);
};
```

（1）派生类中继承的基类的公有成员。若派生类是基类的公有派生，则基类中的公有成员在派生类中仍为公有成员；若派生类是基类的保护派生，则基类中的公有成员成为派生类的保护成员；若派生类是基类的私有派生，则基类中的公有成员在派生类中成为私有成员。则下列访问都允许：

```
void CDerived1::set(int a,int b,int c)      //私有派生类的成员函数
{
    k = c;                                  //允许访问基类的公有成员
}
void CDerived2::set(int a,int b,int c)      //保护派生类的成员函数
{
    k = c;                                  //允许访问基类的公有成员
}
void CDerived3::set(int a,int b,int c)      //公有派生类的成员函数
{
    k = c;                                  //允许访问基类的公有成员
}
```

（2）派生类中继承的基类的保护成员。若派生类是基类的公有派生或保护派生，基类中的保护成员在派生类中仍是保护成员，仅能在派生类的成员中被使用，而不允许派生类的使用者访问，但可以被派生类的派生类访问。

若派生类是基类的私有派生，基类中的保护成员都作为派生类的私有成员，只能被派生类的成员函数和友元函数访问。

```
void CDerived1::set(int a,int b,int c)      //私有派生类的成员函数
{
    j = b;      //私有派生类继承基类的保护成员为私有成员，成员函数可访问
}
void CDerived2::set(int a,int b,int c)      //派生类的成员函数
{
    j = b;      //保护派生类继承基类的保护成员为保护成员，成员函数可访问
}
```

因为基类保护成员是派生类的保护或私有成员，所以派生类的对象不能访问基类的保护成员，如：

```
CDerived1 der1;
der1.j = 10;     //错误！派生类对象不能访问基类的保护成员
```

（3）派生类中继承的基类的私有成员。无论派生类是基类的何种派生，派生类都不能访问所继承的基类的私有成员。如：

```
void CDerived3::set(int a,int b,int c)      //公有派生的成员函数
{
    i = a;                                  //错误！
}
```

从上面的分析可见，派生类不能访问基类的私有成员，访问时必须使用基类的接口，即调用基类的成员函数。若在派生类中需要直接访问基类的成员，可采用两种方法：

（1）将基类中提供给派生类访问的成员的访问属性设为protected。

（2）将需要访问基类的私有成员的派生类声明为基类的友元类。

若类A被声明为类B的友元类，则类A可以直接访问类B的所有成员。友元类的声明与友元函数的声明基本相同。如修改CBase类，将派生类CDerived5声明为CBase类的友元。

```
class CBase
{
    friend class CDerived5;          //声明类CDerived5为基类CBase的友元类
    int i;
protected:
    int j;
public:
    int k;
};
class CDerived5:public CBase
{
public:
    void set(int a,int b,int c)
    {
        i = a;                       //派生类中直接访问基类的私有成员
        j = b; k = c;                //派生类中直接访问基类的保护成员及公有成员
    }
};
```

7.7.2 派生类对基类成员的覆盖

在派生类中可以定义同基类中的成员同名的成员，则在派生类中从基类继承来的该成员被编译器隐藏起来，从而可以实现派生类对从基类继承来的成员的覆盖。如果此时还要在派生类中访问基类的被隐藏的成员，则必须使用作用域运算符“::”以明确指定其类。

【例7.6】 派生类对从基类继承来的同名成员的覆盖。

源程序：

```
#include <iostream>
using namespace std;
class CBase
{
private:
    int i;
protected:
    int j;
public:
    int k;
    void show()
```

```
    {     cout<<"In CBase\t"<<i<<'\t'<<j<<'\t'<<k<<endl;        }
};
class CDerived:public CBase
{
private:
    int i;
public:
    int k;
    void set(int a,int b,int c)
    {
        i=a; k=b;       //隐藏了从基类继承来的同名成员，访问派生类成员
        CBase::k=c;     //访问从基类继承来的被隐藏的成员
        j=a;            //访问从基类继承来的没有被隐藏的成员
    }
        void show()
        { cout<<"In CDerived\t"<<i<<'\t'<<k<<'\t'<<j<<'\t'<<CBase::k<<endl; }
};
int main()
{
    CDerived d;
    d.set(10,20,30);
    d.show();
    return 0;
}
```

运行结果为：

```
In CDerived    10    20    10    30
```

上例中派生类新增数据成员i和k同基类的数据成员同名，则在派生类对i和k的访问是对派生类的这两个成员的访问，而不是基类的成员（当然在派生类中不能访问基类的私有成员i）。若在派生类中定义了同基类中的成员函数相同的成员函数，即相同的函数名和相同的参数表（函数体可不同），同样会覆盖从基类继承来的成员函数，则“d.show();”调用的是派生类的成员函数show而不是基类的。

注意，作用域运算符“::”不能改变基类成员的访问性质，即基类成员是否能在派生类中被访问，取决于基类成员的访问性质和继承方式。如果在派生类的set函数中出现语句：

```
CBase::i = 100;
```

仍然是错误的。

7.7.3 派生类的构造函数和析构函数

1. 定义派生类的构造函数

由于派生类中包含从基类继承来的和派生类中新声明的数据成员，因此，在创建一个派生类的对象时，不仅要对派生类中新增加的成员进行初始化，还要对基类中的数据进行初始化。要实现对继承来的基类成员的初始化，派生类的构造函数必须调用基类的构造函数。所以，在定义派生类的构造函数时除了对自己的新增数据成员初始化外，还必须负责调用基类构造函数，使基类的数据成员得以初始化（若派生类中还有基类子对象，则还应该包含对子对象的初始化）。

假设派生类Y是从*n*个基类X1，X2，X3，…，X*n*中派生的，则对于这种多继承的派生类的构造函数的定义形式为：

```
Y::Y(参数表0):X1(参数表1),X2(参数表2),…,Xn(参数表n)
```

而单一继承基类X的派生类Y的构造函数的定义形式为：

```
Y::Y(参数表):X(参数表)
{
    派生类中新数据成员初始化
}
```

下面是为例7.6中的基类和派生类定义的构造函数（都在类定义的声明内）：

```
CBase(int ii=10,int jj=10,int kk=10){i=ii;j=jj;k=kk;}
CDerived(int bi=1,int bj=1,int bk=1,int di=1,int dk=1):CBase(bi,bj,bk)
{  i=di;k=dk;}
```

在派生类的构造函数CDerived中，用参数bi，bj和bk调用基类的构造函数CBase，以初始化基类的数据成员，而用参数di和dk初始化派生类中新增的数据成员。

2. 派生类的构造函数与析构函数的特点

类的构造函数与析构函数的特点均适合于派生类的构造函数与析构函数。在构造派生类对象时，先要调用基类的构造函数，然后再调用派生类的构造函数；而析构函数的调用顺序刚好相反，先调用派生类的析构函数，再调用基类的析构函数。通过下面的程序，分析派生类的构造函数及析构函数的特点。

【例7.7】派生类的构造函数与析构函数的特点。

源程序：

```
#include <iostream>
using namespace std;
class CBase
{
    int a;
protected:
    int b;
public:
    CBase()
    {
        a=0,b=0;
        cout<<"In CBase Constructor!\ta="<<a<<"\tb="<<b<<endl;
    }
    CBase(int x,int y)
    {
        a=x,b=y;
        cout<<"In CBase Constructor!\ta="<<a<<"\tb="<<b<<endl;
    }
    ~CBase()
    {
        cout<<"In CBase Destructor!\ta="<<a<<endl;
    }
};
class CDerived:public CBase
{
    int i;
public:
    CDerived()  //调用基类无参构造函数时可不写，也可写成CDerived():CBase()
    {
        i=0;
        cout<<"In CDerived Constructor!\ti="<<i<<endl;
    }
    CDerived(int m,int n,int p):CBase (m,n)
    {
        i=p;
        cout<<"In CDerived Constructor!\ti="<<i<<endl;
    }
    ~CDerived()
    {
        cout<<"In CDerived Destructor!\ti="<<i<<endl;
    }
```

```
};
int main()
{
    CDerived test1;
    CDerived test2(6,7,8);
    return 0;
}
```

运行结果为：

```
In CBase Constructor!   a=0      b=0
In CDerived Constructor!         i=0
In CBase Constructor!   a=6      b=7
In CDerived Constructor!         i=8
In CDerived Destructor! i=8
In CBase Destructor!    a=6
In CDerived Destructor! i=0
In CBase Destructor!    a=0
```

从上例中，可以看出：

（1）创建派生类对象时，先调用基类的构造函数，对基类的数据成员进行初始化，然后再调用派生类的构造函数。

（2）派生类是否定义析构函数与基类无关。不管派生类是否定义了析构函数，在派生类对象消失时，先调用派生类的析构函数，再调用基类的析构函数。

（3）派生类的构造函数可以重载，以调用基类的不同的构造函数。CDerived类的定义中，重载了派生类的构造函数。在主函数中，创建了两个派生类对象test1和test2，调用了不同的派生类构造函数，而且在其中调用了基类的不同的构造函数。

（4）派生类的构造函数体内一般只初始化派生类新增的数据成员，而不直接初始化基类成员，即使能够直接访问它们。如基类中保护数据成员b，在公有派生类CDerived中虽可直接访问，但在派生类中的构造函数中并没有对它进行初始化，派生类继承的基类的数据成员还是由基类的构造函数进行初始化。

（5）如果基类中根本没有定义构造函数或者有无参的构造函数，则派生类构造函数的定义中可以省略对基类构造函数的调用，如上例中。如果基类只有使用一个或多个参数的构造函数时，则派生类必须定义构造函数并要调用基类的构造函数，提供将参数传递给基类构造函数的途径。在有的情况下，派生类构造函数体可能为空，仅起到参数传递作用。

7.8 虚 函 数

7.8.1 多态性

多态性就是向一个对象发出的同一个消息（即调用对象的某个成员函数），而得到不同的操作结果。这一方面是因为类成员函数的重载；另一方面是因为派生类的成员函数可以覆盖基类的成员函数，而且C++允许定义为基类类型的指针指向派生类的对象，允许定义为基类类型的引用去引用其派生类对象，从而使得调用同一个成员函数名时得到不同的结果。

C++支持两种多态性：一种是编译时的多态性，称为“静态绑定”；另一种是运行时的多态性，称为“动态绑定”。所谓绑定，就是将一个函数调用链接上相应的函数体代码的过程。

1. 编译时的多态性

编译时的多态性就是在编译过程中决定了函数的确切调用，称为“静态绑定”，也称为“静态联编”。

（1）在一个类中声明的重载成员函数的静态绑定

对于一个类中的重载成员，编译系统根据重载函数的参数个数、类型及顺序的差别，在编译时就确定了程序中函数的调用与哪个函数绑定。

【例7.8】在一个类中重载成员函数的静态绑定举例。

源程序：

```
#include <iostream>
using namespace std;
class Test
{
public:
    Test(int x,int y)
    {    a=x; b=y;    }
    Test()
    {    a=0; b=0;    }
private:
    int a,b;
};
int main()
{
    Test A(2,3),B;
    return 0;
}
```

程序中，对象A由于带有两个参数，所以调用带参数的构造函数来初始化该对象；对象B没有参数进行初始化，则调用的是缺省的构造函数。

（2）派生类中重载和覆盖基类中的成员函数的静态绑定

对于在派生类中覆盖基类中的成员函数，则基类的该成员被编译器隐藏起来，派生类对象调用的是它定义的函数。若要在派生类中调用基类的被隐藏的成员，则必须使用作用域运算符“：：”，即在函数名前加上“基类名::”用来绑定基类的函数。

大家知道，指向一种数据类型变量的指针不能指向另一种数据类型的变量，如int型指针变量不能指向double型变量。在一般情况下，指向一种类的对象的指针变量不允许指向另一种类的对象。然而在C++中，定义为基类的指针变量，可以指向该基类的公有派生类对象，这是多态性的基础。定义为基类的指针变量指向派生类对象后，可以访问派生类对象中从基类继承来的成员，但不能访问那些派生类对象自己新增加的成员。

同样的，在C++中，声明为基类的引用变量，可以引用该基类的派生类的对象。

【例7.9】派生类中重新定义的成员函数的静态绑定举例。

源程序：

```
#include <iostream>
using namespace std;
class CBase
{
public:
    void Draw()
    {    cout<<"In the base\n";    }
};
class CDerived:public CBase
{
public:
    void Draw()
    {    cout<<"In the derived\n";    }
};
int main()
{
    CBase B;             //定义了基类对象B
```

```
    CDerived D;            //定义了派生类对象D
    B.Draw();              //调用基类对象的Draw()函数
    D.Draw();              //调用派生类对象的Draw()函数
    CBase *pb;             //定义基类指针
    pb = &B;               //指向基类对象B
    pb->Draw();            //调用基类的Draw()函数
    pb = &D;               //指向派生类对象D
    pb->Draw();            //调用基类的Draw()函数
    CBase &fb=D;           //定义的基类引用，引用了派生类对象
    fb.Draw();             //调用基类的Draw()函数
    return 0;
}
```

运行结果为：

```
In the base
In the derived
In the base
In the base
In the base
```

在上述程序中，声明的基类CBase对象B和派生类CDerived对象D，在编译时就决定了B.Draw()和D.Draw()分别调用CBase类中的Draw()函数和CDerived类中的Draw()函数。若要用派生类的对象调用基类的Draw()函数，可用D.CBase::Draw()形式。

由于指针pb定义为基类CBase的指针变量，因此在编译时，编译系统为pb->Draw()预先绑定了CBase::Draw()函数。运行时虽然基类指针变量pb指向了派生类对象D，但由于系统已经静态绑定了基类的成员函数Draw()，因此并没有调用派生类的成员函数，两条pb->Draw();语句都调用了基类CBase中的Draw()函数。

程序中将fb定义为基类CBase的引用，虽然它引用了派生类CDerived的对象D，但是，因为编译系统根据它的定义已经将它与基类中的Draw函数进行了绑定，因此调用的是基类的Draw()函数，即：CBase::Draw()。

从上例中得知：不论用类对象、对象指针或对象引用哪种形式访问成员函数（非虚函数），编译系统都根据它们的定义类型，在编译过程中进行静态绑定。

2. 运行时的多态性

运行时的多态性是在程序运行时根据运行时所产生的信息决定调用哪个函数，它是运行过程中发生的，编译系统在编译时是无法确定的，因此，也称为“后绑定”。运行时的多态性由虚函数来实现。

7.8.2 虚函数

由例7.9可知，被定义为基类类型的指针或引用，虽然它指向了派生类对象，但在进行相同成员函数调用时，还是调用的基类的成员函数，这是因为在编译时，就根据指针的定义类型，将它与基类进行了静态绑定。但是我们总是希望能在程序运行时，根据指针所指对象的不同而调用不同类中的成员函数，也就是当定义为基类类型的指针指向派生类对象时，用该指针调用相同成员函数时，能调用派生类中重新定义的成员函数，实现动态绑定。这是可以实现的，只要将该函数定义为虚函数，就可以实现动态绑定了。

虚函数（Virtual Function）就是在类中用保留字virtual声明的成员函数。在派生类中重定义所继承的成员虚函数时，即使没有保留字virtual，该函数仍是虚函数，但为了更好地表达这些函数的实质，最好加上这个保留字。一个含有虚函数的类称为多态类，无论这些虚函数是继承下来的，还是在派生类中新增加的。

一个类的虚函数仅对派生类中重定义的函数起作用，对其他函数没有影响。C++系统对调用虚函数进行动态绑定，而普通函数则是静态绑定。

【例7.10】演示虚函数的使用。将例7.9中的成员函数定义为虚函数，主函数不变。

源程序：

```
class CBase
{
public:
    virtual void Draw()
    {    cout<<"In the base\n";    }
};
class CDerived:public CBase
{
public:
    virtual void Draw()
    {    cout<<"In the derived\n";    }
};
```

运行结果为：

```
In the base
In the derived
In the base
In the derived
In the derived
```

由此例可看出，定义为虚函数后，基类类型指针变量pb会随着所指对象的不同而调用不同对象的成员函数。下面通过一个完整的程序来理解虚函数的动态绑定。

【例7.11】演示虚函数使用方法的完整例子。

源程序：

```
#include <iostream>
using namespace std;
class Member                            //基类
{
public :
    virtual void answer()
    {    cout<<"I am a member\n";    }
};
class Teacher:public Member  //派生类一
{
public:
    virtual void answer()
    {    cout<<"I am a teacher\n";    }
};
class Student:public Member  //派生类二
{
public:
    virtual void answer()
    {    cout<<"I am a student\n";    }
};
int main()
{
    Member member;      //定义基类对象
    Teacher teacher;    //定义一个派生类对象
    Student student;    //定义另一个派生类对象
    Member *who;        //定义一个基类类型的指针变量
    //基类类型的指针变量指向基类Member对象，调用基类中的函数
    who=&member;
    who->answer();
    //基类类型的指针变量指向派生类Teacher对象，调用该派生类中的函数
    who=&teacher;
    who->answer();
```

```
        //基类类型的指针变量指向派生类Student的对象，调用该派生类的函数
        who=&student;
        who->answer();
        return 0;
}
```

在基类Member中，将函数answer()声明为虚函数，意味着函数answer()可能需要由派生类重定义。在两个派生类Teacher和Student中，都继承了answer函数，并进行了重定义。注意，即使在派生类中不加保留字virtual，answer()在派生类中仍然是虚函数。

在main()中，分别定义了这三个类的对象和基类类型的指针who。当who指向基类对象member时，who->answer()调用的是基类Member中的answer()函数；当who指向派生类对象teacher时，who->answer()调用的是派生类Teacher中的answer()函数，这是因为基类中的answer()是一个虚函数，在运行期间将调用who所指向的对象的answer()函数；当who指向派生类对象student时，who->answer()调用的是派生类Student中的answer()函数。

程序运行结果：

```
I am a member.
I am a teacher.
I am a student.
```

修改本例中的程序，将基类Member中定义的answer()函数前面的virtual保留字去掉，这时基类中的answer()不再是虚函数。程序运行结果为：

```
I am a member.
I am a member.
I am a member.
```

这是因为普通函数是静态绑定，即在编译时已经确定下来who->answer()调用的是基类Member中的answer()，并不会因为运行期间who所指向的对象发生改变而改变。

7.8.3 抽象基类

在基类中若不给出虚函数的具体定义，而是把它的定义留给派生类去完成，这时可将此虚函数声明为纯虚函数。纯虚函数声明的一般形式为：

virtual 类型 函数名(参数列表) = 0;

包含纯虚函数的类为抽象基类。抽象基类只能用来派生新类，它不能定义对象。

【例7.12】抽象基类举例，设计求三角形面积和矩形面积的程序。

源程序：

```
#include <iostream>
using namespace std;
class Shape
{
public:
    Shape(int i, int j=0)
    {    x0 = i, y0 = j;  }
    virtual void calArea()=0;        //纯虚函数
protected:
    int x0,y0;
};
class Triangle :public Shape
{
public:
    Triangle (int i,int j): Shape (i,j)
    {        }
    void calArea()
    {
```

```
        cout<<"Height for Triangle is "<<x0<<endl;
        cout<<"Base for Triangle is "<<y0<<endl;
        cout<<"Area for Triangle is "<<0.5*x0*y0<<endl;
    }
};
class Rectangle : public Shape
{
public:
    Rectangle (int i , int j) : Shape(i,j)
    {       }
    void calArea()
    {
        cout<<"Height for Rectangle is "<<x0<<endl;
        cout<<"Width for Rectangle is "<<y0<<endl;
        cout<<"Area for Rectangle is "<<x0*y0<<endl;
    }
};
int main()
{
    Shape *ptr;
    Triangle A(5,4);
    Rectangle B(3,8);
    ptr = &A;
    ptr->calArea();
    ptr = &B;
    ptr->calArea();
    return 0;
}
```

结果为：

```
Height for Triangle is 5
Base for Triangle is 4
Area for Triangle is 10
Height for Rectangle is 3
Width for Rectangle is 8
Area for Rectangle is 24
```

例中Shape为抽象基类，其定义体中说明了纯虚函数calArea，类Triangle和类Rectangle为基类Shape的公有派生类，并分别实现了对类Shape中纯虚函数calArea的具体实现。在程序中，使用基类对象指针ptr，分别指向Triangle类对象A和Rectangle类对象B，语句ptr->calArea()执行了完全不同的函数，实现了运行时的多态功能。

7.9　运算符重载

7.9.1　运算符重载的概念

重载（Overloaded）是C++的一个重要特征，不仅可以重载函数，还可以重载运算符。理解运算符重载的首要问题是弄明白运算符的函数特性。一个函数名描述了一种操作，一个运算符也描述了一种操作，它们之间是什么关系呢？在C++中，它们是统一的、等价的。例如对于运算符“+”所构成的表达式：

```
a + b
```

可写为如下形式：

```
operator + (a,b)
```

从第二种形式可以看出，在C++中，运算符实际上也是函数，只是在描述运算符函数的时候，使用了一个关键字operator，而其他方面跟普通函数是一样的。运算符重载跟函数重载一样，但是由于运算符的特殊性质，运算符重载也有很多函数重载不具备的性质。先看下面这个例子，对于运算符“+”，系统预定义了如下一些重载函数：

```
int operator + (int,int);
double operator + (double,double);
```

对于不同类型的加法表达式，系统会自动选择一个合适的重载函数，如对于表达式：

```
2.5 + 3.6
```

编译器将选择对应的重载函数原型：

```
double operator + (double,double);
```

可惜的是，系统只预定义了少数几个用于基本数据类型的运算符函数。对于那些由程序员自己定义的数据类型，就需要程序员自己去定义相应的运算符重载函数。通过运算符重载，使已有的运算符可以用于各种对象：例如可把两个复数x和y的相加表示为x+y，把两个字符串s1与s2的相连表示为s1+s2。这样的表达式更自然，更符合人们的习惯。

要实现用户定义类的运算符重载，要求重载运算符的函数能访问运算对象的私有成员，所以，在C++中有两种形式的函数可实现运算符重载，就是成员函数或友元函数。

7.9.2 运算符重载为类的成员函数

用类的成员函数实现运算符重载，首先要在类中进行原型声明：

```
返回类型 operator 重载的运算符(参数类型列表);
```

然后同一般成员函数一样，通常在类外给出该函数的定义：

```
返回类型 类名::operator 重载的运算符(参数列表)
{
    相关操作;
}
```

对重载运算符的成员函数而言，其参数的个数取决于运算符的目数。如果是单目运算符，则不需参数（个数为0）；如果是双目运算符，则需要1个参数，这是由于该对象本身也作为一个操作数参与运算。

在将单目运算符++和--重载为成员函数时，函数不需要参数。但是，由于单目运算符++和--分为先自增/减和后自增/减两种，为区分“a++”和“++a”，在重载后自增“a++”的函数中增加1个参数，固定为“int”。int只是作为区分先自增或后自增的标志，没有其他作用。重载运算符的函数的返回值类型常常就是我们所定义的类，所以它们的返回值类型通常都是该类，则重载先自增++的成员函数的形式为：

```
类名 &类名::operator ++ ()
{
    相关操作;
}
```

而重载后自增++的成员函数的形式为：

```
类名 &类名::operator ++ (int)
{
    相关操作;
}
```

【例7.13】对于复数类的运算符重载。

【分析】程序中对复数类实现了负号、加、减、加赋值运算符的重载，为说明自增、自减运行符的重载，假设复数的自增、自减就是将复数的实部和虚部分别加1、减1。

源程序：

```
#include <iostream>
using namespace std;
class Complex
{
```

```
public:
    Complex(double r=0,double i=0);
    void show();
    Complex operator - ();                          //对单目负号重载
    Complex operator + (Complex &t);                //对双目加运算符重载
    Complex operator - (Complex &t);                //对双目减运算符重载
    Complex operator += (Complex &t);               //对复合赋值运算符重载
    Complex &operator ++ ();                        //对单目先自增运算符重载
    Complex operator ++ (int);                      //对单目后自增运算符重载
    Complex &operator -- ();                        //对单目先自减运算符重载
    Complex operator -- (int);                      //对单目后自减运算符重载
private:
    double real;                                    //实部
    double imag;                                    //虚部
};
Complex::Complex(double r,double i)
{
    real = r;imag = i;
}
void Complex::show()
{
    if (real||real==0&&imag==0) cout<<real;
    if (imag>0&&real)   cout <<"+";
    if (imag)
    {
        if (imag==1)   ;
        else if (imag==-1) cout<<'-';
        else    cout<<imag;
        cout<<'i';
    }
    cout<<endl;
}
Complex Complex::operator - ()                      //对单目负号重载
    //第一个Complex为函数返回值类型，第二个Complex为类名
{
    return Complex(-real,-imag);                    //返回一个新对象，将调用拷贝构造函数
}
Complex Complex::operator + (Complex &t)            //对双目加运算符重载
{
    double r = real + t.real;
    double i = imag + t.imag;
    return Complex(r,i);                            //返回一个新对象，这时将调用拷贝构造函数
}
Complex Complex::operator -(Complex &t)             //对双目减运算符重载
{    return Complex(real-t.real,imag-t.imag);   }
Complex Complex::operator +=(Complex &b)            //对复合赋值运算符重载
{    real+=b.real;    imag+=b.imag; return *this;  }
Complex &Complex::operator ++ ()                    //对单目先自增运算符重载
{    real++;    imag++;    return *this;    }
Complex Complex::operator ++ (int)                  //对单目后自增运算符重载
{    Complex t(real,imag);    real++;    imag++;    return t;  }
Complex &Complex::operator -- ()                    //对单目先自减运算符重载
{    real--;    imag--;        return *this; }
Complex Complex::operator -- (int)  //对单目后自减运算符重载
{  Complex t(*this);   real--;      imag--;      return t;   }
int main()
```

```
{
    Complex a(7,5),b(6,3),c;
    c=a+b;              // c=a.operator +(b)
    c.show();
    c=a-b;              // c=a.operator -(b)
    c.show();
    a+=c;               // a.operator +=(c)
    a.show();
    b=-c;               // b=c.operator -()
    b.show();
    b=a++;              // b=a.operator ++(int)
    a.show();
    b.show();
    b=--a;              // b=a.operator --()
    a.show();
    b.show();
    return 0;
}
```

对于a+b，编译器将其解释为函数调用a.operator +(b)，而对于–a，编译器将其解释为函数调用a.operator –()。一般地，对于单目表达式

```
obj@ 或 @obj
```

C++编译器解释为

```
obj.operator @ ()
```

对双目表达式

```
obj1 @ obj2
```

C++编译器解释为

```
obj1.operator @ (obj2)
```

7.9.3 运算符重载为类的友元函数

还可以使用友元函数重载运算符，首先要在类中声明为友元函数：

```
friend 返回类型 operator 重载的运算符(参数类型列表);
```

然后在类外给出该函数的定义：

```
返回类型 operator 重载的运算符(参数列表)
{
    相关操作;
}
```

对重载运算符的友元函数而言，其参数的个数取决于运算符的目数。如果是单目运算符，则需要1个参数；如果是双目运算符，则需要2个参数。同样的，为区分单目运算符++和--的先自增/减和后自增/减这两种运算，为重载后自增/减的函数增加1个参数int，作为区分先自增/减或后自增/减的标志。

C++程序中常用cin和cout及对应的抽取运算符>>和插入运算符<<对标准类型的数据进行输入和输出，如果想用它们输入输出我们自定义类型的数据，则必须进行重载。对<<和>>重载的函数形式为：

```
istream & operator >>(istream &,自定义类 &);
ostream & operator <<(ostream &,自定义类 &);
```

重载运算符>>的函数类型和第一个参数的类型都必须是istream&类型，而重载运算符<<的函数类型和第一个参数的类型都必须是ostream&类型。

【例7.14】为例7.2的CStr类定义重载运算符的函数。

```
#include<iostream>
using namespace std;
class CStr
{
```

```
public:
    CStr(char *s);                          //构造函数
    CStr(CStr &);                           //拷贝构造函数
    ~CStr();                                //析构函数
    void setStr(char *s);                   //赋值新串
    CStr  operator =(CStr &);               //重载赋值运算符=
    friend CStr  operator +(CStr &,CStr &);                   //重载字符串连接运算符+
    friend istream & operator >>(istream &input,CStr &);      //抽取运算符>>
    friend ostream & operator <<(ostream &output,CStr &);     //插入运算符<<
private:
    char *pstr;
};
inline CStr::CStr(char *s)                  //构造函数
{
    pstr = new char[strlen(s)+1];           //为字符串分配内存空间
    strcpy(pstr,s);                         //将字符串复制到pstr指向的内存空间中
}
CStr::CStr(CStr &temp) //拷贝构造函数
{
    pstr = new char[strlen(temp.pstr)+1];   //申请同样的内存空间
    strcpy(pstr,temp.pstr);                 //赋予相同的字符串
}
inline CStr::~CStr()                        //析构函数
{
    if (pstr!=NULL) delete []pstr;          //释放pstr指向的内存空间
}
void CStr::setStr(char *s)                  //赋予新串
{
    if (pstr!=NULL) delete []pstr;          //释放原来占用的存储空间
    pstr = new char[strlen(s)+1];           //按新串长度申请存储空间
    strcpy(pstr,s);
}
CStr  CStr::operator =(CStr &s)             //重载赋值运算符=
{
    setStr(s.pstr);
    return *this;
}
CStr  operator +(CStr &s1,CStr &s2)         //重载字符串连接运算符+
{
    char *s=new char [strlen(s1.pstr)+strlen(s2.pstr)+1];
    strcpy(s,s1.pstr);
    strcat(s,s2.pstr);
    CStr t(s);
    delete []s;
    return t;
}
istream & operator >> (istream &input,CStr &s)    //重载抽取运算符>>
{
    char t[200];
    input>>t;
    s.setStr(t);
    return input;
}
ostream & operator << (ostream &output,CStr &s)   //重载插入运算符<<
{
    output<<s.pstr<<endl;
```

```
        return output;
    }
    int main()
    {
        CStr s1("abccxyz"),s2("abcdefg");
        s1=s1+s2;
        cout<<s1;
        cin>>s2;
        s1=s2;
        cout<<s1;
        return 0;
    }
```

运行结果为：

```
abccxyzabcdefg
skdfld
skdfld
```

> 说明：
>
> 一般不对赋值运算符进行重载，因为系统已为每一个自定义的类重载了一个赋值运算符，所以同类对象之间可以直接进行赋值，例如Complex类的两个对象a与b，可直接进行赋值运算a=b。但是，如果类中包含有指向动态分配内存的指针数据成员时，如自定义的数组类和字符串类，使用系统提供的对象赋值运算肯定会出现问题，必须自己对赋值运算符进行重载，所以本例中将赋值运算符重载为成员函数。

7.9.4 运算符重载原则

最后说明一下运算符重载规则：

（1）除了“.”成员运算符、“.*”指向成员的指针、“::”作用域运算符和“?:”条件运算符这四个运算符外，几乎所有的C++运算符都可以重载。但不允许重载非C++的运算符，如#、##等。

（2）被重载的运算符必须保持预定义的优先级和结合性，因为重载时不对运算符的优先级与结合性进行重新定义。

（3）尽管重载可以改变运算符的语义，如：

```
Complex operator + (complex & c)
{
    double r = real - c.real;    //将+重载为减
    double i = imag - c.imag;
    return Complex(r,i);
}
```

但这样重载肯定会引起混乱，因此应尽量使重载的运算符语义自然、好理解、符合习惯。尤其是赋值“=”、逗号“,”和取地址“&”这三个运算符应与预定义的语义一致。无特殊情况，只取得某个对象的地址时，可以使用预定义的&，而无须重载定义。

（4）注意“[ ]”、“*”、“&”和“->”这几个与指针有关的运算符，它们之间有一种等价关系。因此，重载operator ->( )也应该重载operator [ ]( )、operator &( )和operator *( )等，以便维持这种等价关系。

习　题

1. 什么是类？类的定义形式？类的public（公有类型）、protected（保护类型）、private（私有类型）成员之间的区别是什么？

2. 什么是对象？如何定义一个对象？对象的成员如何访问？

3. 构造函数和析构函数的作用是什么？

4. 已知类A中有数据成员x，如果定义了A的两个对象a1、a2，它们各自的数据成员x的值可以不同吗？

5. 什么是拷贝构造函数？它何时被调用？

6. 什么是友元函数？什么是友元类？如果类A是类B的友元，类B是类C的友元，类C是类D的友元，那么类B是类A的友元吗？类A是类C的友元吗？类D是类A的友元吗？

7. 定义一个复数类，数据成员为实部和虚部，具有设置值、读取值和输出功能。

8. 定义一个矩形类，数据成员为对角线两点的坐标：x1，y1，x2，y2，均为整型。具有的功能是求周长、面积，还包含构造函数、设置值及读取值的成员函数。主函数中输入矩形对角线两点的坐标，输出周长和面积。

9. 将7.8的矩形类定义为类模板，使得坐标、周长和面积都可根据需要设定为整型、实型或双精度型等。

10. 用面向对象设计方法实现Josephus问题：一群n个小孩围成一圈，任意假定一个数m，从第某个小孩起，顺时针方向从1开始数，每数到第m个小孩时，该小孩离开。小孩不断离开，圈子不断缩小。最后剩下的小孩便是胜利者。

11. 什么是类的继承与派生？

12. 类的三种继承方式public（公有继承）、protected（保护继承）和private（私有继承）之间的区别是什么？

13. 派生类的构造函数和析构函数的作用是什么？派生类和基类的构造函数和析构函数的调用顺序是怎样的？

14. 定义Object类，有weight属性及相应的操作函数，由此派生出Box类，增加Height和Width属性及相应的操作函数，声明一个box对象，观察构造函数与析构函数的调用顺序。

第8章 对话框和基本控件

Visual C++作为一个功能非常强大的可视化应用程序开发工具，是计算机界公认的最优秀的Windows应用程序开发工具之一。本章首先介绍使用Visual C++开发Windows程序的基本概念，然后介绍使用Visual C++提供的应用程序向导AppWizard等工具创建基于对话框的Windows应用程序的设计方法以及一些基本控件的使用。

8.1 Windows编程与MFC

在Microsoft Visual C++ 6.0环境下，利用微软的基础类库MFC（Microsoft Foundation Class），可以开发出功能强大的Windows应用程序。

8.1.1 Windows编程

Microsoft Windows是微软公司研制的应用于计算机上的多任务和多窗口的图形界面操作系统，具有更好的虚拟内存管理和设备无关特性。Windows环境下的应用程序都具有相同的或相似的操作界面，便于用户学习熟悉软件，它的图形设备接口GDI（Graphic Device Interface）提供了丰富的图形操作函数，并支持各种输出设备，具有设备无关特性。Windows的突出优点使它得到了广泛的应用，因而开发Windows应用程序也成为软件开发的主流。

在Visual C++中开发面向对象的Windows应用程序有两种主要方法：一种是使用Windows提供的Windows API（Application Programming Interface，应用程序接口）函数，另一种是利用Microsoft提供的基础类库MFC。

1. Windows应用程序接口API

应用程序接口API是Windows操作系统提供给应用程序的编程接口，也就是Windows提供给应用程序调用的系统函数。应用程序通过调用这些函数来实现操作系统的某些功能，如创建文件、申请内存和绘图等。Win32 API是32位Windows环境下的应用程序接口，主要由三个动态连接库组成：

（1）Kernel32.dll负责基本的操作系统功能，如内存管理、文件的输入/输出和运行程序等。

（2）GDI32.dll负责基本的绘图功能，如在图形设备上绘制点、线和矩形等基本图形元素，GDI是（Graphic Device Interface）图形设备接口的简称。

（3）User32.dll负责创建和维护屏幕上的窗口，凡是与Windows的图形用户界面GUI（Graphic User's Interface）有关的操作，如绘制一个按钮、通知应用程序用户单击某个按钮等都由User32模块处理。

2. 事件驱动

Windows编程使用事件驱动的程序设计思想。在事件驱动的程序结构中，程序的控制流程不再由事件的预定发生顺序来决定，而是由实际运行时各种事件的实际发生来触发，而事件的发生可能是随机的、不确定的，并没有预定的顺序。事件驱动程序设计是一种“被动式”的程序设计方法，程序开始运行时，处于等待消息的状态，然后取得消息并对其做出响应，处理完毕后再回到原来的等待状态。使用事件驱动原理的程序的工作流程如图8.1所示。

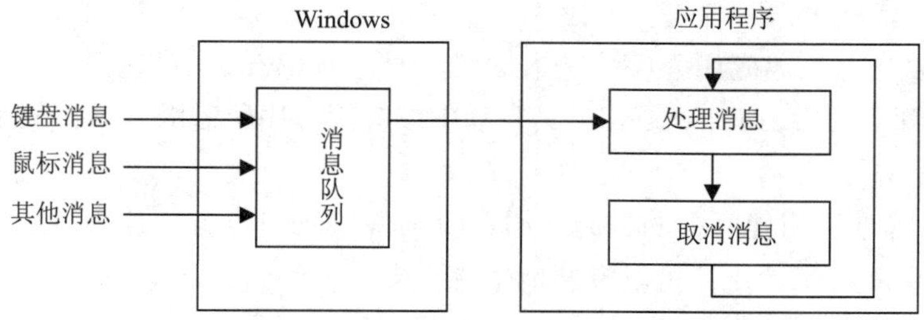

图8.1 Windows程序事件驱动原理

Windows编程常用的消息有：窗口管理消息、初始化消息、输入消息、系统消息、剪贴板消息、控制处理消息等。

8.1.2 MFC

使用传统编程方法开发Windows应用程序时，即使是开发一个简单的Windows应用程序，也需要对Windows的编程原理有很深刻的认识，同时还要手工编写很多代码。因为程序的出错率几乎是随着代码长度的增加呈几何级数增长的，这就使得调试程序变得非常困难。所以用传统方法开发Windows应用程序需要极大的耐心和丰富的编程经验。

MFC的英文全称是Microsoft Foundation Class，即微软的基础类库，包含了许多微软公司已经定义好的用来开发Windows应用程序的一组类。这些类用来表示窗口、对话框、设备上下文、公共GDI对象如画笔、调色板、控制框和其他标准的Windows部件，并封装了大部分的Windows API函数。

虽然要编写的程序在功能上千差万别，但从本质上来讲，都可以划归为用户界面的设计、对文件的操作、多媒体的使用和数据库的访问等一些最主要的方面，这些程序设计中的基础正是微软提供MFC类库最重要的原因。在这个类库中包含了一百多个程序开发过程中最常用到的类，不同的类实现不同的功能，类与类之间有区别又有联系。在进行程序设计的时候，如果类库中的某个类能完成所需要的功能，只要创建这个类的对象，然后调用该对象的方法就可以了。还可以利用面向对象技术中很重要的“继承”方法从类库中的已有类派生出自己的类，这时由派生类创建的对象除了具有基类的特性和功能之外，还可以根据需要加上所需的特性和方法，产生一个更专门的、功能更为强大的对象。当然，也可以在程序中定义全新的类，创建该类的对象来实现功能，并根据需要不断完善类的功能。

由于MFC编程方法充分利用了面向对象技术的优点，它使程序员编程时极少需要关心对象方法的实现细节，同时类库中的各种类的强大功能足以完成程序中的绝大部分所需功能，这使程序员需要编写的代码大为减少，有力地保证了程序的良好的可调试性。

由于MFC类库所提供类的各种属性和方法都经过了谨慎的编写和严格的测试，可靠性很高，这就保证了使用MFC类库不会影响程序的可靠性和正确性。

8.1.3 Microsoft Visual C++

现在我们就可以在Visual C++中，使用MFC类库来编制Windows程序了。Windows程序设计中的“对象”是指Windows中的规范部件，包括各种窗口、对话框、按钮和其他程序模块等，这些多样化的对象能够充分满足构成应用软件操作界面的需要，因此编写Windows程序的相当一部分工作是创建对象和为对象属性赋值。对象在具有规范形态的基础上还具有规范的操作模式，如能够对鼠标和键盘的规范操作产生规范的响应。用户可采用传统的源程序代码编写程序，也可以采用Visual C++独特的可视化交互式操作方法编制程序。利用交互式方法，程序员从可视化开发平台提供的许多可选对象中，选择所需的对象，并为对象的属性进行赋值，从而形成应用程序的大框架。在这个大框架下，编程者根据需要进一步编写必要的实现代码，最后构成完整的应用程序。

Visual C++集成开发环境提供了一系列开发Windows程序的各种向导和辅助工具，这在一定程度上实现了软件的自动生成和可视化编程。Visual C++集成环境中几个最主要的开发工具有：

（1）AppWizard应用程序向导

AppWizard工具可以自动生成应用程序的基本框架。通过AppWizard对话框，程序员一步步对要生成的应用程序进行设置，设置结束后，AppWizard工具自动生成应用程序所需的基本框架和基本代码。

（2）ClassWizard类向导

ClassWizard是用来管理应用程序中的类的，通过ClassWizard可以方便地为应用程序中的类添加成员变量、建立消息映射和消息映射函数，还可以方便地生成新类。

（3）Resource Editor资源编辑器

在Visual C++开发的应用程序中要用到大量的位图、菜单、工具栏和对话框等各种资源。这些资源对于程序而言是相对独立的，可以用其他软件对它们进行单独的编辑，然后再应用到程序中。而Resource Editor是Visual C++为资源提供的一种可视化的编辑环境，在打开某个资源时就打开了资源编辑器，从而可在工作区中对资源进行可视化的编辑和修改，并且还可以方便地添加所需资源。

8.2 对话框与常用控件概述

对话框（Dialog）是Windows应用程序与用户之间进行交互的重要手段，应用程序通过对话框获得用户的输入，并通过对话框将程序运行的有关信息显示给用户。

为实现程序的交互功能，接收各种消息驱动，对话框中还应该包括各种类型的控制对象，例如静态文本、文本编辑框和命令按钮等，这些对象被称为控件（Controls）。对话框依靠它所包含的控件与用户进行交互，实现数据的输入和信息的输出。

8.2.1 对话框

对话框实际上也是一个窗口，它是Windows应用程序与用户交互的界面。在MFC中，对话框的功能封装在CDialog类中，它是CWnd类的派生类，在CWnd类的基础上增加了数据交换功能。CDialog类在MFC类库中的继承关系如图8.2所示。

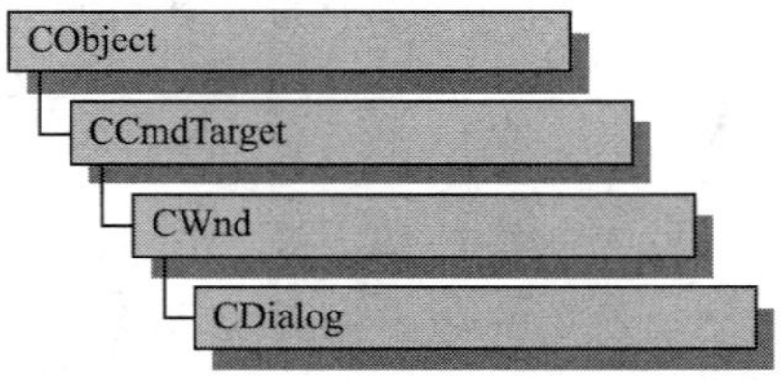

图8.2　CDialog类在MFC类库中的继承关系

1. 对话框资源与对话框类

从编程角度看，一个对话框由对话框资源和对话框对象两部分组成，对话框资源提供对话框的显示界面，对话框对象实现对话框的交互功能。

对话框资源是对话框与用户交互的图形界面，是Windows应用程序包含的多种资源（Resource）中的一种。可使用Develop Studio的资源编辑器中的对话框模板创建、编辑对话框资源，可以向对话框中添加控件并对控件进行编辑，从而设计出程序所需的对话框界面。在资源编辑器中可对资源进行可视化编辑，所设计的对话框即为将来显示的界面。

有了编辑好的对话框资源，必须声明其对应的对话框类并创建其对应的对话框对象才能驱动该对话框，从而实现对话框与应用程序的通信，完成程序与用户的交互。为此，通常为每个对话框资源从CDialog类派生出其对应的类，再为其创建对应的对话框对象。有了对话框对象，在对话框显示前，可通过访问对话框对象的成员变量为对话框的控件初始化；在用户启动对话框时调用其成员函数显示对话框；在关闭对话框后，可通过访问对话框对象的成员变量获得用户输入的数据。

因此，对话框的设计包括对话框资源和对话框对象设计两个方面。

2. 模式对话框和非模式对话框

在显示对话框时，按照操作方式，可将对话框分为模式对话框和非模式对话框两类。模式对话框启动后垄断了用户的输入，当一个对话框按模式方式被打开后，用户只能与该对话框进行交互，而其他界面对象不能接收用户的信息，直至关闭该模式对话框。非模式对话框类似普通的Windows窗口，并不垄断用户的输入。当对话框按非模式打开后，用户可以同时打开或切换到其他窗口对象进行操作，操作完毕后，再用鼠标或其他方式激活该对话框继续进行操作。

操作中使用的大部分对话框是模式对话框，例如Word中的“打开”“另存为”“字体”“段落”和“页面设置”等大部分对话框都是模式对话框，而Word中的“查找和替换”对话框就是非模式对话框，打开该对话框后还可以进行文档的编辑操作。

8.2.2 常用控件

对话框实际上只是提供了一个窗口，真正与用户进行交互的是对话框上的控件。控件（Control Components）是Windows提供的独立部件，与对话框一起使用，在对话框与用户的交互过程中起着重要的作用，它是对话框的子窗口。Visual C++的资源编辑器可对对话框上的控件进行可视化编辑，通过设置控件的外观和属性（Property）来达到程序要求。

每一个控件实际上就是一个CWnd派生类的对象，例如，编辑控件对应CEdit类的对象，静态文本控件对应CStatic类的对象，在MFC类库中，控件的属性和功能被封装在控件对应的类中。

下面简单介绍几个常用的控件。这些控件在“Controls”工具栏上都有对应的工具按钮，如图8.3所示。

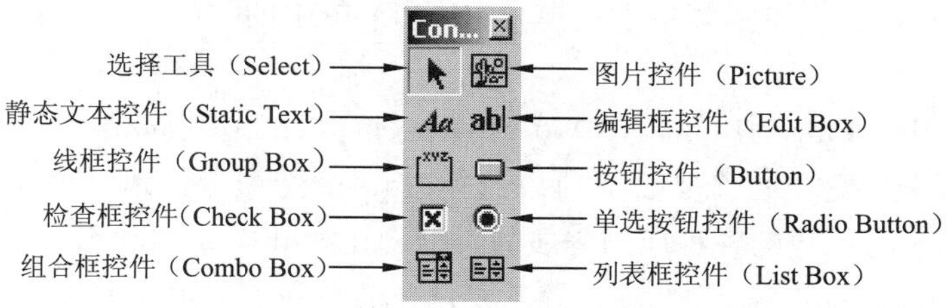

图8.3 控件工具栏上的部分常用控件

1. 静态文本控件（Static Text）

用于显示字符串，不能接收用户的输入信息。多用于显示提示信息和其他控件的标题。除了需要修改它的显示信息，即它的“Caption”属性，静态文本控件的其他属性一般采用其默认值。

2. 图片控件（Picture）

用于显示位图、图标、方框等，不能接收用户输入的信息。通过其属性对话框中的“Type”选项，可以设置Frame（矩形框）、Rectangle（矩形块）、Icon（图标）、Bitmap（位图）等。

3. 线框控件（Group Box）

显示一个文本字符串和一个方框，通常用于对一组相关控件进行组合。以上三种控件均对应CStatic类的对象。如果不需要对上述静态控件进行编程，其ID标识不一定要求唯一，则可选用对话框模板编辑器提供的缺省标识符（IDC_STATIC）。

4. 编辑框控件（Edit Box）

文本编辑框控件是最常用的控件，功能强大，可以进行单行或多行的文本输入，亦可以进行数值、时间和日期数据的输入。其ID为该控件在程序中的标识，主要属性还有“Align Text”（文本对齐方式）、“Multiline”（多行编辑）“Want return”（接收回车）及设置水平或垂直滚动条等。编辑框控件对应CEdit类的对象，CEdit类在MFC类库中的继承关系如图8.4所示，其他控件类与此相似。

5. 按钮控件（Button）

用于响应用户的鼠标按键等操作，如确认和取消等命令，可以利用ClassWizard为其添加消息映射函数。

6. 检查框控件（Check Box）

用作选择标记，有选中、非选中和不确定等状态，又称复选框。

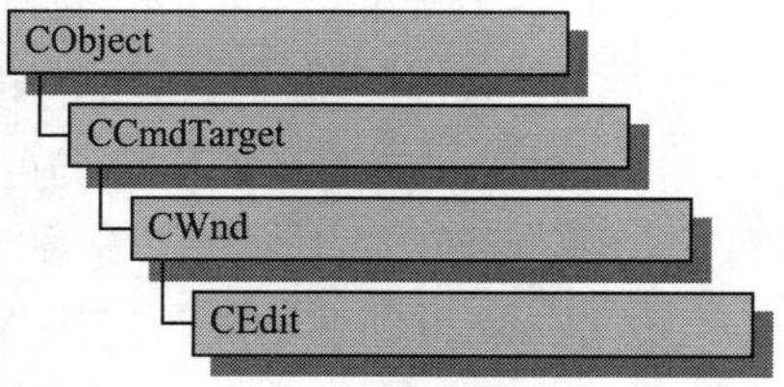

图8.4 CEdit类在MFC类库中的继承关系

7. 单选按钮控件（Radio Button）

用来从多项中选择一项，单选按钮总是成组使用。按钮、检查框和单选按钮控件均对应CButton类。

8. 列表框控件（List Box）

用来显示一个文字列表，用户可以从中选择一项或多项。是单选列表框还是多选列表框可以由其属性“Selection”决定。列表框控件对应的是CListBox类对象。

9. 组合框控件（Combo Box）

组合框控件是编辑框控件和列表框控件的组合，分为简单式（Simple）、下拉式（Dropdown）和下拉列表式（Drop List）。组合框中列表的内容可在设置时用Data标签输入。组合框控件对应CCombo类的对象。

8.2.3 使用MFC AppWizard创建基于对话框的应用程序

所谓基于对话框的应用程序，就是该程序运行时其主界面是一个对话框。下面利用VC中的应用程序向导AppWizard创建一个基于对话框的Windows应用程序。

【例8.1】建立基于对话框的应用程序显示“2008年，北京欢迎您！”。

1. 创建项目

（1）首先启动Visual C++，在主菜单中选择“File”菜单中的“New”菜单项，系统弹出“New”对话框。

该对话框有四个选项卡：Files、Projects、Workspaces和Other Documents，用来选择所要创建的文件类型。要建立一个应用程序就要建立一个项目，所以选择Projects选项卡创建一个项目。选择Projects选项卡后，左侧的列表框中列出了可创建的各种应用程序的类型，比如dll类型的动态连接库，exe类型的可执行程序等，这里选中“MFC AppWizard(exe)”选项，表示要创建的是一个使用MFC基础类库进行编程的可执行程序，如图8.5所示。

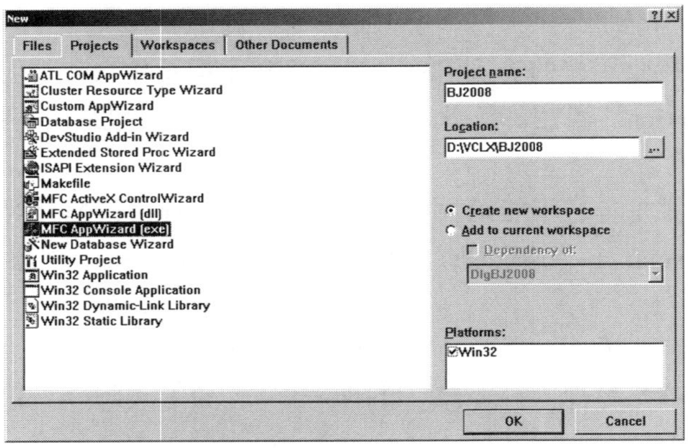

图8.5 “New”对话框

在“Project name”编辑框中输入要创建的项目的名称，这里给应用程序取名为BJ2008。“Location”编辑框中描述的是放置该项目文件的路径（位置），单击“…”按钮可以根据用户需要选择自己希望放置该项目的位置。

确认“Create new workspace”单选按钮被选中，为新建项目建立一个新的项目工件区。对话框右下角的“Platforms”中的“Win32”选项表示要创建的程序建立在32位的Windows平台上，选中该项。确定项目文件的类型、名称和路径选项后，单击“OK”按钮，就启动了开发MFC应用程序的AppWizard来创建项目。

（2）首先显示的是“MFC AppWizard – Step 1”对话框。在向导显示的第一个对话框中，用户选择创建什么类型的MFC应用程序以及资源文件使用什么语言，如图8.6所示。

AppWizard可创建的MFC应用程序的类型包括：单文档界面应用程序（Single document）、多文档界面应用程序（Multiple documents）和基于对话框的应用程序（Dialog based）。因为这里要生成基于对话框的应用程序，所以选择“Dialog based”单选按钮。语言选择“中文[中国]”项。单击“Next”按钮，进入下一步。

（3）接下来显示的是“MFC AppWizard – Step 2 of 4”对话框，如图8.7所示。该对话框是用来设置应用程序的某些外观特征的，如：是否包含关于对话框（About box）、是否使用三维风格的控件（3D controls）、是否支持OLE自动化、是否使用ActiveX控件以及是否使用Windows Sockets进行网络编程等，均采用默认的设置即可。

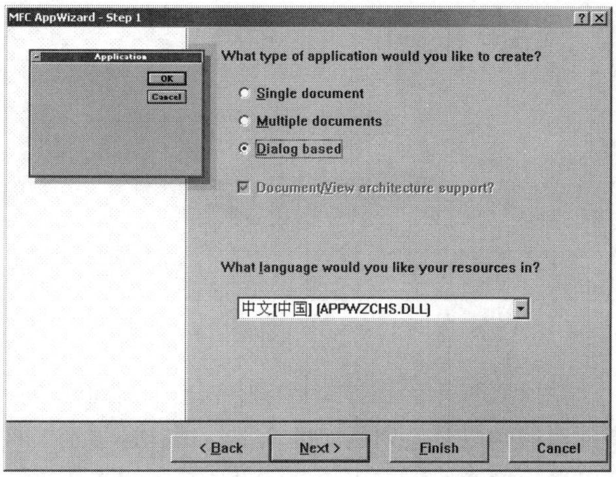

图8.6 MFC应用程序向导的第1个对话框

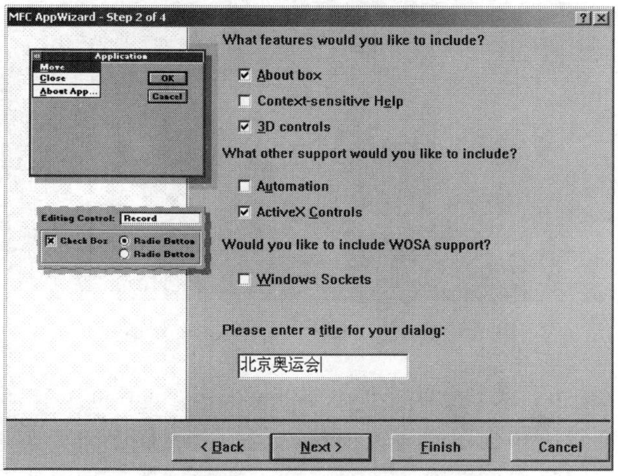

图8.7 MFC应用程序向导的第2个对话框

在下面的“Please enter a title for your dialog”（对话框标题）编辑框中，输入应用程序主对话框窗口的标题，这里输入“北京奥运会”。单击“Next”按钮进入下一步。

（4）“MFC AppWizard – Step 3 of 4”对话框包括三组单选按钮，如图8.8所示。

上面一组单选按钮用来选择要生成的项目的界面风格是MFC Standard标准风格还是Windows Explorer浏览器风格，这里选中“MFC Standard”单选按钮。

中间一组单选按钮用来选择是否在自动生成的代码中加入注释。接受默认选项，即同意在生成的源代码文件中加注释，此时源文件中加上代码的注释，可方便用户添加代码，并有助于阅读和理解源代码的含义。

下面一组单选按钮用来选择使用MFC类库的方式是动态连接库方式还是静态连接方式。使用动态连接库方式时，在生成的可执行应用程序中并不真正包含MFC类库中的对象，在运行程序时要求系统中必须有相应的DLL文件；使用静态连接方式时，则把程序中用到的MFC库中的代码生成为应用程序的一部分，这时生成的应用程序也就相对大一些。这里默认选择“As a shared DLL”，将MFC作为共享的动态连接库DLL（Dynamic Linked Library）。均采用默认设置即可，单击“Next”按钮，进入最后一步。

（5）向导弹出“MFC AppWizard – Step 4 of 4”对话框，显示向导将要在应用程序中生成的类的有关信息：类名、基类名和文件名，如图8.9所示。由于建立的是基于对话框的应用程序，所以MFC AppWizard要生成的两个主要类为：应用类CBJ2008App和应用程序运行时的对话框对应的类CBJ2008Dlg；同时还要生成存放类定义的头文件BJ2008.h和BJ2008Dlg.h，存放实现过程的源文件BJ2008.cpp和BJ2008Dlg.cpp。

由AppWizard生成的类显示在对话框上部的列表框中，其中的CBJ2008App类被选中，下面显示了该类的类名CBJ2008App、该类的基类名CWinApp以及AppWizard将生成的对应的文件名（头文件BJ2008.h和源文件BJ2008.cpp），可在“Class name”类名编辑框中修改类名。

选中列表框中的CBJ2008Dlg类，下面显示了该类的类名CBJ2008Dlg、该类的基类名CDialog以及AppWizard将生成的对应的文件名（BJ2008Dlg.h头文件和BJ2008Dlg.cpp源文件）。可在类名编辑框中修改类名，在头文件编辑框中修改头文件名BJ2008Dlg.h，在实现文件编辑框中修改源文件名BJ2008Dlg.cpp。一般不做修改，使用系统给定的类名和文件名即可，单击“Finish”按钮，结束创建项目的有关设置。

另外，在单击“Finish”按钮前，若发现前面的设置有错误，可单击“Back”按钮退回到AppWizard的任意一步重新设置。并且这四个对话框中都有“Finish”按钮，如果都使用默认设置，在任何一个对话框中都可以单击“Finish”按钮结束设置。

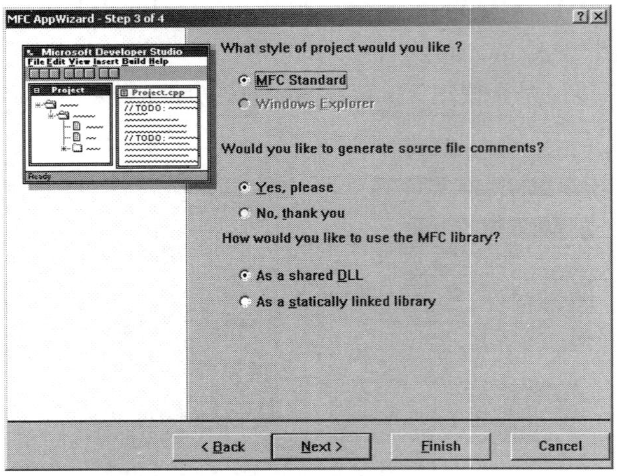

图8.8　MFC应用程序向导的第3个对话框

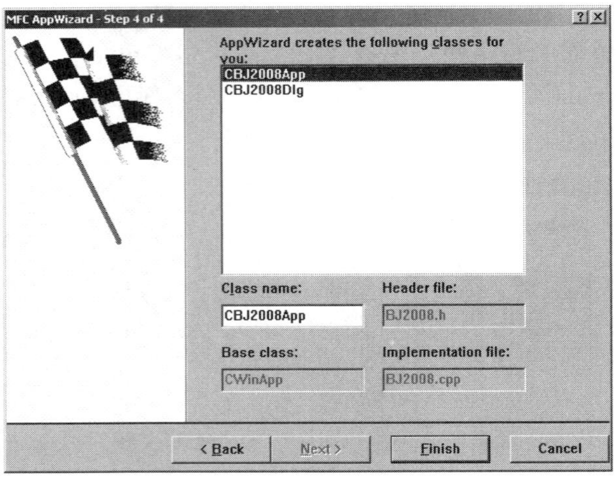

图8.9　MFC应用程序向导的第4个对话框

（6）最后弹出“New Project Information”对话框，如图8.10所示。在该对话框中列出了前面几步设置的创建应用程序的有关信息，包括应用程序的类型、新创建的类以及应用程序的全部特征，还显示了该应用程序将生成在哪个路径之中。通过这些信息，用户可以最后检查一下应用程序的设置是否完全正确，如果发现有不对的地方，可以单击“Cancel”按钮取消前面的操作，再重新启动MFC AppWizard来创建项目。检查后若完全正确，可单击“OK”按钮，则AppWizard开始应用程序的自动生成工作，在指定的目录下生成应用程序框架所需的全部文件。

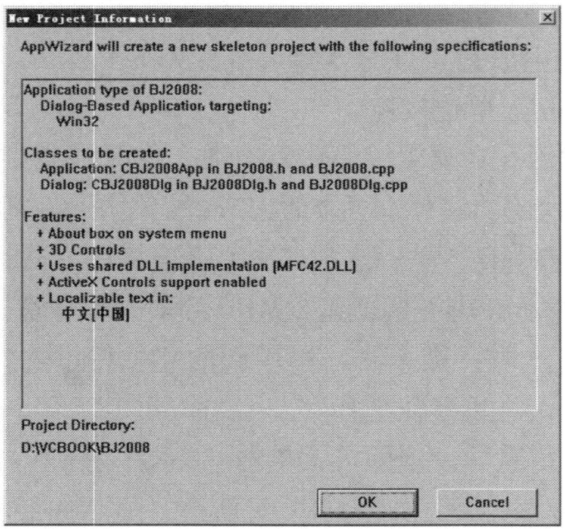

图8.10　新建项目的有关信息

至此，应用程序向导所有的工作全部完成，它生成了一个可编译、连接执行的应用程序框架和基本代码。

2. 编辑、编译、连接及运行

在Visual C++中可看到新建项目已被打开，作为应用程序主窗口的对话框也在右面的资源编辑器中被打开，“Controls”控件工具栏也在窗口的右侧被打开供编辑对话框时使用，“Dialog”对话框工具栏也被同时打开，如图8.11所示。如果“Controls”控件工具栏没有显示，请在工具栏的空白处右击，从快捷菜单中选择“Controls”命令将其打开。

此时可按【F7】编译、连接程序，然后按【Ctrl+F5】组合键运行程序，由此可知AppWizard为我们生成了一个可编译连接运行的应用程序。下面对生成的应用程序进行编辑以实现程序功能。

AppWizard为应用程序生成的对话框标识的ID为IDD_BJ2008_DIALOG，窗口标题为用户在“MFC

AppWizard – Step 2 of 4”对话框中输入的标题。AppWizard还在该对话框上自动生成了三个控件，两个命令按钮控件（“确定”和“取消”）；一个静态文本控件（“TODO:在这里设置对话控制”）如图8.11所示。

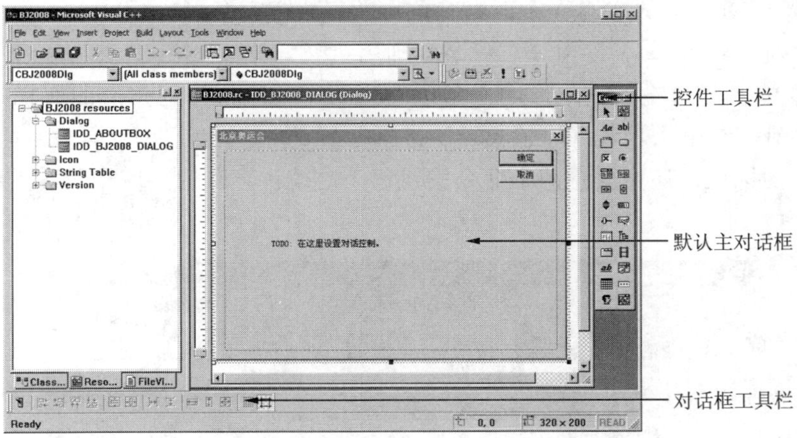

图8.11 MFC AppWizard创建项目后的对话框界面

Visual C++应用程序中包含的每个资源都有一个ID标识值。因此，程序中的每一个对话框以及对话框上面的每一个控件都有一个ID，它们的定义在Resource.h头文件中。资源的ID标识值在随后的编程中作为识别该资源的依据，MFC就是通过ID来访问这些资源的。在本例中，对话框的ID是IDD_BJ2008_DIALOG，确认按钮的ID是IDOK，取消按钮的ID是IDCANCEL。

下面对IDD_BJ2008_DIALOG对话框进行简单的显示信息设置和布局安排。

（1）首先删除对话框中的“确定”和“取消”两个按钮。

单击“确定”按钮，再按下【Ctrl】键的同时单击“取消”按钮，则选中了这两个控件，然后选择“Edit”菜单中的“Delete”菜单项或直接按键盘上的【Delete】键将它们删除。

（2）设置控件属性。

单击对话框中的“TODO:在这里设置对话控制”静态文本控件，该控件被选中。可以在控件的四边或四角拖动鼠标调整控件的大小，或在控件上拖动鼠标移动控件。在该控件上右击，选择快捷菜单中的“Properties”菜单项，打开该控件的属性对话框，如图8.12所示。在属性对话框中选择“General”选项卡，在“Caption”编辑框内输入要显示的内容，这里输入：“2008，北京欢迎您！”，单击属性对话框右上角的“关闭”按钮，结束设置。

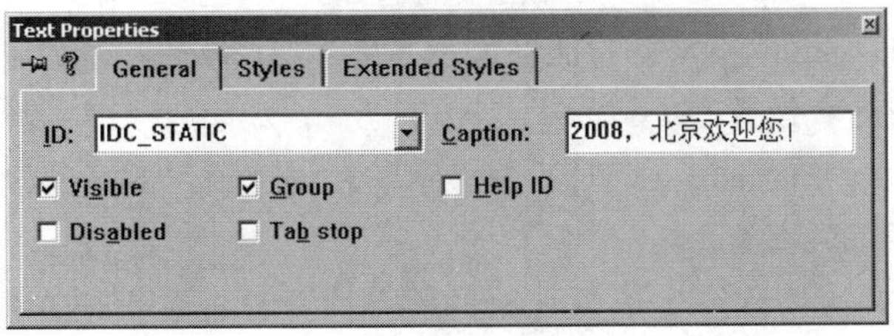

图8.12 静态文本控件属性对话框

最后连接生成可执行文件：选择主菜单“Build”中的“Build BJ2008.exe”菜单项，或者直接按【F7】键进行程序的编译、连接，然后就可以运行该应用程序了。

8.3 与用户交互的基于对话框的MFC应用程序

虽然上一节我们已经编写了基于对话框的Windows应用程序，但程序只是在对话框中显示了一个文本，并没有与用户实现真正的交互。本节通过编写一个与用户进行信息交互的基于对话框的Windows应用程序：

输入三角形的三条边长求三角形的面积，学习如何使用对话框实现输入和输出，以及静态文本、文本编辑框和命令按钮的使用。

【例8.2】 建立基于对话框的应用程序，由三角形的三边求三角形面积。三角形面积的计算公式仍采用：$area=\sqrt{s(s-a)(s-b)(s-c)}$，其中$s=(a+b+c)/2$。

在程序的对话框中，用户输入三角形的三条边的边长，程序计算三角形的面积并在对话框中显示出来。考虑到对话框中有三个输入项和一个输出项，故需放置4个文本编辑框；再放置4个静态文本控件，用于输入提示和三条边的标记；还要放置两个命令按钮用于启动计算和退出应用程序，则程序主对话框界面如图8.13所示。

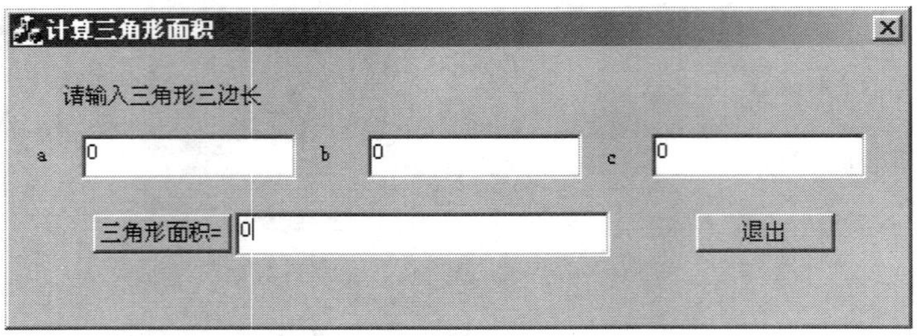

图8.13　应用程序的窗口布局

8.3.1　建立MFC应用程序项目

为在Visual C++中建立一个应用程序，首先创建该应用程序的项目。同上一节一样，用MFC AppWizard创建基于对话框的项目，其步骤简述如下：

（1）启动Visual C++，选择"File"菜单中的"New"菜单命令，在弹出的"New"对话框中选择"Projects"选项卡，并在下面的列表框中选择"MFC AppWizard(exe)"选项。

在右面的"Project name"编辑框中输入要创建的项目名，这里取名为"Triangle"。在"Location"编辑框中设定放置该项目的路径，单击"OK"按钮后启动MFC AppWizard进行创建项目的有关设置。

（2）在"MFC AppWizard – Step 1"对话框中选择"Dialog based"选项，生成基于对话框的应用程序；语言选择"中文"，单击"Next"按钮，进入下一步。

（3）在"MFC AppWizard – Step 2 of 4"对话框的"Please enter a title for your dialog"编辑框中输入应用程序对话框窗口的标题，这里输入"计算三角形面积"。其他项默认，单击"Next"按钮，进入下一步。

（4）在"MFC AppWizard – Step 3 of 4"对话框中均选择默认设置，单击"Next"按钮，进入最后一步。

（5）"MFC AppWizard – Step 4 of 4"对话框显示了MFC AppWizard将要创建的类名、基类名和对应的文件名。单击"Finish"按钮结束设置。

（6）最后的"New Project Information"对话框显示了要创建项目的全部设置，检查无误后单击"OK"按钮，由AppWizard生成应用程序框架。

此时AppWizard为Triangle应用程序生成了其项目所需的资源、类和有关文件，生成了一个可编译、连接、运行的应用程序框架和基本代码。

可看到所创建的应用程序已在Visual C++中打开，在项目工作区中选择ResourceView标签，单击前面的"+"号展开Triangle resources和Dialog，可看到MFC AppWizard为应用程序生成的两个对话框：主对话框IDD_TRIANGLE_DIALOG和关于对话框IDD_ABOUTBOX，如图8.14（a）所示。

在项目工作区中选择ClassView选项卡并展开，可看到MFC AppWizard为应用程序生成的三个类：从应用类CWinApp派生的CTriangleApp类、从对话框类CDialog派生的主对话框资源对应的CTriangleDlg类和关于对话框资源对应的CAboutDlg类。进一步展开后，还可看到类中的成员函数和成员变量，如图8.14（b）所示。

在项目工作区中选择FileView选项卡并展开后，可看到MFC AppWizard为应用程序生成的Source Files（源代码文件）、Header Files（头文件）和Resource Files（资源文件）等各种文件夹，如图8.14（c）所示。进一步展开后，可看到各种文件夹中包含的文件：存放CTriangleApp类定义的Triangle.h头文件和存放其实现过程的Triangle.cpp源文件、存放CTriangleDlg类和CAboutDlg类的TriangleDlg.h头文件和TriangleDlg.cpp源文件、存放资源ID定义的Resource.h头文件等。双击其中的某个文件名，就可在右面的编辑区中将其打开进行编辑。

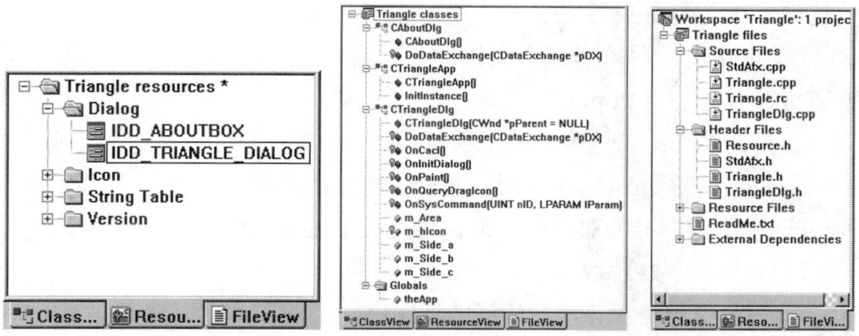

（a）　　　　　　　　　（b）　　　　　　　　　（c）

图8.14　例8.2的项目工作区窗口

8.3.2　编辑对话框资源

因为Triangle应用程序是基于对话框的，所以AppWizard生成了一个对话框作为应用程序的主窗口，并且将这个对话框资源标识为IDD_TRIANGLE_DIALOG，首先对该对话框资源进行编辑以得到图8.13的显示界面。

1. 在资源编辑器中打开对话框

为了进行对话框资源的设计，首先要在资源编辑器中将对话框打开。在项目工作区中选择Resource View标签，展开对话框资源组Dialog（如图8.14（a）所示），其中包含有AppWizard为应用程序生成的两个对话框，双击其中的IDD_TRIANGLE_DIALOG对话框，则在右边的资源编辑器中打开了该对话框，供程序员进行可视化编辑。

实际上，AppWizard创建项目后已将所生成的主对话框在资源编辑器中打开，所生成的对话框仍是包括三个控件（“确定”“取消”两个命令按钮和以“TODO”开始的静态文本）的默认对话框。

2. 设置对话框属性

在IDD_TRIANGLE_DIALOG对话框编辑窗口的空白处右击，在弹出的快捷菜单中选择“Properties”；或者选择“View”→“Properties”菜单命令，则打开了“Dialog Properties”对话框，如图8.15所示。

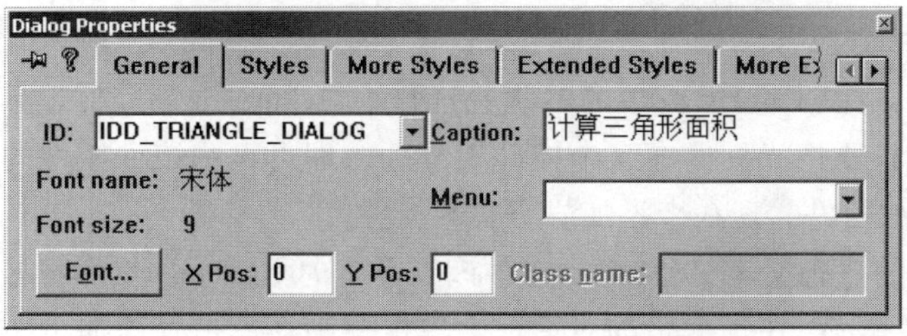

图8.15　“对话框属性”对话框

从打开的属性对话框中可看到对话框的属性有多项，下面简单地介绍一下“General”和“Styles”选项卡中的属性。

（1）“General”选项卡中的属性有：

ID：程序中用来识别对话框资源的ID，Visual C++自动在resources.h文件中将其ID定义为整型常量。如要修改Visual C++为资源自动设定的默认ID，可直接输入一个新的ID，也可从下拉列表中选择一个ID。

- Caption：用来定义对话框标题，可直接输入对话框标题到“Caption”文本框中。
- Font：显示了对话框上所有控件使用的字体和字号。单击“Font…”按钮打开“Select Dialog Font”对话框，可以设置对话框上控件的字体和字号。

- Menu：设置对话框中使用的菜单资源。如果对话框中要显示菜单，则要从“Menu”下拉列表中选择一个已经存在的菜单资源的ID，这样该菜单会显示在对话框中。有关在对话框中添加菜单的问题将在下一章介绍。

（2）“Styles”选项卡中的部分属性是：

- Style：选择对话框的样式。下拉列表中提供的样式有：“OverLapped”样式，使对话框同普通窗口一样，可改变其大小尺寸；“Popup”样式，是弹出式对话框，不能改变大小，是最常见的对话框；“Child”样式，将对话框作为其他窗口的子窗口。
- Border：设定对话框的边框风格。下拉列表中提供的边框风格有：“None”表示无边框；“Thin”为单边框；“Dialog Frame”为标准的对话框边框，也是最常见的边框风格；“Resizing”为与普通窗口一样的边框风格，使得对话框可改变大小。
- Title bar：该复选框用来设定是否显示对话框的标题栏。
- System menu：该复选框只有在“Title bar”复选框被选中才有效，用来控制是否在对话框标题栏上使用系统的控制菜单按钮。
- Minimize box：该复选框只有在“Title bar”复选框被选中才有效，用来控制是否在对话框标题栏上显示最小化按钮。
- Maximize box：该复选框只有在“Title bar”复选框被选中才有效，用来控制是否在对话框标题栏上显示最大化按钮。

在本例中打开的“Dialog Properties”对话框里选择“General”选项卡，如图8.15所示。在ID编辑框中显示了当前对话框的标识，这里就使用该默认的ID，不再修改；“Caption”编辑框中为对话框窗口的标题，显示的是在“MFC AppWizard-Step 2 of 4”对话框中输入的标题，同样也不需要修改了；此外，还显示了该对话框上所有控件的字体和字号，可重新设置字体和字号。

3. 编辑控件

为设计对话框上的控件，首先来分析一下要制作的对话框，包括有四个静态文本控件、四个文本编辑框（输入三边长和输出三角形面积）和两个命令按钮（计算三角形面积和退出），如图8.13所示。下面通过对控件的编辑完成对话框的界面设计。

（1）删除控件。选中对话框中的“TODO:在这里设置对话控制”静态文本和“确定”按钮这两个控件，然后按【Delete】键将它们删除。

（2）静态文本控件（Static Text）。

① 添加静态文本控件到对话框中。

在打开资源编辑器时，在Visual C++中的右侧就打开了“Controls”控件工具栏。控件工具栏中提供了可使用的各种控件，用户只要把光标停在某个控件工具上，即可显示该种控件的名称。使用该工具栏中的工具就可以向对话框中添加控件，现在来添加静态文本控件。

先单击控件工具栏上的静态文本工具Aa，选中该工具（向下凹）。然后将鼠标指针移到对话框编辑窗口，鼠标指针变为“十”字形，在正编辑的对话框上单击，则在单击处添加了一个静态文本控件，其大小为系统设置的默认大小。

单击控件工具栏上的静态文本工具Aa，在对话框的编辑窗口上按下鼠标拖出一个矩形，则在该处添加了一个静态文本控件，其大小为用户拖动的矩形的大小。

单击刚添加的控件，按下【Ctrl】键并拖动该控件，则复制出一个静态文本控件。依此方法再复制出一个静态文本控件，则四个静态文本控件均已添加完毕。

② 设置静态文本控件的属性。

可打开控件的属性对话框设置控件的属性。不同的控件具有不同的属性，但有一些属性是大部分控件都具有的，例如：

- ID属性：ID是一个整型符号常量，用来作为控件的标识符，从而区分不同的控件。系统会为每个资源设置一个默认的ID，可重新设置一个新的ID，也可从系统提供的ID列表中选择。
- Caption（标题）属性：静态文本、组框、按钮、检查框和单选按钮等控件可以显示标题，用来对控件进行文字说明。
- Visible属性：用来指定控件是否显示。在属性对话框中用复选框设置“Visible”属性，若被选中，表示该控件显示在对话框中；如果该项没被选中，则控件不显示。
- Disable属性：使控件允许或禁止。同样用复选框设置“Disabled”属性：选中该复选项，控件被禁止，显示为灰色，不能接收任何输入；如果该项不被选中，控件处于激活状态，可接收用户的输入。
- Tab stop属性：“Tab stop”复选框用来控制控件是否支持用Tab键在控件间转换焦点。程序运行时可用“Tab”键在对话框上具有Tab stop属性的控件间转换焦点，复选框“Tab stop”被选中，说明该控件支持此功能。
- Group属性：用来指定一组控件，用户可以用箭头键在该组控件内移动。在同一组内的单选按钮具有互斥的特性，即在同一组的单选按钮中只能有一个按钮的Group属性是选中的。如果一个控件具有Group属性，则这个控件以及按Tab顺序紧随其后的所有控件都属于一组的，直到遇到另一个有Group属性的控件为止。

本例中，由于在程序运行时一般不更改静态文本控件的显示内容，系统为四个静态文本控件设定的ID完全相同，都是IDC_STATIC。

右击第一个添加的静态文本控件，在弹出的快捷菜单中选择“Properties”命令，或者，单击该控件，然后选择“View”→“Properties”菜单命令或直接按回车键，则可以打开该控件的属性对话框。在属性对话框中选择“General”选项卡，如图8.16所示。

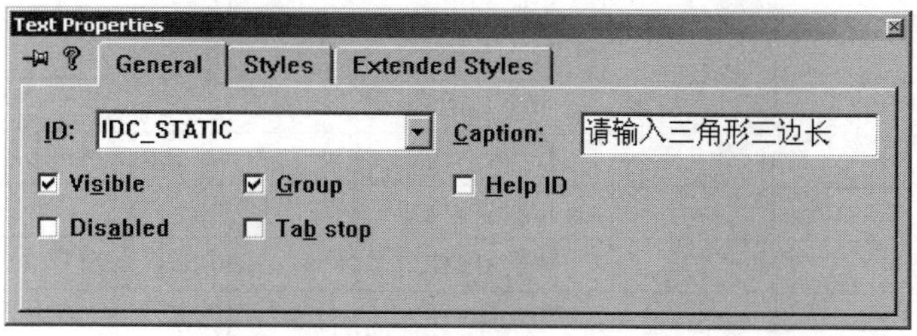

图8.16　静态文本控件的属性对话框

在ID编辑框中显示了该控件的ID，由于不需要通过静态文本控件接收用户输入的数据，也无须在程序运行时更改它的显示内容，所以这个ID不必更改了。在标题编辑框“Caption”内输入要显示的内容“请输入三角形三边长”。确定“Visible”复选框被选中，设置完毕，点击属性对话框右上角的“关闭”按钮关闭对话框结束设置。

依次打开其他三个静态文本控件的属性对话框，用同样的方法设置它们的显示内容依次为a、b和c。

（3）文本编辑框（Edit Box）。使用控件工具栏上的编辑框工具ab|（Edit Box）在对话框上添加四个编辑框，Visual C++为它们设定的默认ID依次为IDC_EDIT1、IDC_EDIT2、IDC_EDIT3和IDC_EDIT4。

单击编辑框IDC_EDIT4，在键盘上按回车键打开该控件的属性对话框。因为该编辑框用来显示运算结果，不需要接收用户的输入，所以在属性对话框中选择“General”选项卡，将“Disabled”属性复选框设为选中，设置该控件为禁止状态，使它不接收用户的输入。

文本编辑框没有“Caption”属性，这类控件一般与对话框类的某个成员变量相对应，用来显示这个成员变量的值，或者把用户输入的数据传送给该成员变量。

本例中其他三个编辑框的属性不需要修改，均使用它们的默认属性即可。

（4）命令按钮（Button）。同样的，使用控件工具栏上的按钮工具（Button）在对话框上添加一个命令按钮。

打开该控件的属性对话框，选择“General”选项卡，控件的ID为IDC_BUTTON1，修改为IDC_CAL；“Caption”编辑框中的“Button”改为“三角形面积=”；选中“Styles”选项卡下的“Default button”复选框，如图8.17所示。命令按钮（Push Button）控件具有默认按钮（Default button）属性，若该复选框被选中，当用户键入回车时，相当于单击了该按钮。

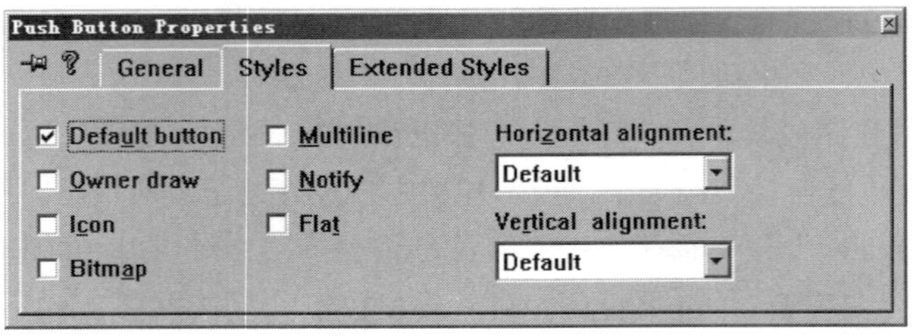

图8.17　按钮框控件的属性对话框

打开“取消”按钮控件的属性对话框，选择“General”选项卡，不修改该控件的ID；将Caption编辑框中的“取消”改为“退出”。

至此，我们完成了对话框中控件的添加和属性设置，如表8-1所示。

表8-1　例8.2主对话框中各个控件的属性设置

对　　象	ID	Caption
命令按钮	IDC_CALC	三角形面积=
命令按钮	IDCANCEL	退出
编辑框	IDC_EDIT1	
编辑框	IDC_EDIT2	
编辑框	IDC_EDIT3	
编辑框	IDC_EDIT4	无
静态文本	IDC_STATIC	请输入三角形三边长
静态文本	IDC_STATIC	a
静态文本	IDC_STATIC	b
静态文本	IDC_STATIC	c

（5）排列对话框中的控件。

为实现图8.13所示的对话框，下面排列对话框中的控件的布局。

首先调整控件的大小。在控件工具栏中单击Select工具，然后单击静态文本控件“请输入三角形三边长”，在该控件的四周或四个角上按住鼠标左键拖动鼠标，控件的大小会随着鼠标的拖动而改变，拖到合适的位置放开鼠标即可改变控件的大小。依此方法调整各个控件的大小。

要移动控件，先选中控件，再在控件上按住鼠标左键拖动鼠标，控件会随着鼠标的拖动而移动，移到合适的位置放开鼠标左键即移动了控件。

要将多个控件水平或垂直排列整齐或者使它们的大小一样，首先要选中多个控件，然后使用“Dialog”工具栏中的工具或“Layout”菜单中的“Align”“Make Same Size”和“Arrange Buttons”等命令来实现。至此结束了对话框窗口的可视化编辑工作，并及时存盘。

资源编辑器在打开对话框时，在右侧打开了“Controls”工具栏，实际上此时“Dialog”工具栏也已被打开（一般在下面，可移动）。“Dialog”工具栏如图8.18所示，其上的工具主要用来实现对多个控件进行左对齐、右对齐、顶端对齐、底端对齐、水平分布、垂直分布、等高、等宽及等大小等操作，从而完成多个控件的排列和大小的调整。这里要提醒大家注意的是，在选择多个控件后，“Dialog”工具栏上的大部分工具才能使用。另外，“Layout”主菜单中的菜单命令包括了进行对话框及其上控件编辑的大部分命令。

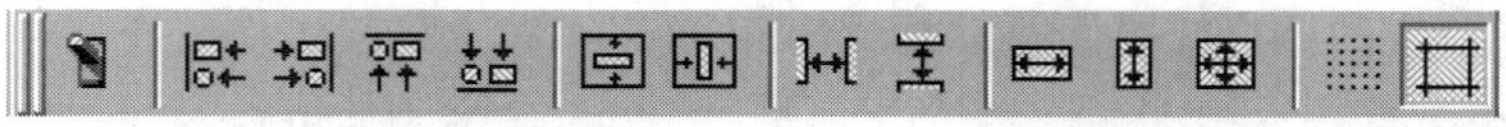

图8.18 “Dialog”工具栏

最后说明一下对话框上控件的Tab顺序。在打开对话框时，可使用键盘上的【Tab】键在具有“Tab stop”属性的控件间转换焦点。而Tab移动的顺序就是控件的创建次序，程序员可根据需要修改这一顺序。

- 选择“Layout”菜单中的“Tab Order”菜单项或按【Ctrl+D】组合键，对话框上控件的Tab顺序号会显示出来。
- 单击对话框上的控件可看到控件上Tab顺序号的改变，则单击控件的顺序就是它们新的Tab号顺序。
- “Tab Order”菜单命令是开关命令，修改结束后再单击该菜单项，选取选中，则取消Tab顺序号的显示；或者直接在对话框的空白处单击，同样可以取消Tab顺序号的显示。

通过可视化资源编辑器，我们已经完成了对话框的设计，并且掌握了如何进行对话框上控件的删除、添加、移动、复制、排列以及属性设置等操作。此时可以运行程序看到对话框界面的设计结果，这样比较费时；还可以使用“Dialog”工具栏中的“Test”工具或者“Layout”菜单中的“Test”命令查看设计结果。现在的对话框还不能执行任何操作，因为还没有给它添加任何代码，下面对与之关联的对话框类CTriangleDlg进行操作完成程序功能。

8.3.3 编辑对话框类

AppWizard在创建项目时就为IDD_TRIANGLE_DIALOG对话框生成了其对应的对话框类CTriangleDlg，该类是从CDialog类派生来的。要使程序实现某项功能，需要对CTriangleDlg类进行编辑，也就是为它添加一些成员变量、建立消息映射和消息映射函数并为函数编写代码，通过Visual C++的类向导ClassWizard可以方便地对类进行操作。

1. 数据交换机制

（1）为控件生成其对应的成员变量。

编辑框主要用来实现应用程序与用户交互信息的：应用程序从控件获得用户输入的数据，也可将用户所需信息显示在控件上。在Visual C++中，只要在对话框类中为控件生成其对应的数据成员变量，在程序中只需使用对应的数据成员变量就可以操纵该控件了。

使用ClassWizard可以非常方便地为控件生成其对应的数据成员变量，下面在对话框类CTriangleDlg中为编辑框IDC_EDIT1生成一个其对应的成员变量m_Side_a（表示三角形边长a），其过程如下：

① 首先要打开“MFC ClassWizard”对话框。如果对话框IDD_TRIANGLE_DIALOG打开在资源编辑器中，可把鼠标移到对话框编辑窗口中任意位置右击，在弹出的快捷菜单中选择“ClassWizard”命令；或者，选择“View”→“ClassWizard”菜单，则打开了“MFC ClassWizard”对话框。

② 在“MFC ClassWizard”对话框中选择“Member Variables”选项卡，在“Class Name”组合框中选择CTriangleDlg为操作的类名，在“Control IDs”列表框中单击IDC_EDIT1项，使之高亮显示，为其生成对应的成员变量。单击右边的“Add Variable”按钮，则打开了“Add Member Variable”对话框。

③ 在“Add Member Variable”对话框中，设置成员变量名为m_Side_a、类别为Value、变量的数据类型为double，如图8.19所示。由于本程序用来计算三角形面积，要进行数值计算，所以选择double数据类型。单击“Variable type”编辑框右侧的下三角，从下拉列表中选择double。单击“OK”按钮，MFC ClassWizard把m_Side_a变量添加到了CTriangleDlg类中。

④ 此时回到“MFC ClassWizard”对话框，可在“Control IDs”列表框中看到为文本编辑框IDC_EDIT1生成了一个对应的成员变量m_Side_a。

⑤ 用同样的方法，通过“MFC ClassWizard”对话框依次为编辑框IDC_EDIT2、IDC_EDIT3和IDC_EDIT4生成其对应的成员变量m_Side_b、m_Side_c和m_Area。增加成员变量之后的MFC ClassWizard对话框如图8.20所示，单击“OK”按钮关闭“MFC ClassWizard”对话框。至此，通过ClassWizard为对话框中的四

个编辑框控件建立了其对应的四个成员变量，那么ClassWizard做了哪些工作呢？

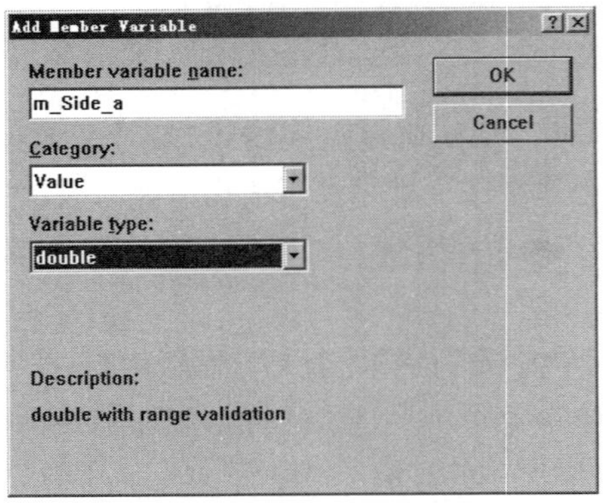

图8.19　添加成员变量对话框

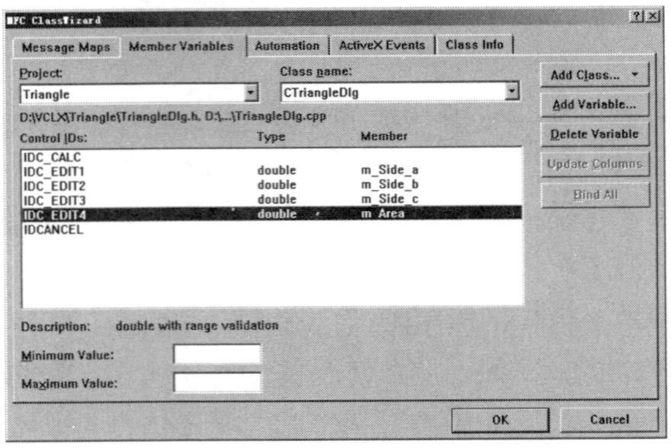

图8.20　MFC类向导对话框

- 在对话框类CTriangleDlg中为四个编辑框定义了其对应的成员变量。打开存放CTriangleDlg类定义的头文件“TriangleDlg.h”，可见类向导ClassWizard在其中增加了控件对应的成员变量的声明（粗体为新添加的代码）：

```
// Dialog Data
    //{{AFX_DATA(CTriangleDlg)
    enum { IDD = IDD_TRIANGLE_DIALOG };
    double       m_Side_a;
    double       m_Side_b;
    double       m_Side_c;
    double       m_Area;
    //}}AFX_DATA
```

- 在构造函数中为增加的成员变量进行了初始化。打开“TriangleDlg.cpp”文件，可看到在CTriangleDlg类的构造函数CTriangleDlg中，ClassWizard增加了对所添加的成员变量的初始化代码：

```
CTriangleDlg::CTriangleDlg(CWnd* pParent /*=NULL*/)
: CDialog(CTriangleDlg::IDD, pParent)
{
    //{{AFX_DATA_INIT(CTriangleDlg)
    m_Side_a = 0.0;
    m_Side_b = 0.0;
    m_Side_c = 0.0;
    m_Area = 0.0;
    //}}AFX_DATA_INIT
    // Note that LoadIcon does not require a subsequent DestroyIcon in Win32
    m_hIcon = AfxGetApp()->LoadIcon(IDR_MAINFRAME);
}
```

- ClassWizard还在CTriangleDlg类的成员函数DoDataExchange中添加了代码，该函数为：

```
void CTriangleDlg::DoDataExchange(CDataExchange* pDX)
{
    CDialog::DoDataExchange(pDX);
    //{{AFX_DATA_MAP(CTriangleDlg)
    DDX_Text(pDX, IDC_EDIT1, m_Side_a);
    DDX_Text(pDX, IDC_EDIT2, m_Side_b);
    DDX_Text(pDX, IDC_EDIT3, m_Side_c);
    DDX_Text(pDX, IDC_EDIT4, m_Area);
    //}}AFX_DATA_MAP
}
```

（2）对话框的数据交换机制。

对话框类的数据成员变量需要与其相对应的控件交换数据，以完成输入或输出功能。例如，用户在一个编辑框中输入了数据后，可将该数据传送给其对应的成员变量，从而完成输入；如果某个成员变量中存放有计算结果或向用户显示的信息，可将该变量的值传送给其对应的控件，由控件显示出来，从而实现输出。

对话框需要一种机制来实现对话框类与控件之间的数据交换功能，这对对话框来说是至关重要的。MFC提供的CDataExchange类的数据交换DDX（Dialog Data Exchange）机制来实现这种功能，该类还提供了数据有效化机制DDV（Dialog Data Validation）来检测用户输入的数据是否符合要求。数据交换DDX和数据有效性机制DDV适用于编辑框、检查框、单选按钮、列表框和组合框等。

上面列出了CTriangleDlg类的成员函数DoDataExchange的代码，其唯一的参数pDX，是一个指向CDataExchange对象的指针。数据交换工作由CDialog::DoDataExchange函数来完成。在CDialog::DoDataExchange函数中调用了DDX函数来完成数据交换，调用DDV函数来进行数据有效性检查。当函数从控件中取得数据赋给成员变量时，还要对数据进行有效性检查，只有数据符合有效检查，函数才会将控件上的数据赋给与控件相对应的成员变量。

当程序中需要交换数据时，不要直接调用DoDataExchange函数，而应该调用CWnd::UpdateData函数，在该函数内调用了DoDataExchange。UpdateData函数的原型声明为：

```
BOOL UpdateData(BOOL bSaveAndValidate = TRUE);
```

UpdateData函数只有一个布尔型参数，它决定了数据传送的方向。参数为TRUE或默认时，是将数据从对话框的控件中传送到对应的数据成员变量中；当参数为FALSE时，则将数据从数据成员变量中传送给对应的控件，从而在控件上显示出来。

UpdateData函数的返回值也是BOOL型的，如果参数bSaveAndValidate为TRUE，只有当从控件上得到的数据符合有效性检查并赋给对应的成员变量时，UpdateData函数的返回值才是TRUE。

2. MFC的消息映射机制

Windows程序的运行是依靠事件来驱动的。事件由操作系统捕捉，以消息的形式送入消息队列，然后通过消息循环从队列中不断取出消息，送到对应的窗口过程里处理。

（1）MFC的消息映射机制。

MFC采用一种消息映射机制来决定如何处理特定的消息，摒弃了C/C++语言编程时对Windows消息的switch/case分支结构，简化了Windows编程，使程序可读性、可维护性大大提高。MFC的消息映射机制包括一组宏，用于标识消息处理函数、映射类成员函数和对应的消息等。

在类的定义中，为与一般成员函数区分，常将afx_msg放在某些函数类型前面，用以标记它是一个消息处理成员函数。若类中包含有消息处理函数，那么还需要加上一个DECLARE_MESSAGE_MAP()宏，该宏对程序执行部分所定义的消息映射进行初始化，声明消息映射表的结构。

打开包含有CTriangleDlg类定义的头文件TriangleDlg.h，可在类的定义中看到这样的代码：

```
// Generated message map functions
//{{AFX_MSG(CTriangleDlg)
virtual BOOL OnInitDialog();
afx_msg void OnSysCommand(UINT nID, LPARAM lParam);
afx_msg void OnPaint();
afx_msg HCURSOR OnQueryDragIcon();
//}}AFX_MSG
DECLARE_MESSAGE_MAP()
```

这是四个成员函数的声明，它们都是消息映射函数。其中OnSysCommand、OnPaint和OnQueryDragIcon是系统预定义的，分别用来处理WM_SYSCOMMAND、WM_PAINT和WM_QUERYDRAGICON消息。OnInitDialog函数处理对话框的WM_INITDIALOG消息，此时对话框对象已经构造，但还没有显示出来，所以可在该函数中进行对话框的初始化。

在CTriangleDlg类实现的源文件TriangleDlg.cpp中包含有一个消息映射表：

```
BEGIN_MESSAGE_MAP(CTriangleDlg, CDialog)
    //{{AFX_MSG_MAP(CTriangleDlg)
```

```
        ON_WM_SYSCOMMAND()
        ON_WM_PAINT()
        ON_WM_QUERYDRAGICON()
        //}}AFX_MSG_MAP
    END_MESSAGE_MAP()
```

消息映射表由消息映射宏组成，以BEGIN_MESSAGE_MAP开始，以END_MESSAGE_MAP结束，在这两个宏之间有若干条窗口要处理的各个Windows消息映射记录。

消息映射表的开始标志宏BEGIN_MESSAGE_MAP包含两个参数CTriangleDlg类和CDialog类，分别代表拥有该消息映射表的类CTriangleDlg和它的基类CDialog。

消息映射表中的每个消息映射记录应该包含有消息名、控件的ID及对应的消息处理函数。因为上述四个消息映射记录都是系统预定义好的，所以省略了一些内容。

说明：

如果在使用AppWizard创建应用程序后就运行，会发现单击对话框上的“确定”或“取消”按钮都能关闭对话框，这也是由于MFC对这两个按钮发出的消息IDOK和IDCANCEL进行了消息映射，映射到函数OnOK和OnCancel，并实现了函数定义。这两个函数都关闭对话框，区别是OnOK函数调用了UpdateData(true)函数，将控件上的数据传送给了对应的成员变量。

（2）建立消息映射及其函数并添加代码。

现在可以连接运行程序，运行后会出现程序的对话框，但现在只能输入，点击“三角形面积=”按钮时还不能计算，因为还没有编写有关计算面积的程序代码。但可以点击“退出”按钮结束程序。

本题要求输入三角形三条边长后，点击“三角形面积=”按钮时计算三角形的面积并在IDC_EDIT4中显示出来。所以要给这个按钮映射一个消息处理函数，当事件“单击该按钮”发生时，将发送一个“单击”消息，应用程序接到消息后，就执行相应的消息处理函数。为此，首先使用ClassWizard为“三角形面积=”命令按钮控件建立“单击”事件消息映射并生成相应的消息映射函数，然后打开源文件输入函数代码，操作过程为：

① 首先按下【Ctrl+W】组合键打开“MFC ClassWizard”对话框。

② 然后建立消息映射和消息映射函数。在“MFC ClassWizard”对话框中选择“Message Maps”选项卡，添加消息映射函数，如图8.21所示。在“Class Name”组合框中选择CTriangleDlg为操作的类名，在“Object IDs”列表中单击IDC_CALC项，为“三角形面积=”命令按钮添加一个消息映射。此时“Messages”列表框中出现两条消息：BN_CLICKED和BN_DOUBLECLICKED，选择BN_CLICKED项，即为该按钮的“单击”消息建立消息映射。这时右侧的“Add Function”按钮转为激活状态。单击该按钮，并在弹出的“Add Member Function”对话框中单击“OK”按钮，接受默认的映射函数名OnCalc()，如图8.22所示。返回“MFC ClassWizard”对话框后，可见“Member Functions”列表框中增加了一个成员函数OnCalc()。

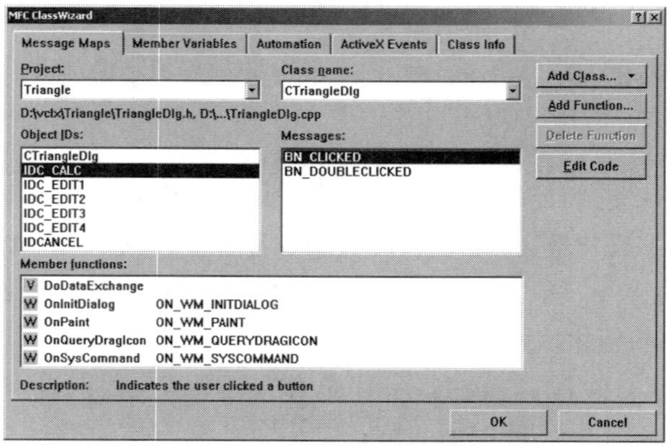

图8.21　MFC类向导对话框的消息映射页面

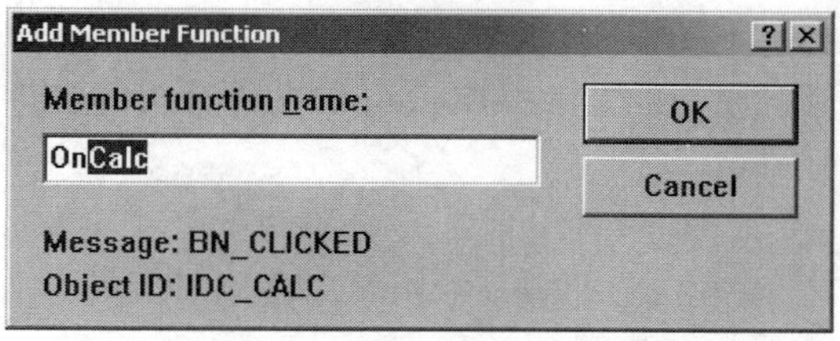

图8.22　添加消息映射成员函数对话框

③ 打开刚建立的函数。此时单击“MFC ClassWizard”对话框中的“Edit Code”按钮，Visual C++打开包含该函数实现过程的源文件TriangleDlg.cpp，并将光标停在函数OnCalc()中需添加代码处，等待用户输入函数的实现代码。

刚刚使用ClassWizard为命令按钮“IDC_CALC”的“BN_CLICKED”消息建立了消息映射函数，下面看一下ClassWizard究竟完成了哪些工作。

- 因为添加的是消息映射函数，所以ClassWizard在头文件TriangleDlg.h中CTriangleDlg类的定义中，增加了对该消息映射成员函数的声明：

```
afx_msg void OnCalc();
```

- 在TriangleDlg.cpp源文件中的消息映射表中为该条消息添加了消息映射记录：

```
ON_BN_CLICKED(IDC_CALC, OnCalc)
```

对ID为IDC_CALC的命令按钮建立了单击消息“BN_CLICKED”的映射函数OnCalc，则该按钮接收到用户的单击事件时，则执行对应的消息映射函数OnCalc完成相应的功能。

- ClassWizard还在源文件中为该消息映射函数写好了函数体为空的函数：

```
void CTriangleDlg::OnCalc()
{
    // TODO: Add your control notification handler code here
}
```

④ 为建立的消息映射函数输入计算三角形面积的代码。我们看到刚建立的消息映射函数中只有一行提示添加代码的注释，就在此注释行后输入函数代码。函数的完整定义如下（其中粗体为添加的代码）：

```
void CTriangleDlg::OnCalc()
{
    // TODO: Add your control notification handler code here
    UpdateData();              //从控件中读取用户输入的数据送到成员变量中
    if (m_Side_a+m_Side_b<=m_Side_c ||
        m_Side_a+m_Side_c<=m_Side_b || m_Side_b+m_Side_c<=m_Side_a)
                        //判断能否构成三角形
        AfxMessageBox("输入的三边不能构成三角形，请重新输入！");
    else
    {
        double s;                    //定义变量s
        s = (m_Side_a + m_Side_b + m_Side_c ) / 2;
        s = s * (s - m_Side_a) * (s - m_Side_b) * (s - m_Side_c);
        m_Area = sqrt(s);
        UpdateData(FALSE);     //将成员变量的值显示在对应的控件中
      }
}
```

函数中两次调用了UpdateData函数，该函数的作用在前面已经作过介绍。本例中，第一次调用该函数时使用默认参数值TRUE，将对话框中的3个边长编辑框控件中的数值传送到对应的成员变量中。即该函数调用后，m_Side_a、m_Side_b和m_Side_c得到用户输入的三个边长数值，注意，其数值类型均设为double类型，所以接收的是实型数据。第二次调用该函数时，参数为FALSE，将用对应的成员变量的值刷新对话框中编辑框控件中显示的数据，从而将计算后存放三角形面积的成员变量m_Area中的值送回对话框界面。

另外，由于本函数中调用了sqrt()函数来求平方根，应该在TriangleDlg.cpp源文件的开头增加一条#include指令包含math.h头文件。因此，在TriangleDlg.cpp源文件开头的文件包含指令后面#include “stdafx.h”，添加一条文件包含指令：

```
#include <math.h>
```

则源文件的开头变为：

```
#include "stdafx.h"
#include "Triangle.h"
#include "TriangleDlg.h"
#include <math.h>
```

注意，一定要把添加的文件包含指令写在#include “stdafx.h”指令后（可在其他文件包含指令前），否则会出错。

（3）消息框函数。在函数中，当用户输入的三边不能构成三角形时，调用了AfxMessageBox函数来显示提示信息。

① AfxMessageBox函数。AfxMessageBox函数是一个全局的消息框函数，调用该函数时将弹出一个对话框，可在对话框中显示给定的字符串，在程序中常常调用该函数向用户显示一些提示信息。消息框函数AfxMessageBox的函数原型有两种形式：

```
int AFXAPI AfxMessageBox(LPCTSTR lpszText, UINT nType=MB_OK,
                         UINT nIDHelp = 0 );
int AFXAPI AfxMessageBox(UINT nIDPrompt, UINT nType=MB_OK,
                         UINT nIDHelp = (UINT) -1 );
```

在第一种形式中，第1个参数lpszText为在消息框内部显示的文本，消息框的标题为应用程序的项目名（本例中为Triangle）。在第二种形式中，nIDPrompt为要显示的字符串在字符串表中的ID，函数调用时会自动从字符串表中载入字符串并显示在消息框中。

nType为消息框中显示的按钮风格和图标风格的组合，可以用或操作符“|”组合各种风格。消息框中显示的按钮风格和图标风格如表8-2和8-3所示。

表8-2　按钮风格

按 钮 风 格	说　　明
MB_ABORTRETRYIGNORE	消息框中显示Abort、Retry、Ignore按钮
MB_OK	显示OK按钮
MB_OKCANCEL	显示OK、Cancel按钮
MB_RETRYCANCEL	显示Retry、Cancel按钮
MB_YESNO	显示Yes、No按钮
MB_YESNOCANCEL	显示Yes、No、Cancel按钮

表8-3　图标风格

图 标 风 格	说　　明
MB_ICONINFORMATION	显示一个i图标，表示提示
MB_ICONEXCLAMATION	显示一个惊叹号，表示警告
MB_ICONSTOP	显示手形图标，表示警告或严重错误
MB_ICONQUESTION	显示问号图标，表示疑问

例如本例中，可将消息框函数的调用改为：

```
AfxMessageBox("输入的三边不能构成三角形！",
    MB_RETRYCANCEL|MB_ICONEXCLAMATION);
```

则弹出的消息框如图8.23所示。此时消息框有一个返回值，当用户单击“重试”按钮时，返回值为IDRETRY，由用户重新输入；当用户单击“取消”

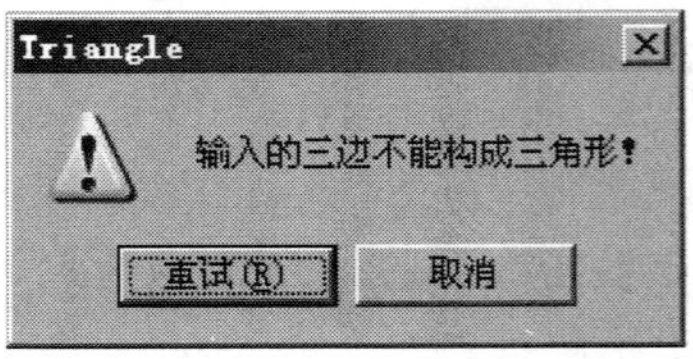

图8.23　消息框对话框

按钮时，返回值为IDCANCEL，此时可关闭窗口结束程序。则OnCalc函数改为：

```
void CTriangleDlg::OnCalc()
{
    // TODO: Add your control notification handler code here
    UpdateData();                //从控件中读取用户输入的数据送到成员变量中
    if (m_Side_a+m_Side_b<=m_Side_c||m_Side_a+m_Side_c<=m_Side_b ||
        m_Side_b+m_Side_c<=m_Side_a)       //判断能否构成三角形
    {
        int ans=AfxMessageBox("输入的三边不能构成三角形！",
                  MB_RETRYCANCEL|MB_ICONEXCLAMATION);
        if (ans==IDCANCEL)
            this->CloseWindow();
     }
    else
    {
        double s;                      //定义变量s
        s = (m_Side_a + m_Side_b + m_Side_c ) / 2;
        s = s * (s - m_Side_a) * (s - m_Side_b) * (s - m_Side_c);
        m_Area = sqrt(s);
        UpdateData(FALSE);    //将成员变量的值显示在对应的控件中
    }
}
```

② MessageBox函数。还有一个可显示消息框的函数MessageBox，它是CWnd类的成员函数，其函数原型为：

```
int MessageBox( LPCTSTR lpszText,LPCTSTR lpszCaption = NULL,UINT nType = MB_OK );
```

它比AfxMessageBox多了一个lpszCaption参数，从名字上就可以推断出它表示消息框的标题，这样就可以设置消息框的标题，而不必采用可执行文件名作为标题了。可将本例中的消息框函数改为：

```
MessageBox("输入的三边不能构成三角形！","输入错误",
                MB_ICONEXCLAMATION);
```

当输入的三边长不能构成三角形时，弹出的消息框如图8.24所示。

注意两个函数的区别：AfxMessageBox比MessageBox简单一些，因为它是一个全局函数所以不需要对应一个窗口类，但是不能控制消息框标题，常用于调试程序时的内部数据输出或警告；MessageBox比较正式，常用在要提交的应用程序版本中，可以控制标题内容而不必采用含义不明的可执行文件名为标题。

图8.24　消息框对话框

3．对话框的初始化

对话框的初始化工作一般在构造函数和OnInitDialog函数中完成。构造函数中的初始化主要是针对对话框类的数据成员，前面在使用ClassWizard为控件添加其对应的成员变量时，ClassWizard在构造函数中为所添加的成员变量进行了初始化。

构造函数是在创建对话框对象时调用的，而OnInitDialog函数是WM_INITDIALOG消息的处理函数。在启动对话框时，对话框会收到WM_INITDIALOG消息，从而调用OnInitDialog函数，此时对话框已初步创建，对话框的窗口句柄也已有效，但对话框还未被显示出来。因此，可以在OnInitDialog中做一些影响对话框外观的初始化工作。

> 说明：
>
> OnInitDialog对对话框的作用与OnCreate对CMainFrame的作用类似。MFC窗口的初始化工作一般在OnCreate成员函数中进行，但对话框的初始化工作最好在OnInitDialog中进行。

打开项目工作区窗口中的“ClassView”视窗，展开其中的CTriangleDlg类，可看到AppWizard为该类自动生成的初始化成员函数OnInitDialog。双击该函数，则打开了TriangleDlg.cpp文件，并且光标指示着OnInitDialog函数，可在函数中进行所需的初始化工作。

本例中不需要进行初始化，如果需要为三边提供非零的默认数据，例如3、4、5，可在OnInitDialog函数中进行初始化。则在该函数中添加代码为：

```
m_Side_a = 3;
m_Side_b = 4;
m_Side_c = 5;
UpdateData(false);
```

则在运行程序时，输入三条边长的编辑框中分别显示3、4、5。

4. 编译、连接运行程序

至此，我们完成了求三角形面积的Windows编程。程序运行后，在对话框中输入a，b，c三个边长并单击“三角形面积=”按钮，在面积编辑框中出现运算结果。

通过本例可以看出，利用Visual C++的MFC类库进行可视化编程，用户的源代码输入量很少，大部分设计工作都可以由MFC帮助完成。程序员只需对作为用户界面的对话框资源进行必要的编辑，然后在对话框对应的类中为对话框中的控件添加成员变量来交互数据，最后为命令按钮建立消息映射及函数并输入函数代码以实现函数的功能，从而完成了整个程序的设计工作。由此可以体会在Visual C++中使用MFC编写Windows程序的高效性和友好的可视化操作界面。

8.4 多对话框应用程序

一个Windows应用程序不可能只有一个对话框，在程序运行过程中，经常需要显示多个不同的对话框来同用户交互，本节介绍如何为需要多个对话框的应用程序添加程序所需要的对话框。

8.4.1 基于对话框的小学加法运算练习程序

【例8.3】利用MFC建立基于对话框的Windows应用程序，为小学生提供进行100以内加法运算的检测程序。

程序运行时弹出如图8.25所示的对话框，显示100以内的加法运算表达式，用户输入运算结果后单击“检测”按钮，则下面的编辑框中显示结果是否正确，同时显示下一题。

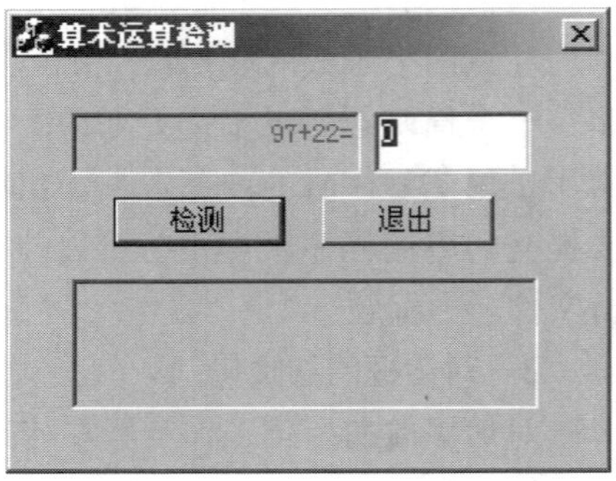

图8.25 加法运算检测程序界面

1. 使用AppWizard创建基于对话框的应用程序

按照例8.1和例8.2中使用AppWizard创建基于对话框应用程序的过程，创建应用程序Exam。

2. 设计对话框资源

将对话框IDD_EXAM_DIALOG上的静态文本和“确定”按钮删除，添加3个编辑框和1个命令按钮控件，它们的ID和修改的属性如表8-4所示。

表8-4 例8.3中主对话框中控件的设置

控 件	ID	对应的成员变量	其他属性设置
编辑框1，显示表达式	IDC_EXPRESSION	CString m_expression	选中“Disabled”和“Right Aligned Text”
编辑框2，用户输入结果	IDC_ANSWER	int m_answer	—
编辑框3：显示结果判断	IDC_RESULT	CString m_result	选中“Disabled”复选框
“检测”命令按钮	IDC_TEST	—	选中“Default Button”复选框
“退出”命令按钮	IDCANCEL	—	—

选中IDC_EXPRESS和IDC_RESULT编辑框的“Disabled”复选框，禁止用户输入；选中IDC_EXPRESS编辑框的“Styles”属性中的“Right Aligned Text”复选框，使得编辑框中的文字右对齐；选中IDC_TEST按钮的“Default Button”复选框，使得用户按回车时，相当于单击该按钮。

3. 设计对话框类

（1）添加控件对应的成员变量。使用ClassWizard为编辑框控件建立对应的成员变量，所建控件对应的成员变量的类型和名字如表8-4所示。

（2）为类添加一般成员变量。下面为CExamDlg类添加一个与控件无关的成员变量m_key，用来存放正确的计算结果。在左侧的项目工作区窗口，选择“ClassView”选项卡，在其中的CExamDlg类上右击，在快捷菜单中选择“Add Member Variable”命令。

在打开的“Add Member Variable”对话框中添加成员变量，如图8.26所示。在“Variable Type”编辑框中输入成员变量的数据类型“int”，在“Variable Name”编辑框中输入成员变量名“m_key”，选中“Public”将成员变量设为公有。

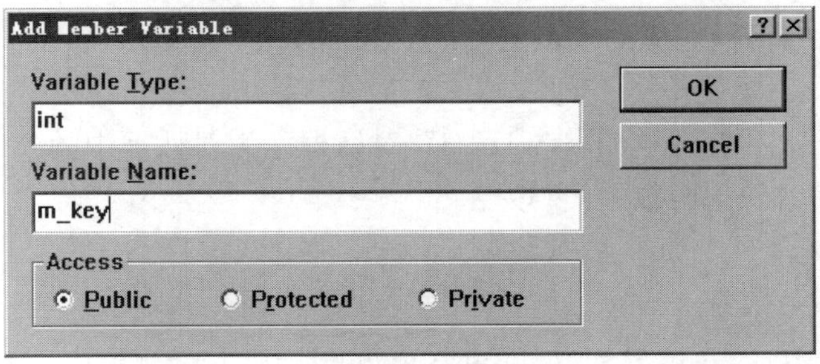

图8.26 添加成员变量对话框

单击“OK”按钮，则在包含有CExamDlg类定义的头文件ExamDlg.h中可看到所添加成员变量的声明，用户也可自己直接在头文件中添加声明成员变量的代码。

（3）为类添加一般成员函数。为CExamDlg类添加非消息映射的成员函数。在左侧的项目工作区窗口，选择“ClassView”选项卡，在其中的CExamDlg类上右击，在快捷菜单中选择“Add Member Function”命令。

在打开的“Add Member Function”对话框中添加成员函数，如图8.27所示。在“Function Type”编辑框中输入成员函数返回值的类型“void”，无返回值；在“Function Declaration”编辑框中输入成员函数名“CreateExp”，选中“Public”将成员函数设为公有。

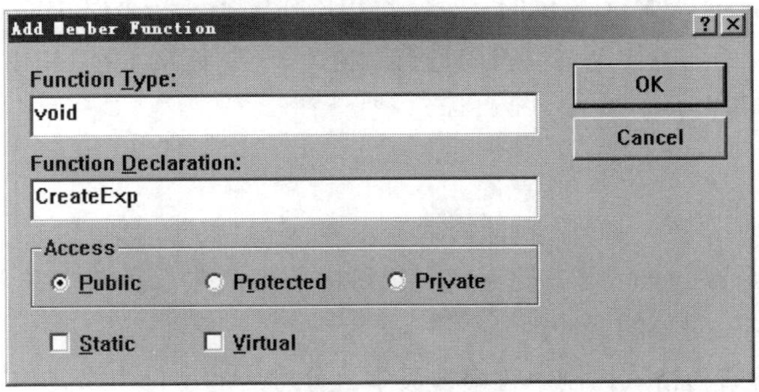

图8.27 添加成员函数对话框

单击“OK”按钮，则在包含有CExamDlg类定义的头文件ExamDlg.h中可看到所添加成员函数的声明：

```
// Construction
public:
    void CreateExp();
    int m_key;
```

同时，在包含CExamDlg类实现的源文件ExamDlg.cpp中可看到函数体为空的该函数的定义。同添加成员变量一样，用户也可以不使用ClassWizard，直接在相应的文件中添加代码。

CreateExp函数用来生成所要计算的100以内两个整数相加的表达式，其代码如下：

```
void CExamDlg::CreateExp()
{
    int operand1,operand2;
    operand1=rand()%100;                              //得到100以内随机数
    operand2=rand()%100;
    m_key=operand1+operand2;                          //保存正确的计算结果
    m_expression.Format("%d+%d=",operand1,operand2);  //得到表达式
    m_answer=0;
    UpdateData(false);                                //显示表达式
}
```

函数中调用rand函数得到随机数，将该数的低两位作为加数，将正确的计算结果存放到成员变量m_key中，然后将表达式送入编辑框对应的成员变量m_expression中，最后调用UpdateData(false)函数显示表达式。

（4）添加消息映射函数。打开“ClassWizard”对话框，为对话框中的“IDC_TEST”按钮添加“单击”消息映射，并输入该消息映射函数的代码为：

```
void CExamDlg::OnTest()
{
    // TODO: Add your control notification handler code here
    UpdateData();            //读取用户输入
    if (m_answer==m_key)     //将用户的输入与正确的计算结果进行比较
        m_result="You are right!";
    else
        m_result.Format("You are wrong! %s%d",m_expression,m_key);
    CreateExp();
}
```

函数中首先读取用户输入的数据，然后与正确结果进行比较并将检测结果显示给用户，最后调用CreateExp生成下一个表达式。

（5）CString类。CString类是MFC提供的进行字符串操作的类，一个CString对象可存放长度变化的字符串，并可使用操作符或成员函数方便地对字符串进行赋值（=）、连接（+）和比较等运算。例如：

```
CString s1("Welcome "),s2(" to Beijing! ");
CString s3=s1+s2;           //连接
s2=s3;                      //赋值
s3+=s2;                     //连接赋值
```

使用CString类的成员函数Format可方便地实现字符串的格式化。所谓格式化就是把各种类型的数据按指定的格式转化后送入CString对象的缓冲区。

Format函数的第一个参数为格式控制字符串，其中百分号后的字符为格式控制字符，如%c、%s、%d、%f和%lf用来控制字符型、字符串、整型、浮点型float和双精度double型数据送入CString对象。

例如CreateExp函数中：

```
m_expression.Format("%d+%d=",operand1,operand2);
```

就是使用Format函数，将operand1和operand2两个变量中的整数，连同格式控制字符串中的+和=所组成的表达式，送入CString类型变量m_expression中。在OnTest函数中也使用了CString的有关操作。

说明：

对字符串使用_T()宏，可使CString对象在Unicode环境下使用Unicode编码，而在非Unicode环境下仍使用8位的字符编码。Unicode编码是统一的字符编码标准，采用双字节对字符进行编码。

实际上，在CExamDlg类的构造函数中，对CString类型的成员变量m_express和m_result的初始化就使用了_T()宏：

```
m_expression = _T("");
m_result = _T("");
```

为在Unicode环境下使用Unicode编码，修改CreateExp函数中的代码为：

```
m_expression.Format(_T("%d+%d="),operand1,operand2);
```

并且将OnTest函数中有关CString对象的操作改为：

```
m_result=_T("You are right!");
```

和

```
m_result.Format(_T("You are wrong! %s%d"),m_expression,m_key);
```

有关CString的详细内容请参见Visual C++的帮助文件。

4. 初始化对话框

为使每次调用rand函数得到不同的随机数，要调用一次srand函数，并且启动对话框时应显示出表达式，则在OnInitDialog函数中添加两行代码实现初始化：

```
// TODO: Add extra initialization here
srand(time(NULL));
CreateExp();
```

因为源程序中调用了srand和rand函数，而这两个函数的原型声明在头文件stdlib.h中；而srand函数又调用了time函数，其原型在头文件time.h中，所以在ExamDlg.cpp源文件的文件包含命令后添加两条文件包含命令，添加后为（粗体为添加代码）：

```
#include "stdafx.h"
#include "exam.h"
#include "examDlg.h"
#include <stdlib.h>
#include <time.h>
```

此时编译、连接、运行程序，即可实现程序的功能。

5. 为控件添加控件类成员变量以调用控件类的成员函数

为操作方便，希望每次程序检查完计算结果后，将光标移到用户输入运算结果的编辑框，并将其中原来输入的数据选中。为此要为该控件添加CEdit类的对象作为成员变量，从而可调用CEdit类的成员函数来实现。

前面为控件添加的成员变量都是数值型的，下面为控件添加对应的控件类成员变量。同前面添加数值型的成员变量一样，按下【Ctrl+W】组合键打开“ClassWizard”对话框，选择“Member Variables”选项卡，在“Class Name”组合框中选择CExamDlg为操作的类名，在“Control IDs”列表框中选中IDC_ANSWER，单击右边的“Add Variable”按钮，打开“Add Member Variable”对话框。

在“Add Member Variable”对话框中，如图8.28所示，输入变量名“m_editans”，在变量类别“Category”中选择“Control”（建立Control型而不是Value型变量），此时下面的“Variable type”中自动显示为“CEdit”，则为编辑框控件建立的成员变量是CEdit类的对象。单击“OK”按钮后，可在ClassWizard中看到为控件IDC_ANSWER建立了两个对应的成员变量，一个是Value型的的m_answer，一个是Control型的CEdit类的m_editans，如图8.29所示。

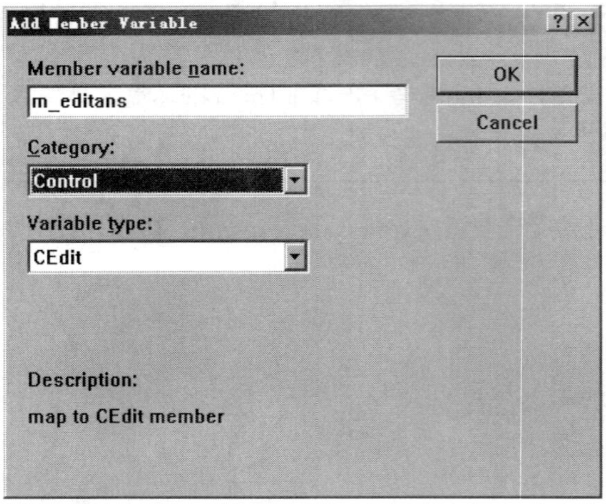

图8.28 添加成员变量对话框

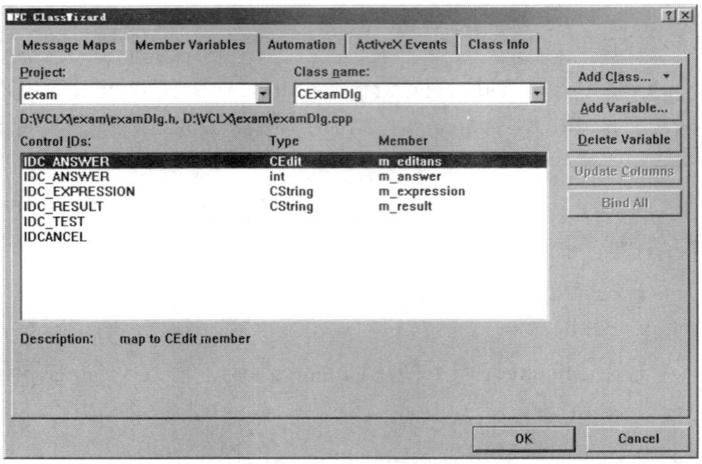

图8.29 ClassWizard对话框

此时，可在程序中调用CEdit类的成员函数SetFocus使控件IDC_ANSWER获得焦点，调用SetSel函数选择控件中的字符。CreateExp函数改为（粗体为新添加代码）：

```
void CExamDlg::CreateExp()
{
    int operand1,operand2;
    operand1=rand()%100;
    operand2=rand()%100;
    m_key=operand1+operand2;
    m_expression.Format("%d+%d=",operand1,operand2);
    UpdateData(false);
    m_editans.SetFocus();
    m_editans.SetSel(0,-1);
}
```

这样，每次检测后，输入编辑框获得焦点，并且其中的内容被选中，从而方便用户操作。

8.4.2 多个控件的消息映射

本例中，用户只能通过键盘输入数据，下面在主对话框中添加0～9十个数字按钮，使得用户可通过单击数字按钮进行输入，对话框如图8.30所示。

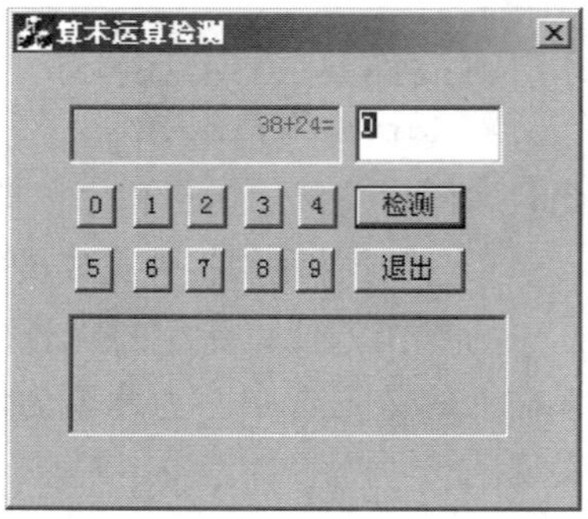

图8.30 例8.3主对话框

打开IDD_EXAM_DIALOG对话框，按0～9的次序添加10个命令按钮到对话框中，将它们的ID依次设为IDC_NUM0、IDC_NUM1到IDC_NUM9。由于是按0～9的先后次序添加的按钮，打开Resource.h文件，可看到这10个数字按钮的ID是连续的。

下面为这十个数字按钮添加消息映射。如果为每个数字按钮都添加其对应的消息映射，要建立10个消息映射及其函数，而且它们的处理是相同的，这样做不仅非常麻烦而且也重复。

利用MFC提供的消息映射宏ON_CONTROL_RANGE可解决这一问题，该映射宏可把ID连续的多个控件发出的消息映射到同一个处理函数上。这样，只要编写一个消息处理函数，就可以对0～9这十个数字按钮的BN_CLICKED消息作出响应。

由于ClassWizard不支持ON_CONTROL_RANGE宏，所以我们必须手工建立这些按钮的消息映射和消息处理函数。操作过程为：

（1）首先，在CExamDlg类的头文件ExamDlg.h中加入消息处理函数的声明：

```
afx_msg void OnNum(UINT nID);
```

该函数名为OnNum，则这段代码变为（粗体为添加的OnNum函数的声明）：

```
// Generated message map functions
//{{AFX_MSG(CExamDlg)
virtual BOOL OnInitDialog();
afx_msg void OnSysCommand(UINT nID, LPARAM lParam);
afx_msg void OnPaint();
afx_msg HCURSOR OnQueryDragIcon();
afx_msg void OnTest();
//}}AFX_MSG
afx_msg void OnNum(UINT nID);
DECLARE_MESSAGE_MAP()
```

（2）打开CExamDlg类的源文件ExamDlg.cpp，将ON_CONTROL_RANGE映射加入到CExamDlg类的消息映射表中（粗体为添加的代码）：

```
BEGIN_MESSAGE_MAP(CExamDlg, CDialog)
    //{{AFX_MSG_MAP(CExamDlg)
    ON_WM_SYSCOMMAND()
    ON_WM_PAINT()
    ON_WM_QUERYDRAGICON()
    ON_BN_CLICKED(IDC_TEST, OnTest)
    //}}AFX_MSG_MAP
    ON_CONTROL_RANGE(BN_CLICKED,IDC_NUM0,IDC_NUM9,OnNum)
END_MESSAGE_MAP()
```

所添加的ON_CONTROL_RANGE消息映射宏的第一个参数是控件消息码，第二和第三个参数分别指明了一组连续的控件ID中的第一个ID和最后一个ID，最后一个参数是消息处理函数名。这样就把0到9十个数字按钮的单击消息映射到同一个消息处理函数OnNum，当用户在这十个按钮中的任意一个上单击，都会调用消息处理函数OnNum。

> **注意：**
>
> 使用ON_CONTROL_RANGE消息映射宏将多个控件的某个消息映射到同一个处理函数时，一定要保证这些控件的ID是连续的。本例中是按照0～9的顺序添加的十个按钮，所以它们的ID是连续的，如果不能确定这些控件的ID是否是连续的，可打开Resource.h文件查看它们的ID。如果发现它们的ID是不连续的，可以改变其ID的定义值使之连续，但要注意改动后的ID不要与其他控件的ID发生冲突。

（3）最后，在CExamDlg类的源文件ExamDlg.cpp的最后插入消息处理函数，其代码为：

```
void CExamDlg::OnNum(UINT nID)
{
    UpdateData(true);
    int n=nID-IDC_NUM0;
    m_answer=m_answer*10+n;
    UpdateData(false);
}
```

函数中先计算出用户单击的数字值，然后与前面的输入组成数，最后显示出来。为保证数字按钮的正确输入，在每次显示一个新的表达式时，要将m_answer的值清零，为此要在CreateExp函数中添加一个为m_answer清零的语句，则该函数变为：

```
void CExamDlg::CreateExp()
{
    int operand1,operand2;
    operand1=rand()%100;
    operand2=rand()%100;
    m_key=operand1+operand2;
    m_expression.Format("%d+%d=",operand1,operand2);
    UpdateData(false);
```

```
        m_editans.SetFocus();
        m_editans.SetSel(0,-1);
        m_answer=0;
    }
```

编译、连接、运行程序，则可实现从对话框上的数字按钮输入数据。

8.4.3 显示About对话框

使用MFC AppWizard创建的基于对话框的Windows应用程序，除了生成了一个主对话框外，还生成了一个About关于对话框及其对应的类CAboutDlg，下面介绍如何显示关于对话框。

（1）编辑关于对话框。

在项目工作区中选择Resource View选项卡，展开Dialog对话框资源夹，可看到MFC AppWizard生成的两个对话框资源IDD_ABOUTBOX和IDD_EXAM_DIALOG。双击IDD_ABOUTBOX，则在右边的资源编辑器中打开了该对话框资源，可进行可视化编辑使之显示相关信息，然后关闭编辑窗口。

（2）在主对话框中添加命令按钮用来打开关于对话框。

在项目工作区的Resource View选项卡下，双击IDD_EXAM_DIALOG，则在右边的资源编辑器中打开了该对话框资源。在对话框中添加“关于”按钮，其ID设为IDC_ABOUT。

（3）建立消息映射及映射函数。

在编辑窗口的对话框中，双击“关于”命令按钮，则弹出了“Add Member Function”对话框，为“关于”按钮IDC_ABOUT的BN_CLICKED消息建立消息映射与消息映射函数，就使用为其设置的缺省函数名OnAbout()。

（4）添加消息映射函数的实现代码。

单击“Add Member Function”对话框中的“OK”按钮关闭对话框，则ExamDlg.cpp源文件在编辑窗口打开，在光标处输入该函数的代码（粗体为添加的代码）：

```
void CTriangleDlg::OnAbout()
{
    // TODO: Add your control notification handler code here
    CAboutDlg MyAbout;
    MyAbout.DoModal();
}
```

由于MFC AppWizard已生成了对话框IDD_ABOUTBOX对应的类CAboutDlg，并且它的定义就在ExamDlg.cpp文件中，所以只要直接使用它定义一个对象，然后调用其成员函数DoModal打开对话框即可。

DoModal函数是CDialog类的成员函数，用来按“模式对话框”方式打开对话框。调用该函数启动对话框时，启动此对话框的主窗口就失去了控制权，用户只能在这个刚弹出的对话框上进行操作。除非用户关闭对话框，否则函数DoModal不会返回。DoModal()函数的原型声明为：

```
virtual int DoModal();
```

DoModal函数的返回值是int型的，如果对话框显示失败，则返回-1；否则在对话框关闭时程序员可设置一个返回值，如系统已定义好的“确定”或“OK”按钮，单击后调用OnOK函数，则将控件的值传送给对应的成员变量，关闭对话框并返回值IDOK。

（5）编译连接运行程序。

重新编译连接并运行程序，在主对话框窗口中单击“关于”按钮，则显示出关于对话框，关闭关于对话框后，才能在主对话框上继续进行操作。

8.4.4 添加登录对话框

“关于”对话框是MFC AppWizard在创建基于对话框的Windows应用程序时自动生成的，如果要在程序中添加一个不存在的对话框：

- 首先要添加一个对话框资源；

- 然后添加与之对应的对话框类，并对该类进行编辑以实现与用户的交互；
- 最后在打开它的另一个对话框的控件或菜单命令所对应的消息映射函数中，定义该对话框类的对象，再使用成员函数DoModal将其打开。

下面对例8.3的程序做进一步的改进，当运行程序时，在显示主对话框之前先显示一个登录对话框，用以输入用户名和密码，如图8.31所示。为此，首先要添加一个对话框资源并编辑成所需界面，然后添加与之对应的对话框类，并且编辑所添加的类实现与用户交互，最后实现该对话框的显示。

1. 添加对话框资源

首先通过“Insert Resource”对话框添加资源，然后在资源编辑器中编辑新添加的对话框资源。

（1）打开“Insert Resource”对话框。

在项目工作区中选择Resource View选项卡，展开后在Dialog对话框资源夹上右击，从快捷菜单中选择“Insert”菜单项；或者选择“Insert”→“Resource”菜单项，即可打开“Insert Resource”对话框，如图8.32所示。

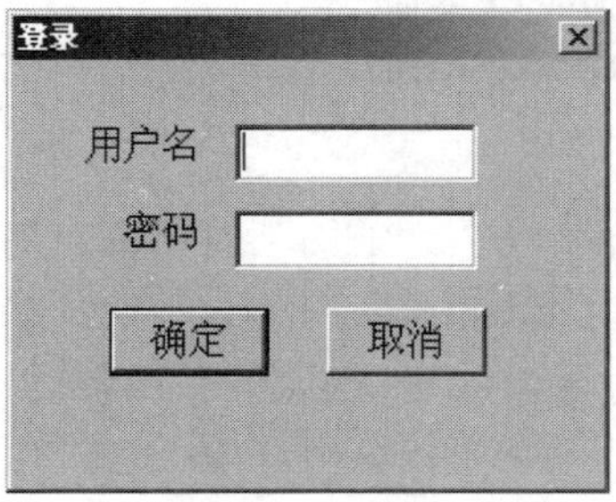

图8.31 登录对话框

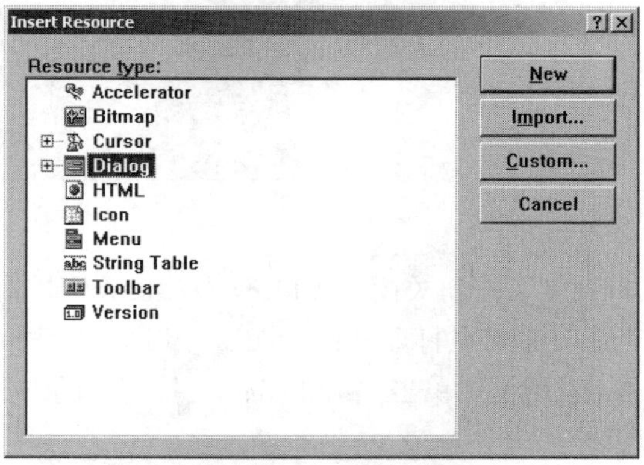

图8.32 插入资源对话框

（2）添加对话框资源。

在“Insert Resource”对话框中的“Resource type”列表框中选中“Dialog”，单击右侧的“New”按钮。此时Visual C++生成一个包含有“OK”和“Cancel”两个按钮的默认对话框，并在右面的资源编辑器中打开了该对话框供程序员进行编辑。

Visual C++为新建对话框设定的ID为IDD_DIALOGx，其中x为一整数值，这里所添加的对话框的ID为IDD_DIALOG1。

（3）编辑新对话框。

首先打开新添加对话框的属性对话框，将其ID改为IDD_REGISTER，Caption属性改为：“登录”，其他属性如字体等可根据程序员的喜好而设定。

编辑对话框上的控件，使其包含有两个静态文本控件，其Caption属性分别为“用户名”和“密码”；两个文本编辑框，其ID分别为IDC_NAME和IDC_PASSWORD，并且要选中IDC_PASSWORD编辑框的“Password”属性，如图8.33所示，这样在用户输入时以星号“*”代替输入的字符；将两个命令按钮“OK”和“Cancel”的Caption属性设为“确定”和“取消”。

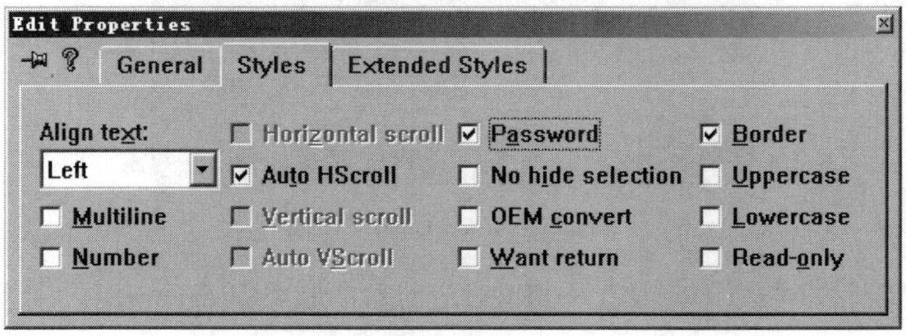

图8.33 编辑框属性对话框

编辑结束后，单击“Dialog”工具栏上的Test按钮可以测试对话框的显示效果。

2．添加对话框类

需要注意的是我们前面添加的对话框只是一个资源，如果要使这个对话框真正实现它的功能，必须在程序中定义一个使用该资源的对话框类。

（1）添加对话框类。

还是使用ClassWizard来生成对话框资源对应的类。按【Ctrl+W】组合键打开“MFC ClassWizard”对话框时，会弹出“Adding a Class”对话框，如图8.34所示。由于刚生成了一个新的对话框资源IDD_REGISTER，“Adding a Class”对话框询问是否为刚添加的对话框资源添加对应的类，选中“Create a new class”单选按钮，为对话框创建一个新类而不是选择一个已经存在的类。

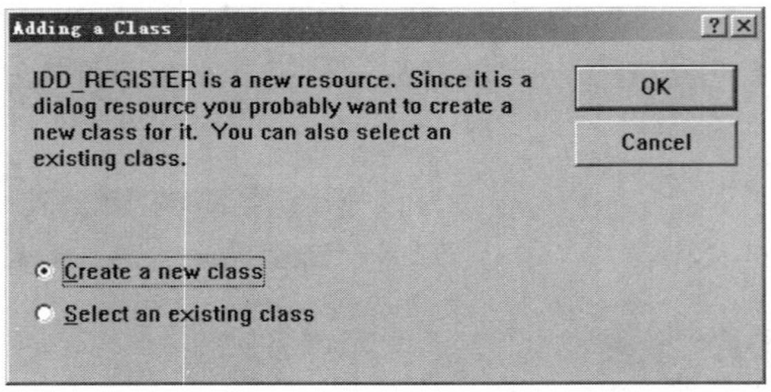

图8.34　添加类对话框

单击“OK”按钮关闭“Adding a Class”对话框，此时将弹出“New Class”对话框，对要建立的新类进行设置。如果在打开“MFC ClassWizard”对话框时没有弹出“Adding a Class”对话框，则在MFC ClassWizard对话框中单击“Add Class”按钮上的下三角，从下拉菜单中选择“New”，同样可以打开“New Class”对话框。

打开的“New Class”对话框如图8.35所示，在“Name”编辑框中输入类名：CRegisterDlg，此时存放该类定义的文件名会显示在“File name”框中。如果要修改文件名，可单击“Change”按钮，打开“Change Files”对话框修改文件名和文件放置的文件夹。在“Base class”组合框中的基类已设为CDialog，不需改变。如需修改，可从下拉列表中选择。要添加对话框类的对话框资源的ID值IDD_REGISTER已显示在“Dialog ID”组合框中，由于只有一个没有对应类的对话框资源，它也是下拉列表中唯一的一项。单击“OK”按钮关闭“New Class”对话框，则ClassWizard将创建CRegisterDlg类及存放其定义的头文件RegisterDlg.h和存放其实现过程的源文件RegisterDlg.cpp，可在项目工作区的ClassView和FileView选项卡下看到新添加的内容。

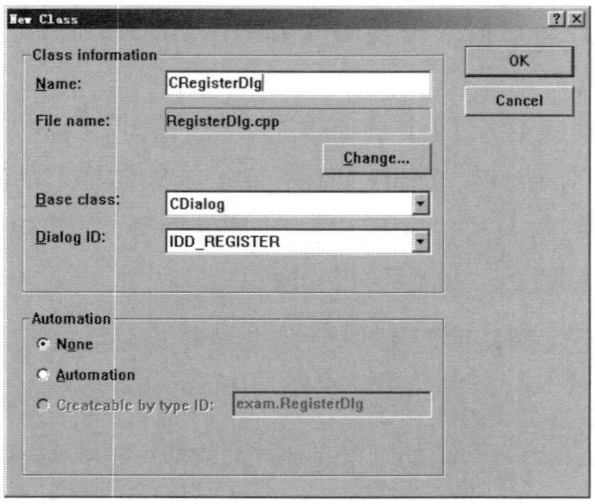

图8.35　New　Class对话框

这样，我们建立了对话框资源IDD_REGISTER对应的对话框类CRegisterDlg，下面就可以编辑该类来实现它的功能。

（2）为控件生成其对应的成员变量。

在“MFC ClassWizard”对话框中选择“Member Variables”选项卡，从“Class name”中选择CRegisterDlg类，从“Control IDs”列表中选择IDC_NAME文本编辑框，单击“Add Variable”按钮，为IDC_NAME文本编辑框生成对应的成员变量m_name，选Value类，数据类型为CString。再为编辑框IDC_PASSWORD添加成员变量m_password，选Value类，数据类型为CString。

（3）手工添加代码为类添加成员变量。

假设只有三个固定的用户使用本程序，为存放这三个用户名和密码，添加数组作为类CRegisterDlg的成员变量。为此打开RegisterDlg.h文件，添加数组的声明（粗体为添加的代码）：

```
// Construction
public:
    CRegisterDlg(CWnd* pParent = NULL);   // standard constructor
    CString user[3][2];
```

打开RegisterDlg.cpp源文件，在CRegisterDlg类的构造函数中为数组初始化，则该函数为（粗体为添加代码）：

```
CRegisterDlg::CRegisterDlg(CWnd* pParent /*=NULL*/)
    : CDialog(CRegisterDlg::IDD, pParent)
{
    //{{AFX_DATA_INIT(CRegisterDlg)
    m_name = _T("");
    m_password = _T("");
    //}}AFX_DATA_INIT
    user[0][0]=_T("ABCD");
    user[0][1]=_T("123456");
    user[1][0]=_T("EFGH");
    user[1][1]=_T("234567");
    user[2][0]=_T("IJKL");
    user[2][1]=_T("345678");
}
```

（4）添加消息映射及消息映射成员函数。

双击对话框上的“确定”按钮，为该按钮建立单击事件的消息映射函数，并输入函数代码为：

```
void CRegisterDlg::OnOK()
{
    // TODO: Add extra validation here
    UpdateData();
    for (int i=0;i<3;i++)              //依次与数组中存放的三个用户名和密码比较
        if (m_name==user[i][0]&&m_password==user[i][1])
            break;                     //找到了退出循环
    if (i<3)
        CDialog::OnOK();               //调用OnOK函数关闭登录对话框并返回IDOK
    else                               //没找到，显示提示对话框
    {
        int ans=AfxMessageBox("用户名或密码错误，是否重新输入！",
                MB_RETRYCANCEL|MB_ICONQUESTION);
        if (ans==IDCANCEL)             //用户点击“取消”按钮不再输入
            CDialog::OnCancel();
                //调用OnCancel函数关闭登录对话框并返回IDCANCEL
        else
        {     //用户点击“重试”按钮再次输入用户名和密码
            CEdit *name=(CEdit *) GetDlgItem(IDC_NAME);
            name->SetFocus();          //用户名编辑框获得焦点
        }
    }
}
```

为方便用户操作，为两个编辑框建立获得焦点（EN_SETFOCUS）的消息映射，其中IDC_NAME编辑框的消息处理函数为：

```
void CRegisterDlg::OnSetfocusName()
{
    // TODO: Add your control notification handler code here
    CEdit *name=(CEdit*)GetDlgItem(IDC_NAME);
    name->SetSel(0,-1);
}
```

（5）登录对话框的初始化。

实际上登录对话框不需要进行初始化，但为说明如何为添加的对话框进行初始化，下面为登录对话框进行一简单的初始化：在输入用户名的编辑框中显示“ABCD”。

我们知道，通常要在OnInitDialog函数中进行对话框的初始化。在项目工作区中展开新添加的对话框类CRegisterDlg类，会发现CRegisterDlg类中没有OnInitDialog函数。

OnInitDialog函数是WM_INITDIALOG消息的处理函数，下面在CRegisterDlg类中为该消息映射处理函数。按下【Ctrl+W】组合键打开“ClassWizard”对话框，在“MFC ClassWizard”对话框中选择“Message Maps”选项卡，在“Class Name”组合框中选择CRegisterDlg为操作的类名，在“Object IDs”列表中单击CRegisterDlg项，为登录对话框添加一个消息映射。此时“Messages”列表框中显示出消息列表，从中选择WM_INITDIALOG项，这时右侧的“Add Function”按钮转为激活状态，如图8.36所示。单击该按钮，则在“Member functions”列表框中增加了一个成员函数OnInitDialog。

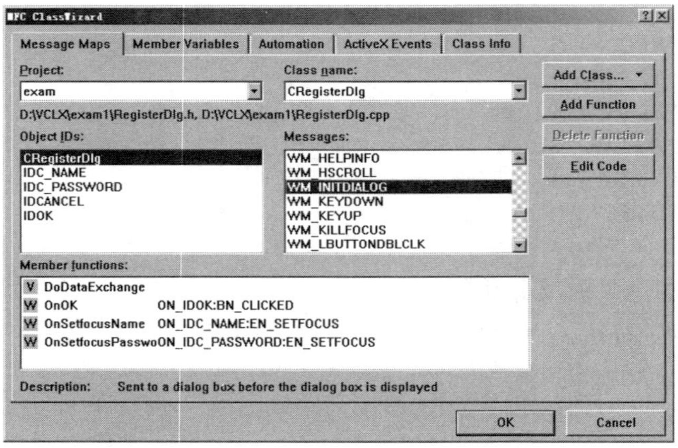

图8.36　为对话框添加WM_INITDIALOG消息映射

此时单击“MFC ClassWizard”对话框中的“Edit Code”按钮，则RegisterDlg.cpp被打开，并将光标停在OnInitDialog函数中需添加代码处，输入函数的代码（粗体为添加的代码）：

```
BOOL CRegisterDlg::OnInitDialog()
{
    CDialog::OnInitDialog();

    // TODO: Add extra initialization here
    m_name="ABCD";
    UpdateData(false);
    return TRUE;  // return TRUE unless you set the focus to a control
                  // EXCEPTION: OCX Property Pages should return FALSE
}
```

至此，对CRegisterDlg类的操作已完成，此时可编译RegisterDlg.cpp源文件，编译无错后，存盘关闭文件。

3. 启动登录对话框

打开Exam.cpp源文件，认真阅读应用程序类CExamApp的成员函数InitInstance，从中可看出在程序运行时主对话框IDD_EXAM_DIALOG是如何被打开的。首先创建了一个CExamDlg类的对象dlg，然后调用其成员函数DoModal将对话框按模式方式打开。

为了在打开主对话框前打开登录对话框，修改该函数为（其中粗体表示添加的代码）：

```
BOOL CExamApp::InitInstance()
{
    AfxEnableControlContainer();
    // Standard initialization
    // If you are not using these features and wish to reduce the size
    //  of your final executable, you should remove from the following
    //  the specific initialization routines you do not need.
  #ifdef _AFXDLL
    Enable3dControls();            // Call this when using MFC in a shared DLL
  #else
    Enable3dControlsStatic();// Call this when linking to MFC statically
  #endif
    CRegisterDlg user;
    int UserRes=user.DoModal();
    if (UserRes==IDOK)
    {
        CExamDlg dlg;
        m_pMainWnd = &dlg;
        int nResponse = dlg.DoModal();
        if (nResponse == IDOK)
        {
            // TODO: Place code here to handle when the dialog is
            //  dismissed with OK
        }
        else if (nResponse == IDCANCEL)
        {
            // TODO: Place code here to handle when the dialog is
            //  dismissed with Cancel
        }
    }
    // Since the dialog has been closed, return FALSE so that we exit the
    //  application, rather than start the application's message pump.
    return FALSE;
}
```

为打开登录对话框，同样为对话框类CDialog的派生类CRegisterDlg创建对象user，调用其成员函数DoModal将其打开。当登录对话框被关闭，并且返回值为IDOK时，说明输入的用户名和密码正确，这时才能打开主对话框。

若此时编译Exam.cpp源文件会出现错误，这是因为在Exam.cpp源文件中使用了CRegisterDlg类，所以要在Exam.cpp文件的开头，文件包含指令后添加一条文件包含指令，将包含有CRegisterDlg类定义的头文件RegisterDlg.h包含进来。添加后的文件包含指令有（粗体为添加的文件包含指令）：

```
#include "stdafx.h"
#include "exam.h"
#include "examDlg.h"
#include "registerdlg.h"
```

此时再编译Exam.cpp源文件则没有错误，保存并关闭文件。

4. 连接运行程序

编译无误后，连接生成可执行程序，最后运行程序。在运行程序时，先弹出登录对话框，输入正确的用户名和密码后，才能打开主对话框。

习　题

1. 理解对话框的作用，对话框是如何分类的？简述模式对话框的特点。

2. 结合本章的例题，分析对话框类CDialog的成员函数UpdateDate()的功能。

3. 对话框类的成员函数DoModal()的功能是什么？

4. 建立一个基于对话框的应用程序，用一个静态文本显示“欢迎进入MFC编程！”。

5. 建立一个基于对话框的应用程序，输入x的值，用下列泰勒公式求sin(x)的近似值，精确到10^{-6}。

$$\sin x \approx x - \frac{x^3}{3!} + \frac{x^5}{5!} - \frac{x^7}{7!} + \cdots + (-1)^{(n-1)} \frac{x^{(2n-1)}}{(2n-1)!}$$

6. 建立一个基于对话框的应用程序，对两个数进行加、减、乘、除算术运算。对话框上设置五个按钮，分别是＋、－、×、÷和退出；三个编辑框，两个由用户输入操作数，一个显示计算结果。单击某个运算符按钮，则将两个数的计算结果显示在第三个编辑框中。

7. 改进例8.3的算术练习程序，对登录对话框的输入次数进行限制，当输入3次错误后，结束程序；在主对话框中，每次检测用户输入的结果后，不仅显示这道题的对错，并显示用户练习的总题数和正确的数目。

8. 建立一个基于对话框的学生信息管理应用程序，学生信息包括学号、姓名、性别、学院及是否是特长生、是否少数民族和是否本省学生等。程序中要添加一个输入对话框。主对话框主要完成查询功能，并有一个按钮来打开输入学生信息对话框。

第9章 菜单与文档视图结构

菜单是Windows应用程序的标准配置之一，用户通常从菜单栏中选择菜单命令来使用应用程序的功能。菜单与文档视图结构关系紧密，使用MFC AppWizard生成进行文档处理的单文档界面（SDI）或多文档界面（MDI）应用程序时，生成的文档/视图结构应用程序框架中包含有标准菜单资源。

本章将首先介绍如何使用菜单资源编辑器设计应用程序的菜单，并讨论如何将菜单关联到某一类以实现其功能。最后对文档类和视图类的基本结构和应用做一简单介绍。

9.1 菜　　单

菜单是大多数Windows应用程序的必要组成部分，如果应用程序要为用户提供一组命令，菜单可提供一种对命令进行分组的方法，并使得用户很容易地访问这些命令。

9.1.1 菜单概述

1. 菜单资源模板

VC应用程序的菜单一般存放在资源脚本文件中，在运行程序时才被调用。在资源脚本文件中，菜单资源模板用一种很简单的结构来定义菜单，图9.1所示菜单的定义为：

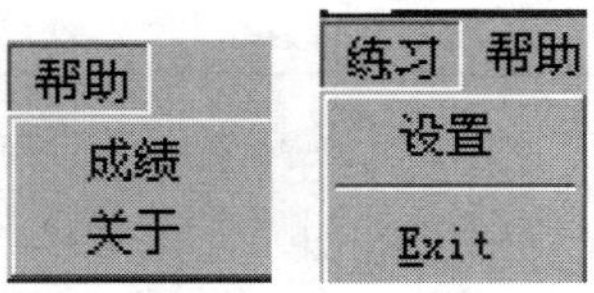

图9.1 算术练习程序的菜单

```
IDR_MENU_MAIN MENU DISCARDABLE
BEGIN                                   //菜单IDR_MENU_MAIN开始
    POPUP "练习" //弹出式菜单名
    BEGIN                               //子菜单开始
        MENUITEM "设置", IDC_SET        //菜单项命令
        MENUITEM SEPARATOR              //分隔线
        MENUITEM "&Exit", IDCANCEL      //菜单项命令
    END                                 //子菜单结束
    POPUP «帮助» //弹出式菜单名
    BEGIN                                       //子菜单开始
        MENUITEM "成绩", ID_HELP_GRADE          //菜单项命令
        MENUITEM "关于", IDC_ABOUT              //菜单项命令
    END                                         //子菜单结束
END                                             //菜单IDR_MENU_MAIN结束
```

当在菜单编辑器中进行菜单设计时，系统自动生成相应的菜单资源模板，并保存在该项目的资源文件（项目名.rc）中。

菜单栏中的菜单通常是按照树形层次结构组织在一起的，如图9.1所示。菜单列表中的菜单分为三类：

（1）POPUP —— 弹出式菜单，用来弹出一个子菜单，它是子菜单的标题，如图9.1中的“练习”和“帮助”菜单。弹出式菜单由POPUP定义菜单名，是由BEGIN开始、由END结束的其子菜单的定义。

（2）MENUITEM —— 菜单项或菜单命令，用来调用应用程序的某项功能，如图9.1中的“设置”“&Exit”“成绩”和“关于”等。菜单项不仅要有菜单名，还必须要有ID作为标识，其定义格式为：

```
menuitem "菜单名",ID
```

（3）MENUITEM SEPARATOR —— 分隔线，用来区分一组菜单项。不需要菜单名和ID。

菜单的标题（Caption）称为菜单名，只有菜单命令有标识符（ID），一般以“ID_”开头，而弹出式菜单和分隔线没有标识符。整个菜单由：

```
IDR_MENU_MAIN MENU DISCARDABLE
BEGIN
…
END
```

格式来定义，其中IDR_MENU_MAIN是这个菜单资源的ID标识。

2. 菜单类的方法

菜单类（CMenu）是从CObject类派生的，读者可打开Afxwin.h文件查看其定义，从而了解该类的功能。菜单类提供了许多处理菜单和菜单项的方法，下面作简单介绍。

（1）菜单类的构造方法使应用程序在运行时通过CMenu对象建立菜单，表9-1列出了菜单类的部分构造方法。

表9-1 CMenu类的构造方法

方 法	说 明
Attach()	把一个标准的Windows菜单句柄赋予到CMenu对象上
CreateMenu()	创建一个空菜单并把它赋予到CMenu对象上
CreatePopupMenu()	创建一个弹出式菜单并把它赋予到CMenu对象上
DestroyMenu()	去掉赋予到CMenu对象上的菜单并释放该菜单占有的内存空间
LoadMenu()	从可执行文件装入菜单资源并把它赋予到CMenu对象上
LoadMenuIndirect()	从内存中的菜单模板中装入菜单并把它赋予到CMenu对象上

（2）菜单操作方法只有DeleteMenu()和TrackPopupMenu()两个，用来处理菜单的顶层操作。DeleteMenu()删除某个特定的菜单项，如果被删除的菜单项有相关的弹出式子菜单，此弹出式菜单的句柄也要被删除并释放内存；TrackPopupMenu()在一个POINT结构所指定的位置显示一个快捷菜单。

（3）菜单项的操作方法用来处理具体的菜单项，是菜单操作方法的补充。CMenu类对菜单项操作的方法如表9-2所示。

表9-2 CMenu类对菜单项操作的方法

方 法	说 明
AppendMenu()	将一个新菜单项添加到指定菜单的末端
CheckMenuItem()	在弹出式菜单中，设置或取消一个菜单项的校验标记
CheckMenuRadioItem()	在此组中，把一个单选按钮放到菜单项旁边或从所有其他菜单中取消一个已存在的单选按钮
EnableMenuItem()	激活一个菜单项或禁止一个菜单项使其变灰
GetMenuContextHelpId()	检索与菜单结合的帮助上下文ID
GetMenuItemCount()	在弹出式或顶层菜单中获得其子菜单中菜单项的个数
GetMenuItemId()	获得指定菜单项的标识符
GetMenuState()	获得指定菜单项的状态或弹出式菜单中的菜单项成员
GetMenuString()	获得指定菜单项的标记
GetSubMenu()	获得指向弹出式菜单的指针

续表

方　法	说　明
InsertMenu()	在指定位置插入新的菜单项，把其他项向下移
ModifyMenu()	在指定位置改变已存在的菜单项
RemoveMenu()	删除指定的菜单
SetMenuContextHelpId()	设置与菜单有关的帮助上下文ID
SetMenuItemBitmaps()	设置与菜单项有关的指定校验标记位图

（4）虚拟方法使应用程序重写它们以提供CMenu派生类自绘菜单，它共有两个方法，即DrawItem()和MeasureItem()。DrawItem()在自绘菜单形状改变时由MFC调用，MeasureItem()在自绘菜单项创建时由MFC调用来得到菜单的大小。

3. 建立菜单及菜单消息映射

（1）建立菜单。可以动态地建立菜单或将菜单作为静态资源添加到程序中，在MFC应用程序中加入菜单一般要经过下述操作：

① 如果MFC AppWizard生成的应用程序框架中不包含所需的菜单，利用“Insert”→“Resource”菜单命令将菜单资源加入到应用程序中。

② 在菜单编辑器中打开菜单，通过设置菜单属性进行菜单设计。

③ 菜单总是与某个窗口相关，需建立菜单与窗口的关联。在程序中，可通过重写CWnd类的成员函数PreCreateWindows()来装载菜单资源。

④ 为每个菜单命令项添加WM_COMMAND消息映射和对应的消息处理函数。在ClassWizard对话框中对菜单项建立消息映射，将某一个菜单项ID映射到一个处理函数；然后输入消息处理函数的代码以实现菜单命令的功能。

如果MFC AppWizard生成的应用程序框架中包含有菜单，则①、③两步操作可省，只需进行菜单设计、添加消息映射和编制消息处理函数即可。

（2）菜单消息映射。

在应用程序运行时，当用户选择了一个有效的菜单项时，系统会向应用程序发送一个WM_COMMAND消息，在此消息的参数中包含有该菜单项的ID号，由该消息驱动的消息处理函数将被调用。对每个菜单项ID可设置两个消息映射，下面说明这两种映射的作用。

① ON_COMMAND消息映射的作用是在用户选择该菜单项时调用它对应的处理函数。例如，若ID为ID_COMMAND1的菜单项为ON_COMMAND消息生成的消息处理函数是OnCommand1()，则在用户选择该菜单项时调用OnCommand1()函数。

② ON_UPDATE_COMMAND_UI消息映射的作用是在菜单项被显示时通过调用它对应的消息映射函数来确定其状态。在这个处理函数中可以设置菜单项的允许或禁止状态，改变菜单名，是否被选中等。

在应用程序中，根据需要建立菜单项的消息映射，编制相应的消息处理函数，实现程序的功能。

9.1.2 对话框应用程序中的菜单设计实例

一个菜单总是与某个窗口相关联，即使是快捷菜单（又称为上下文菜单）也与其所在的应用程序窗口有关。使用MFC AppWizard生成基于对话框、单文档SDI或多文档MDI应用程序框架时，基于对话框的应用程序的主对话框窗口中不包含有菜单，而单文档SDI和多文档MDI应用程序的主框架窗口中包含有菜单。

如果要在MFC AppWizard生成的基于对话框的应用程序的对话框中显示菜单，必须把菜单作为一个资源加入到项目中，然后再关联到对话框窗口中。在上一章，我们建立了一个基于对话框的算术运算练习程序，下面介绍如何将菜单添加到作为程序运行时主界面的IDD_EXAM_DIALOG对话框窗口中。

1. 在菜单编辑器中进行菜单设计

（1）建立、设计菜单。菜单是一种资源，可利用资源编辑器来添加菜单资源到项目中，再对菜单进行编辑以达到程序要求。

① 添加菜单资源。

首先将菜单资源添加到项目中。打开Exam项目后，选择“Insert”→“Resource”菜单命令，在弹出的“Insert Resource”对话框，从列出的“Resource Types”（资源种类）列表中选择“Menu”选项添加菜单资源，如图9.2所示，单击“New”按钮关闭对话框。

关闭对话框后，VC创建一菜单资源到项目中，并在窗口右面的菜单编辑器中将其打开供程序员进行编辑。此时可在项目工作区窗口的ResourceView页面中看到该菜单资源，系统为其设置的缺省ID为IDR_MENU1。如果要修改菜单的ID，可在菜单编辑窗口的空白处右击，从快捷菜单中选择“Properties”命令，打开菜单的属性对话框，将它的ID修改为IDR_MENU_MAIN。

② 编辑菜单。

VC将刚刚创建的菜单在菜单编辑器中打开，其菜单栏的最左边是一个带虚框的矩形框，该框为菜单栏的第一个菜单项。菜单编辑器会自动在菜单栏和下拉菜单的末尾预留一个菜单项的位置。双击预留的矩形框，或在其上右击，从快捷菜单中选择“Properties”命令，打开菜单项的“Menu Item Properties”属性对话框，如图9.3所示。

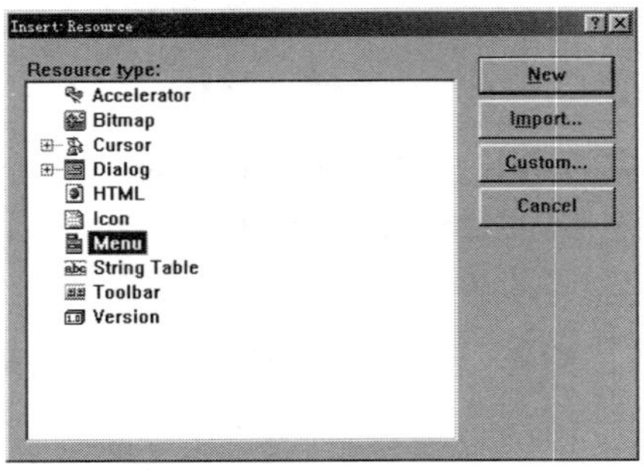

图9.2 “插入资源”对话框

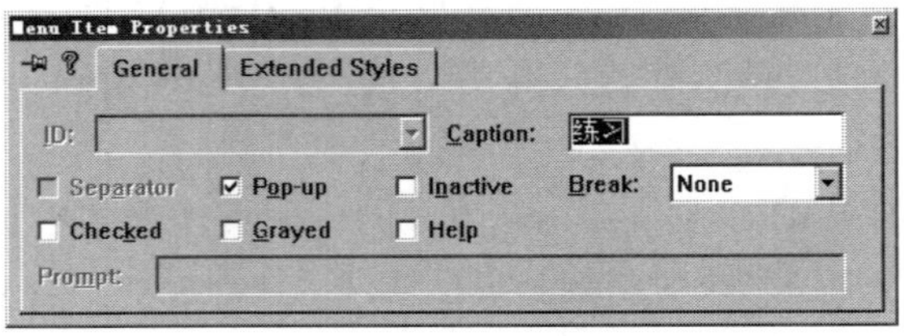

图9.3 “菜单项属性”对话框

菜单项属性中的ID是程序中识别该菜单项资源的标识，可修改系统设定的ID；Caption用来设定菜单的显示内容，即菜单名；Separator用来控制菜单项是否为菜单列表中的分隔线，分隔线不需要设置其他属性；Pop-up用来设定菜单项是否为弹出式菜单。第一个菜单项的属性对话框如图9.3所示，该菜单项的Pop-up属性复选框默认选中，所以是弹出式即带有一个下拉子菜单的菜单项。主菜单栏上的菜单项一般都是POPUP型的。在程序运行时，用户单击POPUP型菜单项不会向程序发出菜单命令消息而是弹出子菜单，所以不必为其设置ID。在Caption编辑框中输入菜单名“练习”，关闭对话框。

双击“练习”下面的矩形框，打开它的“Menu Item Properties”对话框，如图9.4所示。将其ID改为IDC_SET，在Caption编辑框中输入菜单名“设置”。

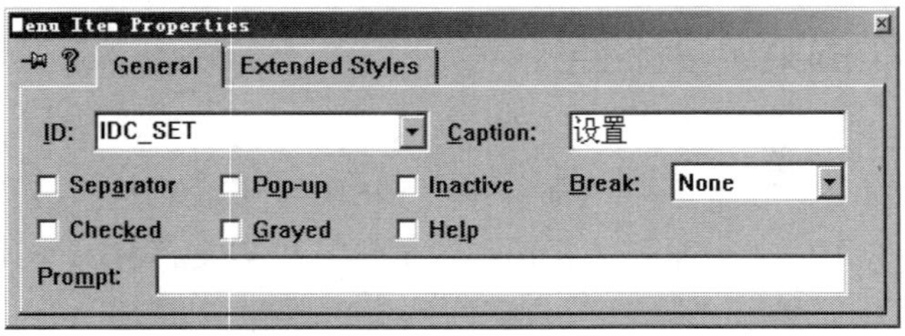

图9.4 “菜单项属性”对话框

按照上述操作过程，依据表9-3中列出的菜单项的Caption和ID等属性，在菜单编辑器中完成图9.1所示菜单的设计。

表9-3 菜单栏中每个菜单的属性

Caption	ID	需选中的复选框
练习(&S)	—	Pop-up
设置(&I)	IDC_SET	—
无	—	Separator
退出(&Exit)	IDCANCEL	—
帮助(&H)	—	Pop-up
成绩	ID_HELP_GRADE	—
关于(&About)	IDC_ABOUT	—

（2）菜单编辑器的常用操作。菜单设计是在菜单编辑器中交互进行的，菜单编辑器中的常用操作有：

① 设置菜单项属性：双击菜单项矩形框，打开该菜单项的“Menu Item Properties”对话框，设置其属性。实际上应用程序的菜单设计，就是通过依次设置菜单栏中每个菜单项的属性来实现的。

② 选择菜单项：选择一个菜单项，单击它即可；选择多个菜单项，先单击第一个，按住【Shift】键后依次单击要选择的其他菜单项。选择某一个Pop-up型的菜单后，其子菜单也一同被选中。

③ 添加菜单项：菜单编辑器自动在主菜单栏和下拉菜单的末尾预留一个可添加菜单项的位置，是一个矩形框，设置其属性即可在末尾添加菜单项。如果要在某一菜单项前插入菜单，先要单击该菜单项选中它，再按下键盘上的【Insert】键，则可在它前面插入一矩形框，设置其属性即可实现菜单项的插入。

④ 删除菜单项：选中要删除的菜单项，然后选择“Edit”→“Delete”菜单命令或按下键盘上的Delete键将其删除。

⑤ 移动、复制菜单项：选中要操作的菜单项，直接拖动可移动菜单项；按住【Ctrl】键的同时进行拖动，可复制菜单项。或者，选中菜单项后，使用剪切板（Cut、Copy、Paste）来实现菜单项的移动或复制。另外，菜单项的移动或复制不仅可在同一个菜单编辑窗口中进行，还可以在不同的菜单、不同应用程序的菜单间进行。

掌握了菜单的删除、添加、移动、复制以及属性设置等操作就可以方便地进行菜单设计了。在菜单编辑器中完成了菜单的设计，要想在程序中使用设计好的菜单，还需要为菜单关联对它操作的类。

2. 为菜单关联一个类

前面添加的菜单实际上还只是一个资源，在编程中必须给它关联一个类。因为本例中的菜单要显示在对话框IDD_EXAM_DIALOG中，并且它将调用对话框类CExamDlg中的一些成员，所以需要把这个菜单与对话框类CDialog的派生类CExamDlg相关联。具体操作过程如下：

（1）在菜单的编辑窗口上右击，选择“ClassWizard”快捷菜单打开MFC ClassWizard对话框。此时会弹出“Adding a Class”对话框，如图9.5所示。该对话框询问是为刚添加的菜单资源IDR_MENU_MAIN生成一个新类，还是选择一个已经存在的类进行关联。这里要关联的是Exam应用程序的CExamDlg类，这个类已经存在，所以选择“Select an existing class”选项，然后单击“OK”按钮。

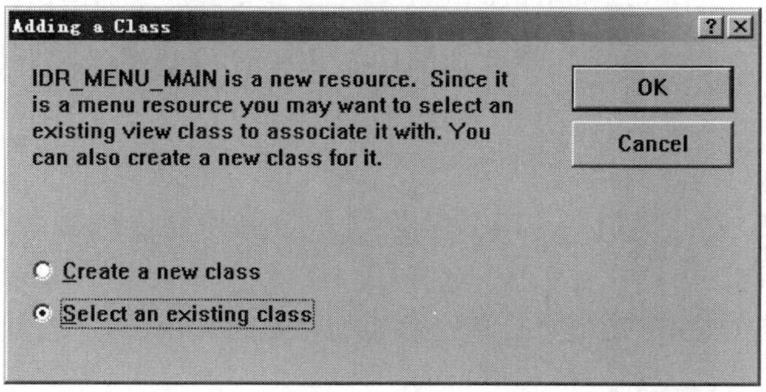

图9.5 “添加类”对话框

（2）在弹出的“Select Class”对话框中，选择CExamDlg类与菜单关联，如图9.6所示，单击“Select”按钮关闭对话框。此时回到ClassWizard对话框，可看到CExamDlg类的“Object IDs”列表中增加了菜单资源中所有菜单项的ID标识，这样就把菜单资源IDR_MENU_MAIN关联到CExamDlg类。

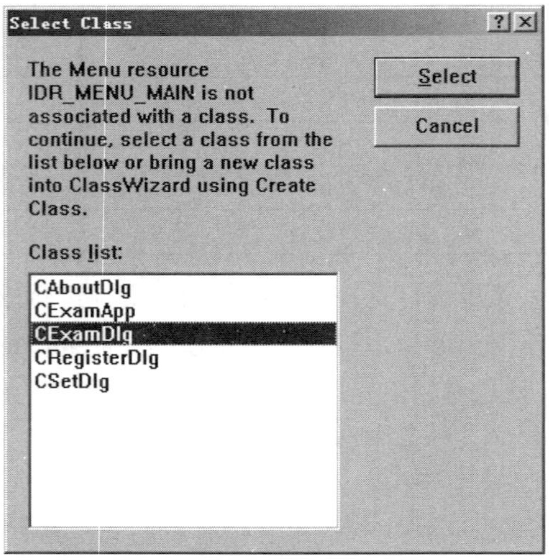

图9.6 “选择类关联菜单资源”对话框

3. 关联菜单到应用程序的主窗口

菜单IDR_MENU_MAIN关联CExamDlg类后，就可以调用CExamDlg类的成员函数和成员变量了。此时运行程序，可看到应用程序的主窗口中仍然没有显示菜单，这是因为菜单还没有和应用程序主窗口关联起来。菜单关联到应用程序窗口的过程为：

打开主对话框IDD_EXAM_DIALOG的“Dialog Properties”对话框，如图9.7所示，单击“Menu”组合框中的下三角按钮，从下拉列表中选择IDR_MENU_MAIN菜单资源，关闭对话框。这样就使得菜单资源IDR_MENU_MAIN与应用程序的IDD_EXAM_DIALOG对话框窗口建立了关联。

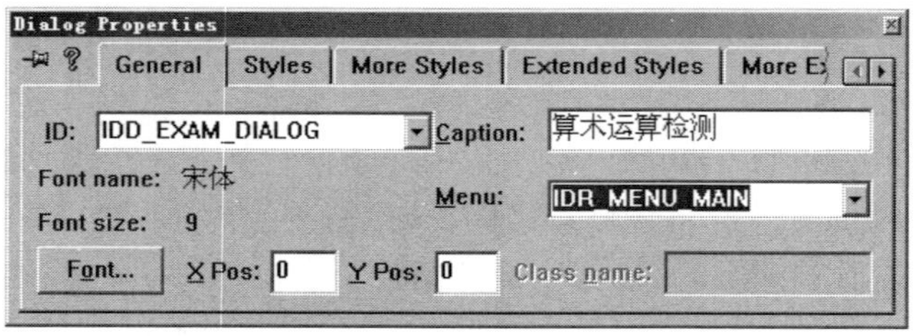

图9.7 “对话框属性”对话框

4. 为菜单项建立消息映射和映射函数

现在，菜单IDR_MENU_MAIN与CExamDlg类和IDD_EXAM_DIALOG对话框窗口都实现了关联。此时运行程序，菜单即显示在主对话框中，如果用户选择菜单，将有消息发送到应用程序。

因为将“设置”“关于”和“退出”菜单项的ID标识设置成与对话框上的“设置”“关于”和“退出”按钮的ID相同，所以用户选择这些菜单而发送的消息会调用对应的映射函数，实现其功能，就不必再进行处理了。

在ClassWizard对话框中为“成绩”菜单项建立消息映射和消息映射函数时，要在“Class name”中选择CExamDlg类，在“Object IDs”列表中选择ID_HELP_GRADE（“成绩”菜单项的ID标识），在“Messages”列表框中选择COMMAND消息，单击右边的“Add Function”按钮即可。该菜单命令的消息映射宏为：

```
ON_COMMAND(ID_HELP_GRADE, OnHelpGrade)
```

为显示练习成绩，需在CExamDlg类中添加两个int型的成员变量m_count和m_right记录练习的题目数量和正确的数量。在CExamDlg类的OnInitDialog函数中初始化为0，在OnTest函数中进行相应的加1操作。这样，在OnHelpGrade函数中就可以显示成绩了，该函数代码为：

```
void CExamDlg::OnHelpGrade()
{
    CString tmp;
    tmp.Format("共完成了%d道题目，正确的有%d道！",m_count,m_right);
    AfxMessageBox(tmp);
}
```

输入结束后，编译、连接并运行程序，此时可通过菜单驱动程序的某项功能。

9.2　文档与视图结构及其应用

近年来，之前以程序为中心的观念有了很大改变，现在人们逐渐认识到应以文档为中心，程序是为文档服务的，程序的主要任务是加工处理各种文档。MFC基础类库的文档/视图结构就体现了这种新观念，这也是MFC的一大特色。但这是一个相对比较复杂的问题，所涉及的内容也比较广泛，如文档/视图结构、使用MFC AppWizard创建基于文档/视图结构的框架应用程序以及文档类、视图类的应用等，本节只能非常简单地介绍一下MFC的文档/视图结构的工作机制。最后通过一个创建单文档界面应用程序的实例来帮助读者理解MFC文档/视图结构应用程序。

9.2.1　概述

1. 单文档界面与多文档界面

使用MFC AppWizard可以创建三种类型的应用程序：单文档界面SDI（Single Document Interface）、多文档界面MDI（Multiple Documents Interface）和基于对话框（Dialog based）的应用程序。基于对话框的应用程序比较简单，其应用程序框架中只包含应用程序类和对话框类。文档界面应用程序分为单文档界面SDI与多文档界面MDI两种。

从用户的角度看，在单文档界面程序中，用户在同一时刻只能打开一个文档，当要打开另一个文档时，必须先把当前打开的文档关闭。这是因为SDI应用程序只有一个文档窗口，每次只能读写一个文档，Windows中的写字板和画图程序就是SDI应用程序的典型例子。

在多文档界面程序中，用户在同一时刻可以打开多个文档。因为MDI应用程序每次可以读写多个文档，每个文档打开在自己的文档窗口中，用户可以在这多个文档窗口间切换进行操作。现在的大部分软件，如Microsoft Word、Excel及我们正在使用的VC等，都是多文档界面程序。

使用MFC AppWizard创建MDI应用程序和创建SDI应用程序的过程几乎完全一样。生成的SDI应用程序中包括应用程序类、框架窗口类、文档类、视图类和文档模板类。

MDI程序与SDI程序的主要区别在于框架窗口类，SDI的框架窗口类CMainFrame的基类为CFrameWnd。而MDI应用程序有两个框架窗口类，一个是从CMDIFrameWnd类派生出的CMainFrame类，负责菜单等界面元素的主框架窗口的维护；另一个是从CMDIChildWnd类派生出的CChildFrame类，负责由相应的文档及其视图构成的子窗口的维护。另外，SDI和MDI使用的文档模板类不同，SDI使用的是CSingleDocTemplate，而MDI使用的是CMultiDocTemplate。

2. 文档/视图结构

使用MFC AppWizard开发的文档操作的应用程序，都采用文档/视图结构。在文档/视图结构中，数据的维护及其显示分别由两个不同但又彼此紧密相关的文档类和视图类负责。文档/视图结构比传统的编程方式更有利于文档应用程序的开发。

在文档/视图结构中，文档的任务是对数据进行管理和维护，相当于数据容器。数据通常被保存在文档类的成员变量中，通过文档类的串行化（Serialize）过程将数据保存到磁盘文件或数据库中。MFC类库为数据的串行化提供了支持，只需在此基础上稍加修改，就可以为文档类提供串行化支持。

视图类在文档和用户之间起中介作用。视图可以直接或间接地访问文档类中存放有数据的成员变量，它从文档类中取出要显示的文档数据，然后将文档数据显示在屏幕上。所以说，视图是数据的用户窗口，为用户提供了文档的可视的数据显示，它把文档的部分或全部内容在窗口中显示出来。同时，视图还给用户提供了一个与文档中的数据交互的界面，视图还可以接收用户的输入（修改数据），它把用户的输入转化为对文档中数据的操作，通过调用文档和视图的接口将修改的信息反馈给文档类，以便文档类完成数据的更新。

每一个文档可以有多个不同的视图，但每个视图只能对应于一个确定的文档。因此，视图是提供文档与用户交互的一个窗口，文档的不同表现形式可采用不同的视图来与用户交互。

最后从编程角度简单说明一下文档/视图工作机制的实现。在通常情况下，视图调用成员函数GetDocument()获得指向相关联的文档对象的指针，再通过该指针访问文档类的成员从文档中读取数据。视图把读取到的文档数据由屏幕显示给用户，用户通过与视图的交互来查看数据并对数据进行修改。然后，视图通过相关联的文档类的成员将经过修改的数据传递给文档对象。文档对象获得修改过的数据之后，对其进行必要的处理，最后通过串行化保存到永久介质（如磁盘文件）中。

MFC的文档/视结构机制实现了数据操作和数据表示的分离，把数据同它的显示以及用户对数据的操作分离开来。所有对数据的修改由文档对象来完成，视图调用这个对象的方法来访问数据。

3. SDI的框架窗口

框架窗口是Windows应用程序的界面，对SDI应用程序来讲，它是CMainFrame类的一个对象，一个应用程序只有一个框架窗口。

当SDI应用程序的一个实例被运行时，将会动态地生成文档模板类CDocTemplate的一个对象，这个文档模板的作用就是把自动生成的框架窗口类CMainFrame、文档类、视窗类和应用类的对象联系起来，并且这些都不需要程序员去处理。

CMainFrame类继承了基类CFrameWnd的很多功能。在CMainFrame类中，已经从CFrameWnd类那里继承了处理窗口一般事件的WINDOWS消息，比如改变窗口的大小，窗口最小化等的成员函数，因此编程的时候程序员不需要再关心此类消息的处理，从而减轻了程序员的负担。当然，如果确实需要重新编写处理此类消息的成员函数，则需要对原有的成员函数进行重写。

框架的各种行为已经被MFC安排好了而不需人为干预，程序员不需要经常对CMainFrame类进行操作，一般只需对文档和视图进行操作即可，这也是MFC设计文档/视图结构的本意，让开发者将注意力放在完成任务上而从界面处理中解放出来。

一般用户输入的消息（如菜单选择，鼠标，键盘等）会先发往视图，如果视图未处理则会发往框架窗口。所以定义消息映射时可以定义在视图中，如果一个应用同时拥有多个视图而当前活动视图没有对消息进行处理则消息会发往框架窗口。

9.2.2 文档类及其派生类

CDocument是所有文档类的基类，它提供了文档类所需要的最基本的功能实现，为文档对象以及文档和其他对象（如视图对象、应用程序对象以及框架窗口等）交互的实现提供了一个框架。编程时只需在这个已有框架的基础上，添加与特定应用程序相关的实现代码即可。

CDocument类是从CCmdTarget类派生的，它在MFC类库中的继承关系如图9.8所示。可打开Afxwin.h头文件分析CDocument类的定义，由此可了解该类的基本功能。

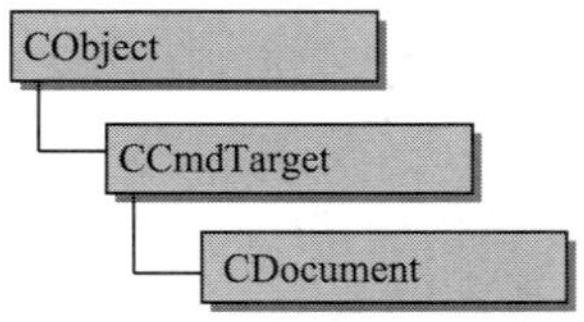

图9.8　CDocument类在MFC类库中的继承关系

1. CDocument类的方法

CDocument类实现了文档类所需要的最基本的功能，它提供的方法主要包含一般方法和虚拟方法。

CDocument类提供的虚拟方法可使应用程序重写它们来实现CDocument派生类的某些功能。

2. 建立文档类的派生类

如何从CDocument类派生自己的文档类呢？一般来说，要从CDocument类派生自己的文档类需进行下述操作：

（1）为每一个文档从CDocument类或其派生类来派生一个相应的文档类。如果应用程序只使用一种文档类型，直接使用MFC AppWizard在生成应用程序框架过程中派生的文档类即可。

（2）为派生的文档类添加成员变量。

文档是用来管理应用程序所处理的文档中的数据的，需添加成员变量保存文档数据。根据需要，还可添加成员函数对成员变量进行操作。

很多情况下，可使用MFC类库提供的集合类CString、CRect、CPoint、CSize、CTime和CArray等来定义存放数据的成员变量，这些集合类封装了各种公共的数据类型。

在文档/视图结构应用程序中，与文档相关联的视图类通过调用CView类的成员函数GetDocument获得指向文档的指针，从而访问文档对象的成员。通过访问保存数据的成员变量来读取或更新文档中的数据。

（3）重写文档类的成员函数Serialize，实现文档数据的串行化。

无论是保存文档还是打开文档，应用程序都是通过调用文档类的成员函数Serialize来完成串行化操作的。在大多数情况下，要重写Serialize成员函数来实现文档的串行化。在MFC AppWizard生成的应用程序框架中，已经给出了Serialize函数的定义：

```
void CDrawDoc::Serialize(CArchive& ar)
{
    if (ar.IsStoring())
    {
        // TODO: add storing code here（在此处添加存储代码）
    }
    else
    {
        // TODO: add loading code here（在此处添加加载代码）
    }
}
```

Serialize成员函数带有一个CArchive类型的参数，这是一个与所打开的文件相关联的CArchive对象。利用CArchive类的成员函数IsStoring可判断CArchive对象是进行写操作还是进行读操作，如果CArchive对象是对文件进行写操作，则函数返回值为TRUE，否则为FALSE。

另外，有时还需要重写CDocument类的其他成员函数，例如重写OnNewDocument和OnOpenDocument函数以便初始化存储文档数据的成员变量，重写DeleteContents函数销毁动态分配的数据。实际上，MFC AppWizard在创建应用程序时，就在派生的文档类中重写了基类的几个成员函数，包括OnNewDocument和Serialize等以便添加代码实现重写。如果不添加代码，这些重写函数只是简单地调用基类的相应函数，应根据程序的需要来修改它们。

9.2.3　视图类及其派生类

视图类（CView）是从CWnd类派生的，它在MFC类库中的继承关系如图9.9所示。因为以CWnd为基类，所以CView类及其派生类都具有CWnd的所有功能，如创建、移动、显示和隐藏窗口，并且可以接收任何Windows消息，而CDocument类则不行。

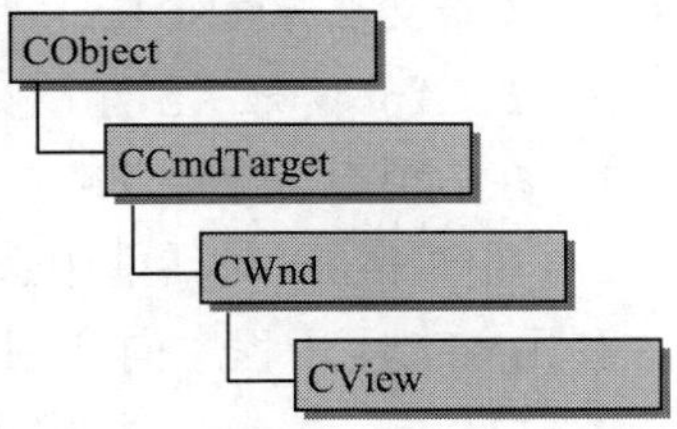

图9.9　CView类在MFC类库中的继承关系

1. CView类的方法

视图与文档相关联，用来显示文档数据并把用户输入转换成对文档的操作，CView类提供了文档类所需要的最基本的功能实现。CView类的一般方法中的GetDocument()函数非常重要，由该成员函数可获得指向与视图相关联的文档的指针。

同文档类一样，可利用CView类的虚拟方法，使得CView的派生类重写它们来实现应用程序的特定功能。其中的虚拟成员函数OnDraw()非常重要，该虚函数对维护程序的正确显示负有重要责任。必须重写该虚函数以显示关联文档中的数据，如果不重新定义该函数，就不可能在窗口切换后保证窗口的正确显示。当屏幕发生变化或因为焦点的变化需要重新绘制视图以实现正确显示时，该函数被自动调用。

而当文档数据发生变化时，OnDraw()函数不会被自动调用。需调用与视图关联的文档类的成员函数OnUpdateAllViews()，该函数使视图做出响应调用OnDraw()函数实现重画。当一个文档发生变化时，通过调用OnUpdateAllViews()函数则可通知显示该文档的每个视图文档数据发生了变化，需进行视图的重画，从而使文档数据能得到同步的正确显示。因此，重写视图类的OnDraw()函数，并在文档数据发生变化时调用文档类的OnUpdateAllViews()函数，是实现文档数据在视图中正确显示的必不可缺少的手段。

2. 视图类的派生类

CView类是最基本的视图类，只支持最基本的操作。MFC中提供了丰富的视图类供开发者使用，下面进行简单介绍。

（1）CScrollView类的基类是CView类，可实现视图的滚动显示。利用其成员函数SetScrollSizes设置滚动尺寸和坐标映射模式，但在绘图和接收用户输入时需要进行坐标转换。

（2）CTreeView类主要支持一些树型控件功能的实现，使数据的显示方式更富于变化。它以TreeCtrl作为视图界面，通过调用成员函数GetTreeCtrl得到CTreeCtrl的引用。

（3）CListView类与CTreeView类一样，提供了一种简捷地实现数据的不同显示的途径，为数据的组织提供多种手段。它以ListCtrl界面作为视图界面，通过调用成员函数GetListCtrl得到CListCtrl的引用。

（4）CEditView类利用CEdit接收用户输入，主要用来实现类似编辑控件的功能，常见的文本操作大多是由该类支持实现的。该类的直接基类不是CView类，而是CCtrlView类，可调用GetEditCtrl函数得到CEdit的引用，调用SetPrinterFont函数设置字体。

（5）CRichEditView类作为Rich Text Edit的视图类，提供了可以按照格式显示文本的能力，在使用时需要CRichEditDoc的支持。

（6）CFormView类提供用户在资源文件中定义界面的能力，并可以将子窗口和变量进行绑定。通过UpdateData函数让数据在变量和子窗口间交换。

实际上在很多情况下，应用程序使用CView的派生类而非CView作为其视图类的基类。在创建应用程序时，应根据要处理对象的特点选择合适的CView的派生类作为应用程序的基类，这样可直接使用基类中的方法，而省去许多编程工作。要改变系统为应用程序设置的默认基类，需在MFC AppWizard创建应用程序的第6步进行修改。

9.2.4 建立单文档界面的绘画程序实例

为说明文档/视图结构的单文档应用程序的开发过程，我们建立一个单文档绘图程序，使用户拖动鼠标可绘制出线段、矩形和椭圆等，并实现文档的创建、保存和打开。

【例9.1】编制画图程序，用户拖动鼠标绘制出线段、矩形和椭圆。

首先，使用VC的MFC AppWizard生成可执行的单文档界面应用程序的基本框架。

1. 创建单文档界面SDI应用程序

使用MFC AppWizard创建单文档界面SDI应用程序的过程为：

（1）在VC中，选择“File”→“New”菜单命令，弹出“New”对话框。

（2）在“New”对话框中选择“Projects”选项卡，从项目类型清单中选择“MFC AppWizard(exe)”选项，利用MFC应用程序向导创建一个项目框架；在“Project name”文本框中输入新建项目名，这里为Draw；在“Location”文本框中显示出要生成的项目文件所在的文件夹路径，可修改；最后单击“OK”按钮启动MFC AppWizard来创建应用程序。

（3）MFC AppWizard在创建SDI应用程序框架过程中，依次显示6个应用程序向导对话框供程序员对将要创建的应用程序进行设置，最后根据设置创建应用程序框架。当程序员在对话框中进行选择时，其效果图显示在对话框左边；利用对话框上的“Back”和“Next”按钮，可实现对话框间的切换；单击“Finish”按钮，则不再设置，使用默认设置生成应用程序的基本框架。

MFC AppWizard显示的第一个应用程序向导对话框“MFC AppWizard – Step 1”，如图9.10所示。选择“Single Document”应用程序类型，生成单文档界面（SDI）应用程序。确认选中“Document/View architecture support”复选项（默认选中），从而使得MFC AppWizard生成存放和浏览文档数据的类并提供读取或写入磁盘数据的代码；否则不会自动生成文档/视图结构的代码。从下拉列表框中选择“中文[中国](APPWZCHS.DLL)”，则应用程序的菜单和标准消息均用该语言显示。最后单击“Next”按钮进入下一步。

（4）在“MFC AppWizard – Step 2 of 6”对话框中，选择是否需要为程序提供访问数据库方面的支持。选择“None”单选按钮（默认），不需要支持数据库，如图9.11所示。

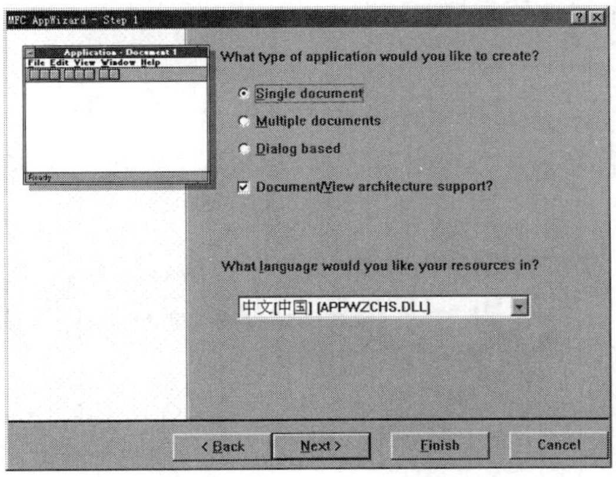

图9.10　MFC应用程序向导的第1步对话框

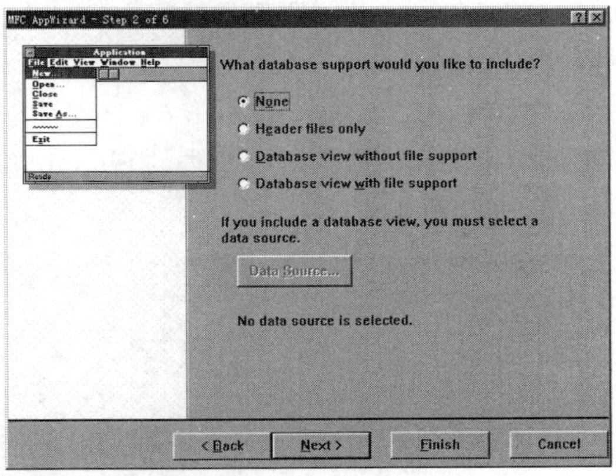

图9.11　MFC应用程序向导的第2步对话框

（5）在“MFC AppWizard – Step 3 of 6”对话框中，选择“None”（默认），排除复合文档的支持；取消“Automation”选项，取消自动化支持；取消选中“ActiveX Controls”选项，程序中不加ActiveX控件，如图9.12所示。

（6）“MFC AppWizard – Step 4 of 6”对话框如图9.13所示，用来设置应用程序主窗口界面的外观，主要选项说明如下：

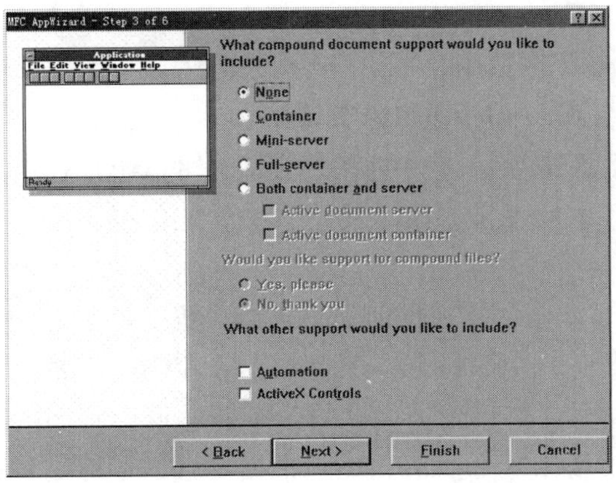

图9.12　MFC应用程序向导的第3步对话框

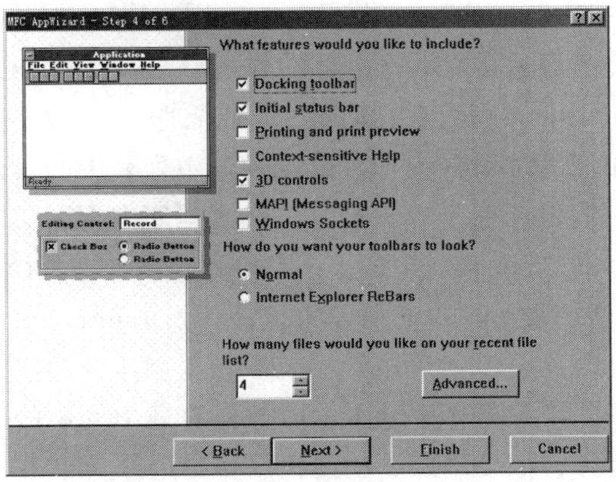

图9.13　MFC应用程序向导的第4步对话框

- “Docking toolbar”复选框：控制是否在应用程序主窗口中使用可停靠工具栏；
- “Initial status bar”复选框：控制是否在打开应用程序主窗口中显示状态栏；
- “Printing and print preview”复选框：控制是否在应用程序中自动加入对打印和打印预览的支持；
- “Context-sensitive Help”复选框：控制是否在应用程序中对加入上下文敏感帮助功能的支持；
- “3D controls”复选框：控制是否使用三维效果的控件，默认选中；

- “MAPI[Messaging API]”复选框：控制是否在应用程序中加入对消息API的支持；
- “Windows Sockets”复选框：控制是否在应用程序中支持Windows套接字；
- “Normal”和“Internet Explorer ReBars”两个单选项：选择工具栏是普通风格的还是Internet Explorer浏览器风格；
- “recent file list”：设置程序中“File”菜单中列出的最近操作过的文件数，默认值为4；

通常使用对话框中的默认设置即可，单击“Next”进入下一步。

（7）“MFC AppWizard – Step 5 of 6”对话框如图9.14所示，选择“MFC Standard”选项，使用传统的标准MFC用户界面，而“Windows Explorer”选项将程序实现为浏览器风格的应用程序；选择“Yes, please”选项，将注释加到程序源文件中；选择“As a statically linked libary”，使得MFC代码直接链接到程序的执行文件中，而选择“As a shared DLL”时，程序访问包含在另一动态链接库（DLL）中可由多个应用程序共享的MFC代码，此时程序的执行文件较小，但程序文件要和DLL文件一起发布。注意，标准版VC中只提供静态MFC链接。

（8）在MFC AppWizard – Step 6 of 6对话框中显示了应用程序向导将要为应用程序派生的视图类、应用类、框架窗口类和文档类等四个类的有关信息：它的基类、存放类定义的头文件和存放其实现过程的源文件等，如图9.15所示。

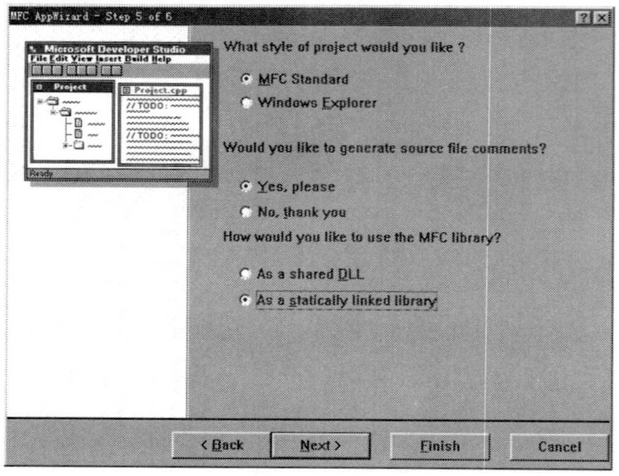

图9.14　MFC应用程序向导的第5步对话框

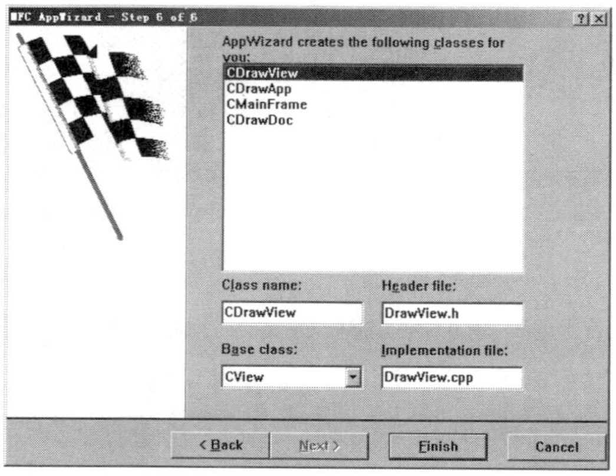

图9.15　MFC应用程序向导的第6步对话框

由MFC AppWizard将要为本应用程序Draw生成的CDrawView、CDrawApp、CMainFrame和CDrawDoc四个类的类名显示在对话框上部的列表中。列表中的CDrawView类被选中，下面显示了该类的类名CDrawView、基类名CView以及存放其定义和实现过程的文件名（头文件DrawView.h和源文件DrawView.cpp），如需要，可在相应的编辑框中进行修改。选中列表中的其他类，下面则显示该类的有关信息，可以根据需要进行修改。一般根据程序的需要，只修改程序中视图类的基类。本例不做修改，使用系统给定的类名和文件名即可，单击“Finish”按钮，结束创建项目的有关设置。

（9）最后出现的是“New Project Information”对话框，显示了根据前面的选择设置而要创建的新项目的有关信息，包括应用程序类型、新创建的类以及应用程序的全部特征，还显示了该应用程序将生成在哪个路径之中，如图9.16所示。如果对其中的某些选择不满意，可单击“Cancel”按钮，返回到向导对话框重新选择；如果确定了创建新项目的选择，单击“OK”按钮由MFC AppWizard根据设置创建应用程序的基本框架和代码。至此，MFC AppWizard为SDI应用程序Draw生成其基本框架。在项目工作区窗口的三个页面中展开文件夹，查看应用程序框架中包含的类、资源和各种文件。此时即可连接并运行程序，但不能完成什么实际操作。“文件”菜单中的“新建”“最近文件”和“退出”命令、“查看”菜单中的“工具栏”和“状态栏”命令、“帮助”菜单中的“关于”命令等的功能已经实现。“文件”菜单中的“打开”“保存”和“另存为”命令实现了部分功能，能打开对话框选择文件，但不能实现实际的磁盘文件的存取操作。

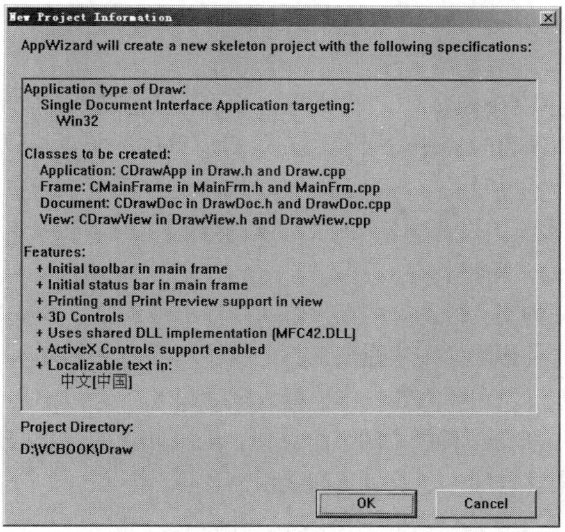

图9.16　新建项目的有关信息

2. 主框架窗口及资源编辑

运行刚创建的应用程序Draw，可看到应用程序的框架窗口，同一般的文档操作程序一样，包括有标题栏、菜单栏、工具栏、工作区和状态栏。下面简单地说明一下如何对程序中的这些资源进行编辑。

（1）菜单的编辑。使用MFC AppWizard创建的单文档界面SDI和多文档界面MDI应用程序，其主框架窗口中包含有菜单，因此不需要添加菜单资源，只需在该菜单基础上进行修改即可。

这里所创建的单文档界面SDI应用程序Draw是一个非常简单的绘图程序。由MFC AppWizard生成的菜单中包含了文档操作的常用菜单，如“文件”“编辑”“查看”和“帮助”等，本程序中我们只修改其中的“编辑”菜单，使其如图9.17所示。

图9.17　例9.1菜单

在项目工作区窗口选择ResourceView页面，展开Menu，双击IDR_MAINFRAME菜单资源，则在菜单编辑器中将其打开。

双击“编辑”菜单项，打开其“Menu Item Properties”对话框，将Caption中的“编辑”改为“画图(&D)”。

在菜单编辑窗口，单击“编辑”菜单，打开其子菜单，保留“编辑”菜单中的“撤销”菜单项和分隔线菜单项，将其余菜单项删除。然后添加三个菜单项，它们的属性设置如表9-4所示。

表9-4　画图菜单中的菜单项属性

Caption	ID	Prompt
画图(&D)	ID_DRAW	—
线段(&L)	ID_DRAW_LINE	拖动鼠标画出线段
矩形(&R)	ID_DRAW_RECT	拖动鼠标画出矩形
椭圆(&E)	ID_DRAW_ELLIPSE	拖动鼠标画出椭圆

编辑好菜单存盘，关闭菜单编辑窗口。此时运行程序，可在程序窗口中看到修改后的菜单。

（2）工具栏的编辑。为编辑框架窗口中的工具栏，在项目工作区窗口打开“ResourceView”页面，展开“Toolbar”，双击“IDR_MAINFRAME”工具栏，在工具栏编辑器中将其打开，同时“Graphics”和“Colors”工具栏在右边打开供编辑时使用。可看到在编辑窗口中的工具栏，上部是整个工具栏，下面是当前编辑的工具栏中的某个按钮，可使用“Graphics”和“Colors”工具栏中的绘图按钮对它进行编辑。若要清除掉工具按钮上的内容（图形），先选中该按钮，再按键盘上的【Delete】键即可。

另外，对编辑中的工具栏的常用操作还有：

- 添加工具栏按钮：在打开的工具栏的末尾有预留的空按钮供添加按钮使用。
- 删除工具栏按钮：直接将要删除的按钮拖出工具栏以外即可将它删除。
- 移动工具栏按钮：直接拖动按钮到放置的位置释放鼠标即可。
- 设置工具栏按钮的属性：双击工具栏中的某个按钮，则打开它的“Toolbar Button Properties”对话框，可在其中修改该按钮的属性，如ID、长、宽和提示信息等。

本例中，依次将“复制”“粘贴”按钮移出工具栏外将它们删除。然后，单击“剪切”按钮选中它，按键盘上的【Delete】键清除按钮上的内容，使用“Graphics”工具栏中的绘图按钮画一条线段。然后双击该按钮打开它的“Toolbar Button Properties”对话框，如图9.18所示，将它的ID设置为ID_DRAW_LINE，则Prompt编辑框显示为“拖动鼠标画出线段”。

工具栏的最后一个按钮是空白的，在此添加按钮。依次添加两个按钮，它们的ID和Prompt属性同表9-4中的菜单项的属性相同。然后依次拖动它们，最后的工具栏如图9.19所示。

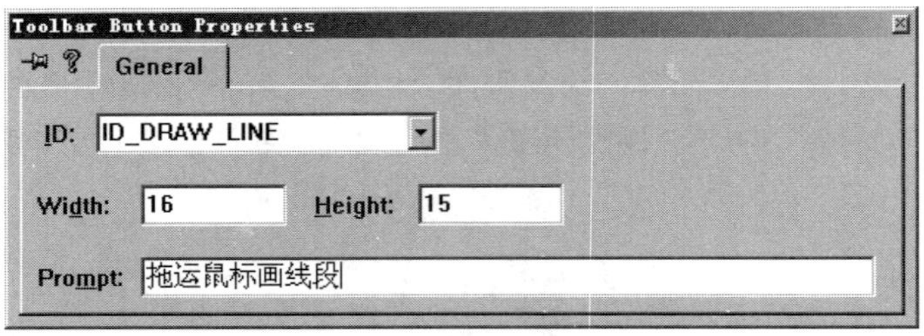

图9.18 “工具栏按钮属性”对话框

图9.19 例9.1的工具栏

（3）图标的编辑。在项目工作区窗口打开“ResourceView”页面，展开“Icon”图标夹，双击“IDR_MAINFRAME”或“IDR_RECTANTYPE”图标将其在编辑窗口中打开，可使用同时打开的“Graphics”和“Colors”工具对其进行编辑。

（4）对话框的编辑。Windows应用程序中往往包括多个对话框，而对话框大多由菜单命令打开。要添加对话框，先要添加对话框资源，再生成其对应的类并对类进行编辑（如添加与对话框上控件相关联的成员变量等），最后在某个菜单项上建立消息映射和映射函数，在消息映射函数中添加代码来打开对话框并实现与用户的交互，这在上一章已详细介绍过，本程序中就不再介绍这方面的内容了。

本例中只包含了一个关于对话框，它是MFC AppWizard在创建应用程序时自动生成的。打开应用程序框架中的IDD_ABOUTBOX对话框，修改其中某些控件的显示内容，还可以添加一些控件用来显示本应用程序及其编制者的有关信息。

MFC AppWizard在创建应用程序时不仅自动生成了关于对话框资源还生成了其对应的类，而且在关于菜单项中建立了消息映射函数来打开关于对话框。在项目工作区窗口打开“ClassView”页面，可看到MFC AppWizard生成的CAboutDlg类。展开“CDrawApp”类，可见其为关于菜单项建立的消息映射函数OnAppAbout()，双击该函数，则在编辑窗口打开的源文件Draw.cpp中可看到该函数的实现代码，就是定义一个CAboutDlg类的对象aboutDlg，再调用其成员函数DoModal()将对话框打开。该函数的实现代码为：

```
void CDrawApp::OnAppAbout()
{
    CAboutDlg aboutDlg;
```

```
    aboutDlg.DoModal();
}
```

至此，我们对应用程序中的资源进行了简单的编辑，编辑结束后，存盘，关闭编辑窗口。然后连接、运行程序，可看到修改后的主框架窗口，其中刚添加的菜单命令和工具栏的按钮都是灰色的，不能使用，这是因为还没有为它们建立消息映射及其处理函数。

下面再建立文档与视图间的数据关联和菜单项的菜单消息映射，从而完成整个程序的功能。

3. 为存储绘制的图形添加类

（1）向项目中添加类。为了存储所绘制的每个图形对象，需要定义一个类。选择“Insert”菜单下的“New Class”命令，打开“New Class”对话框。因为添加的不是MFC类，所以在“Class type”组合框的下拉列表中选择“Generic Class”，在“Name”文本框中输入“CDrawObject”，如图9.20所示。在对话框的“File name”处显示了存放类定义的源文件名，如果需要修改文件名，可单击“Change…”按钮打开“Change Files”对话框进行修改。单击OK按钮，则系统建立类并建立存放类定义的头文件和源文件。在项目工作区的ClassView页面可见新建的CDrawObject类，将其展开，只包含构造函数和析构函数两个成员。打开DrawObject.h头文件，可看到类的声明部分，打开DrawObject.cpp源文件，可看到类的实现部分。

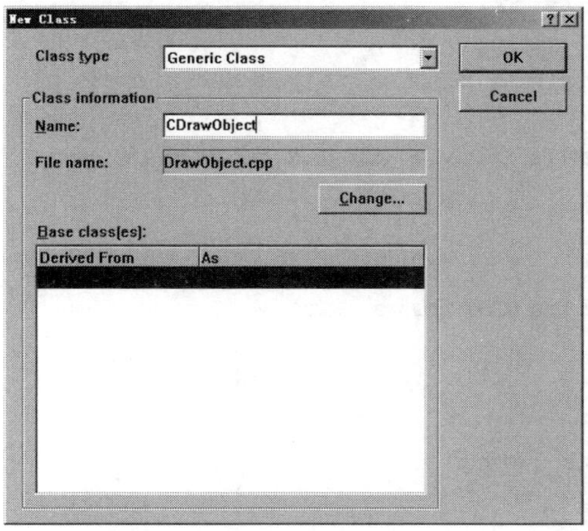

图9.20　New Class对话框

（2）向类中添加成员变量。因为绘制的是线段、矩形和椭圆，这些图形只需记录对角线上两点的坐标即可，因此为类添加三个数据成员，两个CPoint类对象s_p1和s_p2存放对角线上的两点坐标，int型数据成员s_type存放图形的类型，0代表直线、1代表矩形、2代表椭圆。

CPoint是对点坐标进行操作的类，它是从POINT结构类型派生的。结构体POINT的定义为：

```
typedef struct tagPOINT
{
    LONG x;
    LONG y;
} POINT;
```

因此，作为结构体POINT成员的x和y，在类CPoint中也是可以访问的。例如：

```
CPoint PFrom(10,20);
CPoint PTo;
PTo.x = PFrom.x + 30;
PTo.y = 60;
```

（3）向类中添加成员函数。考虑到图形的绘制和存取，添加成员函数draw实现图形的绘制，添加成员函数Serialize完成图形的存取。

添加这些成员的声明到头文件中，添加成员函数的定义到源文件中，再加上系统自动建立的默认构造函数和析构函数，则存放CDrawObject类声明的头文件DrawObject.h中CDrawObject类的声明为（粗体是后来添加的代码）：

```
class CDrawObject
{
public:
    CDrawObject();
    virtual ~CDrawObject();
    CPoint s_p1,s_p2;
    int s_type;
    void draw(CClientDC *pDC);
    virtual void Serialize(CArchive& ar);
};
```

存放CDrawObject类实现的源文件DrawObject.cpp中新添加的两个成员函数的定义为（粗体是后来添加的代码）：

```
void CDrawObject::draw(CClientDC *pDC)
{
    switch(s_type)
    {
    case 0:  pDC->MoveTo(s_p1);
             pDC->LineTo(s_p2);
             break;
    case 1:  pDC->Rectangle(s_p1.x,s_p1.y,s_p2.x,s_p2.y);
             break;
    case 2:  pDC->Ellipse(s_p1.x,s_p1.y,s_p2.x,s_p2.y);
             break;
    }
}
void CDrawObject::Serialize(CArchive &ar)
{
    if (ar.IsStoring())
    {
        ar<<s_p1<<s_p2<<s_type;
    }
    else
    {
        ar>>s_p1>>s_p2>>s_type;
    }
}
```

4. 编辑CDrawDoc类

（1）向CDrawDoc类中添加成员变量存放文档数据。前面已经说过，文档类就是为存放和操作文档数据的，所以要在文档类中添加一些成员变量来存放文档数据。

使用MFC的组类CArray存放绘制的图形，我们直接将声明成员变量的代码添加到定义CDrawDoc类的DrawDoc.h头文件中。在Workspace窗口的ClassView页面中展开后，右击CDrawDoc，从快捷菜单中选择“Go to Defintion”，则在文本编辑窗口中打开了DrawDoc.h头文件。在CDrawDoc类的定义中添加成员变量m_shapes，则代码为（粗体为添加的代码）：

```
// Attributes
public:
    CArray <CDrawObject,CDrawObject&> m_shapes;
```

因为使用了CArray类，要包含头文件afxtempl.h；使用了CDrawObject类，要包含该类定义的头文件DrawObject.h。所以，在DrawDoc.h头文件中，CDrawDoc类的定义前要加两条文件包含指令：

```
#include <afxtempl.h>
#include "drawobject.h"
```

说明，在CDrawDoc类的定义中包括有多个public块，用来区别不同用途的公有成员。例如，用直接添加代码的方法定义成员变量时，习惯将变量的定义放到Attributes块内；而如果使用“Add Member Variable”命令添加变量，VC将它添加到Implementation块中。这只是为了便于程序的阅读和维护，对于编译器而言，将公有成员的定义放到哪一个pubic块中，或者把这多个public块的内容都放到同一个public块中，其结果都是一样的，对于私有成员和保护成员也一样。

（2）存放文档数据的成员变量的初始化。一般在CDrawDoc类的成员函数OnNewDocument()中对存放文档数据的公有成员变量进行初始化。

在Workspace窗口的ClassView页面，展开CDrawDoc类后，双击其成员函数OnNewDocument()，则在文本编辑窗口中打开了DrawDoc.cpp源文件。

在打开的DrawDoc.cpp源文件中，可看到OnNewDocument()函数有两行注释。在其后输入要添加的代码，则该函数的完整定义如下（粗体为添加的代码）：

```
BOOL CDrawDoc::OnNewDocument()
{
    if (!CDocument::OnNewDocument())
        return FALSE;
    // TODO: add reinitialization code here
    / (SDI documents will reuse this document)
    m_shapes.RemoveAll();
    return TRUE;
}
```

因为在建立一个新文档时，文档为空不包含图形，则将成员变量m_shpes中的数据清空。

（3）文档串行化。为实现文档的存取，为应用程序Draw添加保存及打开文档的实现代码。重写CDrawDoc类的Serialize函数定义，其完整定义如下（粗体为添加的代码）：

```
void CDrawDoc::Serialize(CArchive& ar)
{
    if (ar.IsStoring())
    {
        // TODO: add storing code here
        int len=m_shapes.GetSize();                 //获得图形个数
        ar<<len;                                    //存入文件
        for (int i=0;i<len;i++)                     //依次存入每个图形数据
            m_shapes.GetAt(i).Serialize(ar);
    }
    else
    {
        // TODO: add loading code here
        int len;
        ar>>len;                                    //读取图形个数
        for (int i=0;i<len;i++)                     //依次读取每个图形数据
        {
            CDrawObject tmp;
            tmp.Serialize(ar);
            m_shapes.Add(tmp);                      //将读取的每个图形数据存入成员变量
        }
    }
}
```

5. 视图与用户的交互

在MFC文档/视图应用程序中，文档类和视图类必须一起协作以完成应用程序的功能。在文档/视图结构程序中，视图负责接受用户对文档的编辑操作，并将文档的内容显示给用户。

（1）添加成员变量。添加两个成员变量到视图类CDrawView中，打开存放该类定义的头文件DrawView.

h，添加两个成员变量的声明（粗体）：

```
// Implementation
public:
    int m_type; //当前绘制的图形种类：0为线段、1为矩形、2为椭圆
    CDrawObject m_ob;  //存放所有绘制的图形
```

m_type中存放当前绘制的图形种类，其值由用户选择“线段”、“矩形”或“椭圆”菜单命令或工具栏中的按钮来决定，它必须有个初值。

（2）初始化。在打开一个视图时，假设是处在画线段状态，将成员变量m_stype初始化为0。

```
CDrawView::CDrawView()
{
    // TODO: add construction code here
    m_type=0;
}
```

（3）视图响应用户的操作。本例中只接受用户的鼠标操作，用户拖动鼠标绘制图形：用户按下鼠标左键开始绘制图形，放开鼠标则完成绘制一个图形的操作。所以要在CDrawView类中建立按下鼠标左键WM_LBUTTONDOWN和放开鼠标左键WM_LBUTTONUP两个消息映射并建立对应的消息映射函数OnLButtonDown和OnLButtonUp。

按下【Ctrl+W】组合键打开MFC ClassWizard对话框，选择“Message Maps”选项卡，从“Class name”中选择CDrawView类，从“Object IDs”列表中选中CDrawView为它建立消息映射。然后，在“Messages”列表中找到WM_LBUTTONDOWN消息并选中它，单击已转为使能状态的“Add Function”按钮，并在弹出的“Add Member Function”对话框中单击“OK”按钮，接受默认的映射函数名OnLButtonDown()。接着，为WM_LBUTTONUP消息建立对应的消息映射函数OnLButtonUp()。最后，单击“Edit Code”按钮打开DrawView.cpp源文件输入函数代码。

下面为OnLButtonDown()函数的完整定义，其中粗体部分为添加的代码：

```
void CDrawView::OnLButtonDown(UINT nFlags, CPoint point)
{   //将按下鼠标时有相关信息存入m_ob中
    // TODO: Add your message handler code here and/or call default
    m_ob.s_p1=point;  //将按下鼠标处坐标存入m_ob中
    m_ob.s_type=m_type;      //当前绘制的图形种类
    CView::OnLButtonDown(nFlags, point);
}
```

下面为OnLButtonUp()函数的完整定义，其中粗体部分为添加的代码：

```
void CDrawView::OnLButtonUp(UINT nFlags, CPoint point)
{
    // TODO: Add your message handler code here and/or call default
    m_ob.s_p2=point;           //将放开鼠标处坐标存入m_ob中
    CClientDC pdc(this);       //获得CDC对象指针
    m_ob.draw(&pdc);  //调用CDrawObject成员函数draw绘制图形
    CDrawDoc* pDoc = GetDocument(); //获得对应的文档对象指针
    ASSERT_VALID(pDoc);
    pDoc->m_shapes.Add(m_ob);
    //将当前绘制的图形存入文档类的成员变量m_shapes中
    pDoc->SetModifiedFlag(true);
    //设置文档类的修改标志，在关闭文档时提示是否存盘
    CView::OnLButtonUp(nFlags, point);
}
```

放开鼠标左键，则可以进行该图形的绘制，调用其成员函数draw绘制图形。然后，调用视图类CDrawView的成员函数GetDocument()，获得指向与视图相关联的文档类对象的指针，然后通过该指针访问文档对象中的成员变量或调用其成员函数。将绘制的图形存入文档类对象的成员变量，又因为修改了文档

中的数据，调用文档类的成员函数SetModifiedFlag()，设置文档内容有了修改，这样在退出时将询问是否存盘。

（4）显示文档中的内容。下面重新定义CDrawView类的成员函数OnDraw显示文档中的图形。文档中的图形存储在组类对象m_shapes中，依次绘制其中存储的图形即可。OnDraw()函数的完整定义如下（其中粗体部分为添加的代码）：

```
void CDrawView::OnDraw(CDC* pDC)
{
    CDrawDoc* pDoc = GetDocument();
    ASSERT_VALID(pDoc);
    // TODO: add draw code for native data here
    CClientDC pdc(this);
    int len=pDoc->m_shapes.GetSize();      //m_shapes中存储的图形个数
    for (int i=0;i<len;i++)   //依次画出m_shapes中存储的每个图形
    {
        pDoc->m_shapes.GetAt(i).draw(&pdc);
    }
}
```

编译、连接无误后，此时运行程序，则可以绘制线段了，由于菜单命令和工具按钮还没有进行消息映射，还不能选择其他图形。

6. 菜单消息映射及消息处理函数

菜单栏中的大部分菜单项在生成应用程序框架时就已经存在了，而且应用程序框架已经基本实现了它们的菜单消息映射和消息处理函数，在实现了文档的串行化后，菜单中的“打开”“保存”和“另存为”命令也能正常实现了。下面，只需为“画图”菜单中的“线段”“矩形”和“椭圆”菜单命令实现菜单消息映射，编写相应的消息处理函数即可。

打开“ClassWizard”对话框，选择“CDrawDoc”类，在“Object IDs”列表中选择“ID_DRAW_LINE”，在“Messsages”列表框中选择“COMMAND”，单击右边的“Add Function”按钮。在弹出的“Add Member Function”对话框中，接受建议的函数名“OnDrawLine()”，单击“OK”按钮关闭该对话框。此时，在“ClassWizard”对话框的“Member Functions”列表框中增加了一个“OnDrawLine()”成员函数。

同样的，为菜单项ID_DRAW_RECT建立消息映射函数OnDrawRect()，为菜单项ID_DRAW_ELLIPSE建立消息映射函数OnDrawEllipse()。最后单击“Edit Code”按钮，关闭对话框，在源文件DrawDoc.cpp中添加函数定义（粗体为添加的代码）：

```
void CDrawView::OnDrawLine() //用户选择"线段"菜单项
{
    // TODO: Add your command handler code here
    m_type=0;                          //画图类型为线段
}
void CDrawView::OnDrawRect()           //用户选择"矩形"菜单项
{
    // TODO: Add your command handler code here
    m_type=1;                          //画图类型为矩形
}
void CDrawView::OnDrawEllipse()        //用户选择"椭圆"菜单项
{
    // TODO: Add your command handler code here
    m_type=2;                          //画图类型为椭圆
}
```

至此，整个应用程序的编制已经完成，经过编译、连接、运行和调试，则程序运行时如图9.21所示。

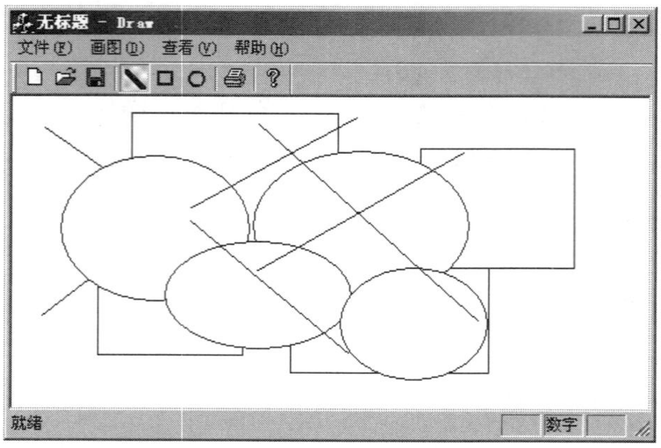

图9.21　例9.1程序的运行窗口

习　　题

1. 菜单栏中的菜单分为哪几类？
2. 如何为菜单关联一个类，以及如何建立菜单项的菜单消息映射？
3. 什么是单文档应用程序和多文档应用程序。
4. 在文档/视图结构中，文档与视图的工作机制是什么？
5. 文档类和视图类的常用方法有哪些？
6. 说明MFC AppWizard生成的单文档应用程序基本框架中包含的类和文件。
7. 创建一个单文档应用程序，在其中绘制直线，并实现所绘制直线的文件存取。

参 考 文 献

[1] Y DANIEL LIANG．C++程序设计[M]．北京：机械工业出版社，2013.

[2] 谭浩强．C++程序设计[M]．北京：清华大学出版社，2006.

[3] 郑丽，董渊．C++语言程序设计[M]．4版．北京：清华大学出版社，2011.

[4] 柴欣，张红梅．Visual C++程序设计基础[M]．北京：中国铁道出版社，2007.

[5] 柴欣，史巧硕．Visual C++程序设计实验教程[M]．北京：中国铁道出版社，2007.

[6] 吴文虎，徐明星，郭晓钧．程序设计基础[M]．4版．北京：清华大学出版社，2017.

[7] 吴乃陵，况迎辉．C++程序设计[M]．北京：高等教育出版社，2006.

[8] 罗建军．C++程序设计教程[M]．北京：高等教育出版社，2007.

[9] 黄维通．Visual C++面向对象与可视化程序设计[M]．2版．北京：清华大学出版社，2011.

[10] 刘路放．Visual C++面向对象程序设计教程[M]．北京：高等教育出版社，2000.